博学而笃志，切问而近思。

（《论语》）

博晓古今，可立一家之说；

学贯中西，或成经国之才。

主编简介

齐沪扬，男，浙江天台人，1950年出生于上海。1993年毕业于上海师范大学中文系，获博士学位。现为上海师范大学对外汉语学院院长、教授，语言学及应用语言学博士生导师。兼任中国语言学会理事，华东修辞学会理事，上海语文学会副秘书长，《修辞学习》编委，北京大学汉语言学研究中心、北京语言大学对外汉语研究中心、延边大学兼职教授等职。

齐沪扬教授从事语言学、应用语言学及现代汉语语法研究多年，有丰富的教学经验与教材编写经验。1987年起，在《中国语文》、《中国语言学报》、《语言文字应用》、《世界汉语教学》等刊物发表论文90余篇，出版专著《现代汉语空间问题研究》、《语气词与语气系统》、《传播语言学》、《现代汉语短语》，编写教材《汉语通论》、《新编现代汉语》（合作）、《现代汉语自学辅导》、《现代汉语自考测试2000题》等。

复旦博学
语言学系列

SERIES
OF
LINGUISTICS

对外汉语教学语法

主　　编　齐沪扬
副主编　吴春相

复旦大學出版社

目　录

引　言

第一节　语言与语言符号

一、语言是一个符号系统

（一）语言是人类最重要的交际工具

会不会说话是人类和其他动物的根本区别之一。说话的目的是表达思想，进行交际；说话时所使用的语言是表达思想，进行交际的工具。语言是一种社会现象，和人类社会有紧密的联系。每一个社会都必须有自己的语言，可以这么说，语言是组成社会的一个不可缺少的因素。

语言不仅是人类交际的工具，而且是各种交际工具中最重要的一种。人类在进行交际的时候，有时也可以不使用语言这个工具，例如用手势招呼别人，用面部表情传达某种信息，这种交际工具使用的范围都是极其有限的；军队可以用旗语发布命令，但这种交际工具表示的意思必须由语言来加以定义。由此可见，语言是人类最重要的交际工具。

文字记录语言，打破了语言交际中时间和空间的限制，在社会生活中有着重要的作用，但只是人类社会一种重要的交际工具。一个社会可以没有文字，但是不能没有语言，没有语言，社会就不能生存和发展。文字是在语言的基础上产生的，只有几千年的历史；然而在文字产生以前，语言就已存在几十万年了，世界上没有文字的语言比有文字的语言多得多。马学良主编的《汉藏语概论》（北京大学出版社，1991）中曾经说，我国的少数民族壮族，过去只有语言，没有自己的民族文字。虽然民间在传抄山歌、通信、记账时，曾在一定范围内使用过所谓的“方块壮字”，但那只是一种变体汉字，不能成为正式的民族文字。经过对各地壮语方言的调查，20 世纪 50 年代中期，制定了以广西壮族自治区武鸣县的壮语作为标准音点的壮文方案，并进行推广。

（二）语言是符号系统

语言是一种符号。语言符号取决于能指和所指的结合。所谓“能指”

(signifiant),是指显示的事物;所谓“所指”(signification),是指被代表的事物。例如交叉路口的红绿灯,红灯表示“禁止通行”,绿灯表示“可以通行”,这个“禁止通行”和“可以通行”就是“所指”,而红绿灯就是“能指”。

现代符号学的奠基者之一索绪尔认为语言符号是一个两面的心理实体,他把“概念”称作为“所指”,把“音响形象”称作为“能指”。他认为语言符号连接的不是事物和名称,而是概念和音响形象,语言符号就是所指和能指的结合。

可见,语言的能指是声音,所指是意义。声音和意义的关系好比纸的正面和反面,是密不可分的。没有声音的意义,如点头、摇头、微笑等,不是我们所说的语言;没有意义的声音,如咳嗽、风声、雨声等,当然也不是语言。

人类的语言是一个丰富、复杂的符号系统。语言系统包括语音、词汇、语法等子系统,每个子系统都包括许多不同特点的单位,单位和单位之间的关系错综复杂,但是有规律可循。例如从语音系统划分出来的单位是音素、音位、音节,从语法系统划分出来的单位是语素、词、短语、句子。就每个具体的语言单位(例如一个词)来说,它的语音形式是依据语音系统的规则构成的,它的意义与词汇系统中的许多方面发生联系,它的功能受语法规律的支配。另外,语言单位是声音和意义的结合,虽然语音单位的声音千差万别,但构成不同的语音的音位通常在 40 个左右。这就是说,不同的语音都是有数的音位按照一定的结构规则生成的。句子是无限的,词是有限的,常用的不过几千。用有限的词按照一定的规则生成句子,也是语言符号系统性的表现。

二、语言符号的特点

(一) 任意性

语言符号是语音和语义的结合体。语音表达与意义内容的结合并不依赖于因果关系,它们之间没有什么必然的、本质的联系,每种语言都是约定俗成的,因而必须承认每次结合都是偶然的,都是使用语言符号的社会自然形成的习惯。同一种事物,每种语言都以不同的声音或文字来表示,这也是各种语言之所以不同的重要原因。如果音义结合不是任意的,而是必然的,人类语言就不会有什么不同了。

语言符号的任意性,和个人使用语言的随意性是完全不同的。一个符号进入符号系统之后,它就要受到该系统中其他成员的制约,必须按照某一语言的结构体系组成话语,任何人都不能随意改变。

(二) 线条性

所谓线条性,是指在交际过程中,语言符号只能一个跟着一个出现,随着时间的推移而逐渐延伸,决不能在同一时间里说出两个符号来。从理论上说,能指属听觉性质，只在时间上展开，而且具有借用时间的特征：它体现了一个长度，这长度只能在一个向度上测定，它是一条直线。线条性虽然主要指的是口语的情况，但书面语也是具有线条性的特点的，只是有时不如口语那么严格、那么明显罢了。

三、文字是符号的符号

文字是按照一定方式记录语言的书写符号系统，是辅助语言并且扩大它的作用的工具，是用来代表语言的符号。因此也可以这么说，文字是符号的符号。

文字是书写符号的体系，但书写符号并不一定是文字。我们平时所见的一些指示性的标记符号，只是单个的、孤立的书写符号，不可能进行排列组合，所以它们无法标记语言。只有形成体系的书写符号才能标记复杂的语言体系，文字就是这样一种具有体系的书写符号。

文字是记录语言的符号系统，当然也包括能指和所指。文字的能指是书写形式，所指是语言。语言是声音和意义的结合，文字的所指当然包括声音和意义。拼音文字如此，汉字也如此。认为拼音文字是表音文字，汉字是表意文字，至少在名称上容易引起误解。拼音文字也好，汉字也好，记录的都包括语音和语义。没有哪种文字专记录语音或语义的。当然，记录的方式有所不同。

文字产生之后，一种语言就会出现两种形态，一种是口语，一种是书面语。口语和书面语并不完全一致，有时还可能出现书面语脱离口语的现象。原因在于口语的物质外壳，诉诸人们的听觉器官，可以“耳听”；书面语则以字形为媒介，诉诸人们的视觉器官，可以“目治”。同样作为一种符号，语言的发展是渐变的，对语言不能进行改革，只能进行规范；文字的发展可以是渐变的，也可以是突变的，对文字可以进行改革，甚至可以进行创造。

第二节　汉语和现代汉语

一、汉语

（一）汉语属于汉藏语系

语系是根据共同历史来源划分出来的类别，同一语系的语言还可以依据亲疏关系划分出若干语族和语支。

中国是一个多民族的国家，也是一个多语言的国家。由于有些少数民族使用两种或两种以上的语言，因此，中国民族语言约有 80 种以上。这些语言按谱系分类法，分别属于汉藏、阿尔泰、南亚、南岛和印欧五个语系。其中汉藏语系是世界上使用人口最多、历史文献最丰富的语系之一。汉语属于汉藏语系。

汉藏语系早期曾被称作为“印支语系”。之所以用汉藏语系这个名称，是因为这个语系中的汉语和藏语的历史文献最为丰富，使用人口较多，因而用这两种语言的名称来概括与它们有亲属关系的语言群。

一般认为汉藏语系包括汉语和藏缅、壮侗、苗瑶三个语族。最早提出这个分类法的是李方桂先生，后来，罗常培等先生提出的汉藏语系分类表与李方桂的分类方法大致相同。

汉藏语系的语言主要分布在亚洲各地。其中藏缅语族语言国内使用人口1 560多万，分布在西藏、青海、甘肃、四川、云南、贵州、湖南、湖北、广西，国外分布在缅甸、不丹、尼泊尔、印度、泰国和印度的锡金邦。壮侗语族语言国内使用人口1 900多万，分布在广西、云南、贵州、湖南、广东，国外分布在泰国、老挝、缅甸、越南、柬埔寨和印度。苗瑶语族语言国内使用人口640多万，分布在贵州、湖南、云南、四川、广东、广西，国外分布在越南、老挝、泰国。

（二）汉语是世界上使用人口最多的一种语言

汉语是世界上历史悠久、发达精密的语言之一，是随着汉民族的形成发展起来的一种语言。汉语的使用人数约有十亿，是世界上使用人口最多的一种语言。

早在两千多年以前，中国就开始对汉语进行语文学的研究，积累了大量的典籍，这些典籍是世界上最早的语言著作之一。

严格地说，“汉语”可以指任何不同的口语或书面语，如“古代汉语”、“汉语方言”等。但现在越来越多地用来指标准共同语，因为“汉语”能说明种族、文化的实质。

在长期的历史发展中，汉语对东亚、东南亚邻邦的语言产生过深远的影响。日本、朝鲜、越南的语言同汉语的关系十分密切，这些语言中有大量的汉语借词。这些国家过去还长期使用过汉字。新加坡还把现代汉语普通话作为该国的通用语言之一。

二、现代汉语和现代汉语的形成

（一）现代汉语

现代汉语是现代汉民族的语言，包括共同语（普通话）和不同的方言。普通话是中国汉族各方言地区和中国各民族之间的共同交际用语，是现代汉民族用来交际的语言。同时，现代汉语普通话还是联合国的六种工作语言之一，成为一种国际交际语。

现代汉语的方言很复杂，据20世纪80年代末《中国语言地图集》所作的归类，大体上可以分成以下几个大方言区。这些方言区的基本词汇和语法结构变化不大,但语音方面却各有特点。

(1) 北方方言区。北方话是汉民族共同语的基础方言,是历史长期发展的结果。北方话区域包括长江以北地区、长江南岸的九江以东镇江以西沿江地带、湖北(不包括东南角)和湖南西南角,还有四川、云南、贵州以及广西西北部,占汉语地区四分之三。使用人口约有 6.6 亿,占汉族总人口的百分之六十七以上。方言区内部,词汇大同小异,语法基本上是一致的,语音差异较多,但有规律可循。从哈尔滨到昆明,直线距离约 3 200 公里;从南京到酒泉,直线距离约 2 000 公里,其间各处的人通话都没有困难。这么多的人口,这么大的范围,语言这样一致,在世界上是很少见的。

北方方言区可以分为四个次方言区:①华北官话,通行于北京、天津、河北、河南、山东、辽宁、吉林、黑龙江等省以及内蒙古自治区的一部分,江苏省和安徽省的北部的徐淮地区,其中东北三省方言最接近北京话。②西北官话,通行于山西、陕西、甘肃等省以及青海、宁夏、内蒙古、新疆的一部分地区。③西南官话,通行于湖北省大部分地区,云南、贵州、四川三省汉族地区以及湖南、广西两省区的边缘。④江淮官话,通行于安徽省长江两岸地区,江苏省长江以北大部分地区,长江以南镇江以上、南京以下地区以及江西省沿江地带。

(2) 吴方言区。吴方言也叫江浙话或下江话,以上海话为代表。分布在江苏省长江以南镇江以东地区(不包括镇江),江苏省长江以北海门、启东、靖江以及南通东郊部分地区,浙江大部分地区。使用人口 7 000 多万,约占汉族总人口的百分之七点二。

(3) 湘方言区。湘方言又称湖南话,以长沙话为代表。使用人口约 3 000 万,占汉族总人口的百分之三点二。湘方言通行于湖南省大部分地区以及广西壮族自治区北部少数几个县。湘方言可以分为老湘语和新湘语两个方言片,老湘语以双峰话为代表,新湘语受西南官话的影响较大。

(4) 赣方言区。赣方言又称江西话,以南昌话为代表。分布在江西省中部和北部,湖北省东南、福建省西北、安徽省西南以及湖南省东部一带县市。使用人口 3 000 多万,约占汉族总人口的百分之三点二。

(5) 客家方言区。客家方言也叫客家话,使用人口约 3 500 万,约占汉族总人口的百分之三点六。客家方言是古代北方动乱时人民迁移南方而形成的方言,以广东省梅县话为代表。分布在广东、广西、福建、台湾、江西等省的部分地区,湖南、四川省的少数地区。广东东部、北部和福建西部、江西南部相连的地方是主要分布地区。客家人居住虽然分散,但客家方言自成体系,内部差别不大。

(6) 闽北方言区。闽北方言分布在福建省东北部闽江下游一带,以福州话为代表。使用人口 800 多万,约占汉族总人口的百分之一弱。

(7) 闽南方言区。闽南方言分布在福建省南部,广东省东部的潮州、汕头一带,海南岛和台湾省的大部分地区,以厦门话为代表。闽南方言的使用人口4 700 多万,约占汉族总人口的百分之四点七。

(8) 粤方言区。粤方言也叫广东话,以广州话为代表。分布在广东、广西、香港、澳门。使用人口 4 000 多万,约占汉族总人口的百分之四点二。

(9) 晋语方言区。晋语以太原话为代表。分布在山西省的大部分地区以及河南、河北、陕西、内蒙古四省区毗邻山西省的地区。使用人口 4 500 多万,约占汉族总人口的百分之四点七。

(10) 平话方言区。平话分布在广西中部地区,西部的百色、田林等县和北部的融水、临桂等县。平话内部分歧较大,可以分为两片:柳州以下为桂南平话,以南宁亭子平话为代表;鹿寨以上为桂北平话,至今尚无公认代表。平话的使用人口 200 多万,约占汉族总人口的百分之零点二一。

由于中国人在国外谋生或定居的原因,世界各国逐渐形成很多使用汉语方言的社团。据《现代汉语方言概要》一书统计,粤语社团:约 1 500—2 000 万人,主要分布在越南、马来西亚、缅甸、泰国、新几内亚等处;闽语社团:约 1 500 万人,主要集中在南洋一带,新兴的台籍闽语社团则在美洲出现;客家话社团:700 多万人,分散很广,如特立尼亚、牙买加、毛里求斯、南非、夏威夷等处;官话社团:350 万人,主要分布在毗邻中国内地的一些地方。

(二) 现代汉语白话文的形成和普通话的形成

汉族在历史上长期用“文言”作为统一的书面语,这种书面语最初必定是建立在口语的基础上的。例如《诗经》里的“国风”是民间文学的记录整理,《论语》是孔子弟子记录下来的孔子的言谈,这些都是比较接近口语的。汉魏以来,写文章的人往往沿袭和模仿先秦的语言,逐渐拉大了与口语的距离,这就是文言。文言学习起来困难,能够使用的人又只占全民的一部分,所以,另外一种同口语直接相联系的书面语“白话”就起来同“文言”分庭抗礼。

“白话”最早可见于公元 5 世纪左右南朝产生的笔记小说《世说新语》,书中已有若干口语语汇。到了唐、五代的说唱文学“变文”产生后,口语的痕迹就更加明显。同时,当时的禅宗语录,记录了禅师们的问答,都很接近口语。到了 12 和 13 世纪,用“白话”写的各种文学体裁非常丰富,诸宫调、南戏、金元杂剧、元散曲中的“白话”成了现在汉民族共同的书面语的来源。元末明初开始大量出现的长篇小说《水浒传》、《西游记》、《金瓶梅》、《红楼梦》等,虽然都带有各自的地方色彩,但它们都是以北方话为基础的白话文写成的。到了晚清,现代汉语共同的书面语白话文已经成熟。

元明清三代,北京一直是全国政治、经济、文化的中心。各地到北京求官的、经商的、赶考的络绎不绝。公用的口语日渐通行,这就是当时所称的“官话”。全国少数民族中也有很多人到了北京,学习汉语,也就是学习北京官话。明代初年朝鲜人为学习汉语编写的会话手册《老乞大》、《朴通事》,收的都是北京口语,说明外国人也认定北京话是汉语口语的代表。

到了20世纪初,特别到了“五四”时代,随着民族民主革命运动的高涨,一方面是白话文学作品的广泛流传,一方面是北京口语的深远影响,促使了现代汉民族共同语的发展。“五四”运动时期提倡的“白话文运动”、“国语运动”正是这一趋势的具体表现。这两个运动互相推动,使书面语接近口语,使口语有了明确的规范,于是形成了通行的普通话。

尽管口语共同语开始形成的确切年代不好确定,但在汉语的历史上,北方话在汉语中一直处于优势的地位,例如扬雄《方言》一书记载了许多方言,但也记录了一种“通语”,这就是共同语。到了1234年蒙古人定都大都后,北京话尤其显得重要,元代的杂剧大都是使用大都话。元朝末年成书的《老乞大》、《朴通事》,所反映的大致是宋元以来的北方话,被公认为当时汉语口语的代表,成为现代汉语北方话的雏形。这种口语不久就取得了“官话”的地位。官话通过各种衙门机关逐渐传播到各地去,从四面八方来往于北京和其他城乡之间的各色人等,也加速了官话的传播。但由于经济和交通的落后,当时的许多南方人仍只能“看”和“写”白话,不能说官话。到了清朝,政府颁布法令,“凡不谙官话者,不准送试”,同时出版了推广官话的《正音咀华》,逐渐使官话推向全国。

不过,当时的官话还夹杂着许多别地的口音,不是纯粹的北京话。到了清末,随着经济和救亡运动的发展,文字改革,言文一致,口语统一的要求日益迫切,拼读官话的字母符号也纷纷诞生。1913年,蔡元培主持的教育部颁布了“国音汇编”,审定了6 500多字的“国音”,统一读音,推行注音字母,正式确定国语的标准音为北京音。

中华人民共和国成立之后,中国科学院在1955年召开现代汉语规范问题学术会议,会上确定把汉民族共同语称作普通话,后来又确定了普通话规范在语音、词汇、语法上的标准。普通话在台湾省和海外有些地方,仍沿用“国语”的名称,在新加坡则称为“华语”。

三、现代汉语形成过程中的文化历史背景

（一）多元性的汉文化的起源

汉语作为汉民族文化的代码,具有深刻的民族文化的历史背景。汉语同汉文化是同步形成和发展的。在漫长的历史进程中,至少有四个文化因素对汉语的形成和发展起到过重要的影响,多元性的汉文化的起源就是其中的一

个重要因素。

中原文化时期，夏朝和商朝的建立标志着华夏民族的开始形成。这个时期，居住在黄河流域的华夏民族与北狄、西羌、东夷及南方百越等民族时有冲突，同时也有交流，因此，汉文化是华夏民族和境内其他民族文化融合的综合体。

从春秋延至秦汉，四方异族有的被中原统治者征服融合，有的流散他方。被融合的民族成为汉民族组成的一部分，他们把自己的语言文化也融入到汉语中来；而迁徙分化的，则成为近代汉藏语系藏缅、壮侗、苗瑶语族各兄弟民族的祖先或北方阿尔泰语系兄弟民族的祖先。可见，汉语的形成和发展经历了与周围民族语言密切交流的复杂过程。

由于原始社会各个部落发展不平衡，当中原地区进入较高文明阶段时，周围民族还在动荡和形成之中，他们被中原地区称作为“蛮夷戎狄”。《史记·西南夷传》曾记载了西部大族氐羌族的活动情况，氐羌族很早就进入中原，甲骨文中也有商与氐羌接触的记载。《诗经·商颂·殷武》：“昔有成汤，自彼氐羌，莫敢不来享，莫敢不来王。”说明商初氐羌部落紧处在商的周围。

属于长江文化的“百越”分布在今浙江、福建、广东、广西一直到云南，包括长江流域一带和中南半岛的一大片区域。春秋战国时期，吴、越、楚强大起来，经常与中原地区发生战争，而其中的楚、越文化尤其影响了中原文化。到秦统一中国，这些民族中的很大部分的成员，与中原人民共同组成了汉民族。

公元 4 世纪之后，北方游牧部落一直是中原地区的严重威胁。中国北部边界地区为阿尔泰语系的人所管辖，而且几次入侵并占领了大量的土地。

有意思的是，尽管阿尔泰语系的民族统治中国好几个朝代，但在词汇上留下的借词（如“萨其马”等）却不是很多，这可能与汉族恢复统治之后汉语的强势作用有关。

阿尔泰语在汉语的语法里比在汉语的词汇里留下了更多的痕迹。例如某些北方话中，第一人称复数中排除式和包括式的区别，可能是受了阿尔泰语的影响。据美国学者罗杰瑞考证，元朝时，蒙语、满语都有排除式和包括式的区别。另外，“SOV”句型的发展，也有可能受到阿尔泰语的影响（见〔美〕罗杰瑞著，张惠英译《汉语概说》，语文出版社，1995）。

再如，汉语中称“狗”的有两个词：一是“犬”（中古音 k^hiwen），一是“狗”（中古音 kəuː）。在口语中，一般不说“犬”，只有福建东北部有些方言还说。在汉朝以前，“犬”是基本词汇，因为这个字有清楚的汉藏语的来源（书面藏语：k^hyi；书面缅语 k^hwe）。而“狗”则是从苗瑶语祖先那儿来的早期借词，“狗”字的苗瑶语读音（klu）和孟语口语读音（kla）有关。可见，“狗”虽然早在《孟子》中就已出现，但当时并未成为基本词汇。后来。“狗”与“犬”的用法相竞争，

"狗"终于赢得了现在作为共同语的地位,"犬"则用于很小的范围。

(二)具有统一作用的汉字

秦统一了汉字,使全国"书同文",最终把我国黄河和长江两大文化中心统一起来。尽管各地的人对同一个字还是说不同的音,但汉字统一了全国的书面语,实际上也就是统一了古汉语和汉文化。同时,由于汉字符号的表义性使汉字表示的语素意义长期稳定,从而使汉语记载下来的汉文化作品具有长期稳定的延续性,这就形成了长达几千年的高度发达和统一的汉字文化。而汉字文化反过来也使汉民族的语言自古以来在长期发展中一直保持其稳定的延续性。

现代的汉语方言,更像是一个语系,公元前1000年的汉语,和现代的标准语的差别,至少像拉丁语和现代意大利语或法语之间的差别一样。之所以称为汉语,是因为从公元前3000年一直延续至今的深厚的中国文化统一体,即使在政治分裂的时期,那种文化上的一统的单一帝国理想,从没被忘却过。汉语,特别是它的书面语,一直是这个文化统一体的最有力的标志。由于汉字不反映不同时期、不同方言的具体读音,使人感到汉语是统一的,不变的。而过去各朝各代一直使用的书面语即文言文,变化也极小,这更加强了汉语是统一的、不变的这种看法。一般说来,汉语方言缺少历史的根基来成为一种文学语言,并和全国通用的共同语竞争。从实用的角度看,中国在很长一段历史时期内,只有两种书面语言,一种是以东周到汉这个时期的古代散文为基础的古典文学语言,一种是从唐代开始的白话文学语言。无论是古典的还是白话的文学语言,都有足够的威望来阻挡方言书面语的发展。不是说用方言写作的文学是没有的,但方言文学作品一向不被中国文人学士重视。在行政和商业的文献中,用非标准的方言来写的,也几乎看不到。即使在中国不统一的时候,也没有要确立以某个地方方言为基础的地区的书面语言这种企图。

(三)传入中国的佛教文化

佛教传入中国,有史可考的时期大约在汉武帝征服西域之后,佛教文化自此渐渐融入汉民族文化。魏晋南北朝时期,佛教思潮海陆并进,涌入中国,在北方更加上少数民族武力的推波助澜,佛教变成人们生活不可缺少的一部分。到唐朝,佛教大盛,玄奘在印度求得重要的梵文经本。从此佛学渗透到中国文化的各个领域,成为中国文化核心的一部分。

佛教文化对汉语的影响主要表现在三个方面。

1."四声"理论的建立

汉语声调"四声"的理论是受转读佛经的启示而建立的。由于双声、叠韵的原理逐渐为一般人所了解,同时梵文拼音学理又随着佛教文化传入中国,使一般人得到启发,在注音方法上由直音改为拼音,在东汉末年就产生了"反切"。

反切的注音方法，就是用上下两字来切成一个音节，如“红：胡笼切”。反切上字和所切字必定是双声的关系，下字和所切字必定是叠韵的关系。同时，反切下字又常常用来表示所切字的声调，二者之间又必定是“同调”关系。

类集双声的字，成为“声类”，从每一类中取出一字为代表，就成为声类的代表；部勒叠韵的字，就成为“韵部”，取一字作为标目，就成为“韵目”。

2. 书面语口语化倾向的产生

受梵文影响，自翻译佛经开始创立了白话语录文体，使书面语产生了口语话的倾向。为了宣传佛教教义，使目不识丁的平民百姓都能听得懂，一些僧人在翻译佛经时不得不放弃使用典雅的古文，而采用一种跟当时口语十分接近的文白相杂的文体。到唐五代时期，出现了不少用当时口语做基础，掺杂了一些文言成分的半文半白的俗文学作品，如僧人的白话诗、敦煌变文、禅宗语录等。

著名的白话文献有两种：①敦煌俗文学作品：经卷、文书；变文，即寺院里盛行的又说又唱的文学形式；话本等。②禅宗语录：《祖堂集》、《景德传灯录》、《五灯会元》等。在词汇上，由于佛教文化的输入，因翻译佛经而产生的大量的梵语系统的借词和译词，丰富了汉语的词汇，给汉语词汇的发展带来了历史性的转折。

3. 大量借词进入汉语词汇

(1) 扩大了汉语的基本词和根词。如“魔”、“心”、“色”等。

(2) 充实了汉语的日常词汇。如“世界”、“因果”、“实际”等。

(3) 丰富了汉语词汇的构造方式。如主谓式的增多，像“自在”等；比喻造词的发展，像“雀立”、“蚕食”、“云集”等。

(4) 加速了汉语词汇双音化的进程。佛经中有很多双音节词，如“修行”、“地狱”、“恐惧”、“微妙”、“救济”、“踊跃”等。

(四) 社会动荡带来的人口迁徙

从传说中的黄帝到清朝，中国境内曾出现过大大小小共八十多个王朝。割据和统一，依长江的南北对峙，北方王朝的南进等，分分合合的社会政治历史使社会动荡，人口迁徙。这样的结果对汉语的发展也产生了巨大的影响。

首先，汉民族融合了进入中国北部的异民族成员，这些融入的民族对现代汉语北方话的形成和变化产生了重大的影响。

其次，北方汉人的数度大规模南下，带来了不同时期不同地区的北方方言，散落到南方的许多区域。

再次，北方阿尔泰语和南方古越语从外部融入了汉语，使汉语内部发生了很大的方言分化。

公元4世纪，北方的匈奴、鲜卑、羯、氐、羌等五个少数民族相继在中原建立割据政权。经过二百年分裂后，中国重归统一，五个少数民族全部汉化。

公元7世纪，突厥和回讫也融入了汉民族，回讫族甚至还丧失了自己的语言和文字。

公元12世纪以后，金、元从漠北崛起，蒙古人统治了中国将近一百年，他们的语言对汉语也曾发生过很大影响。明帝国建立以后，留在中原和南方的蒙古人都被汉化。

清王朝的覆灭也使满族人的大部分融入汉族。这些政治因素都影响过语言，如北京城区话的形成。

北方汉人的数度大规模南下，使不同时期不同地区的北方人民散落到南方许多区域，逐渐形成了南方相互歧异而又内在一致的几个方言区。中国的历史上有过三次大的移民浪潮：

(1) 西晋末年的永嘉之乱带来的大移民，使汉语方言的地理布局初具面貌，奠定了赣方言和吴方言的雏形。

(2) 唐中叶的安史之乱带来的大移民，促进了湘语的发展，使赣方言基本形成，并使吴语和湘语分割开来。

(3) 南宋之际，移民大量南迁，使客家话最终形成，并南推到闽西南和粤东北，又在吴语之中形成了带有北方方言味的杭州话。

周秦时期，中原汉人第一次大规模移民岭南，之后，不断有汉人南移岭外。汉人依靠较高的文化，习俗影响不断扩大，使当地的土著逐渐汉化。作为交际工具的汉语，随着汉语进入南粤以后，由于山川阻隔，交通闭塞，和北方汉语越来越疏远，独自保留了较多的古汉语成分。

闽方言区的百姓是陆续从中原迁移而来的，始自秦汉，盛于晋唐。史书上曾记载西晋永嘉之乱时所谓的“衣冠八族”移闽的事实。闽方言是中原汉语和当地原有语言的不断接触融合和发展，最终形成的方言群。这个方言群复杂的语言面貌，使人难免怀疑闽方言是否直接继承了上古汉语的声母系统，而没有参与中古时期的汉语语音演变。

第三节 现代语言学和汉语的现代化

一、汉语研究和现代语言学

(一) 中国传统语言学的研究

中国传统的语言学研究的历史很悠久。汉语是从汉藏语系中分化独立发展起来的，作为记录汉语的汉字，是世界上历史最悠久、最古老的文字之一。在中国的历史上，产生了许多研究语言文字的专家学者，留下了为数不少的研究语言文字的著述。应该说，汉语是在承继的基础上发展起来的。

传统的语言学包括文字学、音韵学和训诂学，古称“小学”。

在中国传统语言学中，训诂学最早出现，这是合乎发展规律的。汉语的特点决定了这样一个发展道路。训诂学在汉代产生，是因为那时文字简化了，有了隶书，开始有了纸，距离以前的著述《诗》、《书》、《易》、《礼》、《春秋》的时代已经很远，社会上就有要求小学把训诂传授给人们，《尔雅》正是适应这种需要而产生的。当时国家崇尚经学，也是训诂学产生的原因之一。

字书的出现是标志着中国传统语言学中文字学的产生。汉字的形体和意义之间的关系非常密切。到了东汉中叶，隶书久已普遍流行，其字形较以前的字体发生了很大的变化，有些字已经看不出本来的形态，从而看不出本义来；又因为时代久远，古义晦涩，单靠古训汇编已经不能解决问题。在这种情况下，字书的产生可以说是学术发展的一种必然。许慎《说文解字》的诞生，是中国语言史上的一件大事，对后代语言的研究影响非常大。

探求汉语语源的专著《释名》，为汉末训诂学家刘熙所撰，从声音来释义，首创声训。但音韵学的真正发展则在南北朝之后。陆德明的《经典释文》和陆法言《切韵》的问世，说明反切之学已经兴起并被广泛应用；在反切的影响下出现的大量韵书，一为以建立音系为主要目的，一为以增字增训为主要目的。音韵学的产生和发展，说明人们意识到有声语言的重要性，意识到在研究文字的同时，还要研究文字所反映的声音。

中国历史上的清代，是小学研究的黄金时代。在文字方面、音韵方面、训诂方面，都有比较全面深入的研究。

在文字方面，《说文解字》的研究，在清代最为盛行。乾嘉间的《说文》之学，被认为是文字学的复兴。清代《说文》之学，大致可分为四类：第一类为校勘和考证；第二类是对《说文》一书的匡正；第三类对《说文》作全面研究，多所阐发；第四类为对先辈或同时代著作的补充订正。《说文》的专家有数十人，连稍有研究的人也计算在内，则多至二百多人。其中段玉裁、朱骏声、桂馥、王筠，被称为说文四大家，他们的代表著述分别为《说文解字注》、《说文通训定声》、《说文解字义证》和《说文解字句读》。

在音韵方面，清代学者用力最勤，成就也最大，这和顾炎武提出“读九经自考文始，考文自知音始”的启发有关。王国维对于清代的上古音研究有过高度的评价：“古韵之学，自昆山顾氏，而婺源江氏，而休宁戴氏，而金坛段氏，而曲阜孔氏，而高邮王氏，而歙县江氏。作者不过七人，然古音二十二之目，遂令后世者无可增损。"上述列举的七位:顾炎武(《音学五书》)、江永(《古音标准》)、戴震(《声韵考》)、段玉裁(《六书音均表》)、孔广森(《诗声类》)、王念孙(《诗经群经楚辞韵谱》)、江有诰(《音学十书》),是当时影响最大的学者。

在训诂方面,以往重形不重音的观点,自许慎时代开始,一直影响着中国文字学的研究。到了清代,学者们才认识到文字既是代表有声语言的,同音的字就有同义的可能;有这样的认识,才能讲清楚古代经史子集中许多难懂的字。"治经莫重于得义,得义莫重于得音",清代学者就是根据这项原则来进行训诂研究的。有突出成就的,除了段玉裁、朱骏声外,主要有王念孙(《广雅疏证》)、王引之(《经义述闻》、《经传释词》)、郝懿行(《尔雅义疏》)、俞樾(《群经平议》)等人。

(二) 现代语言学对汉语发展的影响

中国传统语言学研究虽然历史悠久,但是,它只是局限于文字和书面语言的研究,尤其着重于文献资料的考证和故训的寻求,这种研究比较零碎,缺乏系统性,因此,中国传统的语言学,往往被称作为语文学(philology)。这种"语文学"和严格意义上的语言学(linguistics)还是有区别的。语言学的研究对象是语言的本身,研究的成果可以得出科学的、系统的、全面的语言理论。

语法学的兴起标志着中国真正意义上的语言学的诞生。现代意义上系统的汉语语法研究是从马建忠的《马氏文通》(1898)开始的,而现代汉语语法的系统研究则是从黎锦熙的《新著国语文法》(1924)开始的。一百多年来,现代语言学对汉语的发展有着重大的影响,现代语言学的理论和方法已经被汉语研究的各个领域所吸收,所采用。

发端于古希腊、古罗马,盛行于 18 世纪后欧洲的强调"规范性"的传统语法,曾经长期影响过汉语语法的研究。黎锦熙的《新著国语文法》就是一部采用传统语法"中心词分析法"的语法书,在《新著国语文法》之后出版的许多语法专著,都采用了传统语法的观点。在中国影响深远的《暂拟汉语教学语法系统》(1956),就是采取传统语法的理论和方法的。

语言学中的结构主义是由瑞士语言学家索绪尔关于语言是一个符号系统的理论发展而来的。其中布拉格学派创立了系统的音位学学说,美国描写主义语言学派注重语言的形式分析。他们在研究中运用替换分析法、对比分析法、直接成分分析法等方法,系统地对语言单位进行切分和归类。结构主义理论和方法对汉语研究有很大影响,朱德熙的《语法讲义》(商务印书馆,1981)、胡裕树主编的《现代汉语》(重订本)(上海教育出版社,1987)和张斌主编的《新编现代汉语》(复旦大学出版社,2002),都注意吸收和运用结构主义语言学和描写语言学的观点和方法,是几部具有很大影响的大学教材。

20世纪50年代兴起的转换生成语法是解释性的语法。不过它解释的不是语言现象，而是语言能力。这种语法认为人们说出的句子千差万别，但都是由一定的规则生成的；认为有一种全人类的普遍语法，存在于人们的头脑中。转换生成语法的理论和方法正被广泛运用于电脑的信息处理、机器翻译和人机对话。中文信息处理也需要这种理论的支持。

二、汉语基础和汉语应用

（一）汉语三要素的关系

语音、词汇、语法是语言的三要素。

语言是一种特殊的社会现象，同社会的发展有密切的联系。由于语言各要素同社会的发展有不同性质的联系，各要素的发展速度是不平衡的。词汇，特别是词汇中的一般词，变化速度最快，在社会政治、经济发生重大变革的时期，这种变化就非常明显。古汉语中的许多词汇，如“众庶”、“冠盖”、“鄙夫”、“稼穑”等，在现代汉语口语中已经不用；近些年来的新词语也在不断地出现，如一些有关计算机的词汇“软驱”、“硬盘”、“内存”、“显卡”等，出现的时间都不长。至于词汇中的基本词，如“水”、“地”、“天”、“做”、“笑”等，许多世纪以来，则一直保留下来。语法的变化速度较慢，相对来说，语法内部句法的变化要稍快于词法。“五四”以来，现代汉语出现了一些新的句式，修饰语有加长的趋势，长句明显增多；而现代汉语的构词法变化不大，只是出现了一些新的后缀成分，如“～性”、“～手”、“～员”、“～迷”（如“思想性”、“舵手”、“学员”、“球迷”）等。语音在一般情况下发展也是很迟缓的，在共时平面一般不容易观察到语音的变化。可见，语音、词汇、语法三要素的发展是不平衡的。三者之间的关系可以概括为以下两点：

1. 语音、词汇、语法三要素彼此联系，三要素之间相互协调，相互制约，共同处在一个整体之中

（1）新词的构成必须符合汉语的构词规律。

（2）词和词之间必须按照汉语的结构规律才能组成句子，词汇必须经过语法的支配才能成为可以理解的句子。

（3）语音是语言的物质基础，是词和句子的物质外壳。

2. 语音、词汇、语法三要素是相互作用的。

（1）作为语音现象的轻声、儿化，具有辨别词义和词性的作用，对词汇和语法产生影响，例如“地方”（dìfāng）（与中央相对的行政区划）和“地方”（dìfang）（空间的一部分），“头”（脑袋）和“头儿”（领头的人），“盖”（动词）和“盖儿”（名词），这些词汇和语法上的差别，是通过轻声、儿化来体现的。

(2) 汉语语音音节结构发展单纯化的趋势，造成汉语词汇双音化的结果。从中古音发展到现代汉语普通话，入声韵尾(-k-t-p)失落，入声消失；-m 韵尾归并到-n 中；浊声母归并到清声母中。音节结构单纯化使同音词大量增加，词汇的双音节化是避免因同音词增加引起词义混淆的最佳方法，如："势-势力"、"逝-消逝"、"试-尝试"等。

(3) 词汇的双音节化促使了词义和词性的明确化。例如作为单音节词的"书"可以有多种意思，也有多种词性，双音节化之后，词义和词性明确了：当"理"成为"理论"、"理由"、"道理"、"条理"时是名词，当"理"成为"治理"、"整理"、"理睬"、"料理"时是动词。

(4) 语法中的语序规则也促使了词义和词性的明确化。有一些兼类词，如"端正"、"代表"一类，当它们独立存在时，很难确定它们的词义和词性；而当它们置身于一定的结构中同别的词进行组合时，从它们在具体结构中的功能就可以看出它们的词义和词性了，如"工作态度不端正的人必须端正自己的工作态度"、"教师代表代表教师在会上发言"。

（二）汉语基础和汉语应用

了解汉语语音、词汇、语法的性质、特点、结构和发展，了解汉语三要素之间的关系，是汉语基础的学习。语言文字学的基础学习非常重要。汉语的发展与现代科学发展的大背景有密切的联系，在当代社会里，我们必须联系现代科学的一些必要知识来学习和研究汉语。

语言文字学历来被认为是基础科学。但是近年来其中的一些分支学科的应用性越来越受到人们的重视。现实生活的深刻变化，特别是信息技术的发展，向语言文字学提出了解决种种问题的急迫要求。汉语的应用研究范围很大，"言其大者，以下三个方面是最重要的：中文信息处理，语文教学，社会使用"(许嘉璐《语言文字学及其应用研究》，广东教育出版社，1999 年)。因此，了解汉语应用的范围，熟悉汉语应用的知识，也是十分重要的。

计算机对语言文字的处理，其终极目标是对写在纸上的文字(真实文本)和发自口中的语言(自然语言)进行自动处理。例如，把完整的(包括成批的)书面语自动输进计算机，由计算机自动处理(摘要、分析、改写、翻译等)；人对着计算机说话，计算机把说的话在屏幕上显示出来，并能打印成文件，或自动应答。为了这个终极目的的实现，中文信息处理目前需要做大量的工作，许多工作和语言学密切相关，例如词的切分，词类划分，词的结构，短语结构，词义类型，词义搭配，词的语法属性；句法系统，句法和语义的关系，句法和语体的关系；普通话语音特征分析，语音识别，语音合成；语言环境分析，语体分析等等。语言学界在引进吸收西方语言学理论和方法的同时，还要重视与其他学科的交叉、渗透，要随时了解中文信息处理技术进展的情况。语言学的发展，必须与计算机技术结合。

语言规划实质上是政府或社会权威机构按照约定俗成、因势利导原则，对语言进行的一种人工干预行为，也是一项长期的、复杂的、面向未来的工程。它的决策和实施过程，会涉及社会政治、经济、法律、科技、文化教育、社会心理等种种因素。成功的语言规划必须尊重并且符合语言发展的客观规律，符合社会发展的需要。语言规划必须具有坚实的语言学(包括社会语言学、心理语言学、应用语言学)理论基础，同时需要社会学、管理学、经济学、人类学、信息学、心理学、统计学、民族学以及信息技术等方面的支持与指导。可以这么说，语言规划是一门新兴的多学科交叉的边缘学科。汉语的语言规划工作包括汉语普通话组成部分的进一步界定和研究，包括普通话等级标准和水平测试的研究，包括汉字字形、字量、字音、字序等方面的研究，包括术语的研究等等。

另外，在一些对使用语言方面有特殊要求的领域里，汉语的应用问题也很值得重视。例如法律语言的研究、广告语言的研究、教师口语的研究、广播电视语言的研究等，都是汉语应用研究中有待突破的问题。

练习

一、语言符号的能指和所指之间的联系是任意的，那为什么这种联系既经确定之后就不能随便改变？如何理解语言符号的任意性？

二、你是如何看待现代汉语形成中的历史文化背景的？语言和文化的关系是什么样的？

三、现代汉语有几大方言区？你所在的地方属于哪个方言区？你的方言在语音、词汇、语法上有哪些明显的特点？

四、南京话、合肥话、九江话、南昌话、杭州话、重庆话、成都话各属于哪个方言区的？有人认为杭州话属于北方话，你同意吗？为什么？

五、有人认为汉语的语序重要，不同的语序会引起意义的变化，如“我早来了——我来早了”、“不走出去——走不出去”、“出去跑——跑出去”。也有人认为汉语的语序不重要，语序比较灵活，如“我读过《红楼梦》——《红楼梦》我读过——我《红楼梦》读过(《水浒传》没读过)”、“客人来了——来客人了”、“一锅饭吃 10 个人——10 个人吃一锅饭”。你是怎样看待汉语语序的价值的？

第一章　对外汉语教学语法概述

第一节　什么是对外汉语教学语法

对外汉语教学语法是对外汉语教学的一个有机组成部分。从教学对象上来看,主要可以分为两类:一类是指对外国留学生的汉语语法教学,一类是指对从事对外汉语教学教师的汉语语法教学。因此,对外汉语教学语法主要是为从事对外汉语教学的教师编写的,同时也适用于具有一定水平的外国留学生,以及从事相关研究的人员。

一、什么是语法

"语法"一词有两个含义:一是指语法本身,即人们说话的规则,或者说是组词造句的规则,它是社会约定俗成的,是客观存在的、成系统的,也是每个使用该语法的人必须遵守的;二是指语法著作或者是语法学这门学科。由于语法研究者所持有的理论背景、目的、视角和方法不尽相同,对语法现象的描写和解释也会有所不同,因此,就会形成不同类型的语法理论和流派。

二、什么是教学语法

(一) 教学语法和理论语法、参考语法的关系

教学语法有的也称为规范语法、学校语法、课堂语法等。教学语法是在语法教学中使用的语法学及其语法书,教学语法针对的对象主要是中小学生,根据教学对象的不同,研究他们的学习重点、难点,以及解决的方式方法。教学方法、练习设计、考试等都属于教学语法的范围。20 世纪 50 年代中制定的《暂拟汉语教学语法系统》、80 年代初的《中学教学语法系统提要(试用)》、1958 年时代出版社出版的《汉语教科书》等都是教学语法。

理论语法也称为专家语法、语言学语法等。理论语法是对语法问题进行

专门的探索和研究，揭示语言中尚未被认识或认识不够充分的语法规则。理论语法贵在创新，强调有所发现，大至方法论、语法体系的探讨和建构，小至具体理论、方法的应用，都属理论语法的范围。吕叔湘的《汉语语法分析问题》、王力的《中国语法理论》、高名凯的《汉语语法论》、朱德熙的《语法答问》等都属于理论语法。

参考语法又称为习惯语法、描写语法等。参考语法主要研究某种语言中的特殊情况或习惯用法，尽可能做到描写分析全面详尽，一般不求系统和创新。由于参考语法必须把规则和用法条分缕析，所以往往分得很细，篇幅巨大。如英国的荷恩比等编写的 *English Sentence Patterns and Usage*，以及吕叔湘主编的《现代汉语八百词》等。

一般来说，教学语法大多是规定性的，而理论语法是研究性的。教学语法由于受到教学实际情况的限制，内容要求简明扼要、科学规范、稳妥贴切，往往会沿用旧的术语和体系，采用已有定论的或折中的说法。对一些理论问题、复杂问题或有争议的问题不作深入探讨。而理论语法往往借助于新的语言学理论和方法，对语言事实进行全面、细致的描写和解释，对语法理论进行广泛深入、多角度的研究探讨，往往不囿于成说，表现作者的独到见解。

教学语法和理论语法的联系也是十分密切的。理论语法是教学语法的基础，理论语法的研究成果和发展水平直接影响了教学语法的研究和发展水平；教学语法是对理论语法研究成果的普及、推广和应用，也是对理论语法的检验。理论语法的新成果可以丰富教学语法，教学语法提出的新问题又进一步促进理论语法的发展。

参考语法跟教学语法也有着密切的联系。由于教学语法主要是指明哪些现象合乎语法，哪些现象不合乎语法，而哪些现象合语法，哪些现象不合语法，则是参考语法的主要内容。语法规则的解释和说明，需要参考语法提供语言事实。参考语法的研究和发展可以促进教学语法的研究和发展水平；与此同时，教学语法的研究和发展也可以进一步推动参考语法的发展。

总起来说，理论语法和参考语法是教学语法的基础，教学语法是对理论语法和参考语法的普及、推广和应用，同时也是对理论语法和参考语法的验证。

（二）教学语法的特点

1. 规范性

无论什么样的教学语法，都是规范语法，即事先要有一个标准，告诉学生哪是正确的，哪是不正确的，什么是合乎语法的，什么是不合乎语法的。规范语法有两层意思：①教学语法不能只是一个语法流派或某一个人的语法理论、观点、方法，以及其对语言现象的描写和解释，而是根据当前语法研究的现状，对比较成熟的、已被多数人接受的语言现象的描写和解释，以及相关理论观点、方式方法的介绍，并对一些术语进行合理地吸收；②由于教学语法要对各种语言现象加以规范，所以，对一些语法学界存有分歧、甚至争论尖锐的问题，有时要采取折中的方法，甚至做出硬性的规定。虽然这样有些武断，但这也是语法教学难以避免的。随着语法研究的深入，有分歧的问题会逐步取得共识，教学语法中存在的问题也会随之得到修正、补充和完善。

当然，语法的规范化一定要避免绝对化、扩大化的做法。因为语言是不断发展的，有些原来比较规范的语法现象，可能变的不规范了；原来不规范的语法现象，有可能成为规范的了。

2. 稳定性

教学语法相对于理论语法的突出特点是稳定性。所谓稳定性，指的是按照教育学原则，教科书的内容应该是这门学科里已经有定论的东西。在汉语语法方面，要求教科书的每一个论点都是已有定论的，虽然有的语法问题目前尚无定论，不过，采用已经为大家所熟悉的一些讲法，总比采用还没有经过充分验证的新的讲法妥当些，这样可以使教学语法在一定的时期能够保持相对的稳定。教学语法之所以要保持稳定，是因为：教学语法面向的是广大的学生，影响广泛；在新理论、新观点、新方法层出不穷的今天，如果把一些尚未达成共识的东西写进教学语法，就会使教学语法显得比较混乱，而且也会使学生无所适从。

当然，稳定并不等于不变。随着理论语法和参考语法的发展，为了更好地适应语法教学，教学语法应该合理吸收那些已被社会公认的成熟的研究成果，不断充实和完善；另外，对一些不恰当的说法，或者处理不妥的地方，要加以修订，当然这要充分考虑教学语法的稳定性，以免造成不必要的混乱局面。

3. 可接受性

无论什么教学语法，都不可以把语法大纲、语法课本或者语法著作的全部内容，原封不动地编进教材或搬上课堂。教学的双方是教师和学生，教学语法的可接受性应从这两个方面来认识。一是教师的可接受性。教学语法体系应该是广大教师所熟悉的，容易接受的。从这一点出发，教学语法的修订应该保持语法体系的稳定性和连续性，在语法体系基本框架变动不大的前提下，对某些不合理、不恰当的内容作出必要的修改，这样便于教师掌握教材内容。教师不仅要对整个教学语法体系、语法内容了如指掌，而且还要熟悉教学规律、教学技巧，才有可能提高教学质量。二是学生的可接受性。要使学生对语法教材中的内容容易接受，语法教材必须具有很强的科学性、系统性和层次性，内容要循序渐进，重点突出，繁简适当，语言通俗易懂，表达深入浅出，生动活泼，避免枯燥乏味的抽象化、理论化的说教。而运用于教学实践，必须把系统性很强的语法大纲、语法课本和语法著作的内容化整为零；根据教学的需要，依据一定的原则，将语法系统切分成语法项目或语法点，重新进行编排，有计划地安排到普通教材的课文中去。

三、什么是对外汉语教学语法

对外汉语教学语法是针对第二语言教学的语法，是应用性的教学语法，学习的对象既可以是外国学生，也可以是从事或将要从事对外汉语教学工作的教师。对外汉语教学语法相应可分为学生用对外汉语语法和教师用对外汉语语法：学生用对外汉语语法，有的称为对外汉语语法、实用对外汉语语法、对外汉语实用语法、实用现代汉语语法等；教师用对外汉语语法，一般就称为对外汉语教学语法。第二语言教学是针对第一语言教学或者说母语教学来说的，第一语言教学语法又称为本体教学语法或本体语法。

为了对教师用对外汉语教学语法有一个更好的了解，有必要结合本体教学语法和学生用对外汉语语法进行比较说明。

（一）编写的目的不同

编写本体教学语法的根本目的是使学生通过对该语法的学习，熟练地掌握语法知识，提高运用母语的能力；编写学生用对外汉语语法的根本目的是让学生通过对该语法的学习，掌握语法知识，理解语法规则，进而理解目的语本身，并运用语法规则在交际中进行正确的表达，即从语法角度培养学生的语言能力和运用目的语进行交际的能力；编写教师用的对外汉语教学语法的目的是使从事对外汉语教学的教师可以进一步熟悉对外汉语教学语法体系，把握对外汉语教学语法中的重点和难点，掌握对外汉语语法教学的理论和方法，以利于更好地进行对外汉语语法教学。

（二）学习的对象不同

一般来说，本体教学语法和教师用对外汉语教学语法的学习对象是以汉语为母语的人，而学生用对外汉语语法的学习对象是外国人。前者和后者有两个不同点。

（1）学习的起点不同。在语法教学中，以汉语为母语的学习者已经具备了最基本的语言知识和言语交际能力，第一语言语法教学是在此基础上进行的学习语法知识、提高母语运用能力的教学；而第二语言语法教学的对象中绝大多数人对所学的目的语一无所知，没有第二语言的知识和言语交际能力，对他们的教学要从最基本的言语能力开始，从语法方面来说，就是要从最基本的遣词造句开始。

(2) 以汉语为第二语言的学习者还要受其母语迁移的影响。作为第二语言教学,不可避免地要受学习者母语的影响。这种影响既有正面的,起促进作用的正迁移;也有负面的,起阻碍作用的负迁移。因而第二语言教学要充分利用第一语言的正迁移作用,加快学习进程,提高学习效率,也要注意减少、削弱或消除第一语言的负迁移影响,使学习者能较为顺利地掌握第二语言知识,提高第二语言的运用能力。

（三）教学的内容不同

虽然本体教学语法、教师用对外汉语语法与学生用对外汉语语法三者都属于汉语教学语法,但在内容上不尽相同,具体表现在以下几方面:

(1) 重点和难点不同。汉语语法体系的基础部分,对三者来说都非常重要。但是,对于中国人,尤其是中小学生遣词造句时常犯的语法错误是本体教学语法的重点;而外国人学习汉语时经常出现偏误的语法点,则是对外汉语教学语法的重点。有些语法问题,如连词"和"、"跟"、"同"、"与"的异同,对中国人来说是难点,同样也是外国人学习汉语的难点;但是外国人学习汉语语法的难点,却不一定是中国人学习汉语语法的难点,如语气词"了"、"的"、"呢"、"吗"、"吧"、"啊"的用法,对于外国人来说,很难说清楚它们之间的不同,而中国人则能应用自如。外国人学习汉语的重点和难点通常表现在学习者母语中没有的或者是在意义和用法上存在差异的语言现象,一般说来,外国人学习汉语的重点和难点也是教师用对外汉语语法的重点和难点。二者只是角度不同而已:一是怎么教的问题,一是怎么学的问题。

(2) 内容的安排不同。一般说来,如果不是特殊需要,本体教学语法和学生用对外汉语语法的语法点不会集中在一起,本体教学语法知识点通常夹杂在平时的语文学习过程中,学生用对外汉语语法知识点夹杂在平时的语言学习过程中;而教师用对外汉语语法则一般需要专门集中时间进行学习,通过对一些语法点的比较、辨析,了解哪些语法点是外国人学习的重点和难点,掌握哪些语法点应该用这种办法教,哪些语法点应该用那种办法教,知道怎么让学生掌握巩固语法知识等等。

(3) 内容的深度不同。相对来说,由于教和学的角度不同,按照教育规律,教师用对外汉语语法的内容要比学生用对外汉语语法知识丰富得多,同样的理论、观点和解释的语言规则要深得多,而且还有一些教学方面的理论观点和方法措施等。

练习

一、平常所说的"语法"都有哪些意思？

二、教学语法与理论语法、参考语法有哪些联系？

三、什么是教学语法？教学语法有哪些特点？

四、对外汉语教学语法与本体语法有什么异同？

第二节 现代汉语语法的特点

一、现代汉语的语法单位

现代汉语语法有哪些基本单位，这些单位是如何确定的，这就关系到语法分析中的切分问题。我们知道，句子是语言的实际使用单位，人们要达到交际的目的，必须通过使用一个一个的句子进行；而什么是句子，怎么确定它，对我们来说并不困难，因为句子前后都有停顿、带有一定的语调、表达的意思相对完整。因此，要对语言进行语法分析，通常是从句子开始向下切分。例如：

Nǐmen chī pútao ma
你们 吃 葡萄 吗？

从语音上看，这句话前后有停顿，末尾语调上升，其中有的音节连读，有的音节分读，并且有轻重音的差别。这些语音标记对划分语法单位有帮助，根据这些语音标记，我们不能把这个句子切分为：

你——们吃——葡——萄——吗

也不能这样切分：

你——们——吃——葡——萄——吗

因为把"葡"和"萄"单独分开两个音节都没有意义；"你"和"们"分开虽然都有意义，但是表示第二人称复数时二者总是结合在一起。语言是一种符号系统，任何符号都包含形式和意义两方面，所以，语法单位不能按音节来切分，应当按照结构关系和语义关系来切分。在这个句子里，按照结构关系和语义关系可以分解出大小四种不同的语法单位：

你　们　　吃　　葡萄　　吗

通过上面的切分，我们可以得出：

“你”、“们”、“吃”、“葡萄”、“吗”是这个句子中音义结合的最小单位。我们把语言中音义结合的最小单位称为语素。

“你们”、“吃”、“葡萄”、“吗”是这个句子中最小的独立运用的单位。说它们可以独立运用，是因为它们可以被别的单位替换，如“吃”可以替换为“买/卖/浇/栽”等，“你们”可以替换为“他们/小王/老李”等，“葡萄”可以替换为“苹果/桃/李子/西瓜”等，“吗”可以替换为“吧/啊”等；说它们最小，是因为再向下切分成语素就不能独立运用了。

“吃葡萄”、“你们吃葡萄”是短语，它们是由词“吃”、“葡萄”以及“你们”组成的，“吃”和“葡萄”之间既有结构关系，也有语义关系；同样，“吃葡萄”和“你们”也可以组合在一起，具有结构关系和语义关系。我们把由两个或两个以上的词组合而成具有某种结构关系和语义关系的语法单位称为短语。

通过上面的分析，我们一共得到语素、词、短语、句子四级语法单位，它们一起构成了整个语言系统。

二、汉语语法的特点

外国人要想学好汉语，必须首先了解汉语的特点，而这些特点就是汉语语法与其他语言语法不同或差距很大的地方，特点是要通过比较才可以把它们找出来的。属于汉藏语系的现代汉语既可以与不同语系进行比较，也可以作为一种语言与不同语言进行比较；当然，现代汉语还可以与古代汉语进行比较。这里所说的汉语语法特点，主要是在与印欧语言相比较而形成的。总的来说，可以归结为以下几点。

（一）汉语缺少严格意义上的形态变化

汉语缺少严格意义上的形态变化，这是语法方面的主要特点。形态一般也称作词形变化，指的是当一个词进入句子时，为了表示某种语法关系、语法意义，这个词由原来的形式变化为另一种形式。形态标志在印欧语中是很丰富的，如名词有性、数、格的变化，动词有人称、时态的变化。英语里，名词复数一般用“s”表示：book—books（书），动词有性、时、态等。

汉语里缺少严格意义上的形态变化，有些词看上去类似形态标志，但是不典型。如“了”、“着”、“过”总是跟在动词之后，表示某种时态，可是，“了”、“过”

既可以附在动词后边，又可以附在动补结构后边，如“我看完了电影了。”“昨天他回来过一次。”“着”虽然只能附在动词之后，但附在动词“有”之后并不表示时态。可见，把它们看作形态标志是有困难的。

（二）词类和句子成分之间不存在一一对应关系

在印欧系语言里，词类和句子成分之间有一种简单的一一对应的关系。大致说来，名词跟主语、宾语对应，动词跟谓语对应，形容词跟定语对应，副词跟状语对应。如同下面图式所表示的那样：

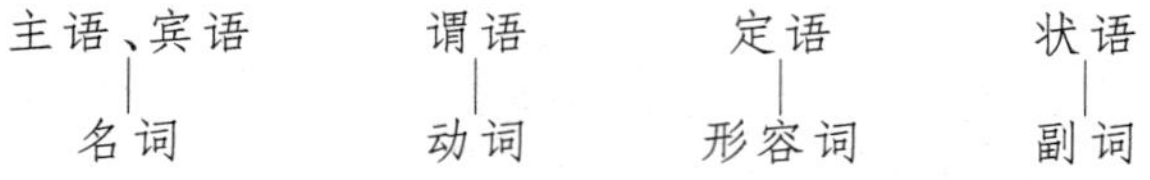

汉语词类和句子成分的关系是错综复杂的。除了有与上面图式表示的情况外，还存在下列情况：①动词和形容词可以做主宾语，②名词可以做定语，③形容词可以做谓语和状语，④名词在一定条件下可以做谓语。大致情况如同下面图式所表示的那样：

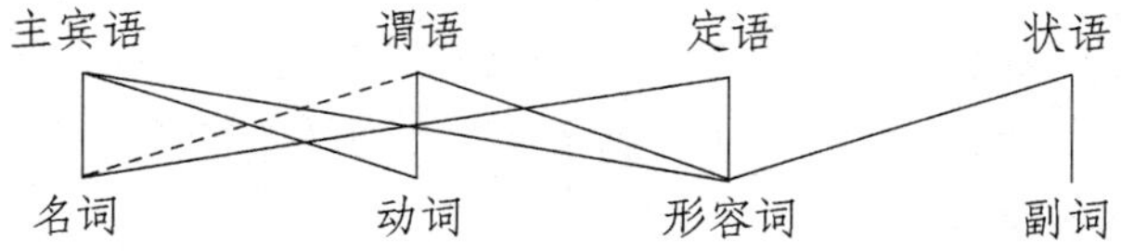

（三）语序和虚词是表达语法关系的主要手段

汉语的语序很重要，语序不同，语法关系会发生变化，词语、句子的意义也会有所不同。例如“走不出去——不走出去——走出去不——出去走不”是四种不同的意思，在交际中，除了语调外，全靠语序的变化表现出来。

汉语的虚词常常用来表示一定的语法意义，用与不用，直接影响到语法关系的改变和意思的表达。例如定语加不加上“的”，会有意义的差别：牛脾气≠牛的脾气，韩国朋友≠韩国的朋友；“他吃着饭”是表示一种持续态，说明“吃饭”这个动作正在进行，“他吃了饭”是表示一种完成态，说明“吃饭”这个动作已经完成。

说汉语的语序重要，并不是说屈折语（如英语、俄语）和黏着语（如韩国语、日语）中语序是不重要的，是可以随意变更语序的。只是因为英语、日语等语言可以利用屈折语或者黏着语的特点，来判定词在句子中担当的职务，没有必要过分强调语序的重要了。但对汉语来说，因为没有别的手段，语序就变得特别重要了。因此可以说，严格的语序是汉语语法的特点。

语序虽然能改变句子的意义，但并不是说词在句子中的位置就一定固定下来。有时候汉语的语序会显示出一定的灵活性。如：

你淋着雨没有——雨淋着你没有
他住在城里——他在城里住
借给他一笔钱——借一笔钱给他
我不吃羊肉——我羊肉不吃——羊肉我不吃

（四）助词是汉语特有的一类词

助词是汉语特有的一类词，在印欧语系中，没有跟这一类词相同的词。助词的主要特征是轻声和黏着，但它不是构词成分和构形成分，有相对的独立性。如“了”、“过”既可以黏附于词，也可以黏附于短语。语气词“的”、“了”、“吗”、“啊”、“呢”、“吧”等还可以黏附于整个句子。

（五）单双音节对词语结构有一定影响

在汉语里，单双音节对词语结构有一定影响。如往往将单音节的词凑成双音节的：单音的地名一定要带上类名，双音的就不需要，如“顺义”、“崇明”和“通县”、“泾县”，“日本”、“瑞士”和“英国”、“德国”。数目字也有类似的情况，一个月的头十天，必须说成“一号、二号……”，“十一”之后就既可以带“号”，也可以不带“号”了。

有些双音节词要求在它的后边跟它搭配的词也必须是双音节的，例如：

进行调查（*进行查）　　共同使用（*共同用）
加以整顿（*加以整）　　互相埋怨（*互相怨）

（六）有丰富的量词

英语和俄语都没有量词，数词可以和名词直接组合。日语中有量词，但远远地不如汉语那么丰富，使用范围也比较狭窄，如“人”的计数，只能用“人（にん）”这个量词；宽而薄的东西，只能用“枚（まい）”这个量词；细而长的东西，只能用“本（ほん）”这个量词。

汉语数词后的量词十分丰富。宽而薄的东西，可以用“张”、“枚”、“片”、“块”、“页”等量词；细而长的东西，除了可以用“根”、“支”、“枝”、“杆”、“棵”、“株”等量词外，还可以说“一管笛子”、“一节竹子”、“一条鞭子”、“一把尺”、“一枚钉子”等；以人作计数单位，可以说“这儿有几个人”、“我家有三口人”、“那儿有一帮人”、“从南边来了一伙人”、“我家来了好几位客人”，甚至可以用上“条”这个量词：“真是一条汉子”。

当然，可以针对性地把汉语和某种语言进行单独的语法对比，这样可以在小范围得出汉语语法的特点。这样做针对某些具体教学更有用，如通过对比汉韩、汉日语法，可以得出结论：汉语谓语动词处在宾语前面，而韩国语、日语的动词总是处在宾语的后面；汉语句子的否定通过把否定词“不”或“没（有）”

放在动词、形容词前面作状语来表示，而韩国语、日语通过把否定助词放在句尾来表示等。这些成果对韩国留学生、日本留学生的教学更有实效。

练习

一、汉语的基本语法单位有哪些？

二、怎么确定汉语的语法单位？

三、现代汉语语法相对于印欧语系来说有哪些特点？

四、掌握现代汉语特点对于对外汉语教学有什么好处？

第三节　对外汉语语法教学的地位和方法

教学语法和语法教学是既有区别又有密切联系的两个问题。教学语法是贯穿在语言教学过程中的语法，而语法教学指的是语法的教学过程。编写教学语法的目的是为了让教师教授语法和学生学习语法，语法教学的目的是为了让学生学会语法规则并能够很好运用。另外，两者的目标也不同，教学语法可以服务于教学活动，也可以专门为教授语法而作。但是一定不能把语言课中的语法教学混同于专门的语法教学。语言课中语法点的处理以学会运用为目的，不是以讲授语法为目的，因此课堂教学活动中，要以训练学生为主，教师只是辅导学生怎样学习语法。

一、对外汉语教学语法的地位

对外汉语教学语法是对外汉语教学中一个非常重要的组成部分。这是因为：

（一）掌握所学语言的语法规则是培养语言交际能力的基础

语言是受规则支配的符号系统，由词组成的句子可以有千变万化，但是，这些组合的规则却是有限的，正是通过这些有限的规则，词可以生成无限的句子。学习和习得一种语言的语法规则，对掌握一种语言可以起到以简驭繁、举一反三的作用，而且从某种意义上说，掌握了某一语言的结构和表达规律也就掌握了这种语言，否则，就不能算是掌握了这一语言。

（二）大多数第二语言教学法流派都比较重视语法教学

回顾第二语言教学的历史，绝大多数教学法流派都比较重视语法教学。

从最初的翻译法，到后来的直接法、听说法、视听法，以至近些年兴起的认知法、功能法，都十分注重语法的教学。其中最早的翻译法，甚至把语法教学作为语言教学的中心内容。

（三）成人学习第二语言更需要语言理论知识的指导

成人学习第二语言和儿童习得语言不同。成年人学习第二语言，已经超过了最佳语言习得的关键期（一般认为是 1 岁到 14 岁、15 岁），可塑性已经非常弱了。这就要发挥成人的优越性——演绎推理、抽象概括能力强，在学习过程中，能够充分概括和归纳，综合处理语言材料。这些优越性对于学习语法来说，极其重要。正是通过对语法规则的理解和把握，通过演绎、归纳、推理等抽象的心智活动，才能通过有限的规则生成无限的、合乎语法的句子。

在承认语法教学在第二语言教学中具有重要地位的同时，还必须明确语法教学不应占据教学的中心位置。因为对外汉语教学的目的是培养学生的语言能力和言语交际能力，语法教学只是培养这些能力的一种手段。

二、对外汉语语法教学过程中应注意的几个问题

（一）语法术语的表述

在语法教学过程中，尽量少用语法术语。但这不是说不使用语法术语，比如不讲词类、不讲主谓语等就无法讲语法。在教学中许多术语在外语中都有对应的术语，没有必要解释；不对应的术语，简单说明即可，没有必要详细讲解，因为我们是在教外国学生学汉语，而不是教汉语语言学。

另外，采用的术语要大众化、一般化。大众化指的是多数人能接受的；一般化则是指为一般语法体系采用的，而不是比较偏僻的术语。

（二）语法偏误的讲解

由于外国学生学习汉语时会受到母语的影响，如果一些汉语知识比较难理解，或者教师在讲解语法时表述不够充分，很容易导致他们产生语法偏误。对待语法偏误，不要像对待以汉语为母语的人产生的语法错误一样，轻易否定或直接改正。在纠正语法偏误时，也最好不要从理论或结论出发，而要从分析偏误的实例开始，通过列举一系列相关的正确和错误的例子，找出他们产生偏误的原因，一步步推进，直到能够真正理解和彻底改正。

（三）表述的浅化和简化

对外汉语语法教学中最难办的就是把那些研究得较深、较难的问题，用浅显易懂的语言讲出来，并采用适当的方法让他们理解，且能运用。这就需要教师在讲解语法知识前，对内容进行深入研究，反复琢磨，使所教的内容尽可能地浅化和简化。

三、第二语言教学流派语法教学采用的主要方法

第二语言教学只有一百多年的历史。一百多年来,先后出现了数十种教学法流派,这些教学法流派都比较重视语法教学,对语法教学有不同的处理方式。下面对一些有代表性的流派所采用的语法教学方法进行简单的介绍。

(一)翻译法

语法翻译法是最古老的第二语言教学法,在欧洲用来教授古希腊语、拉丁语,已有上千年的历史,它以系统的语法知识的讲解为主要教学内容,采用演绎法详细分析语法规则,并通过翻译练习加以巩固;强调学习规范的书面语,注重名著和原文。

(二)直接法

直接法19世纪末20世纪初产生于西欧,是与语法翻译法相对立的教学法。直接法以当代通用的活的语言为教学对象,以句子为教学的基本单位,整句学、整句用,在句子中学习单词和语音;以直接感知、模仿为主要教学手段,到一定阶段对语法进行总结和归纳,而不是先教语法。

(三)听说法

听说法产生于20世纪40年代的美国,该方法以听说领先,读写跟上;先教口语,后教书面语;以句型为教学中心,用模仿、重复和记忆的方式学习,通过句型操练掌握目的语;注重语言结构的对比,找出学习的难点,确定学习的重点。

(四)视听法

视听法20世纪50年代产生于法国,该方法利用电化教学手段使视觉感知和听觉感知相结合,创造接近于真实的情景,使语言和情景紧密结合;通过图像和完整的对话使语言要素在对话中被整体感知,教学顺序是先整体后部分:成段对话—句子—单词—语素。

(五)认知法

认知法20世纪60年代产生于美国。认知法以乔姆斯基的转换生成语法为语言学基础,该方法认为人类学习语言是一种有意识的创造性的运用过程,把培养语言能力放在教学目标首位,提倡演绎式教学,启发学生发现语言规则,提倡在理解语言知识和规则基础上进行操练,强调有意义的学习和有意义的操练,反对机械模仿。

四、对外汉语语法教学方法

一般提到的语法教学方法,有两个方面:一是课堂语法教学的基本方法,一是汉语语法规则的表述方式和方法。

（一）课堂语法教学的基本方法

从第二语言教学的历史看，课堂语法教学的方法大致可以归纳为以下三种。

(1) 演绎法。演绎法的特点是从语法规则到具体语言材料。在课堂上先讲解语法规则，再举具体例子，然后让学生按规则造句，这是一个从一般到具体的过程。这种方法对于语法讲解比较系统、完整，容易操作，用起来比较顺手，但是学生掌握的效果不一定好，主要是难以完全理解和正确运用。

(2) 归纳法。归纳法的特点是从具体材料到语法规则。在教学过程中，先让学生接触具体语言材料，然后再从具体语言材料中归纳出语法规则，这是一个从具体到一般的过程。这种方法针对性强，学生感兴趣，容易理解和记忆，但往往系统性、完整性不强。

(3) 类比法。类比法的特点是从具体语言材料到具体语言材料。不演绎，不归纳，而是教给学生范句或句型，通过模仿或替换练习让学生掌握语言技能。这种方法的好处是学生容易学会运用语法规则，缺点是不能形成一个理性的概念，对语法知识的掌握比较零散。

在第二语言教学的整个过程中，从开始到结束，单纯使用一种方法的情况很少；就是同一堂课，也不一定使用同一种方法。多数情况下是几种方法都用；或者以某种方法为主，其他方法为辅。

（二）汉语语法规则的表述方式和方法

语法规则的表述方式和方法跟课堂语法教学的方式方法有关，跟教材的关系更密切。不同的教材，因其教学指导思想或依据的语法理论不同，对语法规则的表达方式和方法也不尽相同。就目前的研究和观察看，常见的有以下几种方法。

(1) 文字描述法。在对外汉语语法教学中，最常用、最基本的做法是对语法知识进行文字描述，其他表示法通常也都要结合文字描述法。如对词类概念的描述：词类指的是词的语法分类，它反映了词的语法功能的类别，它以某种语言的全部词作为划分对象。再如对副词语法特点的文字描述：①都只能作状语，大多数副词可以充当句首修饰语；②副词是附着性的，大多数不能单用；③有一部分副词具有关联性作用，有的可以独用，有的可以合用，有的二者都可以，有的还可以和连词配合使用。

(2) 公式法。这种方法相对较少，仅用于表述某些句型或语法规则时。例如对“把”字句的句型描述：

把 $+ O_1 + V_R + O_2$（把车票还给他们）

这种方法的好处是突出形式特点,比较简明;缺点是比较抽象,与实际运用相差较远。

(3) 比较法。这种方法一般用于外国学生容易混淆的或者是用法比较接近的两个或更多的语法点的教学,通过比较找出两个或更多的语法点的异同。如对名词和区别词的比较,对“点儿”和“些”用法的比较等。

(4) 对比法。对比法指的是针对外国学生的具体情况而采用的一种教学方法。如以英语为母语的学生,对他们在汉语学习中的一些难点,在适当的情况下,可以采用汉英对比的方法进行讲授。如讲解指示代词“这”和“那”的用法时,可以对比英语中的 this/that/the 等。

(5) 图表法。对一些比较复杂的类别或规则,有时用列图表的办法来进行讲解。如介绍有关词的分类情况等。这种方法可以使学生对语法类别或规则一目了然,便于集中记忆。

当然教学方法多种多样,所谓“教无定法”,就是说可以针对具体情况,针对教材和学生的具体特点,采取一种适当的教学方法。

练习

一、为什么说语法在对外汉语教学中比较重要?

二、语法教学过程中要注意哪些问题?

三、课堂语法教学有哪些基本方法?

四、在对外汉语教学过程中,汉语语法规则怎样表述?

第二章 语素和词

第一节 语　　素

一、语素的辨别

什么是语素？语素是语言中最小的音义结合体，是最小的语言单位。比如“我是中国人”这个句子中就包含了“我”、“是”、“中”、“国”、“人”这五个语素。它们各自既有声音又有意义，比如“人”的语音形式是“rén”，它的意义是“能够制造工具并使用工具进行劳动的高等动物”；而且各自都不能再被分割为更小的音义结合体，所以各为一个语素。“人”的语音形式“rén”，虽然可以再分解为“r”、“e”、“n”等音位，但它们只有音，并不与特定的意义相联系，而“人”的意义虽然也可以分解为“能够制造工具”、“高等动物”等义素，但它们也不与特定的语音形式相联系，所以都不是语言中最小的音义结合体。

汉语中的语素大多是单音节的，当然，也有双音节或多音节语素，比如“踌躇”、“仿佛”、“烂漫”、“咖啡”、“巧克力”、“歇斯底里”等，这主要是连绵语素和音译语素。比如“踌躇”里的“踌”和“躇”，各自都只有音而没有义，“踌”和“躇”合起来才成为有意义的语言单位，即语素。

要鉴定多音节语言单位是一个语素还是几个语素，可以采用替代法，即用已知语素去替代某一片段（一般为双音节）中的构成成分以确定其是否为语素。比如“水果”、“防止”各为一个双音节的音义结合体，我们可以用替代法鉴定它们各是一个语素还是两个语素。

水果	水果	防止	防止
糖果	水车	禁止	防范
腰果	水枪	静止	防备
白果	水管	停止	防疫

由于“水果”、“防止”中的两个音节都可以分别被其他单位替换，而且替换后的结构都是音义结合体，所以它们各为两个语素。

运用替代法要注意以下两点。

首先这种替代必须是双向的。要确定一个双音节的语言片段包含两个语素，必须两端都能替换，如果只有一端能够替换，那么整个语言片段往往只是一个语素。比如“蜘蛛”的“蜘”可以被替换为“蛛网”、“蛛丝”等，但“蛛”却不能够被替换，所以“蜘蛛”只是一个语素，其他如“蝴蝶”、“骆驼”、“螃蟹”等也是如此。

其次必须保持替代前后意义的基本一致。比如：

沙发　沙发
沙土　出发
沙滩　开发
沙漠　迸发

虽然“沙发”这一片段的两端都能够被替换，但替换前后“沙”及“发”在各自的语言片段中的意义明显不同，所以这种替代也是无效的。“沙发”指一种坐具，是一个音译外来词(sofa)，为一个语素。

二、语素的分类

除了根据音节的多少可以把语素分为单音节语素、双音节语素和多音节语素之外，语素还可以进行以下的分类。

（一）成词语素和不成词语素

语素最主要的功能是构词，所以有人把语素叫做“词素”。根据语素的构词能力，可以把语素分为成词语素和不成词语素。能够单独成词的语素是成词语素。大多数成词语素如“人”、“好”、“下”、“走”等，既可以单独成词，又可以和别的语素组合成词。像“人”本身既可以成为词(如“人是一种高等动物”、“这里没人”等)，同时也可以和别的语素组合成“人民”、“人才”、“工人”、“别人”等词。不成词语素如“民”、“艺”、“们”、“者”等不能单独成词，只能和别的语素组合成词。像“民”本身不能单独使用，只有在和别的语素组成“民众”、“公民”等词后，才能够成为一个词，充当句子成分。

（二）定位语素和不定位语素

根据语素组合时位置的固定与否，可以把语素分为不定位语素和定位语素。与别的语素组合成词时位置可前可后的语素，是不定位语素，包括大部分的成词语素和一部分不成词语素，如以下的几个例子。

工：工人　工作　员工　打工

美：美好　美丽　完美　秀美

睡：睡觉　睡眠　昏睡　瞌睡

由于不定位语素的意义比较实在，在组合成词时，词义主要由它来体现，是词的核心部分，从构词角度来说，也可以称作为词根。

与别的语素组合成词时位置固定的语素是定位语素，定位语素都是不成词语素。由于定位语素往往只是表示某种附加意义，是词的附属部分，从构词角度来说，也可以称作为词缀。根据在构词时所处的位置，定位语素又可以分为前置定位语素（前缀），如“老（老虎、老鼠）”、“阿（阿姨、阿爸）”等，后置定位语素（后缀），如“子（本子、盖子）”、“头（石头、木头）”等，中置定位语素（中缀），如“里（糊里糊涂、傻里傻气）”等。

（三）名素、动素、形素等

根据语素所表示的意义，可以把语素分为名素、动素、形素、数素、量素、副素等。名素表示人或事物的名称，如“物”、“田”、“水”、“路”、“蝴蝶”、“阿司匹林”等；动素表示动作行为，如“飞”、“调”、“思”、“犹豫”、“徘徊”、“拷贝”等；形素表示性质状态，如“丽”、“峭”、“静”、“香”、“坎坷”、“窈窕”等。其他的数素如“一”、“五”、“千”、“万”、“百”等，量素如“个”、“张”、“辆”、“次”、“趟”等，副素如“就”、“才”、“常”、“很”、“不”等。

需要指出的是，所谓名素、动素、形素等只是根据语素本身所表示的意义而对语素所作的分类，如果这个语素能够单独成词，那么它作为词的词性与它的语素类型相一致。但当它与别的语素组合成词时，它的语素类型往往与那个合成词的词性并不一致：如“蚕”为名素，但合成词“蚕食”却为动词；“裁”、“缝”是两个动素，但它们构成的合成词“裁缝”却为名词；“高”是个形素，但它既可以是形容词“高明”、“清高”等的构成成分，又可以是名词“高度”、“高中”等的构成成分，还可以是动词“高涨”、“提高”等的构成成分。

三、音节、汉字与语素的关系

语素、音节、汉字三者之间有联系又有区别，关系比较复杂。语素是语言的最小单位，音节是语音单位，汉字是记录音节的书面符号。现代汉语语素绝大多数都是单音节形式，而一个音节在书面上又用一个汉字表示，所以一般情况而言，语素、音节、汉字是一致的，如“光”、“大”、“电”、“人”四个汉字，代表四个音节，同时也是四个语素。但三者之间又不完全对应，下面分别说明。

（一）语素与音节的关系

语素与音节之间的关系有如下几种情况。

（1）一个语素一个音节，即一个音节只与一个语素发生联系，如“收”、“森”、

“碰”、“能”、“怎”、“嗲”等。这种情况比较少，因为汉语语素很多，而音节只有1 300个左右，所以一个音节表示一个语素，那就无法把语素完全用音节表示出来。

(2) 一个语素多个音节，如“蜘蛛”、“马来西亚”、“沙发”，这里每个音节都没有意义，必须合起来才能表示一个语素。

(3) 一个音节表示多个语素，由于汉语音节数量有限，所以大多数音节都记录好几个语素，有些音节代表的语素多达几十个，如 yì、shì、zhì 等音节的语素都在 30 个以上。

(二) 语素与汉字的关系

语素与汉字之间的关系有以下几种情况。

(1) 一个汉字一个语素，如“灯”、“电”、“看”、“手”、“打”等，这种情况占多数。

(2) 一个汉字表示好几个语素，如“站(东站、站住)、弹(弹性、子弹)、斗(斗争、五斗)”。

(3) 几个汉字表示一个语素，如“沙发”、“吉他”、“阿拉伯”、“纽约”、“秋千”、“逍遥”、“槟榔”等。

(4) 单个汉字不表示语素，如“玻”、“璃”、“妯”、“娌”、“窈”、“窕”等，这种情况主要是连绵字和其他必须由多个汉字合起来才能表示一个语素。

第 4 种情况与第 3 种情况中的记录外来语素的汉字不一样，外来语素只是借用同音汉字来记录，这些汉字在记录外来语素时不能单独表示意义，不代表语素，但在其他场合仍然是语素，如“沙发”中的两字在“沙土”、“沙地”、“发展”、“发达”中都代表两个不同的语素，而第 4 种情况中的汉字在任何情况下都不能单独记录语素。

上述语素与音节、语素与汉字的关系合起来考虑，会形成如下表的各种情况：

名　称	语素	音节	汉字	例　字	字数	语素	关　系
同素同音同字	+	+	+	吃	1	1	单音字
同素同音异字	+	+	－	考/攷	2	1	异体字
同素异音同字	+	－	+	熟 shú/shóu	1	1	异读字
异素同音同字	－	+	+	花^1(花朵)花^2(花钱)	1	2	同音同形字
异素异音同字	－	－	+	乐 lè/yuè	1	2	多音多义字
异素同音异字	－	+	－	刚/钢	2	2	同音异形字

练习

一、试用替代法说明“精明”、“琉璃”、“电影”、“馄饨”各为一个语素还是两个语素。

二、简要说明汉语中音节、语素与汉字的关系。

三、使用替代法辨别语素需要注意哪些问题？

四、“名素就是构成名词的语素，动素就是构成动词的语素”，这种说法对吗？为什么？

五、“吓”在“吓唬”、“吓了一跳”中读“xià”，而在“恫吓”、“恐吓”中读“hè”，那么它们是否是同一个语素？为什么？

六、指出下面的汉字是否是同一个语素，并简要说明理由。

1. “米饭”中的“米”与“一米线”中的“米”；
2. “时装”的“时”与“平时”的“时”；
3. “站岗”的“站”与“车站”的“站”；
4. “一刻钟”的“刻”与“刻字”的“刻”；
5. “人口”的“口”与“一口锅”的“口”；
6. “登山”的“登”与“登记”的“登”；
7. “刚强”的“刚”与“刚才”的“刚”；
8. “头绪”的“头”与“一头牛”的“头”。

第二节 词的确定

一、词的定义

比语素高一级的语言单位是词。语素是语言中最小的音义结合体，而词则是语言中最小的能够独立运用的语法单位。比如“我是中国人”这个句子中，一共有五个语素，可是论起词来，却只有四个：“我”、“是”、“中国”、“人”。所有的词都是由语素构成的，“我”、“是”、“人”各是由一个语素构成的单纯词，“中国”则是由两个语素构成的合成词。再比如“你要多注意休息”中，一共有五个词，其中“你”“要”、“多”各是由一个语素构成的单纯词，“注意”、“休息”则是由两个语素构成的合成词。那么，为什么有的词是由两个语素构成，有的词却只是由一个语素构成呢？为什么“中国”、“注意”、“休息”各是一个词，而非“中国人”或“注意休息”各是一个词呢？

一般来说，词具有以下几方面的特点。

（一）词的语音形式是固定而单一的

词的语音形式是固定而单一的，这与语素不同。比如我们前面讲过的语素“巷”,单独看这个语素,既可以读“xiàng”,又可以读“hàng”,但是当它与别的语素组合进入词以后,却只能有一种固定的读音,“巷道”的读音只能是“hàngdào”,而“小巷”的读音又只能是“xiǎoxiàng”了。同样的例子如语素“薄”既可以读“bó”,又可以读“báo”,但一旦构成词,“薄弱”、“单薄”的读音只能是“bóruò”、“dānbó”,而不能是“báoruò”、“dānbáo”。此外,词的语音形式具有整体性,内部不允许有停顿,而短语则可以有内部的语音停顿,比如“中国人”,我们可以在“zhōngguó”与“rén”之间有短暂的语音停顿,“注意休息”我们可以在“zhùyì”与“xiūxi”之间有短暂的语音停顿,这也是我们之所以认为“中国人”、“注意休息”各是由两个词构成的短语的原因之一。

(二) 词的意义是明确而融合的

词的意义是明确而融合的,这与自由短语不同。一般地说,一个词的意义并不是其构成语素意义的简单相加,而是其构成语素的意义相互融合后产生的新义。比如“白菜”一词,语素“白”和“菜”的意义虽然也投射到词义中去,但“白菜”的意义也并非泛指一切“白的菜”,而是专指一种蔬菜;再比如“领袖”一词,其意义也并非“领(子)+袖(子)”的机械和,由于“领子”和“袖子”在一件衣服中的特殊地位,通过比喻联想,转而使得“领袖”一词具有了“国家、政治团体、群众组织等的高级领导人”的意义。特别需要注意的是,有些语素的意义在构词的过程中脱落了,这时如果再简单地按照构词语素的意义来理解词义,就更容易出现偏差,比如“忘记”只指“忘”,语素“记”的意义脱落,“国家”只指“国”,语素“家”的意义脱落等。

意义明确而融合,是词与自由短语的不同之处之一,自由短语的意义往往就是其构成部分意义的简单相加,比如“白布”的意义就是“白”的“布”,“吃饭”的意义就是“吃+饭”,同样是“烙饼”,当它是一个词的时候,指的是一种食物,当它是一个短语的时候,其意义就是“烙(动作)+饼(结果)”。

(三) 词的功能是定型而完整的

词的功能是定型而完整的,这与语素不同。词与语素的最大区别在于词能够独立运用,实词都可以充当句法成分,虚词不能充当句法成分,但可以表示相关的语法意义。而语素的功能则主要是构词,语素只有在成为词以后才能够单说或单独充当句法成分。成词语素之所以可以单独成词,就在于它们不与别的语素组合就可以独立运用,这样,成词语素实际上就有两重身份,比如“我”、“是”、“人”、“要”等,从语言中最小的音义结合体的角度来看,它们是语素,而从能够独立运用的最小单位的角度来看,它们则是词。

二、词的判定

词是最小的能够独立运用的语言单位。这个定义实际上就给出了我们判定一个语言单位是否是词的标准。词以"能够独立运用"的特点而与语素相区别,以"最小的"独立运用单位的特点而与短语相区别。具体说来,我们判定一个语言单位是否是词,可以运用以下几种办法。

(一) 问答法

能单说,也即能单独回答问题的是词。比如在"你和你的哥哥都去看电影吗?"这个句子中,"你"、"哥哥"、"去"、"看"、"电影"都可以单独成句,所以都是词:

谁来主持会议?——你。
你和哥哥谁胖?——哥哥。
明天的晚会去不去?——去。
这本书你看吗?——看。
你们在看什么?——电影。

(二) 剩余法

把一个句子中所有可以单说,即能单独回答问题的部分提取后,可以用剩余法确定其他成分是不是词。

首先,不能单说,但能单独充当句法成分的是词。比如还是在"你和你的哥哥都去看电影吗?"这个句子中,"都"虽然不能单独成句,但却可以在句子中作状语,所以也是词。

其次,把不能单说,也不能单独充当句法成分的单位提开,剩余的部分又不是一个词的组成部分的,也是词,虚词就是用这个方法来确定的。比如还是在上面的句子中,去掉可以单说的单位"你"、"哥哥"、"去"、"看"、"电影"和可以单独充当句子成分的单位"都",剩下的"和"、"的"、"吗"既不能单说,又不是某个词的组成部分,所以它们也是词。

以上的鉴定方法主要用来区别词和比词小的单位语素。至于词和比词大的单位短语的区分则可以采用下面的方法。

(三) 扩展法

某个语言单位中间不能插入别的成分也即不能扩展的是词,否则是短语。比如"大家"、"马路"、"重视"、"举重"等单位都不能扩展,所以都是词;而"大河"可以扩展为"大的河","写字"可以扩展为"写了字"、"写了三个字"等,"看报"可以扩展为"看了报"、"看了一会儿报"等,所以都是短语。

使用扩展法要注意的是:扩展之后不能改变原来的意义。比如"马路"如果扩展成"马走的路","大家"如果扩展成"大的家",意思就有了显著的不同,所以它们都是词。

有些同形的语素组合在不同的语义内容和句法功能上分属于词与短语,如前面提到的“烙饼”指一种食物时不能扩展，所以是词，作为一个动宾组合讲时可以扩展为“烙了一个饼”等，是短语。此类的再如“红花”，作为一种药材讲，不能扩展，是词；作为一般的红色花朵来讲，能扩展为“红的花”，则是短语。“头痛”表示“头部疼痛”的意思时，可以扩展为“头很痛”等，是短语，而在“这件事让人很头痛”中表示“感觉很棘手，不好办”之类的意思，不能扩展，则是词。

三、离合词

（一）定义及分类

我们说，词是一种意义固定而融合的单位，且在中间不能插入别的语言成分，即不能扩展。但是在词与短语之间实际上还存在着一些中间状态。像“理发”、“洗澡”、“睡觉”、“散步”等动宾式组合，宾语部分不能脱离动词部分而单独存在，且两部分都不大能用别的成分来替换，所以从这个角度来看，应该是词；但它们又都可以扩展，而且两部分的次序有时可以颠倒，根据这些，我们把此类语言单位叫做离合词，合的时候看成词，扩展以后的形式看作是短语。例如：

① 闭幕→闭了幕

② 参军→参过军

③ 放学→放了学

④ 办公→办着公/办了三个小时的公

⑤ 剪彩→剪了彩/剪过三次彩

⑥ 失业→失了业/失过业/失了三次业/失了半年业

⑦ 睡觉→睡着觉/睡了觉/睡了三个小时的觉/睡了一大觉/觉睡得好吗

⑧ 帮忙→给我帮了忙/给我帮着忙/给我帮过忙/帮我的忙/帮了一个大忙/帮倒忙/帮了一次忙/他的忙没帮上

⑨ 理发→理了发/理着发/理过发/理了半天发/理了一次发/发已经理了

通过以上的例子我们可以看出，虽然都是可以扩展的单位，但是离合词可以扩展的程度有大有小，有的只能做有限的扩展，只能在中间加上“着”、“了”、“过”，如例①、②、③，类似的例子再如“毕业”、“成人”、“到期”、“见效”、“建交”、“就业”、“留念”、“下班”等；有的扩展的自由度更大一些，可以在中间加上动量短语或时量短语，如例④、⑤、⑥，类似的例子再如“碍事”、“破产”、“称心”、“命名”、“服气”、“革命”、“害羞”、“值班”等；有的则可以非常自由的扩展，甚至可以把两部分的次序颠倒过来，如例⑦、⑧、⑨，类似的例子再如

“沾光”、“洗澡”、“照相”、“订婚”、“纳税”、“谱曲”、“捐款”、“打架”等。

(二) 离合词的用法

外国人在学习汉语的过程中,离合词是一个难点,学生经常说出下面的病句:

① 我今天见面了一个朋友。

② 我已经毕业大学了。

③ 他想帮忙我。

④ 她生气我了。

之所以会出现这样的病句,主要是因为学生对这类语言单位的用法不了解。离合词的用法主要体现在以下几个方面。

(1) 离合词后面不能带宾语。如果离合词所表示的行为涉及一个对象,往往用“介词+对象+离合词”的形式。例如:

① 毕业→从大学毕业/*毕业大学

② 道歉→向家长道歉/*道歉家长

③ 鼓掌→为她鼓掌/*鼓掌他

④ 结婚→跟女朋友结婚/*结婚女朋友

⑤ 吵嘴→和父母吵嘴/*吵嘴父母

有的可以把这个离合词所涉及的对象插入离合词中间。例如:

⑥ 请客→请老乡的客/*请客老乡

⑦ 吃亏→吃他的亏/*吃亏他

⑧ 丢人→丢你的人/*丢人你

⑨ 接班→接父母的班/*接班父母

⑩ 出丑→出我的丑/*出丑我

当然,有的两种形式都可以,例如:

⑪ 见面→跟朋友见面/见了朋友一面/*见面朋友

⑫ 帮忙→给他帮忙/帮他的忙/*帮忙他

⑬ 生气→跟她生气/生他的气/*生气他

⑭ 报仇→替师傅报仇/报了师傅的仇/*报仇师傅

⑮ 敬酒→向老师敬酒/敬老师酒/*敬酒老师

(2) 离合词与动量成分(如“一次”等)组合时,动量成分要插在离合词中间。例如:

① 结婚→结过三次婚/*结婚过三次

② 出事→出过好几次事/＊出事过好几次

③ 打架→打了两次架/＊打架了两次

④ 洗澡→洗了两次澡/＊洗澡了两次

⑤ 发火→发过几次火/＊发火过几次

(3) 离合词与时量成分(如“一天”等)组合时，有两种表达形式。第一种，是把时量成分放在离合词之后。例如：

① 出院→出院很长时间了

② 毕业→毕业一年了

③ 结婚→结婚三年了

第二种，是把时量成分放在离合词中间。例如：

④ 生气→生了半天气

⑤ 说情→说了半天情

⑥ 吹牛→吹了好长时间牛

同样是离合词与时量成分组合，但所表示的意思并不完全一样。有的表示动作完成以后持续的时间，如“毕业一年了”，有的则表示动作持续的时间，如“生了半天气”，这主要是与离合词的意义有关系。

练习

一、与语素和短语相比，词具有哪几方面的特点？

二、判定一个语言单位是否是词，可以从哪几个方面入手？

三、以词为单位把下面的这段文章分隔开：

他喝着牧民的奶茶，弹着轻快的冬不拉，走过风沙弥漫的戈壁，最后在新疆定居下来。那里流传着许多民歌，这些民歌深深地打动了他。于是他广泛地收集、改编，使这些民歌更加优美动听，很快在祖国各地流传开来。

四、“打针我”、“聊天他”的说法对吗？为什么？离合词的用法与一般的动宾式合成词有何不同？

五、现代汉语中离合词的存在是合理的，因为找不到恰当的同义形式代替它们。但这种情况又是有限制的，不能任意类推。下面句子中动宾式合成词的中间也插进了其他成分，你认为对吗？

1. 你昨天说过以后，我对他注了一下意。

2. 他考虑再三，终于投了那家工厂的资。

3. 为了让我学医，妈妈又动了我一次员。

第三节 词的构造

词都是由语素构成的。有的词是由一个成词语素构成的，这样的词叫做单纯词，有的词是由两个或者两个以上的语素构成的，这样的词叫做合成词。

一、单纯词

单纯词从音节的角度来说，可以分为单音节的、双音节的和多音节的三种。单音节的单纯词都既是语素又是词，如"人"、"我"、"走"、"跑"、"好"等。单音节词除了儿化的"花儿"、"鸟儿"等之外，基本上都是单纯词。

双音节和多音节单纯词虽然有两个或两个以上的音节，但每个音节只有记音作用，本身并没有意义，只有把这些音节连缀起来，才能表示一定的意义，进而成为由一个语素构成的单纯词。多音节的单纯词主要是音译的外来词，如"巧克力"、"歇斯底里"、"阿司匹林"、"萨其玛"、"苏维埃"等。

双音节单纯词共有以下三类。

（一）连绵词

两个音节连缀成义而不能分开去解释各个音节意义的词是连绵词。根据读音，连绵词可以分为三类。

1. 双声连绵词

指两个音节的声母相同的连绵词。如：

琵琶　慷慨　踌躇　伶俐　仓促　坎坷　惆怅　参差

"琵、琶"的声母都是"p"，"坎、坷"的声母都是"k"等。两个音节如果都是零声母，也归入双声，如"逶迤、犹豫"等。

2. 叠韵连绵词

指两个音节的"韵"相同的连绵词。如：

窈窕　迷离　娇娆　霹雳　徘徊　灿烂　苗条　翩跹

所谓"韵"相同，指的是韵母相同，如"灿"、"烂"的韵母都是"an"；或者是主要元音（即韵腹）和韵尾相同，如"徘"、"徊"的韵母虽然不完全相同（"徊"有韵头"u"，而"徘"没有），但它们的主要元音和韵尾都是"ai"。

3．其他连绵词

即非双声叠韵的连绵词。如：

蝴蝶　峥嵘　鹧鸪　芙蓉　鸳鸯　垃圾　妯娌　蜈蚣

这些词中两个音节的声母和韵母都不相同，如“蝴”、“蝶”的读音分别为“hú”和“dié”。

需要注意的是，连绵词是由音得义的，而不是由形得义的，所以同一个连绵词往往有不同的书写形式。如“辗转——展转”，“仓促——仓猝”等。

（二）音译词

音译词是用与外语词的读音相同或相近的汉字来翻译外语词而形成的单纯词。如：

沙发（sofa）　逻辑（logic）　芭蕾（ballet）　瓦斯（gas）　马达（motor）

音译词大多数来自印欧语，当然还有来自我国少数民族和其他民族语言的词，如“葡萄”、“苜蓿”等。

（三）叠音词

叠音词是重叠音节构成的词。如：

汹汹　洋洋　奶奶　猩猩　蝈蝈　淙淙　潺潺　饽饽

叠音词的单个音节在现代汉语中没有意义，或者意义与整个词的意义毫不相关，只有音节相叠以后才表示一定的意义，成为一个语素，进而成为一个单纯词。比如“奶奶”一词，单看“奶”也有意义，但“奶”的意义“乳汁”与“奶奶”的意义“祖母”毫不相关，所以“奶奶”只是由一个叠音语素构成的叠音词。

二、合成词

合成词的构造方式主要可以分为复合式、重叠式和附加式三大类。

（一）复合式

复合式合成词都是由词根加词根直接构成的，这是汉语词汇构成的基础形式。主要又有以下几种构成形式。

1．联合型

联合型由两个语素并列组合而成，又叫并列型。根据两个词根内部的语义关系可以分为同义、类义、反义、偏义四个小类。

（1）两个语素是同义或近义关系，可以互相注释、说明，词义与语素义的关系密切。如：

名素＋名素：途径　源泉　树木　泥土　头绪

动素+动素：脱离 斗争 解放 依靠 阅读

形素+形素：真实 美丽 广阔 孤独 奇怪

(2) 两个语素是类义关系。如：

名素+名素：眉目 江湖 骨肉 领袖 江山

动素+动素：飞跃 攻击 批改 跋涉 欺压

形素+形素：优异 庸俗 雅致 雄厚 爽朗

(3) 两个语素是反义关系。如：

名素+名素：矛盾 手脚 兄弟 表里 彼此

动素+动素：开关 买卖 始终 呼吸 教学

形素+形素：早晚 反正 是非 横竖 高低

第二组和第三组的词义不能从语素义来解释，两个词根结合起来表示一种同它们的语素义相关，但却更抽象概括的意义。如“眉目”不是“眉毛和眼睛”的意思，由于有了眉毛和眼睛，人面部的大体轮廓也就有了，所以“眉目”转而指“头绪”、“条理”。再如“矛盾”也不是“矛和盾这两种武器”，而是指“言语或行为前后抵触，对立的事物互相排斥”。

(4) 两个语素是偏义关系。如：

名素+名素：国家 质量 窗户 人物 舟楫

动素+动素：忘记 睡觉

形素+形素：好歹 干净

这类词往往只有一个词根的意义在起作用，另一个词根的意义完全消失，比如“国家”只有“国”的意思，“忘记”只有“忘”的意思，这类词又叫做偏义复词。

2. 偏正型

偏正型指的是前一个语素修饰限制后一个语素，后一个语素是中心语素，一般来说，决定这个词的词性。又可以分为以下几个小类。

(1) 以名素为中心语素的，多为名词，修饰性的语素表示性质、领属等。如：

名素+名素：火车 手表 会场 灯塔 人流

形素+名素：美感 香肠 曲线 新潮 小说

动素+名素：考场 食物 住宅 笑话 摇篮

(2) 以动素为中心语素的，多为动词，修饰性的语素表示方式、状态、程度等。如：

名素+动素：席卷 瓜分 蚕食 龟缩 林立

笔试　拳击　力争　午休　空袭

形素＋动素：重视　热爱　苦干　清唱　速记

动素＋动素：游击　代办　流动　合唱　混战

副素＋动素：暂停　再生　相爱　顿悟　互助

第一行“名素一动素”构成的动词，其语义特征是比况性的，可以解释为“像＋名＋那样地＋动”，如“席卷”义为“像席子那样地卷”，“龟缩”义为“像乌龟那样地退缩”等；第二行的动词，前面的名素表明后面动素所指动作的工具、方式、时间、处所等，如“笔试”义为“用笔试”，即“以书面方式进行考试、考核”，“午休”指的是“在中午休息”，“空袭”义为“在空中袭击”等。

“名素＋动素”除了可以构成偏正型复合词外，还可以构成主谓型复合词，区别的关键就是看名素和动素之间的相互关系，是“动素”陈述、说明“名素”的，为主谓型复合词，是“名素”限制、修饰“动素”的，为偏正型复合词。如“夏至”是“至”陈述“夏”，为主谓型，“夏收”是“在夏天收获庄稼”，为偏正型。

（3）以形素为中心语素的，多为形容词。如：

名素＋形素：火红　蜡黄　肤浅　笔直　雪白

形素＋形素：深蓝　嫩绿　微妙　大红　淡绿

动素＋形素：滚圆　透明　飞快　喷香　镇静

“名素＋形素”的偏正组合大都具有比况性的语义特征，比如“火红”可以解释为“像火那样红”，“肤浅”可以解释为“像皮肤表层那么浅”等。

3．补充型

补充型是指前一个语素是语义中心，后一个语素补充说明前一个语素。

（1）前一个语素表示动作，后一个语素补充说明动作的结果或趋向。如：

动素＋动素：扩展　合成　改进　说服　揭穿

动素＋形素：改善　说明　纠正　推广　扩大

（2）前一个语素表示事物，后一个语素表示事物的单位，这是一种比较特殊的补充型。如：

名素＋量素：车辆　书本　马匹　人口　信件

4．动宾型

动宾型是指前一个语素表示动作，后一个语素表示动作、行为所支配、关涉的对象。又叫支配型。如：

动素＋名素：关心　得罪　列席　司令　投机

动素十形素：吃香　失明　跳高　纳闷　举重

动素十动素：怀疑　抱怨　失眠　取笑　害怕

5. 主谓型

主谓型是指前一个语素是陈述的对象，后一个语素则是对前一个词根的陈述，又叫做陈述型。所构成的词以名词和形容词为多，动词少一些。如：

名素十形素：眼红　心酸　月亮　胆怯　年轻

名素十动素：地震　冬至　耳鸣　口吃　日食

（二）重叠式

重叠式是相同的词根语素重叠在一起构成的合成词。如：

名素十名素：哥哥　姐姐　妈妈　弟弟　星星

形素十形素：久久　隐隐　暗暗　好好　美美

副素十副素：偏偏　仅仅　刚刚　常常　稍稍

要注意双音节重叠式合成词与叠音式单纯词之间的差异，单音节形式无意义或意义与重叠形式的意义没有联系的，是叠音词；单音节形式有与双音节形式相关的意义时，是两个相同的词根语素构成的重叠式复合词。

（三）附加式

附加式是由表示具体词汇意义的词根和表示某种附加意义的词缀构成的合成词。现代汉语的词缀语素大都是由过去意义实在的词根语素虚化而成的，有些语素目前还处在由词根向词缀这一发展变化过程的中间阶段，相对于典型的词缀来说，意义还没有完全虚化，这些叫做类词缀。

根据词缀语素所处的位置，附加式合成词又可以分为以下几类。

1. 附加前缀

常见的前缀有下面几个：

第：第一　第二　第三　第二十五

初：初一　初二　初五　初九

老：老鼠　老虎　老鹰

　　老师　老爷　老外　老婆　老板　老乡　老鸨　老百姓

　　老张　老王　老李

　　老大　老三　老小

小：小张　小王　小李　小兰　小伟

　　小蜜　小丑　小姐

阿：阿姨　阿爸　阿哥　阿姐

阿英　阿Q　阿亮　阿明

“第”和“初”在与数字结合时表示次序，是序数的标志，不同的是，“初”后面的数字只限于“一”到“九”，而“第”则没有此限制。另外，要注意它们作为词根和词缀的差别，“及第”、“落第”中的“第”是“科第”的意思，“府第”、“宅第”中的“第”是“大宅子”的意思，都是词根；中学阶段的“初一”、“初二”、“初三”中的“初”是“初等”、“初级”的意思，为词根。

前缀“老”是名词的标志，口语色彩比较浓。放在表动物的语素前只限于“老鼠”、“老虎”、“老鹰”这三个，往往带有厌恶或恐惧的意味；可以放在表人的词根前，但类推性也很弱，有随便的意味；放在姓氏前面，是对人的一种比较熟稔的称呼方式，可无限类推；放在“老”、“二”、“三”、“小”等前面，表示排行。要注意的是“老人”中的“老”是“年岁大”的意思，“老家”中的“老”义为“原来的”，都是词根。

“小”放在人的姓或名前，“阿”放在亲属称谓或人名前面时，有亲昵或喜爱的感情色彩，但要注意，后面以跟单音节语素为常。

除了上面这些典型的前缀之外，常见的类前缀有以下这些：

准：准尉　准将　准宾语　准妈妈
类：类词缀　类人猿　类新星　类概念
分：分校　分会　分局　分厂　分册
超：超声波　超音速　超线性　超高温
单：单细胞　单晶体　单名数　单眼皮
双：双唇音　双学位　双丰收　双保险　双下巴
前：前清　前明　前总统　前科学
泛：泛灵论　泛神论　泛美主义
后：后现代　后印象派
次：次动词　次大陆　次范畴　次生矿
亚：亚硝酸　亚热带　亚健康
非：非会员　非导体　非卖品　非晶体　非婚生
反：反腐败　反贪污　反恐怖主义
半：半元音　半成品　半透明　半脱产　半封建

以上这些类前缀多能在英语中找到与之相对应的语素，比如“超——super”、“单——mono”、“双——bi/di”、“次——sub”、“反——anti/counter”、“半——semi”等。下面的这几个类前缀却是汉语中所独有的：

可：可爱　可怜　可笑　可耻　可口

伪:伪科学 伪政府 伪总统

自:自尊 自强 自立 自给 自救

打:打搅 打点 打扫 打消

见:见笑 见谅 见教 见怪

相:相逢 相处 相同 相依

2. 附加后缀

常见的后缀有以下这些:

子:鞋子 瓶子 刀子 棍子 屋子

推子 扳子 拍子 骗子 挑子

胖子 瘦子 矮子 聋子 傻子

头:石头 木头 砖头 骨头

上头 下头 里头 后头

念头 想头 盼头 看头

甜头 苦头 准头

实:结实 厚实 密实 严实 肥实

当:便当 满当 顺当 稳当

道:霸道 厚道 公道 老道

腾:翻腾 倒腾 折腾 闹腾

后缀"子"读轻声,词根加上它构成的词多表示名物。"子"加在名素后面时,词义主要由词根语素来承担,"子"已经没有什么实在的意义了,如"刀子"等;有些动素、形素后面加上"子"后就变成了表示名物的词,这时候"子"有帮助构成名词的语法作用,如"推——推子"、"矮——矮子"等。要注意,"孔子"中的"子"是"古代对男子的尊称","父子"中的"子"是"儿子"的意思,"莲子"中的"子"是"种子"的意思,"鱼子"中的"子"是"动物的卵"的意思,都不读轻声,是词根语素。

后缀"头"读轻声,词根加上它构成的词也多表示名物。放在名素后面时,或者没有意义,或者意义模糊,词义主要由前面的词根语素来承担,如"木头"等;放在方位语素后面,可以构成复合方位词;有些动素、形素加上"头"后就变成了表示名物的词,这时候"头"有帮助构成名词的语法作用,如"想——想头"、"甜——甜头"等。要注意,"秃头"中的"头"是"脑袋"的意思,"船头"、"山头"中的"头"义为"物体的前端",都是词根,不读轻声。

除此之外,"实"、"当"、"道"是形容词后缀,"腾"是动词后缀,加上这些后缀的词口语色彩往往比较浓,它们现在多不再能产生新词。

除了这些真后缀之外,汉语中常见的类后缀有以下这些:

家:作家　画家　文学家　舞蹈家　歌唱家　哲学家
师:教师　律师　医师　厨师　美发师
工:木工　钳工　电工　长工　瓦工
匠:木匠　瓦匠　泥水匠　教书匠
倌:羊倌　猪倌　堂倌　新郎倌
长:团长　校长　局长　厂长　秘书长　参谋长
员:党员　团员　队员　学员　运动员　服务员
星:明星　影星　歌星　笑星　球星
手:歌手　水手　舵手　选手　刽子手
者:作者　记者　笔者　编者　使者　旁观者
迷:歌迷　戏迷　影迷　球迷　舞迷
友:票友　校友　发烧友　网友
民:股民　难民　彩民　烟民
户:储户　个体户　暴发户　关系户
盲:文盲　法盲　色盲　电脑盲
夫:大夫　船夫　车夫　渔夫　懦夫
汉:好汉　懒汉　门外汉　男子汉
翁:富翁　渔翁　不倒翁　主人翁
族:打工族　追星族　上班族　挤车族
佬:阔佬　乡巴佬　美国佬
徒:赌徒　叛徒　歹徒　匪徒
犯:罪犯　惯犯　战犯　杀人犯　盗窃犯
蛋:笨蛋　混蛋　坏蛋　傻瓜蛋
虫:懒虫　糊涂虫　害人虫
棍:光棍　赌棍　恶棍　党棍
鬼:酒鬼　烟鬼　色鬼　胆小鬼　小鬼　机灵鬼　淘气鬼

以上这些为指人的类后缀。比起英语中的 er、or、ar、ee、ist 等词缀来,汉语中指人的类后缀含义生动形象,丰富多彩。比如同是画画的人,"画家"指在画画方面造诣高的人,能把画画当作一种艺术创造;"画师"指绘画技能娴熟的人,把画画当作一种技术;"画匠"则更常指把画画当作谋生手段的人。三个词所指的人的绘画水平一个比一个低。再比如同样是唱歌的人,"歌唱家"侧重在专业水平高方面，“歌星”侧重在因为唱歌而被众所周知方面，“歌手”则侧重在以唱歌为职业或有歌唱技能方面。上面的类后缀中，“佬”、“徒”、“犯”、“蛋”、“虫”、“棍”等带有贬义色彩，“鬼”做类后缀则既可以是贬义的，也可以是褒义的。下面是一些非指人的名词类后缀：

物：事物　礼物　刊物　植物　动物　读物
品：食品　毒品　作品　消费品　处理品
体：导体　晶体　固体　流体　气体
件：邮件　附件　零件　元件　标准件
器：乐器　木器　漆器　窃听器　吸尘器
具：文具　雨具　炊具　餐具　面具
机：手机　微机　拖拉机　游戏机　搅拌机
种：军种　人种　工种　剧种　语种
别：性别　国别　职别　派别　级别
处：长处　难处　益处　用处　苦处
度：高度　温度　密度　强度　速度
率：比率　概率　圆周率　出勤率　成活率
法：看法　想法　手法　枪法　讲法
线：防线　前线　封锁线　海岸线　生命线
带：温带　寒带　亚热带　隔离带　地震带
坛：歌坛　体坛　论坛　足坛　文坛　影坛
界：报界　教育界　宗教界　妇女界　文艺界
业：工业　农业　商业　餐饮业　旅游业
角：图书角　英语角　恋爱角
派：右派　托派　乐天派　保皇派　两面派
学：数学　文学　美学　化学　教育学　心理学
论：信息论　系统论　多元论　进化论　泛神论
观：道德观　人生观　审美观　价值观　世界观
气：娇气　傻气　孩子气　书卷气　学究气
感：语感　观感　自卑感　责任感　优越感
性：弹性　党性　柔性　科学性　传染性　创造性
热：汉语热　出国热　旅游热　考研热

非名词中也有一些带类后缀的：

式：西式　老式　填鸭式　三点式　便携式

型:微型　新型　重型　流线型　复合型

然:突然　猛然　依然　泰然　欣然　贸然

实:结实　厚实　密实　严实　肥实

腾:翻腾　倒腾　折腾　闹腾

悠:晃悠　飘悠　转悠　颤悠

化:绿化　美化　简化　欧化　现代化　自动化

上面的类后缀中,"式"、"型"主要用来构成区别词,"然"、"实"主要用来构成形容词,"腾"、"悠"、"化"主要用来构成动词。

除了上面说的这些后缀之外,汉语中还有不少跟在单音节形素后面的叠音形式后缀,具有较强的描写作用,主要用来构成状态形容词。例如:

溜溜:酸溜溜　灰溜溜　光溜溜　乌溜溜

乎乎:油乎乎　傻乎乎　黑乎乎　胖乎乎

冲冲:兴冲冲　急冲冲　气冲冲　怒冲冲

沉沉:黑沉沉　暗沉沉　灰沉沉　昏沉沉

油油:绿油油　黑油油　碧油油　青油油

3. 附加中缀

汉语中还有几个经常位于两个语素中间的词缀,即中缀"里"、"得"、"不"等。用"里"构成的常常是带有贬义的形容词。例如:

傻里傻气　土里土气　糊里糊涂　古里古怪

用"得"、"不"构成的词例如:

吃得消　来得及　对得起

吃不消　来不及　对不起

"得"和"不"在上面的例子中是词缀而不是词,原因就在于"得"和"不"是上面的词的一部分,把它们拿掉就不成词了,汉语中没有"吃消"、"来及"、"对起"之类的说法。而"吃得饱/吃不饱"、"写得好/写不好"、"算得准/算不准"等中的"得"、"不"都是词,因为去掉它们,"吃饱"、"写好"、"算准"等在汉语中仍然是可以说的。

关于汉语中的词缀,需要注意以下几点。

第一,汉语中地道的词缀不是很多,而类词缀却相当丰富,用例如上所述。

第二,汉语中的名词词缀(包括类词缀)占了绝大多数,而相对来说动词或形容词词缀则比较少。这种情况比较有利于从构词形式上去辨认词类。

第三,词缀不但可以加在单音节语素上,还可以加在词甚至短语上。例如:

界：文艺界　体育界　学术界

者：大国沙文主义者　反种族主义者

论：世界大战不可避免论

这实际上就把所附着的词或短语语素化了。

第四，汉语中的词缀，有的构词能力很强，特别是一些类词缀，可以不断产生新词，如“准”、“非”、“迷”、“族”、“盲”等；有的构词能力则比较有限，比如“初”就只能与一到十这几个数字结合，结合面比较窄。另外，即使是构词能力比较强的词缀，它能跟哪些词根语素组合，也是既有一定的规律可循，又有较强的约定俗成性的，不能随便类推。所以对于汉语词缀的掌握，是需要一个一个地去具体落实的。

总之，确定合成词的结构类型，要了解清楚各个构词语素的意义和作用，不能只根据字面上的意义。比如“雪白”义为“像雪那样白”，“笔直”义为“像笔那样的直”，其中的“雪”、“笔”分别修饰“白”、“直”，因此这两个词是偏正型而不是主谓型复合词。从另一方面看，有些合成词的来源比较复杂，组成它的语素的意义有的很难说清楚，因此词的结构类型不太容易确定。如“丁香”、“沉着”、“感冒”等。

由三个以上语素构成的合成词的内部构造是有层次的，各个层次都有自己的结构方式。比如“照相机”一词，先是“照”和“相”两个语素结合构成动宾型的复合语素，然后再与“机”结合构成偏正型的复合词；“英雄榜”一词，先是“英”和“雄”两个语素结合构成联合型的复合语素，然后再与“榜”结合构成偏正型的复合词。我们必须按照不同的构词格式逐层分析，才能弄清楚它们的结构层次关系。

三、简称

由于语言交际的经济性原则的作用，在语言的使用过程中，复杂的短语特别是表示事物意义的短语，有时又可以被减缩为一个比较简短的形式，这就是我们通常所说的简称。如“中国人民政治协商会议”可以减缩为“政协”。总体来看，短语缩略为简称的常见形式有下列几种。

（一）提取型

提取型即提取出原词语中有代表性的语素组成简称。又有不同的情况。

（1）由原词语各词的第一个语素组成。例如：

科学技术→科技　　家用电器→家电

附属中学→附中　　北京大学→北大

（2）由原词语前词的前一个语素和后词的后一个语素组成。例如：

军人家属→军属	空中小姐→空姐
高等院校→高校	归国华侨→归侨

（3）原词语前词的后一个语素和后词的前一个语素组成。例如：

工厂矿山→厂矿	人民警察→民警
物理化学→理化	对外贸易→外贸

（4）由原词语各词的后一个语素组成。例如：

电影明星→影星	等待就业→待业

（5）包含外来词的名称可以只取外来词的头一个语素化音节。例如：

奥林匹克运动会→奥运会	呼和浩特市→呼市

以上所举的例子都是由两个词组成的短语的简称，再如三个词以上的：

上海师范大学→上师大	文学、历史、哲学→文史哲
外语教学与研究出版社→外研社	中国语言文学系→中文系

另外，有的短语的提取型简称形式会改变原有语素的顺序，例如：

第九国营棉纺厂→国棉九厂	第三女子中学→女三中

（二）截取型

截取型即截取原专用短语的一部分来代替整个短语。分为两种：

（1）取原短语的后一部分。例如：

中国人民解放军→解放军	中华人民共和国国务院→国务院

（2）取原短语的前一部分。例如：

新疆维吾尔自治区→新疆	清华大学→清华

（三）共戴型

共戴型是几个并列结构共用最后的那一个相同的语素，而把重复的省略掉。

理科、工科→理工科	海军、陆军、空军→海陆空军
离休、退休→离退休	中医、西医→中西医

（四）数括型

数括型是根据原来共同结构的项数和它们共同的语素或语义特征来进行

概括。又包括两种：

(1) 项数加共同语素。例如：

包修、包退、包换→三包

工业现代化、农业现代化、国防现代化、科学技术现代化→四化

开口呼、齐齿呼、合口呼、撮口呼→四呼

瞿塘峡、巫峡、西陵峡→三峡

(2) 项数加几个结构共有的语义特征。例如：

酸、甜、苦、辣、咸→五味

耳、鼻、口、目、舌→五官

金、银、铜、铁、锡→五金

《大学》、《中庸》、《论语》、《孟子》→四书

词语的简称，给人们的语言表达带来了方便，但要注意必须按照表意明确和约定俗成的原则来进行，不能只图个人方便而任意生造。

简称本来是全称形式的临时替代，在正式场合往往要用全称。但有一部分简称在长期使用中逐渐固定下来，它的全称反而很少用，这种简称就有可能成为一个词，它们的结构分属于合成词结构的各个类型。所以，从这个意义上来说，短语缩略为简称也是构造合成词的一种方式。

练习

一、简称的构成方式有哪些？试举例说明。

二、举例说明叠音词与重叠式复合词有何异同。

三、指出下列的双声词、叠韵词、音译词。

吉普　吩咐　骆驼　蟑螂　犹豫　孑孓　婆娑

腼腆　涤纶　拮据　扑克　蜘蛛　唠叨　咖啡

四、指出下列复合式合成词的结构类型。

抽样　海啸　戒心　窍门　伤心　冒险　突破

证实　有限　开明　良心　纺织　公审　钟点

扭转　卷尺　银两　规定　雪耻　削弱　内疚

习惯　枪支　珍宝　推翻　瓦解　心肠　事变

五、指出下列各词中的“老”、“子”、“头”哪些是词缀，哪些是词根。

老兄　老家　笛子　瓜子　花头　插头

第三章 词 类（上）

第一节 词类概说

一、词类和词性

给词分类，可以从不同的角度出发，将词分成各种不同的类别。比方说，我们可以从音节的多寡入手，将词分为单音节词和多音节词；可以根据构成词的语素的多少，将词分成单纯词和合成词；也可以按照词在使用中重要性的不同，将词分为基本词和一般词；还可以把词的语体风格作为标准，将词分为书面词和口语词。我们这儿所说的“词类”，是词的语法类别，是以词的语法功能作为标准分出来的类别；而词性，则是指这一类词的语法特征，也就是这一类词所具有的语法功能。

词类和词性是两种不同的概念。词类是词的分类的结果，是以全部词作为对象的；而词性则是归类的结果，是以个别词作为对象的。词的分类和词的归类的标准都是一样的，都是词的语法功能，所以从这一点说，这又是既有联系又有区别的两个概念。例如我们把一个具体的词（例如“桌子”），根据它表现出来的一系列语法特征归入到某个词类（例如“名词”）中去。因此，我们可说“××词”具有“××词性”，而不能说“××词”具有“××词类”；也只能说“××词类”具有什么语法特征，而不能说“××词性”具有什么语法特征。“词类”和“词性”是一组容易混淆的基本概念，把这一问题搞清楚是十分必要的。

二、划分词类的标准

语法上给词分类，可以采取不完全相同的标准。有从词表现出来的类别意义这一点出发给词分类的，也有从词的外部形态变化这一点出发给词分类的，而本教材则是以词的语法功能作为分类依据的。

从意义出发给词分类,并不是没有一点理由的。语法性质相同的词,意义上往往有共通之处,例如"人"、"学校"、"桌子"等表示事物,它们都是名词;"走"、"喜欢"、"生长"等都表示动作、行为、变化,它们都是动词;"红"、"漂亮"、"干净"等都表示性质、状态,它们都是形容词。这种方法带有一定的直观性,所分出来的类大体上也差不离,因此有不少人对一个词进行归类时往往首先从意义上考虑。但是,我们不能反过来说表示事物的词是名词,表示动作、行为、变化的词是动词,表示性质、状态的词是形容词,因为这种以意义作为标准区别出来的类别,不是词的语法上的分类,而是一种逻辑上的分类。这样,分类的结果,有时会和词在语法结构中所具有的语法性质不一致。例如"红"和"红色",从意义上看都是说的"颜色",但"红"可以做谓语("花儿很红"),可以受"很"修饰(很红的花),还可以重叠(红红的脸),是个形容词;而"红色"却只能作主语、宾语,不能受"很"修饰,显然不是形容词,而是名词。这样看来,从意义出发给词分类,是不能达到语法类别的要求的,也是行不通的。

那么,从词的外部形态出发给词进行分类,是否可行呢?我们说,对于汉语来说,这种分类方法也有不少缺陷。西方语法以形态变化作为划分词类的依据,这是因为西方语言的形态变化比较丰富。例如英语根据是否有"数"的变化(如复数加词尾"-s"),从而把 hat(帽子)、tree(树)这类词归为名词;根据是否有"时"的变化(如过去时加词尾"-ed"),从而把 collect(收集)、remember(记忆)这类词归为动词,等等。但是,汉语缺乏严格意义上的形态变化,也就是说词的形态变化很少或者很不完全,比如名词加"们"这种"数"的变化就缺乏普遍性和强制性,非生物名词复数不能加上"们",有生物名词表示复数也不一定非得加上"们","工人们和农民们"是复数,"工人和农民们"也是复数,"工人和农民"同样可作为复数。因此,以形态为标准的分类方法,在汉语的词类划分上就发挥不了太大的作用,而且说到底,形态只不过是功能的一种标志而已。

这样看来,对汉语来说,划分词类的标准只能是词的语法功能了,词的语法功能就是词的组合能力。具体地说:

(1) 词的语法功能首先表现为能不能充当句法成分,能够单独充当句法成分的,是实词,不能够单独充当句法成分的,是虚词。

(2) 实词的不同的语法功能表现为词和词的组合能力上:哪些词可以同哪些词组合,怎样组合,组合起来发生什么样的关系,哪些词不能同哪些词组合。通过这样的区别,划分出实词的不同类别。

(3) 虚词的语法功能表现在它同实词或短语的关系上:能与哪些实词或短语组合,组合后发生什么关系,在组合中处在什么位置上,这里表示出虚词的不同类别来。

词的语法功能，也就是词和词之间的组合能力，有的语法书上也称作为语法性质，用现代语言学的术语来说，词的语法功能就是指词的语法分布(distribution)。

三、现代汉语词的分类

词的分类是逐级进行的。首先根据词能否充当句法成分，将词分为实词和虚词两大类，另外，将叹词、拟声词作为即不属于实词又不属于虚词的特类处理。然后，对实词的下位层次再进行分类，根据实词在句法结构中表现出来的不同的组合能力，分成体词、谓词、加词三类，同时又把代词独立于体、谓、加三类词之外，这样的词类系统，与大多数语法书上的处理方法不尽相同。

（一）为什么要实词三分

传统的做法是实词二分，分成体词、谓词两类，将主要功能是经常做主语、宾语，一般不做谓语的词归为体词，将主要功能是做谓语的词划为谓词。但二分的结果会产生如下矛盾：

(1)“男”、“女”、“金”、“银”、“新式”、“固有”这样一些在有的语法书称为“非谓形容词”的词应该归在哪一类呢？这些词既不能做谓语，也不能做主语和宾语，自然不应该归属于谓词或者体词。但是，要把这类词“剔到”虚词中去，显然又是不合理的，因为这类词也能作句法结构的成分。

(2)实词二分的标准过于狭窄。一个词在句法结构中可以充当的成分并不限于主语、宾语和谓语，定语、状语和补语也是句法结构的成分。因此，对实词的考察应该更加全面些，不应把副词划到虚词中去。

如果采取实词三分的方法，上述两个矛盾就能得到较好的解决：将体词的主要语法功能看成作主语、宾语，很少作谓语；将谓词的主要语法功能看成是作谓语；将加词的主要语法功能看成为不能作主语、宾语，也不能作谓语，只能作修饰语。实词三分的长处在于：第一，处理比较合理，符合词类客观的分布状况；第二，标准比较简单，学习者容易掌握。

根据实词在句法结构中表现出来的不同的组合能力，分成体词、谓词、加词三类，同时又把代词独立于体、谓、加三类词之外。

所谓的体词，是指主要充当主语、宾语，一般不作谓语的一类词，如“人”、“车”、“明天”、“现在”、“郊区”、“上海”、“十”、“百”、“两”等；

所谓的谓词，是指主要作谓语，有时也作主语、宾语的一类词，如“吃”、“玩”、“是”、“有”、“干净”、“好”、“雪白”等；

所谓的加词，是指不能作主语、宾语，也不能作谓语，只能作修饰语的一类词,如“大型”、“彩色”、“男”、“女”、“很”、“最”、“难免”、“莫非”等。

(二)为什么要将叹词、拟声词作为不属于实词和虚词的特类处理

以往的做法,有将叹词、拟声词作为虚词来看的,也有将这两类词作为实词来看的。我们认为,不管将叹词、拟声词归入虚词也好,还是将这两类词归入实词也好,都是一种为了服从实词、虚词二分的权宜做法,因为这两种词在句子中通常不跟其他词发生结构关系。尽管拟声词有时也能充当定语(嘀嗒嘀嗒的小闹钟)、状语(哇哇地哭)、补语(震得哗啦啦的),但这种用法不能算作拟声词的主要语法功能。将拟声词与叹词放在一起处理,也是合适的。我们不囿于实词、虚词二分的框架,将这两类词作为特殊类看待,应该说是更加符合各种词类的客观分布,更加体现了分类标准的一致性。

(三)为什么要将代词独立于体词、谓词、加词之外

代词是一个比较特殊的词类,虽然成员不多,可是相当杂,原因是代词不是按照语法功能分出来的类。代词的最主要作用是替代性,可以替代名词、动词、形容词、数词、量词、副词等,代词所替代的对象不同,语法功能也不同,有的跟名词相当,有的跟形容词相当、有的跟副词或数词相当,个别的跟动词、量词相当。可见代词中的各个成员缺乏共同的语法功能。代词之所以独立出来,自成一类,是因为这些词有一个共同的特点,即它的替代作用。有人认为其他词类是竖着分出来的,而代词是横切一刀切下来的,这种比喻是很贴切的。

有一点要引起注意,虽然体词、谓词、加词的语法特点在代词这个类别中都能得到反映,但对于每个具体的类成员来说,却只能也只应该体现出体词、谓词、加词中某一类词的语法特点。汉语中词的分类情况见下表。

<table>
<tr><td rowspan="13">词类</td><td rowspan="7">实词</td><td rowspan="3">体词</td><td>名词</td><td rowspan="7">代词</td></tr>
<tr><td>数词</td></tr>
<tr><td>量词</td></tr>
<tr><td rowspan="2">谓词</td><td>动词</td></tr>
<tr><td>形容词</td></tr>
<tr><td rowspan="2">加词</td><td>区别词</td></tr>
<tr><td>副词</td></tr>
<tr><td rowspan="4">虚词</td><td rowspan="2">关系词</td><td>连词</td></tr>
<tr><td>介词</td></tr>
<tr><td rowspan="2">辅助词</td><td>助词</td></tr>
<tr><td>语气词</td></tr>
<tr><td>叹词</td></tr>
<tr><td>拟声词</td></tr>
</table>

四、词的跨类问题

现代汉语中，有些词由于特殊需要，会出现跨类现象。常见的跨类现象有四种。

（一）兼类词

兼类词指的是一个词同时属于两类或更多的词类，也就是说，某个词具有不同词类的词性，但无论属于哪种词类，词汇意义都没有改变。例如“代表”既能够直接修饰名词（代表资格），也可以受名词修饰（党员代表），还可以带宾语（代表人民的利益）。前两点属于名词词性，后一点属于动词词性，所以“代表”兼属于名词和动词两类。

（二）同音词

同音词指的是两个词发音相同，书写相同，但词汇意义上没有什么密切联系，语法上属于不同类别的词，大多语言里同音词很多。例如“光”作名词指的是一种物质形式（太阳光）；作形容词指的是“光滑”的意思（脸刮得很光）；作动词指的是“露着”的意思（光着头）；作副词是“只”的意思（光靠你们恐怕不行）。

（三）词的活用

词的活用是指某个词本来属于“×类词”，但由于特殊表达的需要，被用作另一类词。例如：

① 我不怎么喜欢猫，我喜欢狗。（疑问代词“怎么”活用为程度副词）

② 别太近视眼了！（名词“近视眼”活用为形容词）

（四）词的借用

词的借用指的是某个词本来属于“×类词”，但是，由于表达的需要，偶尔被借用为另一类词，而且这种用法比较普遍。本书词的借用现象指的只是别的词临时借用为量词现象。例如：

一杯水　三桶油　两瓶酒　两车煤　画一笔　咬一口　打一巴掌　看一眼

词的活用和借用没有很明确的界限，相对来说，借用只发生在临时借用为量词这种现象，具有普遍性，即如果需要，每个人任何时候都可以把合适的词借用为量词，而且，这种借用条件较为宽泛，只要语义上没有矛盾，一般都可以借用，如“杯”，还可以说“一杯茶”、“一杯蜜”等，再如“口”，还可以说“尝一口”、“吃一口”等；而词的活用有的具有普遍性，如“怎么”活用为程度副词，但是它只有出现在“不”的后面时才发生这种现象，相对来说，条件还是很窄的，因此，有的人也把“不怎么”作为一种固定结构处理；而像“近视眼”只是临时活用，脱离具体语境是不可以这样做的。无论活用还是借用，都不会改变词本来的词性。

练习

一、为什么要划分词类？
二、词的语法功能和词性有什么不同？
三、词类划分的标准是什么？意义在划分词类中有什么作用？
四、兼类词和同音词有什么相同和不同的地方？
五、什么是词的活用和借用？活用和借用是否改变词性？
六、说明下列各例中划线的词是同音词还是兼类词。

1. A. 要对学生负责。
   B. 这样做很对。
   C. 对一下答案。
2. A. 不知老王这次能不能挺过来。
   B. 你说得挺好，就看下一步怎么做了。
   C. 岗楼上架着一挺机枪。
3. A. 把汤再热热吧。
   B. 今天天气很热。
4. A. 我在这里等你。
   B. 我到商店买了些纸、笔、圆规、橡皮等。
   C. 他坐的是头等舱。
5. A. 顺着这条路走。
   B. 别总是顺着他。
   C. 思路很顺。

第二节　名　　词

一、名词的语法特点

汉语名词没有性的分别，自然性别要用词汇手段来表示。如：

男演员　女强人　公鸡　公羊　公猪　母鸡　母羊　母猪　雄鸟　雌鸟

名词具有以下语法特点：

（1）名词可以受量词的修饰，一般不能直接受数词修饰，要在数词之后加上量词，才可以修饰名词。名词中有可以计量和不可以计量的名词。前者常用定量的量词短语修饰，如“三位教师”、“两张桌子”；后者常用不定量的量词短语修饰，如“一些问题”、“一种想法”、“一点儿意思”。

直接受数词修饰只有在特指情况下和固定短语中才可以说，如：

一衣带水　新疆地形特点是“三山夹两盆”

（2）一般不受副词“不”、“很”修饰。

（3）名词本身没有单复数之分，不论单数、复数，形式上是一样的。如：

一个朋友　三个朋友　一张桌子　五张桌子

（4）名词经常用作主语、定语、宾语（包括介词宾语），一般不能作状语。

二、名词的分类

名词的分类见下表。

- 名词分类系统
  - 专有名词
  - 普通名词
    - 可量名词
      - 个体名词
      - 集合名词
    - 不可量名词
  - 方位名词
  - 时间名词
  - 处所名词

可量名词的意思是可以用数量来表示，即可以在这些名词前面加数量词语。专有名词因为都是表示的独一无二的事物，可以说无所谓计量不计量，在前面一般不能加数量词语，相对来说，专有名词都是具体的名词。方位名词、时间名词、处所名词三类词作为名词的附类，语法特点和语法功能与一般名词不尽相同。

（一）专有名词

专有名词一般指独一无二的事物。如：

中国　上海　泰山　孔子　鲁迅　雷锋　亚洲　长城　故宫　联合国

（二）普通名词

普通名词按照受量词修饰的不同情况，可以分为可量名词和不可量名词两类。

（1）可量名词。又可以分为个体名词和集合名词两类。

A. 个体名词。如：

人　手　树　桌子　粉笔　床　老师　售票员　朋友

B. 集合名词。如：

书籍　车辆　树木　纸张　枪支　船只　布匹　马匹　银两

集体名词前不可加个体量词，但可用集合量词。如：

一部分书籍　一些车辆　一批纸张　一些船只　一点布匹

（2）不可量名词。如：

民心　人品　年华　赤子　精神　眉头　语文　商业

三、名词的一些特殊用法

（一）部分名词可以充当谓语

可以充当谓语的名词有以下几种类型。

（1）表示姓名、长相、类属、身份等名词，可以直接作谓语。例如：

①《阿Q正传》作者，鲁迅。

② 那个老爷爷驼背。

③ 我的这件衣服，名牌。

④ 爱因斯坦，物理学家。

（2）表示籍贯、民族、服饰、性格、职业等名词，要在前面加上定语后，作谓语。例如：

① 里根，美国人。

② 阿凡提，维吾尔族。

③ 她丈夫，急性子。

④ 她总是长裙子、披肩发。

⑤ 赵本山，小品演员。

（3）表示顺序义的名词，一般需要在后面加上表示助词“了”才可以作谓语，有时前面还要加上定语或状语。例如：

① 几年不见她，都大姑娘了。

② 张明，主治医师了。

③ 老李，教授了。

表示顺序义的名词,一般指的是表示职称、交通路线地点名、社会地位、表示不同等级群体的成员等。表示职称的,如:医士—医师—主治医师—副主任医师—主任医师;助教—讲师—副教授—教授;会计员—助理会计师—会计师—高级会计师;班长—排长—连长—营长—团长—旅长—师长—军长—司令员;村长—乡长—县长—市长—省长;科长—处长—局长—司长—部长等。表示不同等级群体的成员的,如:小学生—中学生—大学生—研究生;少先队员—团员—党员等。表示交通路线地点名的,如:北京—天津—济南—南京—上海等;表示社会地位的,如:画匠(师)—画家;群众—干部;另外像英雄、模范、专家等,也是表示社会地位顺序的。这些顺序义名词和上面提到的类属、职业、身份不完全是一回事,这里是从顺序义角度说的,所以后面一般加上时态助词"了",表示出现了新的变化,而前面所说的类属、职业、身份等,没有这个意思。

(二) 部分名词可以充当状语

可以充当状语的名词后面一般修饰的是表示动作行为的动词,可以分为以下几种类型。

(1) 表示方式义的名词。这些名词有:

高温 群体 科技 手工 武装 协议 曲线 暴力 武力 低温 高压 集团 团体 口头 书面 志愿 阴谋 气功 现金 现钱 实况 和平 政治 经济 义务 高度 重点 荣誉

例如:

① 两国将政治解决领土争端。
② 就这个问题,双方口头达成了协议。

(2) 表示范围义的名词。这些名词有:

暗中 侧面 战略 战术 背后 根本 内部 现场 反面 整体 表面 规模 精神 微观 原则 正面 部分 局部 全部 事实

例如:

① 经过这次波折,欣欣公司进行了内部调整。
② 学院原则通过了你提出的请求。

(3) 表示工具义名词。这些名词有:

实话 掌声

例如:

① 我们掌声欢迎新同学的到来。

② 我实话告诉你吧……

(4) 表示依据义名词。这些名词有:

顺序 友情 盛情 真心 全力

例如:

① 今天中国队教练分兵把关,人手不够,我是友情“客串”。

② 我是真心帮你呀。

(三) 部分名词可以重叠

少数单音节名词本身可以重叠,这些名词可以直接跟在数词“一”后面,或者是临时用作量词,重叠后有“每”的意思,重叠名词一般作主语,不在宾语位置上出现。常见的名词重叠有:

人人 家家 户户 村村 县县 队队 家家户户 山山水水

临时用作量词的有:

一家人 一户人 一村人 一队人

例如:

① 人人都夸你是好样的。

② 家家忙着过新年。

▲表示复数的助词“们”的用法问题

“们”用在“我”、“你”、“他”、“她”、“它”、“咱”后是作为表示复数的词尾;用在指人的名词或短语后,是作为表示复数的数量助词。例如:

① 咱们得露一手给他们瞧瞧。

② 同学们陆陆续续来到了会场。

但是,并非所有的指人名词后面可以加上“们”字都表示复数,如下列包括互逆关系的指人名词,就不能加上“们”来表示复数。如:

夫妻 夫妇 伉俪 兄弟 姐妹 姊妹 妯娌 姑嫂 祖孙 师徒 师生

使用“们”,还得注意以下两个问题:

(1) “们”同表示确数的量词短语是相排斥的:

三个教师 教师们 *三个教师们

十多个学生　　　学生们　　　　*十多个学生们

(2)“们”的使用缺乏“强迫性”。“们”虽然是表示多数的助词,但表示多数的时候不一定非要用“们”,也就是说,不用“们”有时也可以表示多数:

教师们和学生们都来了(不止一个的教师和不止一个的学生)

教师和学生们都来了(很难说是“一个教师和不止一个的学生”的意思,同样有“不止一个的教师和不止一个的学生”的意思)

教师和学生都来了(很难说是“一个教师和一个学生”的意思,同样有“不止一个的教师和不止一个的学生”的意思)

四、名词的附类

(一)方位词

1. 方位词的类别

从语素数量构成上,方位词可以分为:

(1)单纯方位词。如:

上　下　前　后　东　西　南　北　左　右　里　外　中　内　间　旁

(2)合成方位词。单纯方位词前面加上“以”和“之”后,就构成了合成方位词。

	上	下	前	后	东	西	南	北	左	右	里	外	中	内	间	旁
以～	+	+	+	+	+	+	+	+	−	−	−	+	−	+	−	−
之～	+	+	+	+	+	+	+	+	−	−	−	+	+	+	+	−

2. 方位词的语法特点

方位词具有黏着、定位和封闭的特点,一般只能附在名词或名词性短语的后面,组成方位短语。方位短语可以表示空间关系,如:会议室里、桌子上、学校以东;也可以表示时间关系,如:开学后、出国之前。

3. 方位词的用法

方位词有如下一些用法:

(1)方位词基本上是后附的,但有时也可以单独充当句法成分,一般出现在对举句式中,如:

① 前有堵截,后有追兵,前进不得,后退不得。

② 你这个人说话怎么老是东一榔头,西一棒子的。

(2)书面语中可单独使用,例如:

① 请在外等候!

② 请勿入内!

[辨析]"上"与"下"

"上"与"下"是相对的方位名词,两个词在用法上,有对应的地方,也有不对应的地方。

1) 可以成对出现。例如:

① 上不着天,下不着地。

② 上有天堂,下有苏杭。

2) 用在时间词语前面,"上"表示刚过去的,"下"表示即将到来的。如:

上/下半夜 上/下半个月 上/下半年 上/下星期二 上/下两个月 上/下一季度 上/下个世纪

3) "上"表示顺序靠前的,"下"表示顺序靠后的。如:

上/下一次 上/下一个 上/下两批 上/下一趟 上/下一次

4) "上"指等级或质量高,"下"指等级或质量低。如:

上/下级 上/下等 上/下策 上/下乘

表示等级或质量低时,并不是完全用"下"。例如:

上将/少将 上校/少校 上品/次品

"上"除了单纯表示与"下"对应的方位以外,还有以下各自的用法:

5) "上"可以用来表示物体,以及事情、现象的表面。如:

脸上 墙壁上 画上 现象上

6) "上"可以指范围,有时是"里"的意思。如:

书上 报上 世界上 课堂上 村上 镇上

7) "上"可以用来指方面。前面常用介词"在"、"从"。如:

工作上 数量上 事实上 口头上 思想上 (在)研究上 (从)现象上

8) "上"用在表示年龄的词语后,等于"……的时候"。例如:

① 我十七岁上来到了北京。

② 王冕七岁上死了父亲。

③ 张大爷六十岁上得了孙子。

9)“下”可以用在表示节令的词语后。如:

① 时下流行这种款式的裙子。

② 快到年下啦,得给孩子们做件新衣服。

(二)时间名词

1. 时间名词的分类

(1) 表示时点和时段。表示时间位置的名词是时点名词,表示时间多少,或者说长短的名词是时段名词。

时点:春节 国庆节 中秋节 今天 早上 星期一 礼拜天 一点(钟)
春秋 月初 年底 冬季 1号 初一 21世纪 时 时候

时段:未来 将来 以后 往后 过去 从前 当今 目前

其实,时点和时段的界限并不是那么绝对,表示时点的名词有时候也可以表示时段,如“时”、“时候”、“今天”、“昨天”、“明年”、“21世纪”等。

(2) 表示现在、过去、将来。

A. 表示现在的时间名词有:

现在 如今 此刻 目前 眼前 当前 眼下 时下 当今 今天 今儿 今儿个 这会儿 这会子

B. 表示过去的时间名词有:

过去 以前 从前 先前 早先 原先 当初 当时 当日 当年 往年 去年 往日 以往 古代 唐代 清朝 昨天 前天 大前天 上月 上星期

C. 表示将来的时间名词有:

将来 未来 今后 以后 往后 日后 明天 明日 明年 后天 大后天 下月 下星期

2. 时间名词的语法特点

(1) 常作状语或补语。例如:

① 他昨天晚上睡了五个小时。

② 我今天起得早。

(2) 可以作“在”、“到”或“等到”的宾语。例如:

在未来 到明天 等到下星期

3. 时间的表达顺序

时间名词的表达顺序一般从大到小，如：

一九九九年十月二日星期一上午八点三十分

[辨析]“以后”与“后来”

1）“以后”、“后来”都可以指某一时间之后，但是，“以后”既可以用在过去或将来的时间里；“后来”只能用在过去的时间，不能用在将来的时间里。例如：

① 完成了那项工程以后，我们又接受了新的任务。

② 完成了那项工程，后来，我们又接受了新的任务。

③ 以后你要注意。

④ *后来你要注意。

2）“以后”既可以单用，也可以作为后置成分；“后来”只能单用。“以后”作为后置成分，可以跟在表示时间的名词，以及表示时间的数量词后面，也可以用在动词或小句后面；“后来”则不可以。例如：

① 春秋战国以后，秦朝统一了全国。

② 三天以后

③ 听了以后要作分析。

④ 他担任厂长以后

[辨析]“三天前”与“前三天”

1）单独用时，“三天前”表示相对说话时间来说，已经过去的三天以前的时间；“前三天”表示相对说话时间来说，刚过去的三天。例如：

① 三天前，他就离开了上海。

② 前三天，他去了绍兴、无锡等地方。

2）“前三天”前面如果有定语修饰，往往有歧义，而“三天前”没有，但通常用在否定句里。例如：

① 开会的前三天天气非常好。（既可以指还没有开会时，前面三天的时间，也可以指刚开始开会的三天时间）

② 还没有开会的三天前，他就去了南京了。

（三）处所名词

1. 处所名词的分类

(1) 所有地名都是处所名词，同时这些地名也是专用名词。如：

长江　泰山　亚洲　中国　北京　天安门　北京大学　鲁迅公园　外滩

(2) 表示处所的普通名词。如：

城市　农村　郊区　国家　车间　学校　校园　图书馆　邮局　宿舍　食堂

2. 处所名词的语法特点

(1) 处所词一般附着在表示地点的专有名词或者处所词后面。例如：

中国农村　北京郊区　长江源头　汽车站附近　学校门口　操场周围

(2) 相当于普通名词的处所名词，可以附着在代词和表示人称的专有名词后面。如：

这里的邮局　我们的国家　我的附近　鲁迅的故乡　老王的公司

(3) 处所词能作介词和"到"的宾语，能放在"到……去"的格式中。如：

在附近　在学校　从海外(归来)　到北京去　(生)于北京　(来)自美国

(4) 处所名词常与介词结合一块作补语或状语。例如：

① 她来自青藏高原。

② 你坐飞机去，我坐火车去，咱们后天上海见。

3. 处所的表达顺序

汉语中处所的表达同时间一样，一般是从大到小，如：

中国上海市桂林路100号上海师范大学对外汉语学院

练习

一、名词的形式标志按照位置区分有哪几类？试各举两例并指出它们各有什么色彩意义。

二、哪些名词可以作状语和谓语？它们有什么语义特征？

三、说一下方位名词和时间名词的用法。

四、说一说名词的重叠用法。

五、判断正误，对的划"√"，错的划"×"。

老师们　三个孩子们　一些孩子　许多同志们　不少裁判们　那些领导们

六、指出下列句子中有哪些名词，并说明它们在句子中充当什么成分。
1. 邮局在银行旁边。
2. 我买了两把勺子、两双筷子、四个盘子和一把剪子。
3. 这一片房子都是新盖起来的。
4. 我们把本子交给老师了。
5. 请把那张画儿挂在黑板的上头。
6. 今年春节你打算在哪儿过？
7. 今天桂林路上发生了一起交通事故。
8. 明天星期六，王小明说他要去世纪公园玩儿。
七、修改病句。
1. 一个男人和一个女人教我们汉语。
2. 作者想自己不够爱情自己的妻子。
3. 现在我在中国里学习汉语。
4. 他把那张画儿挂在屋子的墙里了。
5. 我们只谈了一半小时。
6. 去年我是工人，今年我是教师了。
7. 从上大学的时候以来，他一天假也没有请过。
8. 刚结婚以后，他们很幸福。

第三节　数　　词

一、数词的书写方法

数词是用来表示数目的，现代汉语中，数词的书写方法有三种：

（一）大写数字

壹　贰　叁　肆　伍　陆　柒　捌　玖　拾　佰　仟

（二）小写数字

一　二　三　四　五　六　七　八　九　十　百　千

（三）阿拉伯数字

1　2　3　4　5　6　7　8　9　10　100　1 000

（一）类只适用于比较重要场合，比如钱币上使用，以及银行、商店等填写发票时使用。(二)、(三)两类比较常用,都可以用来标明书籍、报刊等内容的章节段落的序号,也都可以表示基数、系数,也都可以表示日期,但在一篇文章或一本书中,使用哪一类数目词要一致,如表示“2004 年 11 月 12 日”,其他地方也都这样表示。第二类主要用于表示序数,第三类主要用于公式的表达。在表示分数和百分数时,如果用来表示读法,则用第二类,直接书写一般用第三类。

二、数词的分类

数词可以分为基数词和序数词两大类。基数是表示数目大小的,如“一”、“二”、“三”、“四”、“五”等。基数词又包括系数、位数、分数、小数、倍数、概数等。数词的类别可以下列图示:

- 数词
  - 基数
    - 系数:一…九 十 零 半 廿 卅
    - 位数:十 百 千 万 亿 兆
    - 概数:两 几 多 多少 许多 若干
    - 小数、分数:3.1 三分之一
    - 倍数:三倍 十二倍
  - 序数:第一 第二 第三 第四 第十
  - 数量数词:俩 仨

三、数词的表示法

(一) 整数

(1)“万”以下的读法一样,先读“万”前面的系数词,再读位数“万”,然后分别读“千”、“百”、“十”前面的系数和这些位数。例如:

54 673→五万四千六百七十三

(2)“万”以上以“万”为单位,四位一级,即在阿拉伯字码数列上从个位开始,向左数每四位数可用逗号与前面隔开。“万万”为“亿”,“亿”以上,以“亿”为单位。如:

6 870 000→六百八十七万

5 726, 4 832, 9 803→五千七百二十六亿,四千八百三十二万,九千八百零三。

(3)一个数列中间有空位时,不管有几个空位,都读作一个“零”。

25 006 009 读作:两千五百万六千零九

（4）电话号码、房号、年号习惯上只读系数，不读位数。“1”习惯上读作“yāo”。如：

64321546 读作六四三二 yāo 五四六

512 室读作五 yāo 二室

（5）用“以上”和“以下”结合整数表示数或数量范围时，一般包括所结合的数或数量，不包括该数时要加说明，例如：

二十以下　七个人以上

［辨析］“二”与“两”

1）“十”、“百”前一般用“二”，“千”、“万”、“亿”前多用“两”，即使数目词“千、万、亿”以“2”为开头时，“2”也必须读作“两”。

2）度量衡单位量词前，一般用“二”，但“米”、“吨”、“公里”等新兴的度量词前大都用“两”。

3）当作数字读，如小数、分数、倍数等，都用“二”；序数中也只能用“二”。

4）作为单个数用于量词前，用“两”（度量词除外），但作为两位数以上中任何位上的数字时，一律用“二”。

5）成对的东西，用“两”不用“二”。如“两袖清风”、“两腿发软”、“两耳不闻窗外事”。

［辨析］“零”与“0”

二者是表示同一数目不同形体，读法也一样，都可以作为数的空位，只是书写有所不同。

1）空在末位，书面写作“0”，口语除年份和号码外，一般不说出来；但是，如果数字都是大写，尤其是表示钱数时，则必须写作“零”。例如：

40 斤　1980 年　车号三五八〇　壹仟零捌拾

2）空位在多位数中间，书面上有几个空位写几个“0”，口语里不管有几个空位，只说一个“零”。例如：

10 008（书面）→一万零八（口语）

3）由于表示重量、长度、时间、年岁、钱数、面积时，中间没有空位时也可以用“零”，有强调零头的意思。例如：

二十斤零一两　一尺零一寸　五点零一分　一千零八十　一万零二亩

4）“0”不可以儿化；“零”可以儿化。“零”儿化后变为名词，指整数以外的零头。例如：

八百挂点儿零儿

(二) 分数、小数、倍数

1. 分数

分数通常用"X(分母)之X(分子)"表示。如：

二分之一　十分之一　百分之一　千分之一　万分之三

其中,"百分之一"、"百分之多少"等又可以称为百分数;而"千分之多少"等又可称为千分数。

2. 小数

小数中的"."读作"点";小数点以前的部分跟一般整数称数法一样,小数后面的部分,只读系数词,不读位数词,例如：

"0.05"读作"零点零五"

"356.78"读作"三百五十六点七八"

3. 倍数

汉语中倍数的表示是在数词后加上量词"倍"。如:5倍。

其他用法：

(1) "是……X倍"包括原有数,"增加了X倍"不包括原有数。

(2) 倍数一般用在"增加"等动词后,分数一般用在"减少"等动词后。二者都可以用在"扩大"、"缩小"等动词后。

[辨析]"翻番"与"加倍"

1) "翻番"指增加了原有数量的一倍,但总是以增加前的数量为基础,"翻两番"是原有数量的四倍,"翻三番"是原有数量的八倍;"加倍"指的是增加和原来数量相等的数量,"加两倍"是原来的三倍,"加三倍"是原来的四倍。"翻番"和"加倍"都指的是原来数量的二倍。

2) "加倍"另外还有比原来程度深得多的意思。

3) "翻番"一般作谓语中心语,"加倍"一般作状语。例如：

预计今年产量要比去年翻番。

加倍偿还你。

学习要加倍努力。

(三) 概数

当说话人不知道、不愿意或无须说出准确的数目时,就可以说一个大概的

数目,即用概数表示。常用来表示概数的主要表示方法有:

1. 一些副词、助词和数词可用来表示概数

例如:

近 约 若干 几 两 来 把 数 多 少 多少 上下 左右 前后 开外 以上 以下

下面就一些较常用的表示概数词的方式进行分别说明。

(1)“近”一般用于说话人认为是较大数目的数量短语前,表示接近但未达到所修饰的数量短语所表示的数目。如“近百人”、“近万人”、“近十三亿人”、“近十年的时间”。

(2)“约”用在数量短语前,表示与后面的数量短语所表示的数目相差不多,既可能多,也可能少。如“约一百人”、“约三个月时间”。

(3)“若干”和“几”。“若干”和“几”都表示多于“一”而少于“十”之间的数目,但是“若干”可以直接用在名词前,也可以接量词再修饰名词,一般用于书面语;“几”一般要接上量词才能修饰名词,既可以用于书面语,也可以用于口语。例如:若干人、若干天、若干个小时、若干件衣服、几件衣服、几个小时(“几小时”虽然可以说,但要用在疑问句中,参看疑问代词部分)。

(4)“上”只能位于“百”以上的位数词前,表示数目“够得上”、“达到”,也表示数目大的意思。如“上万人”意思是“人数达到一万”,后面位数词或量词后加“的”,增加数目大的强调意味。如“上百的人”、“上万辆的车”。

(5)“来”多用于口语,表示接近前面数词所表示的数目,可能略多,也可能略少,相差不能太远,只能用于整数。既可以跟在数词后面,只限制在低于十万的数词,如不可以说“一百万来人”,但是可以说“一百来万人”;也可以跟在量词后面,限制整个数量短语,只限于低于十的数量词,如不可以说“五十里来路”。大致的规律是:“数+量+来+名”只能用于小于“十”,即“一”至“九”的数目,如“三斤来肉”;“数+来+量+名”一般用于大于“十”的数目,如“十五来斤肉”;整数“十”两者都能用,如“十斤来肉”、“十来斤肉”都可以说。

(6)“把”与“来”的意思一样,但只能用在位数词“百”、“千”、“万”和某些量词之后,而且位数词或量词前不能用系数词,所表示的意思是“一”。如“百把人”意思是“一百来人”,“万把块钱”意思是“一万来块钱”,“块把钱”意思是“一块来钱”。还可以说“个把人”意思是“一两个人”,也就是“人太少”的意思;“个把月”、“个把星期”意思是“一个来月”、“一个来星期”,意思是“时间不长”,但是不可以说“个把天”、“个把年”。

(7)“左右”用在数量短语后,表示与前面的数量短语所表示数目差不多,可以是略多,也可以是略少。“左右”表示时间的概数时,既可以用于时点,也

可以用于时段的数量短语后,如"十二点左右"、"三天左右",但不可以用在表示时点的时间名词后,如不可以说"春节左右"、"黎明左右"。

(8)"前后"是只用于表示时间的概数,意思与"左右"基本相同,但是只用于表示时点的词语后,不能用于表示时段的词语后。如可以说"十一点前后"、"春节前后"、"黎明前后"、"天亮前后"、"停战前后"。

(9)"多"用在数词后,表示比前面所表示的数目略多。如"二十多人"、"五百多斤"。"多"所跟的数词,只限制在低于十万的数词,如不可以说"一百万多人",但是可以说"一百多万人"。有时,"多"可以用在量词后,说明比前面的数量短语所表示的数目多,但大概多少不清楚。如"五十人多"、"三小时多"。

2. 数字连用表示概数

数字连用可以表示概数,数字连用又可以分为以下两种形式:

(1) 相邻的两个数。如"两三(个)"、"三两(个)"、"十一二(斤)"、"四五百万"。相邻的两个数连用,一般是按照小到大的顺序进行的,只有"三两"可以从大到小的顺序连用,同时,这里"两"不能用"二"替换,"两三"和"三两"意思一样。

(2) 不相临的两个数。只限于"三五"和"百八十"。

3. 整数活用为概数

这种情况有如下用法:

(1)"三"、"五"、"七"、"八"、"九"、"十"、"百"、"千"、"万"在成语里表示数量多。例如:

三番五次　隔三差五　五光十色　横七竖八　七上八下　九死一生
十全十美　百发百中　千奇百怪　千方百计　万水千山　万古长青

(2) 用"两"表示的概数,一般相当于"几"的意思,但受"这么"、"那么"修饰时,表示量少。例如:

① 过两天我再来看你。

② 这两年我身体不太好。

③ 都八点了,才来这么两个人。

"两"和"三"对用时,也表示数量少。例如:

三言两语　三下两下　三说两说　三讲两讲　三看两看

(四) 序数

序数是表示次序的数词。基本表示法是在系数词前加"第"。例如:

第一 第一名 第三周 第四位

不用“第”表示序数情况主要有下列情况，一般读法是只读系数，不读位数。例如：

年代、月份、日期、时辰：2004年1月3号子时

等级：头等 末等 一级/等 二级/等 甲等/级 乙等/级 丙等/级

亲属排行：大哥 二哥 二伯 四叔 三姨 三舅 二姐 长子 次女 小儿子

楼房序列、单元、层数、房间号：五号楼三单元五楼512室

组织机构：三年级一班四组 二厂 四局 三处

车辆班次站台：头班车 末班车 8路 43路 301次 3站台

名次：冠军 亚军 季军

书籍、练习、图表、注释：第一卷 卷二 图一 注三

其中车辆班次站台数字读法：低于100的，按照基数词的读法，即要读出位数；高于100的，只读系数，不读位数，其中“1”读作“yāo”。例如：

“48路”读作“四十八路”

“301次”读作“三零yāo次”

练习

一、读出下列数字：

35 964 385 4 125 008 24 530 010 010.233 13 287.000 030 1 32.003‰ 14/39

二、说一说“二”和“两”的用法异同。

三、说一说“零”和“0”在书写时用法的不同。

四、“十来斤肉”和“十斤来肉”有什么区别？

五、修改病句。

1. 这课生词我写了九、十遍。
2. 同志，找您两块两毛两。
3. 那个大学有十三千人。
4. 他们俩个今晚动身去西安。
5. 这些邮票一共五块零毛六分。
6. 这是三百十五块钱。
7. 今年那儿的水果提高了左右百分之二十。

8. 为什么你第一天、二天没有来？

第四节　量　　词

一、量词的语法特点

量词一般不能单独充当句法成分，通常要黏附在数词或代词后才能使用。量词与数词、代词结合构成短语后具有以下语法特点。

(1) 可以作定语。例如：

① 他送了我一件毛衣。

② 那个学校好吗？

(2) 可以作主语或宾语。例如：

① 我从图书馆借了两本书，一本是英文的，一本是中文的。

② 昨天我们去商店买衣服，我买了两件，小李买了一件。

(3) 可以作状语。例如：

① 玛丽第一次来到了中国。

② 他一把把我拉住，问我为什么昨天没有给他打电话。

(4) 可以作补语，一般指的是动量词作补语。例如：

① 老师把头轻轻点了一下。

② 那里我去过两次。

二、量词的分类及用法

根据量词的使用情况，分类如下表：

- 单纯量词
  - 名量词
    - 专用量词
      - 个体量词
      - 集合量词
        - 定量词
        - 不定量词
      - 度量词
    - 借用名词或动词
  - 动量词
    - 专用量词
    - 借用名词
- 复合量词

（一）名量词

名量词又可以分为以下几类。

1. 专用名量词

(1) 个体量词。可以分为三类。

A. 名词对个体量词的选用常常是特定的，不能随便使用量词。例如：

一匹马　一棵树　一张纸　一条河　一座山　一把刀

B. 有些量词跟名词有意义上的联系。例如：

条	长条物、可弯曲	毛巾　领带　蛇　路　河
张	平面或展开物	床　桌子　纸　照片　嘴
把	有把柄的器具	刀　椅子　扇子　伞　壶
根	细长物（多为生物）	头发　草　棍子　竹子　黄瓜
颗	颗粒物	珠子　心　星　子弹　珍珠
粒	小颗粒物	种子　沙子　米　花生
滴	液体滴落物	眼泪　水　汗　酒　油
本	装订成册物	书　词典　杂志　地图
棵	植物	树　草　花　白菜
座	大而固定物	山　桥　楼房　塑像　水库
支	直硬细长的非生物	钢笔　笛子　蜡烛　香　枪

C. “个”的使用范围最广，可以跟许多名词连用。例如：

一个人　一个理想　一个想法　一个习惯　一个星期　一个学生

但是，不是所有的名词都可以随便用“个”，要根据具体的名词和语体。例如：

少色彩：一个学生、一个教师、一个记者

少形象：一个刀、一个眼泪、一个词典

口语：一个学生、一个教师、一个记者

书面语：一名学生、一位教师、一名记者

(2) 集合量词。可分为下面两类。

定量的集合量词：双、副、对、套、身

不定量的集合量词：点、些、群、批、伙

［辨析］“点儿”与“些”

1）跟数词结合时，二者只能跟数目词“一”结合，一般“一”可以在这两个量词前自由省略。例如：

一点儿　一些

* 两点儿　* 两些

① 我有(一)点儿累。

② 我的眼睛有(一)些模糊。

“点儿”还可以用在数词“半”后面;而“些”不可以。例如:

③ 你半点儿本事也没有。

2) “些”表示的数量比“点儿”大。例如:

一点儿水<一些水

“点儿”用在祈使句或者在“想”、“要”等能愿动词后,可以起缓和语气的作用,使说话更客气;“些”没有这种用法。例如:

① 你想吃点儿什么?

② 你喝点儿什么?

③ 你都要些什么?

“(一)点儿”和“些”都可以用在形容词和动词后,表示程度,但“些”表示的程度比“点儿”高。例如:

好/高/多/小声点儿<好/高/多/小声些

注意点儿安全<注意些安全

3) “些”后面修饰名词,前面可以加“好”表示数量多;而“点儿”前则不可以加“好”。例如:

湖里有好些鱼。　　* 湖里有好点儿鱼。

4) “些”既可以用在可以计量的名词前面,也可以用在不可以计量的名词前面;“点儿”只能用在不可以计量的名词前面。例如:

一些水　一些人　一点儿水　* 一点儿人

[辨析]“(一)点儿”与“有点儿”

1) 当“(一)点儿”放在形容词或者动词的后面时,不能用“有点儿”。例如:

① 今天比昨天冷点儿。

② 你以后花钱要省着点儿。

③ 你看着他点儿,不要让他溜了。

2) 当“(一)点儿”用在形容词语前面时,要用“有点儿”。例如:

① 今天有点儿冷,你多穿点儿衣服吧。

② 她好像有点儿不高兴？

③ 这个人有点儿不讲理，你不要跟他说话了。

(3) 度量词。可分为以下几类。

货币：元、块、角、毛、分

温度：度

长度：分、寸、尺、丈、里、厘米、分米、米、公里

容量：毫升、升、公升、斗

重量：钱、两、斤、克、公斤、吨

面积：分、亩、公顷、平方寸、平方尺、平方米

体积：立方厘米、立方分米、立方米

2. 借用名量词

(1) 借用名词为名量词。例如：

一碗米饭　一身西装　一杯水　一床被子　一腿泥　一瓶醋　一袋米

这些名词大多有容器义特点。如“碗”、“杯”、“瓶”、“袋”等。

(2) 借用动词为名量词。例如：

两捆柴　一束花　一拨人　一卷纸　一提香油　一扎啤酒　一串糖葫芦

(二) 动量词

1. 专用动量词

次　回　趟　遍　下　顿　阵　场　番　通

2. 借用名词为动量词

临时用作动量词的都是名词，这些名词有一个共同特点，与数词组成的数量短语只能充当动词的补语，而且这些名词都是前面动词实施的工具。例如：

扎一针　看一眼　咬一口　砍一刀　踢一脚　打一巴掌　喊一嗓子

其中，名词“针”、“眼”、“口”、“刀”、“脚”、“巴掌”、“嗓子”等，分别是前面动词“扎”、“看”、“咬”、“砍”、“踢”、“打”、“喊”所实行的工具。

(三) 复合量词

人次　车次　架次　班次　例次　件套　台套　吨公里　秒立方米

三、量词及量词短语的重叠

(一) 量词的重叠

除了复合量词和度量名词以外，大多数量词可以重叠。例如：

个个　件件　张张　　　　　　（名量词）

次次　回回　趟趟　　　　　　（动量词）

我们把上边这种重叠形式称为“AA”式。量词重叠后带上新的意义和用法，有以下三种。

(1) 表示“每一”，可以作主语、定语，语法意义上表示遍指量词后面的名词。例如：

① 他讲的句句都是笑话。

② 条条大路通北京。

(2) 表示“逐一”，可以作状语。例如：

① 我们现在的生活是步步变化，步步升高。

② 天上的云层层卷起，很是好看。

其中“步步”、“层层”可以分别换成“一步一步地”“一层一层地”。

(3) 表示众多或连绵不断，可以作谓语，常常对用。例如：

村子上空，白云朵朵，炊烟袅袅。

（二）量词重叠“一 AA”式

量词重叠还有“一 AA”形式，如“一个个”、“一回回”、“一趟趟”。这种形式和“AA”意思基本一致，但用法略有不同。有以下三种：

(1) 表示“每一”，可以作主语或定语，语法意义上遍指量词后面的名词，一般不能出现在宾语的位置上。例如：

① 姑娘们出来时，一个个都撅着嘴，耷拉着脑袋。

② 一座座青山紧相连，一朵朵白云入云端。

③ *这些孩子真可爱，我喜欢一个个。

④ *我想买一件件衣服。

(2) 表示“逐一”，通常作状语。例如：

① 我们要一件件仔细检查，不要出现任何疏忽。

② 我们的生活水平在一步步提高吗。

这里的“一件件”、“一步步”可以分别替换成“逐件”“逐步”。

(3) 表示“多”，可以作状语和定语。例如：

① 我一次次给他打电话，他就是不答应。

② 北京这些年建起了一座座高楼大厦，修起了一条条宽敞漂亮的街道。

（三）“一 AA”式可省略成“AA”式

“一 AA”式还可以省略成“AA”式，但要符合以下三个条件：

(1) “A”必须是名量词。

(2) 所修饰的名词必须是独立的个体。

(3) 所修饰的名词所指的人或事物必须是确定的。

练习

一、说一说“点儿”和“些”的用法区别。

二、说一说量词重叠的用法。

三、判断正误，对的划“✓”，错的划“✕”。

三房间　两间楼　一条山　一粒蒜　五只刀　三颗树　一幅旗

两套手套　三头苹果　一匹骆驼　两位学生　三片雪糕　五张椅子

四、修改病句。

1. 一个年有三百六十五天或三百六十六天。
2. 一年有十二月。
3. 我认识那位人。
4. 我会说汉语一点儿。
5. 哥哥新买的皮鞋一点儿小，送给我了。
6. 今天的面条煮点儿硬了。
7. 一些阿里的衣服放在箱子里。
8. 我听说过北京一些的情况。

第四章　词　类　(中)

第一节　动　　词

一、动词的语法特点

(1) 动词主要充当谓语,有时也可以充当主语和宾语。

(2) 动词前面一般不能加"很"等程度副词。

(3) 大部分动词后面能带宾语。

(4) 大多动词可以受"不""没(有)"修饰,构成"V 不 V"或"V 没 V"肯定否定的重叠形式,但是可以离合的双音节动词一般只是重叠第一个语素,这些重合形式都表示疑问。如:

是不是　去不去　走没走　看没看　愿意不愿意　知道不知道　洗没洗澡　跳不跳舞

(5) 动词经常用加上"了"、"着"、"过"、"起来"、"下去"或重叠的方式来表示"时态",例如:

他说了(完成态)　他说着(进行态)　他说过(经验态)
他说起来(开始态)　他说下去(继续态)　他说说(尝试态)

二、动词的分类

在汉语中,动词是比较重要的一类词,可以从不同角度进行分类。

(一) 根据语义特征分类

根据语义特征,动词可以有以下七类。

1. 动作动词

如"走"、"跑"、"爬"、"看"、"说"、"拿"、"写"、"批评"、"学习"、"讨论"、"研究"、"观察"等。

2. 存现动词

存现动词可分为以下两类。

(1) 表示存在的:在、有、存在、具有

(2) 表示变化、消失的:发生、死亡、出现、出生、生、死

3. 关系动词

如"是"、"叫"、"像"、"姓"、"等于"、"属于"、"成为"、"当作"、"仿佛"等。关系动词的主要作用是联系主语和宾语,表示二者之间存在某种关系,关系动词具有如下特点。

(1) 后面不能带"了"。

(2) 除了"像"外,其他都不能受"很"修饰。

(3) 不能重叠。

4. 能愿动词

能愿动词,又叫助动词,主要表示可能、意愿、必须等意义。能愿动词可分三类。

(1) 表示可能的:能、会、可以、能够

(2) 表示意愿的:要、肯、敢

(3) 表示必须的:必须、应当

能愿动词具有如下特点:

(1) 用在动词或形容词之前,起相当于状语的作用。

(2) 不能重叠。

(3) 不能带助词"了"、"着"、"过"。

(4) 在正反疑问句中,由能愿动词构成正反疑问形式的,可以单独回答问题。例如:

——他明天能不能来上课?

——能。

5. 趋向动词

根据语素构成,趋向动词可分为:

(1) 单纯趋向动词:来、去、上、下、进、出、回

(2) 复合趋向动词:上来、下去、起来、进去、出去、回来

6. 心理活动动词

如"爱"、"恨"、"想"、"希望"、"喜欢"、"认为"等。心理动词可以受"很"修饰,与形容词的区别是,心理动词可以带宾语,而形容词一般不可以。

7. 使令动词

如“让”、“叫”、“请”、“使”、“催”、“要求”等。使令类动词用在兼语句中，放在第一个动词位置。例如：

我让他明天把那本书带来。

（二）根据后带宾语情况分类

根据动词后面所带宾语的情况，可以把动词分为及物动词和不及物动词两大类。

1. 及物动词

动词后面可以带宾语的是及物动词。及物动词又可分为形式动词、单宾动词、双宾动词。

（1）形式动词。如：

作　进行　借以　给以　予以　招致　博得　促使　加以

形式动词都是黏宾动词，也就是说这一类动词后面是一定要带上宾语的，后面的宾语必须是双音节及物动词，或者是以双音节及物动词为核心的短语。例如：

进行讨论　进行热烈的讨论
加以解决　加以彻底解决

使用形式动词可以表达正式、庄重的语气，也可以用于调整句子，使节奏和谐。例如：

① a 我们讨论了这个问题。
b 我们对这个问题进行了讨论。

② 通过这次春游，一方面增加了学生的生活情趣；另一方面，也对学生进行了热爱祖国河山的教育。

例①b 句显然比 a 句带有正式、严肃的语体色彩；例②通过使用“进行”，使句子的节奏显得和谐。

（2）单宾动词。单宾动词最多可以带一个宾语，有时也可以不带，这类动词最多。如：

讲　吃　骑　看　吃　学习　观察　考查　打量　考虑　建设　管理　保护

（3）双宾动词。双宾动词可以带两个宾语，也可以带一个宾语。根据语义特征，又可以分为：

A. 给予类。这类动词主要有：

给 送 找 交 还 借(出) 卖 寄 退 发 输 让 递 付 喂 赔 奖 租 泼 灌 赠

例如：

① 他找我五块钱。

② 我送他一辆旧自行车。

这类动词大部分后面都可以加个“给”，如：“送给”、“找给”、“交给”、“卖给”、“退给”、“租给”等。

B. 取得类。这类动词主要有：

借(入) 收 买 学 拿 赢 骗 抢 偷 赚 罚 要

例如：

① 小学校收每位学生 15 元钱。

② 小偷偷走了他家一件很值钱的东西。

C. 述说类。这类动词主要有：

问 骂 记 劝 教 告诉 回答 通知 报告 答应 嘱咐 叮嘱

例如：

① 老师嘱咐学生要注意安全。

② 你通知他明天来学校开会。

2. 不及物动词

以下动词都是不及物动词：

A. 咳嗽 游行 考试 休息 生存 失败 巡逻 完毕 毕业

B. 来 去 坐 躺 蹲 死 回 上

A 组的不及物动词是不能带宾语的；B 组的动词可以带宾语，但只能带施事宾语。

（三）根据动词的情状分类

从意义上说，动词表示人和事物的动作行为、变化或状态，这些都与时间有着密切联系，动词最基本的特性是时间性，动词本身在时间意义上表现出的各种状态，比如持续的、瞬间的、静态的等等，就是动词的情状。根据动词前面能否接“在”、“正在”，后能否带“了”、“着”或时量短语等语法形式，可以把动词分为以下类别。

1. 静态动词

以下动词被称为静态动词：

在　是　有　姓　叫　像　好像　仿佛　等于　属于　当作　符合　缺乏　不如

静态动词既不能在前面接“在”、“正在”，后面也不能带“了”、“着”或时量短语。

2. 持续动词

持续动词既能在前面接“在”、“正在”，也能在后面带“了”、“着”或时量短语。持续动词又可以分为强持续动词和弱持续动词。

(1) 强持续动词后面不能加“完”，后加时量短语只表示动作持续的时间。如：

等　盼　忍　坐　站　病　哭　躲　抬　打量　担心　坚持　培养　流行　折磨

(2) 弱持续动词后面可以加“完”。弱持续动词后面加上时量短语既可以表示动作持续的时间，也可以表示动作完成后的时间。如：

看　走　听　抽　挂　摆　装　栽　插　商量　应付　安慰　收拾　分析　广播

3. 瞬间动词

瞬间动词既不能在前面接“在”、“正在”，也不能在后面带“着”或时量短语，但是后面可以带助词“了”。如：

醒　生　死　熄　来　回　懂　丢　灭　明白　原谅　合并　成立　看见　爆炸

4. 终结动词

终结动词本身在意义上包含着终结点，而且这个终结点有专门的语素表示，这样组成动补式的终结动词。如“改良”中，语素“改”表示动作过程，语素“良”表示“改”的结果。常见的这类动词有：

成为　解开　化为　装作　化成　扩大　缩小　提高　降低　拉长　缩短　成为　放松　拓宽　抓紧　打通　理顺　改正　搞活　搞清　变作　堵死　磨光　修好

三、动词的重叠

(一) 动词重叠的范围

(1) 除了能愿动词、趋向动词、关系动词、存现动词、使令动词不能重叠外,大多动作动词可以重叠,少部分心理动词也能够重叠。

(2) 可以重叠的动词绝大多数是持续性动词。如:

走 看 笑 拉 开

(3) 可以重叠的动词一般也是人的意志可以支配的动词。下列动词都不能重叠。如:

A. 丢 忘 掉 病 伤 迷失

B. 落 塌 流 生长 消散 弥漫

A组动词都是人的意志所不能支配的,B组动词都表示的是自然界的运动,这些动词都不能重叠。

(4) 动词重叠在口语中使用的频率较高;在书面语中使用的较少。

(二) 动词重叠的形式

动词重叠形式可以分为以下两大类。

1. 完全重叠

根据音节的多少,完全重叠的动词形式又可以分为两类:

(1) 单音节动词重叠形式,这又有两种形式:

AA式。如:

看看 说说 想想 跑跑 推推 贴贴 吹吹 闻闻 问问 敲敲 催催

A一A式。如:

看一看 说一说 想一想 跑一跑 推一推 贴一贴 吹一吹 问一问

单音节动词重叠形式用来表示是过去时间发生时,一般是在中间加上"了";不加"了"的形式却也是发生在过去的,一般由前后的小句表明。例如:

① 他看了看表,发现时间早过了。

② 他撇撇嘴,暗示我别再说下去了。

例②中的"撇撇嘴"是发生在过去,是由"暗示我别再说下去了"表明的。

(2) 双音节动词重叠形式,这种重叠形式只有ABAB式。如:

学习学习 讨论讨论 研究研究 修理修理 整理整理 商量商量 帮助帮助

双音节动词重叠形式所表示的动作行为等多不发生在过去,若表示过去时,在中间加上"了"。

2. 部分重叠

这里指的是述宾式离合词,这类词只能重叠第一个音节。如:

见见面 洗洗澡 睡睡觉 散散步 理理发 打打拳 帮帮忙 施施肥 跳跳舞

这种重叠形式表示已经发生时,在第一个音节后加上“了”。如:

见了见面 洗了洗澡 睡了睡觉 散了散步 理了理发 打了打拳

(三)动词重叠的语法意义

1. 表示时间短

带有持续语义特点的动词,重叠后相比动词单用,具有了持续时间短的特点。例如:

① a. 你在这里等等我,我马上下来。
   b. 你在这里等我,我马上下来。
② a. 明天,我打算去逛逛商场。
   b. 明天,我打算去逛商场。

例①、例②中,a 句显然具有时间短的意思,而 b 句没有,这种意思是由“等等”、“逛逛”带来的。

重叠的动词在很多情况下可以替换成表示时间短的“单个动词+一会儿”或“单个动词+一下儿”形式。如:

等等我→等我一会儿 等等→等我一下儿 逛逛商场→逛一下儿商场

2. 表示尝试

动词重叠形式在一定的语言环境下带有尝试的特点,带有这种特点的句子,一般是表示期望、使令等意思的。例如:

① 我觉得这汤不错,你尝尝。
② 这是名牌,不信你看看这商标。

3. 表示语气轻缓、委婉

在需要表达祈求、亲昵、谦恭、随便的句子里,动词重叠可以使句子带上轻微、舒缓、委婉的语气。例如:

① 退了休以后,平常看看书,下下棋,和老朋友聊聊天,倒也不寂寞。
② 早上起来,到外面走走,吸吸新鲜空气,练练腿脚,不是挺好的吗?

4. 表示次数少

一些带有间隔性语义特点的动词，重叠后带有次数少的特点。这些动词常见的有：

砍　敲　踢　眨　摆(手)　撇(嘴)

例如：

① 林静朝他摆摆手，快步走出门外。

② 他用锤子在桌子上敲了敲。

练习

一、从意义上分，动词可以分为几类？

二、从动词带宾语角度，动词可以分为哪几类？

三、从情状角度可以把动词分为几类？

四、简述动词重叠的类型、用法和意义。

五、修改病句，并简要说明原因。

1. 去年暑假我们旅游了西藏。
2. 我想参观一个中国工人的家庭。
3. 他要还两本杂志给图书馆。
4. 我在北京等你，希望你很快去看我。
5. 请代我问好你的父母亲。
6. 我送送你们出去吧。
7. 如果接不到你的信，我就不来你那儿了。
8. 同志，给您找五块钱。

第二节　形　容　词

一、形容词的语法特点

(1) 主要功能作谓语和定语。例如：

① 这里的环境非常优美。

② 漂亮姑娘谁都喜欢。

(2) 大部分形容词可以作补语。例如：

① 衣服已经洗干净了。

② 这件事把他吓坏了。

(3) 大部分形容词可以受程度副词“很”的修饰，也可以受“不”修饰。例如：

很美丽/不美丽　　很高兴/不高兴　　很好/不好　　很大/不大

(4) 大多数形容词可以作状语。例如：

① 这些小伙伴儿静悄悄地坐在门口，谁也不说话。

② 黑板上密密麻麻地写满了字。

(5) 形容词一般不能带宾语。但少数性质形容词在表达“使……怎么样”“对……怎么样”时，可以带宾语。例如：

① 不能肥了自己，害了集体。

② 你越疏远他，他越会靠近你。

二、形容词的分类

(一) 根据形容词语法功能分类

1. 性质形容词

性质形容词能受“不”或“没”否定，也能在前面加上“很”表示程度，这一类形容词数量最多，也是最典型的形容词。如：

远　粗　大　长　香　美　好　安定　仔细　认真　漂亮　便利　薄弱　出色

性质形容词又可以分为一般形容词和唯谓形容词。一般形容词是既能作谓语，又可以作定语的形容词，如上面所列举的形容词。

唯谓形容词是只能作谓语，不能作定语的形容词。唯谓形容词相对数量较少，常见的唯谓形容词有：

对　迟　独　僵　静　广　狠　久　稳　准　匀　散　紧　松　灵　顺　烦　多　少　准时　顺利　对头　齐备　合算　带劲　可以　投缘

部分双音节唯谓形容词也可以作状语和补语。例如：

① 火车准时到达了。

② 你说得对，就应该这么办。

2. 状态形容词

状态形容词是指不能用“不”否定,不能前加“很”表示程度的形容词,一般是由性质形容词派生而来的。按照状态形容词构成方式,可以分为:

AA 式,如:

皑皑 苍苍 斑斑 纷纷 赫赫 朗朗 累累 勃勃 幽幽 悠悠

AB 式,如:

笔直 冰凉 雪白 粉红 冰冷 金黄 喷香 碧绿 瓦蓝 粉红

AABB 式,如:

病病歪歪 兢兢业业 满满当当 惊惊咋咋

ABB 式,如:

矮墩墩 白茫茫 红彤彤 静悄悄 响当当 乱哄哄 懒洋洋

A 里 XY 式,如:

花里胡哨 稀里糊涂 马里马虎 流里流气 邋里邋遢

A 不 X(Y),如:

白不呲咧 黑不溜秋 灰不及及 酸不唧唧 甜不丝儿 黑不溜秋

其他形式,如:

邦邦硬 酸里吧唧 傻里呱唧 老实巴交 可怜巴巴 老实巴交

(二) 根据性质形容词的语义特征分类

从人们所希望的事情来说,性质形容词还可以分为正向形容词和负向形容词,也有的称为积极意义形容词和消极意义形容词。

常见的正向形容词有:

大 长 粗 厚 快 高 胖 热 好 积极 美 聪明 快 熟 漂亮

常见的负向形容词有:

小 短 细 薄 慢 矮 瘦 冷 坏 消极 丑 笨 慢 生 愚蠢

正向形容词和负向形容词有以下用法特点。

(1) 在比较句中,有“不如”“没有”表示比较时,通常只用正向形容词,不能用负向形容词。例如：

① 我没有他高。

* 我没有他矮。

② 这本书不如那本厚。

* 这本书不如那本薄。

但表示天气“冷热”，以及表示人体“胖瘦”的没有这个限制。

同样在用“比”的比较句，正向形容词和负向形容词表达的意义也不相同。例如：

① 朱莉娅比莉娜漂亮。

② 莉娜比朱莉娅丑。

例①表明“莉娜”可能漂亮，也可能不漂亮；例②表明“朱莉娅”肯定长得丑。

(2) 正向形容词可以用在疑问代词“多”后表示提问，但是负向形容词一般不可以。例如：

① 这座楼有多高？

* 这座楼有多矮？

② 她有多漂亮？

* 她有多丑？

(3) 正向形容词可以前加数量短语或者是受“满”的修饰，而负向形容词则不能，如：

两斤重　一米高　三尺厚　满大(的)　满快　满漂亮　满聪明

三、形容词的重叠

(一) 形容词重叠的类型

性质形容词，尤其是单音节的大都可以重叠，部分状态形容词也可以重叠。重叠的形式有以下三种。

(1) 单音节的重叠为 AA 式。如：

好好儿　慢慢儿　高高　大大　远远　紧紧　长长

(2) 双音节的重叠式可以为 AABB 式。如：

干干净净　快快乐乐　清清楚楚　高高兴兴

(3) 双音节的重叠式还可以为 ABAB 式。如：

A. 雪白雪白　笔直笔直　通红通红　冰凉冰凉

B. 干净干净　舒服舒服　高兴高兴　快活快活

A组的ABAB式重叠的是一部分AB式构成的状态形容词；B组的一般双音节性质形容词重叠形式ABAB式，已经和AABB式语法意义不同，这是按照动词的重叠形式重叠，形容词本身的性质已经发生了变化，带有了动词的特性，即使人或事物具有了形容词所表示的某种性质状态。例如：

① 说说你路上看到的稀罕事，也让我新鲜新鲜。

② 快整理一下你的房间，也让它干净干净。

例①中的"新鲜新鲜"表明现在"(脑子)不新鲜"，听了你说的事可以让它新鲜；例②中的"干净干净"表明现在"房间不干净"，整理后可以让它干净。

可以重叠为ABAB式的双音节性质形容词并不多，常见的有：

安静　干净　高兴　客气　精神　客气　快活　宽敞　宽绰　乐和　冷淡　利索　凉快　啰嗦　明白　苗条　暖和　漂亮　平静　亲热　勤快　清楚　轻松　舒服　舒坦　痛快　新鲜　辛苦　大方　规矩　老实　认真　热心　舒心　害羞　满意　着急　显眼　安心　清净　冷静

不可以重叠的性质形容词比较少，通常具有以下两种特点：

(1) 带有不如意性状特点的。如：

丑　蠢　冒失　狠毒　卑鄙　冷漠　灰心　困苦

但这些形容词有些可以用"A里AB"形式，这类格式仍具有贬义色彩，如：

古里古怪　糊里糊涂　马里马虎　傻里傻气　酸里吧唧　愣里吧唧

(2) 带有书面语色彩的。如：

美丽　勇敢　伟大　清洁　繁茂　艰巨　空旷　漫长

（二）形容词重叠的意义

形容词的重叠形式的句法功能位置不同，所表达的意义也不同。

(1) 作谓语时，表示某种体验或感受。例如：

① a. 庭院深深。

b. 庭院很深。

② a. 眼睛红红的。

b. 眼睛很红。

例①、例②中的b句只是客观描述，a除了客观描述外，还表达了人的一种感受。

(2) 当作状语和补语时,表示程度深。例如:

① 好,我要好好地吃一顿。

② 我自己会走,我要走得远远的。

(3) 当作定语时,有描写的作用,一般同时带有喜爱的感情色彩。例如:

① 小女孩弯弯的眉毛,大大的眼睛,红红的嘴唇,很可爱。

② 彬彬梳着短短的头发,穿着短短的裙子,很精神。

练习

一、状态形容词共有哪几种类型?

二、简述正向形容词和负向形容词的用法。

三、简述形容词重叠的用法和意义。

四、试说一下性质形容词和状态形容词的区别和联系。

五、修改病句,并简要说明理由。

1. 今天天气暖和,很合适到山里去玩儿。
2. 妈妈比五年前旧多了。
3. 秋天不刮风,小下雨。
4. 他们俩的年纪一致。
5. 今年来中国学习的可能有多人。
6. 他的房间收拾得干干净净极了。
7. 这件工艺品做得细细致致。
8. 同学很高高兴兴地走出了教室。

第三节 区 别 词

一、区别词的语法特点

有些语法书上不把区别词单独另立一类,归入形容词,称为非谓形容词。区别词有以下语法特点。

(一) 区别词的语法特点

(1) 不能作谓语,也不能作主宾语,只能作定语,用来修饰名词。

(2)一般不能用“不”否定,也不受程度副词修饰,但大多数可以用“非”来否定,如:

非野生/＊不野生/＊野生　　非大型/＊不大型/＊很大型

(3)可以加“的”组成短语,作用相当于名词,可以作定语、主语、宾语。

(二)区别词充当定语

(1)绝大多数区别词都可以直接修饰名词,尤其是单音节区别词,如:

金戒指　女同志　正教授

有些双音节区别词作定语后面可以加“的”,也可以不加“的”,如:

正当理由—正当的理由　　非法手段—非法的手段
野生动物—野生的动物　　古典音乐—古典的音乐

同中心语结合比较紧密的双音节区别词作定语,后面一般不能有“的”,如:

常务理事　行政命令　机要秘书

(2)在一定语言环境中,被区别词直接修饰的名词可以不出现,结果就形成了区别词直接充当主语、宾语的情况。如:

寄挂号　这种病急性好治　慢性难治

(3)区别词作定语时,可以两个或几个连用,如:

大规模集成电路　长绿木本植物

二、区别词的分类

(一)单音节区别词

男　女　公　母　雌　雄　正　副　金　银　荤　素　单

(二)两音节以上的区别词

两音节以上的区别词又可以分为附加式与复合式两种类型。

1. 附加式

附加式区别词有以下常见种类。

～式:中式　西式　男式　女式　老式　旧式　新式
～型:大型　中型　重型　轻型　微型　流线型　复合型　应用型
～性:真性　假性　急性　慢性　世界性　国际性　全球性
～等:初等　中等　高等　上等　头等　低等　优等　劣等
～级:初级　中级　高级　特级　超级　甲级　乙级

～色：湖色　米色　藕色　酱色　桃色　彩色　茶色
～质：木质　土质　纸质　铁质　金质
～本：草本　木本
有～：有形　有关　有机　有色　有声　有线　有轨
无～：无轨　无机　无辜　无期　无穷　无声　无期
非～：非常　非法　非正义　非正规　非本质　非理性　非本质
超～：超导　超龄　超额　超短波　超导体
单～：单程　单轨　单色　单面　单式　单孔　单项
双～：双重　双峰　双生　双轨　双季　双份　双边
多～：多元　多维　多价　多民族　多倍体
公～：公共　公款　公决　公论　公事　公章　公心
国～：国营　国有　国产　国货　国立　国事　国务

2. 复合式

以下是复合式区别词：

野生　机动　袖珍　椭圆　家养　经典

练习

一、说一说区别词的类型。

二、修改病句，并说明理由。

1. 她觉得自己的丈夫很私人。
2. 男要长得好的女朋友，女要文化水平比她高的男朋友。
3. 他们离婚的理由是女不喜欢男，男也不喜欢女。
4. 这几座楼的建筑都是西式。
5. 这几位代表是不正式，请你们给安排一下。
6. 他买了一双很新式的皮鞋。
7. 日本是“东浓西淡”，东京人爱吃浓，京都人爱吃淡。
8. 这个小子高高个子，方方脸，粗粗眉毛，大大眼睛，英俊。

第四节　副　　词

一、副词的语法特点

副词是在方式、程度、时间、语气等方面对动词、形容词或整个句子进行修饰限制的词。常见的语法特点有：

(1) 不能作谓语，也不能作主宾语，只能作状语。

(2) 副词是附着性的，大多数不能单用。

(3) 有一部分副词具有关联性作用，有的可以独用，有的可以合用，有的二者都可以，有的还可以和连词配合使用。例如：

A. 独用：说了又说、说清楚再走

B. 合用：又白又胖、不折不扣

C. 和连词配合使用：不但……还，如果……就

二、副词的分类

副词的句法功能比较单一，一般从语义特征类别着眼进行分类，大致可以分为以下七类。

（一）程度副词

很　太　更　越　特别　非常　怪　略微　几乎　异常　无比　格外　万分　分外　尤其　稍　稍微

（二）范围副词

都　全　只　仅　多半　大致　总共　一共　大都　处处　统统

（三）时间副词

立刻　马上　一再　渐渐　已经　常常　刚　一直

还可以进一步把时间副词分为以下几类。

表示先时：早已、预先、本、本来

表示将来：即将、随后、届时

表示短暂：顿时、随即、眼看

表示频度和重复：不住、不断、一再、再三、不断、接连、一连、连、偶尔

表示不定时：一时、不时

表示恒常：按时、时常、时时、始终、一向

表示时态：曾、曾经、已、已经、将要、将来

（四）情态副词

一起　互相　悄悄　尽情　亲自　胡乱　径直

还可以进一步把情态副词分为以下几类：

表示沿袭：照例、照样、依然、仍旧

表示渐次:日益

表示快捷:赶忙、连忙、赶快、赶紧

表示趁便:顺便、顺手、随手、就地

表示悄然:偷偷、暗暗、悄悄、私自

表示状态:独自、分别、纷纷、死活、竭力、轻易

表示特意:特、特地、特意、故意

表示专心:一心

(五) 否定副词

不　没　非　别　一定　必然　确实　大概　恐怕　不曾　不必　未必

(六) 语气副词

难道　究竟　并　才　就　反正　果然　居然

有的把语气副词进一步分为以下几类。

表示巧合:恰好、可巧

表示估测:刚、正、必定、准、自然、大概、大约、也许

表决断:反正、干脆、绝对

表加强:万万、千万、明明、简直、并、又、还、才、可、是、都$_1$(你都到过哪儿?)、都$_2$(都 12 点了)

表悖反:倒、反、反倒、偏偏、偏

表示归结:早晚、总归、总算、终究、毕竟

表示无奈:不由得、只得

表示委婉:好歹、不妨、不过

表示侥幸:幸亏

(七) 关联副词

就　也　却　才　便　好

三、部分副词用法的区别

[辨析]"不"与"没有(没)"

"没"和"没有"意思和用法完全一样,"没"一般只用在口语里。"不"、"没有"都可以用在动词、形容词前,对动作、性状进行否定。这两个词的用法有如下异同。

1) "不"多用于主观叙述,可以否定现在、过去和将来的动作行为;"没"主

要用于客观叙述，否定动作、状态的发生或完成，用于否定现在和过去，不能用于否定将来。例如：

① 我不吃早饭了。（主观、现在）

② 我没吃早饭呢。（客观、现在）

③ 你昨天怎么不去看电影？（过去）

④ 你昨天怎么没去看电影？（过去）

⑤ 我明天不去看电影了。（主观，将来）

2）否定经常性、习惯性的动作、状况或非动作性动词（能愿动词、判断动词等），要用“不”。例如：

① 他从来不迟到。

② 他不抽烟、不喝酒。

③ 我不知道这样做对不对。

3）用在形容词前表示对性质的否定，要用“不”。例如：

① 这几天天气不好，过几天再去旅游。

② 近来老王身体不太好，我们找时间去看一看他。

③ 这种材料不结实，换别的吧。

4）在存在句中，用“没有”和“不”都可以。例如：

① 他不（没）在教室里。

② 那本书没（不）在书架上。

［辨析］“才”、“就”、“都”

在表示时间上，“就”和“才”的意义往往相反。例如：

1）用在光杆动词前时，“就”表示将要发生，而且表示快或用的时间短；“才”表示刚发生，而且发生的晚或用得时间长。例如：

① 我就来。

② 他才来。

但是，如果“才”和“就”连用，则“才”一般表示时间短，“就”表示快或早，这和下面要说的用法有一致性。例如：

③ 你才来就走？

④ 他才住了七八天就回来了。

2）如果前头有表示时点的时间词语，“就”表示早，“才”表示晚；如果有表

示时段的时间词语,“就”表示快,“才”表示慢。例如:

① 我七点就起床了。(起得早)

② 用了半小时才来到。(来得慢)

③ 用了半小时就来到了。(来得快)

④ 我七点才起床。(起得晚)

3)“才”可以在后面接表示时点的时间词语,表示早,而“就”不可以,此处,和“才”的意义相反的是“都”,表示时间晚。例如:

① 才七点钟,再睡一会儿起床。

② 都七点钟了,还不起床。

4)用在数量词语前面,其中包括直接跟数量词语,或者是后跟“动词+数量词语”形式。此处,“就”和“才”都表示数量少。例如:

① 我们学校就三位同学获得了一等奖。

② 我们学校才三位同学获得了一等奖。

③ 我完成作业就用了半个小时。

④ 我完成作业才用了半个小时。

但是,当是“数量词语+就+动词+数量词语”形式时,如果前面数量较少,而后面的数量较多,“就”则一般表示数量多;而其他情况“就”仍然表示数量少。例如:

⑤ 他这次住院,一天就花了一千多。

⑥ 他一下子就喝了三碗。

[辨析]“再”、“又”、“也”、“还”、“重”

“再”、“又”、“还”、“也”都是表示重复或追加的副词,但是,又各有不同。

1)“再”与“又”:在表示动作重复发生或继续进行时,“再”表示主观性,多用于未完成;“又”表示客观性,多用于已完成或者新情况已出现或即将出现。例如:

① 我再写一遍。

② 我又写了一遍。

③ 看,他又来了。

④ 又快到年底了。

“再”可以用于祈使句、假设句;“又”不可以。例如:

⑤ 这件事不着急，过两天再说吧。

⑥ 你要是再这么不讲理，我就不客气了。

“再”只能用在能愿动词后；“又”只能用在能愿动词前。例如：

⑦ 你能帮帮我吗？

⑧ 他又能说话了。

“再也没有/不”表示绝对不再重复、不再继续，含“永远不”、“到现在没有”的意思。例如：

⑨ 那个鬼地方，我再也不去了。

⑩ 从那以后，她再也没有见过丈夫的面。

2）“还”与“再”：在表示动作重复或连续时，“还”主要用于现在时间的持续；“再”主要用于将来时间里的持续。例如：

① 都十二点了，你还看书呢。

② 你再不说，我就不理你了。

在用于假设复句中，“再”、“还”都用于能愿动词前；在单句中，“还”用在能愿动词前，“再”用在能愿动词后。例如：

③ 我这次去了，下次再要来就难了。

④ 我这次回去了，以后有机会还要来。

⑤ 我还能打一场球。

⑥ 毕业后我要再回到家乡教书。

“再”可以用于祈使句；“还”一般不用于祈使句。例如：

⑦ 咱们再玩儿一会儿吧。

“再”与“还”同时出现在一个句子里，是为了强调动作行为的重复或继续。例如：

⑧ 北京真好，我还想再去一次。

3）“也”与“又”：都有表示相同的意思，但是，“也”多表示两个或多个人、事物之间相同的方面，相同的方面既可以在同一时间，也可以在不同时间；“又”多表示同一个人或同一类事物之间相同的方面，相同的方面只能是在不同时间。例如：

① 今天，小王病了，小李也病了。（同时）

② 小王刚进来,小李也跟着进来了。(不同时)

③ 小王不是前些日子病了一次吗,怎么又病了?

4)“再”与“重”:都表示动作重复,但是“再”还可以表示动作的继续,这时候“重”不能替换“再”。例如:

① 写得太差了,再写一遍。(“重”可以替换“再”)

② 不吃饭也可以,时间还早,再坐一会儿。(“重”不可以替换“再”)

“再”只能修饰未实现的动作,“重”不受这种限制。例如:

③ 昨天看了一遍,今天我又重看了一遍。

“重”只能修饰肯定形式,“再”不受这种限制。例如:

④ 邻村的犬吠再也听不见了。

⑤ 他小时候在上海住过三年,以后再也没去过。

[辨析]“太”、“很”、“真”、“更”、“挺”、“满”、“怪”

这一组词都是表示程度深的意思,可以修饰性质形容词和心理动词。不同之处有以下几点:

1)“太”有主观评价性,修饰贬义形容词,表示程度过头,用于不如意;修饰中性形容词,既可以表示程度过头,用于不如意,也可以表示程度高,用于赞叹,要根据上下文或者具体的语境来判断;修饰褒义形容词,多表示程度高,用于赞叹;修饰心理动词,只表示程度高。“太”修饰的形容词或心理动词后往往带助词“了”。例如:

① 屋子里太乱了,快收拾一下吧。(程度过头)

② 车子跑得太快了,我们这样可以提前到达半个小时。(程度高)

③ 车子跑得太快了,警察发现会罚款的。(程度过头)

④ 这本小说太好了。(程度高)

⑤ 我太想念祖国了。(程度高)

⑥ 这件事太讨厌人了。(程度高)

2)“很”侧重于客观,表达对人、事物、动作、感受等情状的客观评价。例如:

① 他们现在的生活很幸福。

② 孩子们已经玩儿得很开心了。

③ 他有一本很好看的画报。

3)“真”有“实在”的意思,用来加强肯定,带有一定的主观感情色彩。

① 长城真雄伟啊！

② 校园修整得真漂亮啊！

“真”和“很”比较起来，在结构上还有不同点是：“真＋形容词”在句子中不能作定语。例如：

③ 中国的女人是很幸福的女人啊！

＊中国的女人是真幸福的女人啊！

4）“更”和“太”、“真”、“很”最大的不同是用于比较，表示比原有的程度或情况又进了一层。例如：

① 我爱这里的山水，更爱这里的人民。

② 他比以前更懂事了。

5）“挺”常用于口语，带有感情色彩，往往含有亲切、爱抚的意思，表示的程度和“很”差不多，但是，“挺”很少用在否定句。例如：

① 这一年的选举，搞得挺热闹。

② 不知谁在门外，叫门声音挺凶。

“挺”和“很”都可以用来修饰贬义形容词，但是，“挺”比“很”显得语气委婉。例如：

③ 这个家伙很坏。

④ 这个家伙挺坏。

6）“怪”常用于口语，意义和用法大致相当于“挺”，感情色彩比较浓厚，可以用来修饰形容词和“想”等部分心理动词，表示程度高，后面总是有“的”与它搭配。例如：

① 这首歌怪好听的，是谁唱的？

② 几天不见你，怪想你的。

与“挺”比较起来，“怪”前边不能加“不”，后边不能用“坏”、“低”、“浅”、“短”等负向形容词，而且要有“的”与它搭配；而“挺”不受这种限制。

7）“满”也写作“蛮”，原是南方方言中的口语词，用在单音节形容词前时，意思相当于“很”、“挺”等，表示程度深。例如：

① 小二黑满有资格跟别人谈恋爱，谁也不能干涉。

② 他今年二十四岁，没上过几年学，可钻劲满大。

用在“不”前时，如“满不在乎”、“满不是那么回事儿”等短语里的“满”是“完全”

的意思。

［辨析］“更加”与“越发”

“更加”是书面语词，口语里多用“更”，但是“更”的用法不一定适用于“更加”；“越发”和“愈发”、“越加”、“愈加”等的意思用法都一样。这里只说明“更加”和“越发”的区别与联系。

1）“更加”和“越发”都可以用在比较句中。例如：

① 李亚川比王敏跑得更加快了。
② 这一来，他现在的任务比你更加艰巨了。
③ 她现在比小时候长得更加秀气了。

以上都是表示不同时间里情况相比较的句子，“更加”都可以用“越发”替换。

但是，“更加”句尾的助词“了”可以省去，不受时间因素限制；而“越发”句尾必须有“了”，受时间因素限制。下面两句“更加”不可以用“越发”替换。例如：

④ 这学期来，小张比小林更加刻苦。
⑤ 来中国以后，琼斯的汉语比杰克说得更加流利。
⑥ 通过这一段时间的实践，我比开始时信心更加足。

2）“更加”不但可以用在两项之间的比较，也可以用于多项比较，而“越发”只能用于两项之间的比较。例如：

① 长江比黄河长，长江比淮河更加长了。
② 哈尔滨比沈阳冷，哈尔滨比北京更加冷了。
③ 我们五个人当中，小王更加聪明。

3）“越发”可以用于有倚变关系的句子中，如在下列类型句子中，只能用“越发”，不能用“更加”。例如：

① 他越是不许我笑，我越发笑得厉害。
② 你在北京住得越久，你就会对北京越发爱得深。

4）“更加”还可以用于同一时间里情况的比较；而“越发”不可以用于同一时间里情况的比较。例如：

① 他们五个人的弹力都不错，比较起来，小王的弹力更加好一点。
② 比较起来，小玲玲画得更加好一些。
③ 你这个主意更加高明。

［辨析］“已经”与“曾经”

“已经”和“曾经”都是表示动作、变化或状态已经在现在或过去某个时间之前已经发生或存在了，“已”和“已经”、“曾”和“曾经”形式和意思完全相同，只是前者一般用于书面语。这两个词的主要区别是：

1）“已经”表示动作或变化是近期发生的，并且，一般维持到现在；“曾经”表示在较远的过去发生过某动作或存在过某状态，并且到现在动作或状态已经结束。例如：

① 他已经学了三年中文了。（可能仍然在学习中文）

② 他曾经学过三年中文。（已经不再学习中文）

③ 他已经结婚了。（现在有妻子）

④ 他曾经结过婚。（现在没有妻子）

2）“已经”所修饰的动词或形容词以接助词“了”为主；“曾经”所修饰的动词或形容词以接助词“过”为主。例如：

① 天气已经暖和了，树都绿了。

② 那个公司的招聘条件上个月我已经问了，现在不知道变没变。

③ 这种事我曾经碰到过。

④ 我俩曾经见过面。

3）“已经”还可以用在表示将来时间的副词前面，表示接近完成或尚未完成，而“曾经”不可以。例如：

① 我们已经快要出发了。

② 他已经快毕业了。

4）当“已经”和“曾经”后面的动词带有数量短语，而且动补结构所表示的动作或状态已经结束时，形式和意思基本一样；但是，动词后面带有时量短语，且动补结构所表示的动作或状态没有结束时，只能用“已经”。例如：

① 我已经（曾经）跟他见过一次面。

② 我已经（曾经）找他谈过三个小时。

③ 我已经跟他谈了三个小时了。

5）“已经”和“曾经”都可以和否定词“不”结合表示否定，但否定形式不同。“不”只能接在“已经”的后面，不能接在前面；“不”只能接在“曾经”的前面，不能接在后面；此时，一般是“不”和“曾”结合，“不”和“曾经”结合的例子较少。例如：

① 我们工厂已经不生产这种产品了。

② 我已经不吸烟了。

③ 事情的结果这样糟糕，这是我不曾料到的。

④ 不知他还不曾来过上海。

[辨析]"刚"、"刚刚"、"刚才"

"刚"和"刚刚"的功能和用法相同,可以用在动词前作状语,表示动作行为发生在说话前或某一时刻前不久,"刚"比"刚刚"更常用。下面说明"刚"和"刚才"的异同。

1)"刚"和"刚才"都可以表示说话前不久的那个时间,但是,"刚才"是名词,"刚"是副词,"刚才"可以用在句首,"刚"不可以。例如:

① 我刚才还看见小张在这里呢。
② 刚才谁来了?
③ 我刚吃完饭。
④ 我刚来到教室。

2)"刚"可以表示某一时刻前不久,而"刚才"不可以。例如:

① 你早晨来电话时,我刚起床。
② 我昨天晚上刚回到上海。

3)用"刚才"的句子末尾可以用助词"了",用"刚"的句子末尾则不能用。例如:

① 小张刚才来了,但很快就走了。
② 小张刚来,还不知道这件事。
③ 我刚才上课去了。
④ 我刚上完课。

练习

一、简述副词的语法特点。
二、简述副词可以分为哪些类别。
三、判断正误,对的划"√",错的划"×"。
1. 太阳曾经落山了,咱们该回去了。
2. 天黑下来了,就要马上下雨了。
3. 他的球就要掉到水里去了。
4. 我们才立刻出发,你怎么才来?
5. 到明年我刚满十八岁。
6. 我们都喜欢学写汉字。

7. 那个地方太冷了，我不想还去。
8. 天很快就要下雨了，我们快回家吧。

四、修改病句，并说明理由。

1. 你一定不拒绝我的要求。
2. 对不起，我没去，你们快去吧。
3. 每天八点上课，他常常八点一刻来。
4. 香山很远，我们一个半小时就到。
5. 他希望你以后常常也来玩儿。
6. 他曾经在中国住了两年。
7. 我们都去国际俱乐部，只有阿里去友谊商店。
8. 这个班有十个学生，都不是非洲的，还有亚洲的。

第五节　代　词

一、代词概说

代词是具有替代和指称作用的词。在很多语言中，代词被当作独立的一个词类。从语法功能上看，代词内部成员没有一个共同的句法功能，代词不是根据语法功能划分出来的，而是根据表达功能，即根据是否具有替代或指称功能，而划分出来的一种特殊的词类，因此，代词的语法功能与它所替代的实词和短语大致相当。替代名词或名词短语时，可以充当主语、宾语（包括介词的宾语）、定语。替代动词、动词短语或某些形容词时，可以充当谓语。替代形容词、数词或数量短语时，可以充当定语和补语。替代副词时，可以充当状语。例如：

① 张老师在班上激动地说："我误解了王小明，不应该批评他，我们都应该向他学习。"

（"我"替代"张老师"，作主语；前一个"他"替代"王小明"作动词"批评"的宾语；后一个"他"替代"王小明"作介词"向"的宾语）

② "随意打断别人的讲话，你怎么这样？这样是不礼貌的……"

（两个"这样"都替代的动词短语"随意打断别人的讲话"，前一个作谓语，后一个作主语）

③ "你看这种红色的衣服好看吗？"—"这样颜色的衣服好看。"

（"这样"替代形容词"红"作定语）

④“这次听写，你写错了多少？”——“我写错了八个。”
（“多少”替代数量短语“八个”作宾语）
⑤“我非常想见到他。”——“为什么你这么想见到他？”
（“这么”替代“非常”作状语）

从功能上看，代词可以替代名词、动词、形容词，以及和它们词性相应的短语结构成分，也可以替代数词、数量短语、副词。代词可以分为三大类：人称代词、疑问代词、指示代词。

二、人称代词

（一）常见的人称代词

我（们） 你（们） 您 他（们） 她（们） 咱（们） 俺（们） 它（们） 别人 大家 自己 本人 自己 自个儿 大家 大伙儿 大家伙 别人 他人 旁人 之 其

（二）人称代词的类别

（1）人称代词从数上可以分为单数和复数。

人称代词的单数形式：我、你、他、她、它、自个儿、本人

人称代词的复数形式：我们、你们、他们、她们、它们、咱们、大家、大家伙、大伙儿

既可以作表示单数，也可以表示复数的人称代词：咱、俺、俺们、人家、别人、他人、旁人、自己、自家

（2）人称代词还可以分为第一人称、第二人称、第三人称，以及介于三者之间的人称代词，这类代词既可以表示第一人称，也可以表示第二人称或第三人称。

第一人称代词：我、我们、咱、咱们、俺、俺们、本人

第二人称代词：你、你们、您

第三人称代词：他（们）、她（们）、它（们）、别人、人家、他人、旁人

其他是介于三者之间的人称代词。

“您”是第二人称的敬称，“您”是古代“你们”的合音形式，所以，口语里没有“您们”的说法。口语中一般说“您二位”、“您几位”等形式，书面上“您们”是可以接受的。

“她”除了指第三人称女性外，还可以指令人喜爱或尊敬的事物。“它”既可以指有生命的，也可以指无生命的。

“之”、“其”是古代汉语中留下来的人称代词，在现代汉语书面语中还可以

使用。“之”一般相当于第三人称“他(们)”、“她(们)”、“它(们)”，“其”除了相当于第三人称以外，还可以相当于第一、二人称。例如：

① 对于这些顽固分子，我们首先要做到晓之以情，动之以理。（相当于“他们”）

② 对于这些新出现的坏现象、坏苗头，我们绝不可麻痹大意，任其发展。（相当于“它们”）

③ 就这件事，你很难自圆其说。（相当于“你”）

（三）部分人称代词的用法区别

[辨析]“我们”、“咱们”、“我”、“咱”、“俺”、“俺们”

1)“我们”一般来说只指说话人一方，不包括听话人一方；有时也可以包括听话人一方，但是相对“咱们”来说，缺少礼貌性，这时，“我们”一般可以改用“咱们”，但如果不包括听话人一方，“咱们”不可以改用“我们”。例如：

① 你安心养病吧，我们走了。（只包括说话一方）

② 你不相信我的话，我们就下一盘当场比试。（同时包括说话人、听话人双方，可以改为“咱们”）

③ 咱们俩好好讨论讨论这件事。（包括说话人、听话人双方）

2)“咱们”是口语体，正规场合一般不用，书面上用的较少。“咱们”一般表示谈话人双方，有时也可以单独表示听话人或说话人。例如：

① 他们给咱们写来两封信了，咱们得给他们写封回信。（指说话人和听话人双方）

② 咱们是个直性子，说话不会拐弯。（只指说话人一方）

③ 咱们别哭，妈妈出去就回来。（只指听话人一方）

3)“我们”、“咱们”都是用于复数，“我”一般用于单数，“咱”有时相当于“我”，有时相当于“我们”或“咱们”，要看具体的语境来定。“咱”是一个口语体代词，正规场合一般不用，书面上用的较少。例如：

① 姚光兰说：“咱怎么跟人家比，咱得向人家看齐。”（相当于“我”）

② 吴天宝眯着眼笑了起来：“好，好，不用斗嘴，不服气咱就赛赛。”（相当于“咱们”）

4)“俺”和“俺们”带有明显的北方方言色彩。一般情况下，“俺”相当于“我”，“俺们”相当于“我们”。例如：

① 秀秀的声音像蚊子叫“俺不知道……”

② 装饰公司老板看俺们是银行的，非常热心，没几天，就把房子装修好了。

[辨析]“人家”、“别人”、“旁人”

1）三个词都可以用来泛指第三人称，多用于口语，相对来说，“旁人”用的较少。例如：

① 我们不能只看到人家的缺点，看不到人家的优点。

② 别人有了困难，我们应该热情帮助。

③ 我们不能只顾自己，不考虑旁人。

2）“人家”可以确指第三人称，所指的人都在上文提到过。有时可与指人的名词或名词短语连用，构成复指成分。例如：

① 主人不在，咱们不能随便动人家的东西。

② 人家王大叔南征北战几十年，什么地方没去过！

3）“人家”可以确指第一人称，指说话人自己。这种用法多为年轻的女的所常用，有娇嗔、亲昵的意味，只用于口语。例如：

① 人家都急死了，你们还开玩笑，快告诉我吧。

② 你别说了，人家不愿意听么！你再说，我就堵起耳朵来了。

4）“别人”、“旁人”还有另外的人的意思。例如：

① 我家只有我和我爱人，没有别人，你来玩儿吧。

② 他见人很害羞，只是不怕我，没有旁人的时候便和我说话，于是不到半日，我们便熟识了。

[辨析]“自己”、“自家”、“自个儿”

1）“自己”跟在名词或人称代词后面，与他们构成复指成分，起到强调所复指的成分本身的作用。例如：

① 这件事怪我自己做得不对。

② 秀秀自己会缝衣服了。

2）“自己”可以称代所在的句子或前面句子里的主语位置上的名词或人称代词。例如：

① 小王要求自己很严格。（称代名词“小王”）

② 你这样下去，只会害了自己。（称代人称代词“你”）

③ 他总是把别人的困难当作自己的困难，尽力帮助别人解决。（称

代“他”）

3）“自己”可以用来泛指任何人。例如：

① 自己动手，丰衣足食。

② 自己的事情自己解决。

4）“自己”可以用来表示亲近的意思。例如：

① 大家都是自己人，不必这么客气。

② 我在这里生活就像在我自己的国家、自己的家里一样，很自由，很方便，一切都很自然。

5）“自个儿”、“自家”与“自己”意思和用法基本相同，但它们只用于口语。

［辨析］“大家”与“大伙儿”

“大伙儿”与“大家”都表示复数，总括众人的意思，但是“大伙儿”只能用于口语。具体用法如下：

1）包括说话人和听话人双方。例如：

① 班长说：“请大家安静，现在老师开始上课了。”

② 明天上午八点，大家都到这儿来集合，咱们一起走。

2）不包括说话人或听话人在内，有时还可以不包括谈话人双方在内。例如：

① 我代表全厂工人感谢大家对我们的热情支持。（不包括说话人）

② 大家都很喜欢读您的作品。（不包括听话人）

③ 看，大家还向我们招手呢！（不包括谈话双方）

3）放在“我们”、“你们”等表示复数的人称代词后边作复指成分。例如：

① 这点儿活，我们大家一起动手，一会儿就干完。

② 你们大家的干劲是有目共睹的。

（四）人称代词的活用

（1）人称代词单数用作复数。例如：

① 欢迎来我校参观。（“我”替代“我们”）

② 你方的建议，我方非常重视。（“你”替代“你们”，“我”替代“我们”）

（2）人称代词复数用作单数，一般用于自称，含有谦虚的语气。例如：

① 我们认为，这种说法是没有根据的。（“我们”替代“我”）

② 我们考虑，你们的做法有些欠妥。（“我们”替代“我”）

（3）人称代词表示任指。例如：

① 人与人之间应该互相尊重。你不尊重别人，别人也就不尊重你。

② 有时候，你越怕，他就越欺负你。

（4）人称代词表示虚指。例如：

① 大家你看看我，我看看你，都不说话。

② 孩子们，你唱一个歌，他跳一个舞，玩儿得高兴极了。

（5）第二人称替代第一人称：

① 我很想把这件事办成，可是阻力重重，让你总是办不成。（“你”替代“我”）

② 昨天夜里，我楼上邻居麻将声一直响个不停，你想睡也睡不成。（“你”替代“我”）

三、指示代词

（一）常见的指示代词

这　那　这样　这么　这么样　那样　那么　那么样　任何　别的
某　每　各　有的　所有　一切

另外还有一些指示代词：

本　凡　该　凡是　此　彼此　如此　各自　其他　其余

（二）部分常见的指示代词的用法

（1）“这么”、“那么”作状语时，都表示方式或程度。例如：

① 这个字应该这么写，那么写就错了。（方式）

② 这么重的石头，古代的人是怎么运到山上去的呢？（程度）

③ 他说话的语气是那么坚定，那么有力。（程度）

“这么”、“那么”都可以作主语、谓语、定语，称代某种动作或方式，其中，两个词作谓语时，后面通常加“着(zhāo)”。例如：

④ 这么是顺时针方向，那么是逆时针方向。

⑤ 咱们就这么着吧，先到教室开会，然后一起出发。

⑥ 她总是这么着，自己有困难从不去麻烦别人。

⑦ 这篇文章还表达了这么个意思，就是……

⑧ 这种花总有那么一股香味，闻起来让人心醉。

“那么”可以在句子中起承接作用。例如：

⑨ 如果大家都没有疑问，那么，咱们就接着做下面的练习。

(2)“这样”、“那样”、“这么样”、“那么样”这四个词的用法和意义一样，可以指代性质、状态、程度、方式或其他情况，在句子中可以作各种成分。例如：

① 这样的痛苦生活，他整整过了七年。

② 别要理他，他经常这样。

③ 你的意思难道不是这样吗？

④ 这样就行，不必改了。

⑤ 那位姑娘那样热情，那样爱帮助人。(状语)

⑥ 看她哭得这样，真让人同情。(补语)

“这样”、“那样”并列使用时，表示虚指，常作定语或状语。例如：

⑦ 这部电影虽然有这样那样的缺点，但还算得上是一部佳作。

⑧ 这段话尽管可以这样或那样地理解，但从上下文来看，只能这样理解。

“这样”可以在句子中起承接作用。例如：

⑨ 我问了老师后又做了几道题，这样，才把这个问题搞清楚。

(三) 部分指示代词的用法区别

[辨析]“这”与“那”

“这”和“那”是指示代词中最基本的两个词，“这”和“那”在表示空间距离上是对应的，“这”表示近指，“那”表示远指，这也是他们的最基本用法，因此，这两个词在构成空间词语上是对应的。例如：

称代指别	近指	远指
人、事物	这	那
人、事物	这(数)量(＋名词)	那(数)量(＋名词)
处所	这儿/这里	那儿/那里

“这”、“那”的其他用法如下：

1)“这”、“那”单用时称代所要说的人或事物。例如：

① 这是张院长。

② 那是我的照相机。

2）“这”、“那”与名词、数词、“数量短语＋名词”连用时，可以起对人、对事物确指的作用。

① 这人真有意思。

② 那件不错，请给我拿下来试一试。

③ 这次怎么没有人报名？

④ 这两条建议很好，我完全接受。

但是，在下面这些情况下，“这”和“那”有着特殊的用法：

1）“这”、“那”与时间词语结合，“那”一般用来表示过去或将来的时间，而“这”用来表示现在。与“这”、“那”组合的时间词语有：

这会儿　这时　这阵儿　这时候　那会儿　那时　那阵儿　那时候

例如：

① 这时，一个人急匆匆地走了进来。

② 我是2月来的中国，那时中国对我来说是极其陌生的。

③ 到那时，我肯定和你长的一样高了。

2）“这”、“那”用在句首的人称代词前，起承上的作用。例如：

① 哦，那我就叫他进来吧。

② 这，我真不明白你的意思。

3）“这”、“那”用在句首的人称代词后，表示复指，但是，“这”可以用在“你”、“我”、“他”或“她”后面，而“那”只能用在“他”或“她”后面。例如：

① 你这个人说话不算数。

② 我这人说话太直，你可不要在乎。

③ 他这人真有意思，没说几句脸就红了。

④ 他那人的想法，谁能猜得着呢。

4）“这”、“那”用在一个句子里，前后呼应，表示不确指。例如：

① 两个人见面后，说说这，说说那，高兴极了。

② 你小孩子不懂事，别问这问那的。

5）口语里，“这”、“那”用在动词或形容词前表示很高的程度。例如：

① 站在领奖台上，我那激动啊，都说不出话来了。

② 得知小明考取了理想的大学，全家人这高兴啊，就别提了。

[辨析]“每”、“各”、“任何”、“所有”

这四个指示代词有的也称为遍指代词，意思是对所有对象进行指示的代词。

1）“每”、“各”都是指的一个群体中的任何一个成员，都用在数量词语或名词前。但是，“每”侧重于群体中的成员相同的一方面，相当于英语中的 every；“各”侧重于群体中的成员不相同的一方面，相当于英语中的 each。例如：

① 每人都有两支手。

② 各人有各人的难处。

③ 每个家庭都有自己的幸福和欢乐，但各家又有各家的忧愁和烦恼。

2）“任何”也是指一个群体中的任何一员，和“每”的用法差不多，但“任何”有强调的作用，“任何”后只能跟名词。例如：

① 任何人不能随便离开教室。

② 任何人都要遵守国家法律。

3）“所有”后也只能跟名词，但如果后面是单音节名词，“所有”后要加上“的”，而且，“所有的”可以作为“的”字短语，功能和用法相当于名词。相对于“每”“各”“任何”来说，前者强调的是对象的整体，后者强调的是对象的个体，而且不能组成“的”字短语。例如：

① 听了这番话，所有的人都笑了。

② 我所有的都让他骗去了。

4）“任何”、“所有”后面不能加量词，不能作状语；“每”“各”后面可以加量词，可以作状语。例如：

① 这学期，我们打算每学习一课考试一次。

② 各位同学都要注意：明天是早上八点出发。

[辨析]“某”与“有的”

1）“某”可以指不能确定的单个的人或事物，用在名词或量词前。例如：

① 我们不能被某些困难吓倒，要挺起腰来。

② 敌人真狡猾，我们究竟能不能找出来某种线索来呢？

2）“某”也可以指不需要或不能明确说出来的人或事物。例如：

① 某人要对他的所作所为负责的。

② 我们一行五个人前往空军某部采访。

3）“有的”指一个群体中的一部分，既可以指单个的人或事物，也可以指一些人或事物。“有的”经常在一个句子中连用，用在名词前作定语，也可以直接作主语。例如：

① 有的人记性很好。（定语）

② 十个手指，有的长，有的短。（主语）

［辨析］“其他”、“别的”、“另”、“另外”

这四个词都是指一定范围以外不能确定的人或事物，但用法不一样，其中“其他”无论指人还是指物，书写时都不能用“其它”。

1）“其他”和“别的”一样，可以作定语，或单独作主语，有时也可以作后续句的宾语，这里“其他”和“别的”意思一样，可以互相替换。例如：

① 其他（别的）人都不这样想，怎么就你这样想？

② 别的（其他）不要说，就说今天这件事。

③ 先拣重要的说，再说其他（的）/别的。

2）“别的”可以作发端句的宾语，而“其他”不可以；“别的”、“另外”可以单独使用，“其他”、“另”不可以单独使用。例如：

① 不买别的，就买这些。

② 别的，他从来没有对我说过。

③ 另外，我再说一下考试的问题。

“别”可以不带“的”修饰名词，但限于“别人”、“别处”、“别家”等。

3）“另”和“另外”意思一样，都指上文所说的人或事物之外的人或事物，当用在动词、数量短语前时，两个词可以互换；但“另外”一般后接“的”，可以用在名词前，或者后面加“的”单独代指名词。例如：

① 别着急，我另送你一份。（“另”可以用“另外”替换）

② 他走了另一条路。（“另”可以用“另外”替换）

③ 你们几个人先坐车走，另外的人坐船走。

④ 今天的报纸我们只拿了一份儿，另外的不知谁拿去了。

4）“其他”可以和“另”、“另外”连用，而“别的”不可以。例如：

① 旅游路线已经决定，其他另作安排。

② 制造事端的老黄以及其他另外三个年轻人今天上午被抓捕。

［辨析］“所有”与“一切”

1）“所有”侧重指特定范围内某种人和事物的全部成员，“一切”必须指某

种事物所包含的全部类别。例如:

① 所有的困难都解决了。(指特定的数量)

② 一切困难都不怕。(指各种各样的困难)

2)“所有”修饰名词可以带“的”,也可以不带;“一切”只能直接修饰名词,不能带“的”。例如:

① 所有的问题都是可以克服的。

② 一切问题都是可以克服的。

3)“一切”可以作定语、宾语和主语,“所有”只能作定语;并且,“所有”可以修饰“一切”。而“一切”不能修饰“所有”。例如:

① 一切困难都可以战胜。

② 人民的利益高于一切。

③ 一切都会好起来的。

④ 所有的现象都消失了。

⑤ 这里,所有的一切已经全变了。

4)“一切”只能修饰可以分类的事物,不能修饰不可以分类的事物;“所有”不受这种限制。例如:

① 一切生物都有生有死。

所有的生物都有生有死。

② *一切开水都喝完了。

所有开水都喝完了。

③ *一切桃花都开了。

所有桃花都开了。

四、疑问代词

(一) 常见的疑问代词

谁 什么 哪 哪里 哪儿 哪样 怎么 怎样 怎么样 几 多少

(二) 疑问代词常见的用法

(1) 疑问代词用于反问,不表示疑问(多会儿、哪儿等)。例如:

① 我多会儿答应过你?

② 我哪儿知道你没参加?

(2) 疑问代词成对使用,或与指示代词连用,说明在所说的范围内没有例外,表示任何人或事物,即有的语法书上说的任指或泛指。例如:

① 谁准备好了,谁先发言。

② 哪个班人少,就把他安排到哪个班去。

③ 他什么事也不知道。

(3) 疑问代词虚指,指代不必说、不想说或说不出的人或物(什么等)。例如:

① 他一定是遇到了什么为难的事,否则不会这样。

② 暑假,我想去哪儿玩儿玩儿。

(4) 疑问代词用于列举(什么、什么的等)。例如:

① 什么金钱啊、地位啊,我都没考虑。

② 今天商店里有了我们需要的书刊、报纸、文具什么的。

(三) 部分疑问代词的用法区别

[辨析]“怎么”、“为什么”、“什么”

1) “怎么”、“为什么”都可以用于反问句,不要求听话人回答,只是表示一种主观态度,两个词可以互换。例如:

① 陈白露,我为什么不得意?

② 我就站在那里,你怎么没看见?

2) “怎么”主要表示惊异,而“为什么”的问句本身并不含有“惊异”的因素在内,如果要表示“惊异”,必须另外用词加以表示。例如:

① 你怎么今天上课迟到了?

② 方达生,真奇怪,为什么会允许金八他们这么一群禽兽活着?

③ 奇怪,为什么小红没有来参加晚会?

①②③句中如果没有“真奇怪”、“奇怪”这样的成分,整个问句没有惊异的意思。

3) “为什么”可以单纯表示疑问,要求对方明确回答;“怎么”可以表示“不应该”有什么样的动作行为的意思。例如:

① 你昨天为什么没有来上课?

② 你昨天怎么没有来上课?

4) “怎么”可以表示程度,用于否定形式,“不怎么”表示“不很”的意思。例如:

① 这种葡萄不酸，可是也不怎么甜。

② 我不怎么喜欢猫，我喜欢狗。

5）“什么”用在动词后，表示不满；用在形容词后，表示否定，往往是针对性地反驳。例如：

① 你喊什么！轻一点儿，大家都休息了。（不应该喊）

② 着什么急！时间还早呢！（不用着急）

③ 那个房间大什么！只有十来平方米。（不同意有人说大）

④ 这些题目难什么！连一年级的同学也会做。（不同意有人说难）

6）“怎么”都可以泛指性质、状况、方式等；“什么”表示任指。例如：

① 你愿意怎么办就怎么办。

② 只要认真学，什么都可以学会。

③ 你什么时候去，我也什么时候去。

7）“有什么……的”表示不应该怎么样。

① 到台上去讲演吧！下面都是你的同学，有什么难为情的！（不应该难为情）

② 这件事有什么难办的！我帮你去办。（不应该难办）

8）“什么”用在几个列举成分前面，表示列举不尽。例如：

① 什么送个信儿啊，跑个腿儿啊，他都干得了。

② 包子、饺子、面条什么的，我都不爱吃。

[辨析]“怎么”、“怎样”、“怎么样”

1）“怎么样”和“怎样”用法和意义完全相同，“怎么样”念的快了，就成了“怎样”。“不怎么样”表示否定的评价，“不怎么”相当于“不很”。例如：

① 我认为那本小说写得不怎么样。（不很好）

② 他的汉语可能不怎么样，这种翻译工作恐怕做不了。（水平不高）

③ 学好汉语不怎么难。

2）“怎么样”和“怎么”都可以作状语，询问方式；都可以作定语，修饰数量短语，询问性质；都可以独立成句，但“怎么样”表示询问，“怎么”惊异。例如：

① 齐凌云，我，我怎么对妈妈说呢？

② 郑书记……知道糖是怎么做的吗？

③ 这是怎么个意思？

④ 橡胶树是怎样一种树呢？
⑤ 怎么样？小东西找着了么？
⑥ 怎么，你不认识我了。

3）“怎么样”、“怎么”都可以表示虚指或任指，此时两个词用法和意思完全一样，但是一般口语中多用“怎么”。例如：

① 你在水里是怎么(样)游的。(虚指)
② 你没想出怎么(样)个解决办法吗？(虚指)
③ 怎么(样)修都修不好。(任指)
④ 他非要冒雨回家，怎么(样)留也留不住。(任指)

4）“怎么”作状语，可以询问原因，“怎么样”作状语不可以询问原因。例如：

① 他怎么学会说广州话了？
② 他怎么这样高兴。

5）“怎么样”可以直接作谓语，询问状况；“怎么”必须带上“了”或“啦”后，才能作谓语，表示询问原因。例如：

① 晚会的事情怎么样？
② 你的脸怎么啦？

6）“怎么样”可以作补语、宾语、定语(后要加“的”)，而“怎么”不可以。例如：

① 你的牌打得怎么样？
② 你现在觉得怎么样？
③ 你这是怎么样的想法！

[*辨析*]“几”与“多少”

1）一般“几”用来问“一”到“十”之间的数字，而“多少”可以问任何一个数字；但是，当用来问序数时，如日期、楼房层数、坐公共汽车等，不管是否超过了数字“十”，用“几”的时候比较多。例如：

① 一星期有几天？
② 天上有多少星星？
③ 这棵树一百零几米？
④ 今天几号？—23 号。
⑤ 你坐几路车？—我坐 43 路。
⑥ 你家在几层？—在 12 层。

2)“几”后通常要跟量词，但“多少”后量词可有可无。例如：

① 你借了几本书？

② 虾这么便宜，你买多少？

3)“几”可以用在“个”、“十”、“百”、“千”、“万”、“十万”、“百万”、“千万”、“亿”等位数词前，而“多少”只能用在“亿”、“万”、“个”三个位数词前。例如：

① 你有几个兄弟姐妹？

② 新盖的礼堂能容纳几千人？

③ 今年这个公司收入多少亿？

④ 上海市有多少万人？

4)“几”和“多少”都可以表示不确定的量；但是，“几”前可以用疑问代词“哪”、指示代词“那”，而“多少”不可以。例如：

① 你喜欢上哪几门课？

② 看，那几个男生在雨里踢球。

③ 横幅上写着“汉语演讲比赛”几个大字。

④ 他的试卷每一次多少也得有点儿错误。

练习

一、简述代词的功能。

二、试分析代词“这”和“那”的用法。

三、试分析下面的话是否正确，并说出正确或错误的理由。

“我”、“你”、“他”分别表示第一、第二、第三人称，“这里”、“那里”分别指称处所，所以代词的语法功能相当于名词。

四、修改病句，并说明原因。

1. 哪个领导不怕我们给自己提意见。
2. 祥子没有办法，他只好卖他自己的力气了。
3. 丁力让我在这等他。
4. 这个商店没有那个商店这么大。
5. 去年的水果产量没有今年的水果产量那么多。
6. 昨天我做写信、洗衣服、看朋友了。
7. 老大爷，您今年几岁了？
8. 去动物园在怎么地方换 332 路公共汽车。

第五章　词　类　(下)

第一节　介　　词

汉语介词大多从动词虚化而来，而且至今与动词还有着极其密切的关系。如“在”、“给”、“往”、“朝”、“向”仍旧是动词、介词两属的兼类词。

一、汉语中的典型介词

介词不能单说，也不能单独充当句子成分。介词经常附着在名词、代词、动词(主要是名词)前边，组成介词短语。如“被人”、“从上海”等。介词短语本身也不能单说，通常用作动词或形容词的修饰语。如“被人打了”、“从上海回来”。

汉语中典型的介词有：

把　被　将　自　于　以　对于　关于　鉴于　和　同　从　自从　自打　打　就　据

二、介词的分类

介词通常可以分为以下几类。

(1) 表时间、空间。如：

自　从　离　在　打　由于　自从　当　朝　向　往　沿着　顺着　以　到

(2) 表关涉对象。如：

对　对于　关于　至于　替　朝　向　将　连　为　和　跟　同　与　比

(3) 表原因、目的。如：

由 由于 为 为了 为着

（4）表凭借、依据。如：

按照 按 照 依照 依 根据 据 凭借 凭 趁 任 以 论 本着 鉴于

（5）表施事、受事。如：

把 被 叫 让 给 由 将

（6）表排除。如：

除 除了

三、与介词使用相关的问题

（一）介词和动词

汉语介词中的大部分，如果溯根求源的话，可以发现它们是动词演变过来的。在漫长的演变发展过程中，各个介词的演变发展速度不是一样的，有的快一些，有的慢一些。到了现代汉语阶段，那些已经完成了演变过程的介词，自然与动词完全脱离了“干系”，例如“把”、“被”、“以”、“从”、“自”等，对于这些介词来说，与动词之间是不会有什么纠缠的。但是，那一部分还未完全从动词中演变过来的介词，如“在”、“为”、“比”、“到”、“给”、“通过”、“按照”等，用在句子中，就有可能产生这个词究竟算作动词，还是介词的问题，例如“我在家看书”、“我在年底完成任务”中的“在”的词性，到底应该看成动词呢，还是介词？我们认为，对这类动介兼类词的辨析是以“后边带上名词能否独立成句”作为标准的。例如：

我在家。（动词）
我在家看书。（动词，“在”加上名词后仍能独立成句，连动句）
我在年底完成任务。（介词，“我在年底”不成句）

又如：

我到上海。（动词）
我到上海买东西。（动词，连动句）
我到今天才明白。（介词，不成句）

（二）“走向辉煌”一类结构

“走向辉煌”、“献给教育事业”、“跑到目的地”、“来自上海”、“忠于人民”、“生于八十年代”、“开往北京”、“放在桌子上”等结构形式，可以把“走向”、“献给”、“跑到”、“来自”等看成相当于一个动词，整个结构形式作为述宾短语处理,而不看成是述补短语。

四、部分介词的用法区别

[辨析]"对于"、"对"、"关于"

"对于"、"对"、"关于"这三个介词都可以在后边引出动作的对象或相关事物。但三者的用法是有区别的。

1) "对于"着重指出对象,这种对象是当事人采取某种态度或存在某种情况所涉及的对象。例如:

① 我关于社会工作一直很有兴趣。(对于)

例①中我的态度是"很有兴趣","很有兴趣"的对象是"社会工作"。

"关于"着重指出范围,引出所关系到的事物。例如:

② 对于这座城市,有一个美丽的传说。(关于)

例②中"有一个美丽的传说"到底指的是哪儿呢? 必须指出范围,所以用"关于"引出范围是"这座城市"。

需要注意的是,如果介词后边引出的既表示动作的对象,又表示动作涉及的范围,那么,用"对于"和"关于"都可以。例如:

③ 对于音乐方面的知识,我了解得不多。

④ 关于音乐方面的知识,我了解得不多。

还要说明的是,"对于"、"关于"形成的介词结构经常作状语,如"对于他的意见"、"关于这部电影"。作状语时,"对于"组成的介词结构可以放在主语前,如"对于这个问题,我们的看法不一致";也可以放在主语后,如"现在人们对于生活质量越发重视了"。"关于"组成的介词结构一定要放在主语前,如"关于他的事,我已经记不清了"。另外,"关于"还可以作定语,如:我已经很久没有关于他的消息了。

2) "关于"组成的介词结构可以单独作书名或文章的题目,如《关于全球环境问题》。用"对于"组成的介词结构,后面必须加上名词才能作为标题,比如《对于素质教育的几点看法》。

3) "对"和"对于"。"对"和"对于"的意思和用法不完全一样。二者在很多场合可以通用,凡是"对于"都可以换成"对"。但是,"对"还有其他两种用法是"对于"不具备的。

A. 表示人与人之间的对待关系,用"对",不用"对于"。例如:

① 对孩子,他不够耐心。(×对于)

B. 介绍出目标，引出动作行为的对象，相当于“向”、“朝”、“对待”。如：

② 他对我摇了摇头。

③ 我们对工作应该一丝不苟。

4）另外，“对”和“对于”在句子中的位置也有不完全相同的地方。如果句子中有“会”、“能”、“应该”等能愿动词或者“都”、“也”、“必须”等副词，它们的后面不能用“对于”。例如：

① 我们要对于这件事进行调查。（对）

② 他们都对于这本小说感兴趣。（对）

［辨析］“朝”、“向”、“往”

三者都可以表示动作的方向，但用法上有区别。

1）在表示方向时，通常有两种形式：一是“向/朝/往＋动词”，一是“动词＋向/往”（注意：没有“动词＋朝”这一形式）。例如：

① 一群小姑娘又说又笑地向草屋走来。

② 这条铁路通向北京。

③ 他朝窗户看了几眼。

④ 这列火车开朝云南。（应改为“开向”或“开往”）

⑤ 你往前走几步就会看到那幢楼房。

⑥ 我踏上了通往上海的旅程。

“朝”、“向”表方向时，它们的宾语可以是方位处所词，也可以是表示人或物体的名词。如：“朝我点头”、“向火车站走去”。但是“往”采取第一种形式“往＋动词”时，“往”的宾语通常都包含着方位词“上”、“下”、“里”、“外”等，如果是名词，通常要加上“方向”一词。如“你往火车站的方向找”、“股票的行市直往下落”。

用“往”的句子，有时不仅表示动作的方向，还表示动作所涉及的物体通过动作后所在的处所。如：

① 桌子上放着很多钱，他大把大把地往兜里揣。

② 你往自己脸上贴金，也别往自己脸上抹黑。

③ 你不要老往坏里想。

这三个句子里的“往”都不能换成“向”或者“朝”。

另外，“动词＋向/往”是有条件的，并不是所有的动词都能放在由“向”或“往”组成的介词短语的前面。如：不能说“看向前”、“走往上”。也就是说，“动词＋往”一般限于“开”、“送”、“寄”、“运”、“飞”、“通”、“赶”、“派”、“逃”、“迁”等动词，而“动词＋向”一般限于“开”、“通”、“走”、“冲”、“奔”、“飞”、“流”、“投”等动词。

其中“动词＋往”中，“往”后的词语必须是动作最后到达的目的地。如“通往上海”、“派往国外”。“动词＋向”中，“向”后的词语一般是某个目标或到达处。如“通向果园”、“奔向未来”、“飞向蓝天”、“流向大海”。

2）“向”和“朝”都可以引进动作行为的对象，而“往”不行。

① 我把事情的经过向大家说了一下。
② 我向他挥了挥手，他朝我点了点头。
③ 医生向病人家属索取钱财是不对的。
④ 那天，我偷着看你，你朝我笑了笑。
⑤ 他朝养育自己的父母深深地鞠了一躬。
⑥ 你有什么意见尽管朝我说。

这里的动作行为可以分为表人体动作行为的具体动词和表抽象意义的动词。前者如：“点头”、“说”、“笑”、“鞠躬”、“问好”、“招手”、“摇头”、“叫”、“骂”等等；后者如“学习”、“请教”、“打听”、“负责”、“解释”、“索取”、“提出”、“汇报”、“请假”等等。

通常说来，“向”既可以跟表人体动作的具体动词搭配，也可以跟表示抽象意义的动词搭配。如：“向他点头”、“向他学习”。“朝”只能和表人体动作的具体动词搭配。如：“朝他笑了笑”、“朝他大喊”。“朝”不能和表示抽象意义的动词搭配，如：不能说“朝他解释”、“朝他负责”。

[辨析]“为”与“为了”

1）“为”可以引出服务的对象。“为了”没有这种用法。如：

① 你们为灾区的人民都做了些什么？
② 你们不要为我担心，一切都会好的。

这两例中的“为”不可换成“为了”。

2）“为”、“为了”都可以引出原因。但“为”引出原因更常用些，“为了”引出原因较少些。如：

① 大家都为他的精彩表演而鼓掌。
② 为了这件事，他跟我生了好几天的气。

3）“为”、“为了”都可以引出目的。但“为了”引出目的更常用些，“为”在表示目的时，后面常常跟“而”、“起见”连用。如：

① 他为了达到自己的目的，对她百般奉承。

② 为了大家的安全，请大家赶快离开这里。

③ 为安全起见，他们把钱存入了银行。

④ 我们应该为实现自己的梦想而努力。

另外，还可以连用两个“为了”。如：

⑤ 为了自己的身体，也为了不影响别人的健康，你一定要戒烟。

［辨析］“按照”与“根据”

“按照”和“根据”都可以作介词，它们的意思有所不同。

1）介词“按照”的作用是引出要遵从的规定、条件或标准。“按照”也可以说成“按”或“照”，意思不变。“照”比“按照”、“按”更加口语化。如：

① 按照我教你的去做，肯定不会错。

② 我想按照这条蓝裙子的样子，再做一条花的。

前两例中的“按照”不可以换成“根据”。

2）介词“根据”表示结论的前提或言行的基础。如：

③ 这部电影是根据一个民间故事改编的。

④ 根据我们的调查，一些高档家电开始进入了普通老百姓的家庭。

例③和例④中的“根据”不可以换成“按照”。

3）但有的时候，二者是可以互换的。如：

① 根据我国法律规定，私人不允许携带枪支。（按照）

② 根据我的处事经验，你们这样做是不行的。（按照）

③ 按照规定，应试者还要唱一首外文歌。（根据）

通常来说，如果“根据”后面接的是“规定”、“法律”、“经验”、“意见”等具有经验、规律意义的词时，“根据”可以换成“按照”。如果“根据”后接的是表示行为意义的词，也就是结论是在人做了某行为之后得到的，“根据”不能换成“按照”。如例④。

▲ 介词“给”的用法

介词“给”的作用是介绍、引进动作的对象或发出者。主要有以下几种用法。

1）引进给予的对象，即事物的接受者。例如：

他给市长写了一封信。→他写了一封信给市长。

2）引进服务的对象，即引进受益者。“给”可换成“为”。例如：

他给我解释了一下昨天发生的那件事。

3）引进表达的对象。“给”可换成“向”、“对”。例如：

把你的想法给大家说说。

4）引进受损的对象。例如：

电影票他给你弄丢了。

5）引进动作的发出者。“给”可换成“被”。例如：

小偷给警察抓走了。

6）“给我”加动词，用于命令句，有两种意思：

A. 同“为我”，“替我”。

① 我的书呢？你给我找一找。
② 出去的时候给我把门关好。

B. 加强语气，表示说话人的意志。

① 你给我走开！
② 你给我小心点儿！
③ 瞧你一身泥，快给我把衣服换了！

以上例句中，只有第一种用法，即引进给予的对象，才能将“给＋名词”放在句子的最后。除此之外，别的几种用法都不行。再看下例：

④ 他给老师寄了一封信。

这是一个歧义句。它有两个意思：

⑤ a. 他寄了一封信，信是寄给老师的。
b. 他为老师寄了一封信，信是老师写的。

例⑤ a 是第一种用法，可以把“给老师”放在句子的最后：他寄了一封信给老师。b 是第二种用法，不能这样变换。

练习

一、选词填空。

为　为了

1. 请你____我们画一幅画，好吗？
2. ____养活全家，他从早忙到晚，片刻也不休息。

3. ____儿子的前途,她放弃了自己心爱的工作。
4. 她____他的无情伤透了心。
5. 这个重大发现____攻克这一顽症找到了新的途径。
6. 大家都在____自己的生活而忙碌着。

按照　根据

1. ____现在的进度,我们可以在这个月底完成初稿。
2. 虽然确切时间还没定,但大家可以先____明天一早出发做准备。
3. 学校常常要____学生平时的表现给予奖励或处罚。
4. ____我们的调查,电脑已开始进入普通老百姓的家庭。
5. 请大家严格____图纸施工。

关于　对于　对

1. ____一些生活琐事,他从来都不在乎。
2. 今天报告的内容是____对外汉语教学与中文信息处理的关系问题。
3. 老师一定会____你们提出的问题作出答复的。
4. 这种气体____人体有害。
5. ____这座白塔,相传有这样一个故事。
6. 你问错人了,____这个地方,我并不熟悉。

向　朝　往

1. 越来越多的商人把目光投____了电子产品。
2. 你一下子买回来这么多东西,该____哪里摆呢?。
3. 小王____朋友借了一辆车后就去接朋友了。
4. 我____ 他指的方向望过去,外面白茫茫的一片,什么也看不清。
5. 放学后,小明把书包____沙发上一扔,就跑出去了。
6. 有了正确的理论指导,我们的研究一定会走____胜利。

由　被

1. 他____大家选为学校的优秀学生。
2. 这次晚会____小山来主持。
3. 今天忘了带伞,衣服都____淋湿了。
4. 明天会议的日程____我来安排。

通过　经过

1. 我们____谈话来增进彼此的了解和沟通。
2. ____电视,我们看到了外面的世界。
3. ____认真考虑之后,他提出了自己的看法。
4. 我____他的母亲增加了对他的了解。

二、改正病句并说明理由。

1. 你在哪儿来？

2. 敌人对我们投降了。

3. 他除了会打篮球外，都不会踢足球。

4. 我要唱得比他一样好。

5. 小张把球往我扔了过来。

6. 这场比赛是北京队对于上海队。

7. 我这儿有小李的一封信，请你为我带给他。

8. 这几天，全家人都替姐姐的喜事高兴。

9. 从古以来，杭州就是一个好地方。

10. 他跟这里的情况很熟悉。

11. 我鞠了一个躬给他。

12. 这个菜是专门做给你的。

13. 那位歌手唱了几首歌给我们。

14. 他在大家热烈的掌声下走下了讲台。

15. 山田在老师的帮助中，汉语进步得很快。

第二节　连　　词

连词是具有连接功能的词，是虚词的一类，其作用在于连接词、短语、分句和句子，帮助表达某种关系。如："学校和机关"中的"和"表示并列关系，连接的是词；"去学校或去机关"中的"或"表示选择关系，连接的是短语；"他不但年轻，而且很有作为"中的"不但……而且……"表示递进关系，连接的是分句；"他虽然年轻，但是没有多少作为"中的"虽然……但是……"表示转折关系，连接的也是分句。连词不充当句子成分。

连词可以单个用，如"和"、"或者"；也可以成对使用，如"因为……所以……"、"虽然……但是……"。

还有的连词具有段落、篇章的连接功能，如"于是"、"所以"、"但是"、"然而"。

一、连词的分类

从连词所表示的关系来看，可以分成两大类：联合关系和偏正关系。前者包括并列关系（如"和"、"跟"、"与"、"同"等）、连贯关系（如"一……就"、"起先……后来"、"接着……然后")、递进关系(如"并且"、"而且"、"甚至于")、选择关系(如"或者"、"还是"、"……也好");后者包括因果关系(如"因为"、"由于"、"所以")、转折关系(如"可是"、"反倒"、"然而")、假设关系(如"假如"、"要是"、"如果")、让步关系(如"即便"、"尽管"、"纵然")。

从连词的基本连接功能分类,可分为三大类。

(一) 只能连接词和短语的连词

和 跟 与 同 及 或

(二) 只能连接分句或句子的连词

不但 不管 即使 既然 假如 尽管 宁可 尚且 虽然 无论 要是 因为

由于 与其 只要 只有 不过 然而 否则 何况 可是 但是 况且 从而 所以 因此 因而

(三) 既能连接词、短语,又能连接分句或句子的连词

并 并且 而 而且 或者 还是

需要注意的一点是,汉语中大部分连词都是前置的,但也有少数后置连词,如"不说"、"……的话"、"也罢"、"也好"、"则已"。例如:

① 他实在不同意的话,也不要勉强他。

② 这件事他处理得实在有些草率,害了自己不说,也害了别人。

③ 不鸣则已,一鸣惊人。

二、连词的语法特点

(1) 连词具有连接性,这类词只有连接作用,没有修饰作用。这是它与副词的最大区别。

(2) 不能充当句子成分。

(3) 不能单独回答问题。

连词"和"有三种连接功能:

(1) 并连。并连的意思是指"N_1+和+N_2+V"中包含了两个独立的命题。例如:

① 小王和小张是学生。→小王是学生,小张是学生。

② 教室和操场都打扫过了。→ 教室打扫过了,操场打扫过了。

当 N_1 和 N_2 互换后,句子的意思也没有什么变化。例如:

③ 小王和小张是学生。→ 小张和小王是学生。

④ 教室和操场都打扫过了。→操场和教室都打扫过了。

在句法上“N_1＋和＋N_2”与“V”之间一般可以插入“都”、“均”等表示总括的副词。例如：

⑤ 孩子们和老头们都尴尬地跑了。

⑥ 姐姐和立民大概都在心里偷着笑。

(2) 合连。合连是指“N_1＋和＋N_2＋V”表达一个独立的意思，句式不能分开表述。例如：

① 我和他的父亲是战友。→ * 我是战友，他的父亲是战友。

② 爱情和婚姻是两码事。→ * 爱情是两码事，婚姻是两码事。

在逻辑上这类句式也是对称关系命题，即“N_1”与“N_2”调换，句子的意思没有什么变化。例如：

③ 我和巧珍相爱了。→ 巧珍和我相爱了。

④ 我和她双宿双飞。→ 她和我双宿双飞。

在句法上，“N_1＋和＋N_2”与“V”之间一般不能插入“都”、“均”等表示总括的副词。例如：

⑤ 我和他的父亲是战友。→ * 我和他的父亲都是战友。

⑥ 我和巧珍相爱了。→ * 我和巧珍都相爱了。

(3) 分连。分连是指“N_1＋和＋N_2＋V”中包含了两个独立的意思，但是它与并连又有不同，并连中的“V”是由两个相同的概念合并成一个；而在分连中，“V”是两个不相同的概念。这一句式可具体化为“N_1＋和＋N_2＋V＋ N_a＋和＋N_b”。其中“N_1”和“N_2”在语义上分别指向“N_a”和“N_b”，即“N_1”只与“N_a”发生关系，不与“N_b”发生关系；“N_2”只与“N_b”发生关系，不与“N_a”发生关系。所以这一句式也可以分开表述。例如：

① 他和队友在这次比赛中获得第二、三名。→他在这次比赛中获第二名，队友在这次比赛中获第三名。

② 杨薇和周正饰《日出》中的陈白露和方达生。→杨薇饰《日出》中的陈白露，周正饰《日出》中的方达生。

在逻辑上，这类句式是反对称关系命题，因此句式中的“N_1”跟“N_2”的位置不能互换，否则句子的意思就改变了。例如：

③ 他和队友在这次比赛中获得第二、三名。→ * 队友和他在这次比

赛中获得第二、三名。

④ 杨薇和周正饰《日出》中的陈白露和方达生。→ * 周正和杨薇饰《日出》中的陈白露和方达生。

另外，在句法上，可以在“N_1 + 和 + N_2”与 V 之间插入“分别”、“分”等副词。例如：

⑤ 市长和市委书记分别作了书面发言和题词。

⑥ 北京图书馆和北大图书馆分别收藏了该卡的第1898号和第100号。

在这种类型中还有一小类特殊句式，这类句式可标记为“N_1 + 和 + N_2 + V + N”。这里的“N”都是一些表示亲属或人际关系意义的并列式结构，由两个意义相对的语素或词组合而成。例如：“父亲”、“兄弟”、“父子”、“师徒”、“母女”、“叔侄”、“主仆”、“上下级”、“姐弟”、“姑嫂”等等。因此这类句式可以分开表述。例如：

⑦ 二诸葛和小二黑是父子。→　二诸葛是父亲，小二黑是儿子。

⑧ 小二黑和小芹成了夫妻。→　小二黑成了丈夫，小芹成了妻子。

三、与连词有关的兼类词

（一）连词与介词

1. “和”、“跟”、“与”、“同”

“和”、“跟”、“与”、“同”等既是连接词和短语的单纯性连词，又兼属介词。那么，它们什么时候是连词，什么时候是介词？在语义表达上又有什么区别呢？

（1）连词所连接的两个成分在结构上是平等的，可以互换位置，介词不同。例如：

① 我跟妻子都没有去北京。

② 张强昨天跟父母提到了这件事。

例①中的“我”和“她”调换一下位置，说成“她跟我都没有去北京”，意思没有改变。但如果将例②中的“张强”和“父母”调换一下位置，说成“父母跟张强提到了这件事”，意思就与原句有了区别，“父母”成了说话人，“张强”成了听话人了。因此，“和、跟”等作为连词，连接的两个成分是平等的并列关系，所连接的词或短语在句子中充当同一语法成分。如例①中的“我”和“她”一起作句子的主语。而且连词“和”、“跟”在书面上也可以用顿号来代替，而意思不变。可是介词前后的两个成分之间是有主次之分的。在句法上，介词“和”、“跟”等不与前面的词语直接发生关系，而跟后面的名词组合成介词短语，在句中充当状语。另外,介词"和"、"跟"等也不能用顿号代替。

(2) 连词前不能插入其他修饰成分,介词前可以插入其他修饰成分。换句话说,是否可以受其他词语的修饰,是区分连词和介词的标准之一。例如:

③ 他总是和同事保持一定的距离。

④ 他跑的速度简直和走差不多。

以上两句中的"和"前分别有副词"总是"和"简直",因此,这两个"和"都是介词。

(3)"和"、"跟"等作连词时,被连接的两项词语后面可以用副词"都",总括前面的主语。如例①中"我"和"妻子"后用"都",起总括作用。而例②中"父母"后不能用"都",例③中"同事"后不能用"都",例④中"走"后不能用"都",因此后三例中的"跟"与"和"都是介词。

"和"、"跟"、"与"、"同"用作介词或连词时,还有一个问题需要注意:在一篇文章中,特别是在一个句子里,如果既要用上连词"和(同)",又要用上介词"和(同)",那么为了意思明确,可以让它们有一定的分工。通常的做法是让"和"作连词,"跟"、"同"作介词。"与"是个文言词,口语里很少用,书面上多用作介词。例如:

⑤ 巴尔扎克一直在同贫穷和疾病顽强斗争着。

⑥ 这件事我还得跟大家商量商量。

2."为了"、"因为"、"由于"

"为了"、"因为"、"由于"等是连接分句和句子的关联性连词,同时也兼属介词。它们的鉴别方法,是看这些词语后面的词语是不是名词或名词性短语。如果是,看成是介词;如果不是,则看成是连词。例如:

① 因为天气的关系,飞机晚点了。

② 因为天气不好,飞机晚点了。

③ 为了儿子的幸福,他付出了一切。

④ 为了儿子更幸福,他付出了一切。

以上 4 句中,例①中"天气的关系"是名词性短语,所以"因为"是介词。例②中"天气不好"是动词性短语,所以"因为"是连词。同样,例③和例④中的"儿子的幸福"和"儿子更幸福"分别是名词性短语和动词性短语,所以两个"为了"分别是介词和连词。

(二) 连词与副词

连词同副词比较容易混淆的部分,主要就是关联连词和关联副词的区分,如"就"、"都"、"也许"、"幸亏"等等。我们可以从两方面进行鉴定。

首先,从句法功能看,副词作为修饰词,必然还要保留其充当状语的句法功能,所以副词主要是作为状语修饰中心语的,只是同时还兼有连接功能;而连词不可能充当任何句法成分,即使有一些修饰功能,也是附带的。例如:

① 也许老王去,也许老张去,也许他们一起去。

② 或者老王去,或者老张去,或者他们一起去。

例①的"也许"是语气副词,表示说话人对某一个事件的主观的或然性评价态度,连接作用是次要的,在句中充当状语;例②的"或者"是连词,也略带说话人主观的评价态度,但主要表示一种客观的或然性,在句中不充当任何成分。

其次,从连接功能看,关联连词所连接的成分都是不能单用的,一般都要有后续句或先行句与之呼应;而关联副词除了一些连锁格式,譬如"越……越"、"又……又"、"非……不"等之外,虽然也都具有接应先行句的功用,但在句法上,都具有独立性。例如:

③ 因为我身体不舒服,所以没有来。→ * 所以没有来。

④ 如果你身体不舒服,你就别来了。→ * 你就别来了。

例③的两个分句都不能单说,前后两个分句是互相依存的,缺一不可,这里的"所以"是连词;例④的前一分句不能单说,后一分句却可以单说。因为"你就别来了"虽然从关联的角度看,是接应前面分句的,但本身并没有失去独立性。换句话说,"你就别来了"作为单独的祈使句,使用时并不依赖于前面有无先行句。所以"就"是副词。

再次,从语义功能看,关联连词具有确定性,而关联副词缺乏确定性。例如:

⑤ 因为父母反对,所以我没去。→因为父母反对,我没去。→父母反对,所以我没去。

⑥ 如果父母同意,我就去。→如果父母同意,我去。→父母同意,我就去。

例⑤中的三句都是因果关系。其中的关联连词"因为……所以"是前后呼应的,即使缺少了其中某一连词,也不会改变其原有的语义关系。例⑥中的关联副词"就"与关联连词"如果"相呼应,一旦前面的连词缺失,其语义也就失去的依据。所以三句中的前两句是假设关系,最后一句则是不确定的,可以是假设,也可以是条件。

四、部分连词的用法区别

[辨析]"和"、"及"、"以及"

1. "和"与"及"

1）“和”与“及”都可以连接名词或名词性短语。不同的是：“和”可用于口语，也可用于书面语；“及”只用于书面语。如：

这次考试，你和松田、长野都获得了 HSK 七级证书。

2）“及”只连接名词或名词性短语，“和”没有这个限制。当动词或形容词在句子中作主语或宾语的时候，必须用“和”来连接。如：

① 残疾人越来越受到人们的尊重和关心。

② 跑步和打球是他最喜欢的两种健身方式。

3）“及”可以和代词“其”连用，意思是“和他(们)的”或“和它(们)的”。如：

苏童及其作品受到了当代文坛的重视。

一般来说，“及”不大用于连接两项，“和”没有这个限制。例如可以说“北京、天津和(及)上海”，也可以说“北京和上海”，却不大说“北京及上海”，除非“及”的后面有“其”或“其他”。例如“北京及其周边地区”。

2.“及”和“以及”

“及”和“以及”都是表示并列关系的连词，但用法有区别。

1）“及”只连接名词或名词性短语，所连接的名词或名词性短语中间没有停顿，不能用逗号。如：

① 这个时候的上海滩，画家及收藏家们正掀起一股石涛热。（以及）

② 他出事以后，同事、朋友及亲属都来看望他。（以及）

2）“以及”除了连接名词或名词性短语之外，还可以连接动词性短语和小句。“以及”前可以停顿，有逗号。如：

① 他的性格怎么样，为人如何以及他爱好什么，都需要作进一步的了解。

② 问题是如何产生的，以及最后该如何解决，都要调查研究。

另外，“以及”可以连接并列的小句，连接以后常常一起作整个大句子的主语。如：

③ 我们开会、做报告、写文章，以及做任何工作都是为了解决问题。

“以及”连接的小句有时可以作宾语。如：

④ 他问了我很多问题：生活习惯不习惯，工作忙不忙，以及那里的气候怎么样，等等。

［辨析］"或者"与"还是"

"或者"和"还是"一样，既能连接词、词组，又能连接分句，都表示选择关系。例如"你或者他"、"你还是他"都表示在"你"和"他"这两项中间选择一项。但是它们在用法上还是有很大的不同。

1）用"还是"时，说话人不知道是哪一个或哪种情况，所以"还是"带疑问语气，一般用来构成选择疑问句；而用"或者"时，说话人是告诉别人有这几种可能性，不能用于疑问句，只能用于陈述句。如：

① 今天晚上我们或者看电影，或者看戏。

② 今天晚上我们看电影还是看戏？

这两句中的"或者"与"还是"不能互换。

2）有些句子，就全句看是个陈述句，但句子里所包含的表示选择关系的联合词组却是含有疑问语气的，这时也得用"还是"，不能用"或者"。如：

① 我记不清那天是阴天还是晴天。

② 这批货到底进还是不进，你要快点拿主意。

在这类句子中，谓语常常是"不知道"、"不清楚"、"没决定"等等。

3）"或者"有时可用来表示前后两项所指相同，只是说法不同，这时"或者"相当于"即"。例如：

名词性词语，或者名词性成分都不能作补语。

4）"还是"还可以用来表示经过对几种可供选择的情况的比较和仔细考虑，最后作出选择，一般和句末语气词"吧"一起用。例如：

A：你喝茶还是喝咖啡？

B：（想了想后）还是茶吧。

［辨析］"因为"与"由于"

"因为"和"由于"是表示因果关系的连词，多用在因果复句的前一分句，引出某情况发生或存在的原因。两者都可以和"所以"搭配使用，但它们的用法不完全相同。

1）"因为"在口语中常用，"由于"多用于书面语。

2）"由于"既可以同"所以"配合，又可以同"因而"、"因此"配合；"因为"一般只和"所以"配合，不和"因而"、"因此"配合。如：

① 由于他经常无故旷课，因此被学校除名了。

② 由于问题很复杂，各人的观点又不同，因而意见不完全一致。

3)“由于”引出的偏句不能放在后一分句中,而“因为”可以。如:

① 由于我和他一起工作过,所以我对他比较熟悉。
② 因为我和他一起工作过,所以我对他比较熟悉。
③ 我对他比较熟悉,因为我和他一起工作过。

例③中的“因为”不能换成“由于”。

[辨析]“而”与“而且”

1)“而”和“而且”都可以连接两个并列的形容词,所连接的两项之间意思是一致的。如:

① 他写的文章清新而活泼。(而且)
② 他确乎有点像一棵树,坚壮、沉默而又有生气。(而且)

但是如果形容词前还加上了“很”、“十分”等副词,就只能用“而且”,不能用“而”。如:

③ 她聪明而漂亮。(而且)
④ 她很聪明而且很漂亮。

例④中的“而且”不能换成“而”。

有时连接的两项一个是肯定形式,一个是否定形式,但是意思是一致的,这时只能用“而”,不能用“而且”。如:

⑤ 会上,大家展开了正确的而不是歪曲的,认真而不是敷衍的批评和自我批评。

2)当连接的两个成分语义相反或相对时,有“可是”、“但是”、“然而”的意思,这时用“而”,不用“而且”。如:

① 能读懂文章而写不通文章的人是大有人在的。
② 大家敢怒而不敢言地在那里立着,心中并没有给刘四爷念着吉祥话儿。

3)表示承接关系时,而且常有“进一步”的意思,这时用“而”。如:

① 青出于蓝而胜于蓝。
② 他的脸慢慢由红而白,把以前所受过的一切委屈都一下子想起来,全堵在心上。

有时,虽然句子表示的是“进一步”的意思,但不体现承接关系时,用“而且”,不用“而”。如:

③ 他在学习上帮助我，而且在生活上关心我。

④ 去登山之前要掌握一些登山的知识，而且还要准备好登山的装备。

例③和例④中的前后两个分句的顺序是可以互换的。例③可以改成“他在生活上关心我，而且在学习上帮助我”。例④ 可以改成“去登山之前要准备好登山的装备，而且要掌握一些登山的知识”。

4）“而且”还可以连接并列的动词，“而”没有这种用法。如：

我希望而且相信他会振作起来的。

5）“而”把表示方式、原因、目的等的状语与后边的动词短语连接起来，“而且”没有这种用法。如：

① 他们是通过上网而认识的。

② 祥子还照常拉车，并不因为谣言而偷懒。

[辨析]“况且”、“何况”、“而且”

这三个连词都表示递进关系，用在复句后一分句的开头。由“况且”、“何况”引出的分句总是对前一分句所表达的缘由或情况进行追补，常用于书面语，常常同“也”、“还”、“又”等副词搭配使用，口语里常用“再说”。例如：

① 他责任心很强，况且他对义务又很熟悉，一定干得了。

② 这种录音机音质好，携带方便，何况也不贵，可以买一个。

以上两句中的“况且”和“何况”都用来表示进一步申述理由，从这一意思上来说，二者可以互换。又如：

③ 他聪明而且肯干。

例③的“而且”虽然表示的是递进关系，但不能换成“况且”和“何况”。原因是“而且”表示的只是一般的递进关系，没有进一步追加理由的意思。另外，“况且”和“何况”常用来连接分句和句子，“而且”除了连接分句外，还可以连接词和短语。“而且”强调意思进一层，重点在后一分句；“况且”和“何况”表示追加补充说明，重点在前一分句。

用“何况”时，还带有前后对比、衬托的意味。常常用于反问句，语气更为肯定。常常同“尚且”、“连”、“都”等词配合使用。主要用来表示“逼进一层”的意思。例如：

④ 经常复习都不容易记住，又何况不复习呢？

⑤ 你力气比我大尚且拉不动，何况我呢？

以上两例的“何况”都不能换成“况且”。

请看以下三个例句：

⑥ 我们不仅要研究现在，而且要研究未来。

⑦ 你病还没好，况且外面还刮着风，改天再去吧。

⑧ 总之，行行出状元。古代尚且如此，何况我们这个时代呢？

这三个复句都表示递进关系。例①表示一般的递进关系，所以用“不仅……而且”，这里的“而且”不能用“况且”、“何况”来替换。例②用“况且”表示进一步申述理由，即在已经说出的理由之外，再追加一层理由，相当于口语中的“再说”。这里的“况且”可以换成“何况”。但如果换成“而且”，“追加理由”这一层意思就不那么明显了。因此在表示进一步申述理由时不宜用“而且”。例③用“何况”，有“逼进一层”的意思，相当于口语中的“甭说”。这里的“何况”不能换成“况且”，更不能换成“而且”。

[辨析]“从而”与“进而”

“从而”和“进而”是两个意思不同的连词。

“从而”表示根据前面的条件或原因引出了某种结果。例如：

① 公司在内部进行了改革，从而大大提高了员工们的工作积极性。

② 经过三年的努力，他终于学好了汉语，从而为学习专业创造了有利条件。

“进而”则强调在前一行动的基础上，采取进一步的行动。例如：

③ 公司在内部进行了改革，并进而建立了良好的管理制度。

④ 他想先学好汉语，再进而学习专业课。

如果进一步采取的行动，从某种意义上说也可以看作是前一行动所产生的结果，那么，既可以用“进而”，也可以用“从而”，但意义上有差别。试比较：

⑤ 为了迫使他屈服，他们停发了他的工资，进而切断了他的一切经济来源。

⑥ 为了迫使他屈服，他们停发了他的工资，从而切断了他的一切经济来源。

例⑤用“进而”，是说他们在停发了他的工资以后，还进一步切断了他除工资以外的其他经济来源。这意味程度的加深，前后是递进关系。例⑥用“从而”，是说由于“停发工资”，出现“切断经济来源”结果，前后是因果关系。

练习

一、选择正确的答案。

1. “关于这个问题,我要跟他解释一下。”解释这个问题的人是______。

   (我和他 我 他)

2. “小王和小张今天都没来。”今天没来的人是______。

   (小王和小张 小王 小张)

3. “我和他说了半天,他还是不明白。”说话人是______。

   (我和他 我 他)

4. “他跟我讲了他们国家许多有趣的故事。”讲故事的人是______。

   (我和他 我 他)

二、选词填空。

因为 由于

1. ____他总是无故旷课,因此被学校开除了。
2. 明天我不能去送你了,____上午有个重要会议。
3. ____情况复杂,头绪又多,因而这起案件一直没有太大进展。

而且 而

1. 这种产品行销全国,____远销欧美。
2. 因为失败____灰心是不应该的。
3. 这个研究课题可以____应该在两年内完成。

和 及 以及

1. 问题的酝酿提出、深入探讨,____最后如何顺利解决,都得到了大家的积极配合。
2. 教职员工____其家属都参加了这次新年联欢。
3. 张老师昨天____儿子去商场买东西了。

或者 还是

1. 你们去____不去?
2. ____你去,____我去,____以后再去,你要早点拿主意。
3. 你明天来____后天来都行。
4. A:他今天脾气怎么这么大?

   B:可能跟女朋友吵架了,____挨领导批评了。

何况 况且 而且

1. 要做好这期节目,一定要具备丰富的社会阅历,____要有认真负责的态度。

2. 我站在岸上穿着棉衣还冷得发抖，____那些站在水里穿着单衣的人们呢？

3. 小船是逆水而上，____又顶风冒雨，行走得很慢。

还是　不但……而且……　或者　宁可　不但……反而……

1. 由于他错签了一个合同，这个月他____没有受到表扬，____还被扣罚了本月的奖金。

2. 老李今天晚上来____明天一早来，他也没说定。

3. 我们____要学习好，____还要身体好。

4. 你用中文讲____用英文讲都可以，我们都会英文。

5. 我们的任务____按期完成了，____完成得很出色。

6. 为了我的事业，我____晚一点儿结婚，____不结婚。

从而　进而

1. 我们学院建立了幼儿园，____大大方便了教职工。

2. 你应该先努力学好第一外语，再____学习第二外语。

3. 你要先弄懂这个问题，____才能研究其他问题。

4. 这个新的生产方法我们在车间进行了实验，____取得了良好的生产效果。

5. 他终于发现了这种病的病因，____为彻底战胜这种疾病奠定了基础。

为的是　以便

1. 大家批评你，____帮助你，没有别的意思。

2. 动身前来个电话，____我们到车站去接你。

3. 企业登广告，____扩大自己产品的影响。

4. 黑板上的字要写得大些，____后面的同学看得清。

5. 请把地址留下，____今后联系。

三、请分析下列几句话中的连词“和”的用法有何不同。

1. 我和小王是同班同学。

2. 我和小王是大一新生。

3. 三仙姑和小芹是母女。

4. 张三和李四是师兄弟。

5. 她和阿眉同龄。

第三节　助　词

助词是附着在词、短语或句子上，表示某种附加意义，起辅助作用的一类词。就汉语自身的语言系统而言，助词是非常重要的一类虚词。这是因为汉语是非形态语言，在表达语法意义时常常要通过词汇的手段，比如说添加助词来实现，因此，助词在汉语中起了相当重要的作用。

现代汉语助词是一个非常严格的封闭的类，其数量相当有限。助词的共同语法特征是具有高度附着性，帮助词语或句子表示某种附加的语法意义。但由于在词类的划分过程中，凡是附着性强、独立性差、归不进其他各类虚词的词，都可以归入助词，如："所"（所做的）、"给"（把杯子给打碎了）、"看"（再试试看）、"等"（鲜花、奖杯等等）、"似的"（像花似的）、"来着"（我看电视来着）等等，这就使得汉语的助词具有了两大特点：一是助词内部各小类之间的差异非常之大，有的常用，有的不常用；有的用法复杂，有的用法简单；有的意义较实，有的意义较虚。二是助词内部各小类之间几乎没有什么内在的联系，各自具有极强的个性特征，缺少共性。我们将汉语助词的共性总结为以下三点。

(1) 附着于实词、短语或句子，不能充当句子成分，不能单独回答问题；

(2) 只表示语法意义，没有实在的词汇意义；

(3) 由于处于附着地位，一般都读轻声（"所"除外）。

一、助词的分类

根据助词的功能和用法，大致可以将助词分成以下六类。

结构助词：的、地、得、之、所、个

动态助词：着、了、过、来着、看

比况助词：似的、一样、一般、样、般

估量助词：来、把、多、第、初、上下、前后、左右

列举助词：等、等等、云云、什么的

其他助词：们、给

二、一些助词的用法

（一）结构助词"的"

"的"、"地"、"得"这三个结构助词的基本功用是分别充当定语、状语、补语的标志。确切地说，是分别用在定中短语、状中短语和后补短语的修饰语和中心语之间的一个辅助性连接成分。如：

定语的标志——的：爸爸的大衣/经常迟到的学生

状语的标志——地：十分地高兴/戏剧性地发生

补语的标志——得：听得懂/忙得不亦乐乎

其中的"的"有三种基本用法：

（1）组成定语。构成的句型是：名词/动词/形容词＋“的”＋名词。例如：

昨天的作业　崭新的汽车

（2）构成“的”字结构。构成的句型是：名词/动词/形容词＋“的”。例如：

他说的不对　便宜的都卖完了　我的比他的大

（3）把句子变成短语。构成的句型是：名＋“的”＋形/动，名＋动＋“的”＋名。这种短语相当于一个名词性结构，可以在句子中做主语或者宾语。例如：

经济繁荣→经济的繁荣　他出走→他的出走　我炒菜→我炒的菜

其他用法还有：

（4）用在两组同样的动词中间，表示“有的……有的……”，只用于已成为事实的情况。例如：

他们走的走，逃的逃。

（5）用在并列词语之后，表示“等等”、“之类”的意思。例如：

明天就开学了，书啊本的你都准备好了吗？
护照、机票什么的要放好。

（6）用在名词、动词、形容词后，表示一种状态或情况。
用在名词、动词后时，该短语多位于句首，表示原因、条件。例如：

大过年的，还去上班啊！

用在名词短语、动词短语、形容词短语后，描写的是一种状态。例如：

孩子们有说有笑的，很高兴。
屋子里乱七八糟的，好像没人住。

（7）角色类的“的”。表示角色或职务的“的”，可以单用，但大都用在对举格式中。口语化色彩浓。例如：

谁的主席　今天我的东　他俩结婚，谁的介绍人　他的男主角，她的女主角

（8）领格类的“的”。表示的是一种似是而非的领属关系。“的”可以插在准双宾结构中，可以插在宾语和动词补语之间（使补语成为形式上的定语），也可以插在复述主语的主谓结构中，还可以插在主谓谓语句的大主语和小主语之间。也具有较强的口语化色彩。例如：

拆老王的台　开他的玩笑　敲我的竹杠

教了一辈子的书　走了一整天的山路
你走你的阳关道，我走我的独木桥　你做你的作业
她的钢琴弹得不错　他的篮球打得很好

（二）结构助词“所”

汉语中助词“所”的功能有两类：一类是具有指代性功能的“所”，主要用于构成“所”字短语；另一类是具有辅助性功能的“所”，主要用于凑足音节，协调句式。这两种“所”的根本区别是指代性“所”充当动词的宾语，与动词一起组成“所”字短语；辅助性“所”附着在动词上，并不改变动词的结构与功能。

1. 指代性

指代性“所”的用法主要就是直接附在及物动词的前面，组成“所”字短语。例如：

所学非所用　一无所求　心有所感　夺人所爱　所见所闻　所需正旺

2. 体词性

“所”字短语在功能上是体词性的，主要充当主语、宾语。例如：

所言十分感人　所剩无几　所杀不计其数　所言极是
各尽所能，各取所需　大失所望　有所不为才能有所为

“所”字短语比较多的是充当“有”、“无”的宾语，不少已成了固定短语。例如：

有所发展　有所不知　有所偏差　产量有所增长　态度有所改进　对我有所帮助
无所顾忌　无所作为　无所适从　无所畏惧　无所事事　无所不用其极

也可以充当“之”后中心语。例如：

希望之所在　关键之所在　人心之所向　近日之所作所为　急人之所急

3. 辅助性

辅助性“所”主要有三种用法：

（1）与“为”、“被”配合，构成被动句式。例如：

常年为疾病所累　为广大群众所喜闻乐见　定将被后人所耻笑

（2）附在“的”字短语之前，后面的动词既可以是及物动词，也可以是不及

物动词。例如：

所依靠的不过是小米加步枪　所听的还是一些陈词滥调　所住的只是一间草房

(3) 插在由主谓短语构成的定语中的主谓之间，使原来的主语变成定语。例如：

我所编辑的期刊　我所了解的情况就是这些　我所认识的白莽

（三）动态助词“着”、“了”、“过”

“着”、“了”、“过”都是体标记。其中“着”表示某种动作行为或性状变化的进行或持续；“了”表示动作行为或性状变化已经完成；“过”表示动作行为或性状变化已经过去，或曾经有过某种情况和经历。

1. “着”常用的两种句型

(1) 动$_1$＋“着”＋(宾语)＋动$_2$

其中动$_1$ 多为单音节动词，主要表示手段、方式和目的。例如：

① 冒着大雨来学校。

② 唱着歌走过来。

③ 握着我的手跟我说。

(2) (处所)名词 ＋ 动＋“着”＋ 名

这种句型主要表示状态的存在。例如：

④ 台上坐着主席团。

⑤ 门口趴着一只狗。

⑥ 墙上挂着一幅画。

2. “了”常用的两种句型

(1) 动$_1$＋“了”＋(宾语)＋(就/才/再)＋动$_2$

这一句型有后续小句，表示动作先后顺序，或者假设条件。常和副词“就”、“才”、“再”配合使用。例如：

① 看了电影就回家。

② 吃了晚饭才进城。

(2) 动$_1$＋宾语＋动$_2$＋“了”＋宾语

这一句型中通常含有连动句或兼语句。“了”一般用在后一动词之后。例如：

① 学校请专家和学生座谈了一次。

② 我去图书馆借了两本书。

3．“过”常用的两种句型

(1)（没有）＋动/形＋“过”＋(宾语)

主要表示完成或经验。例如：

① 我和他通过电话。

② 没有迟到过一回。

(2) 动$_1$＋宾语＋动$_2$＋“过”＋宾语

这一句型也常常包含着连动句或兼语句。“过”一般用在后一动词之后。例如：

③ 请他来帮过两次忙。

④ 到上海逛过南京路。

当动词是离合词时，“着”、“了”、“过”通常放在离合词的中间。例如：

⑤ 洗过澡就去休息。

⑥ 他们曾经吵过架。

“了”是表示实现体的动态助词，不能和“没有”共现，也就是说不能出现“没有……了”这样的句子。“着”是表示持续态的动态助词，也不能和“没有”共现。“过”是表示经历态的动态助词，表示过去曾经有的事情，否定式是“没(有)＋动词＋过”。例如可以说“没有看过电影”，但不能说“没有看了电影”，也不能说“没有看着电影”。

需要注意的是：“着”、“了”、“过”主要表示动作持续、完成或者已成为一种经历，对这三个动态助词的使用只能立足于动作的状态，这与动作完成与否有关，而跟动作发生的时间并无关系。因此，“着”、“了”、“过”不仅可以用于现在，也可以用于过去和将来。例如：

上周末，我正逛着街，突然天阴了下来。

明天你上了课来找我吧。

（四）估量助词

[辨析]“来”与“多”

“来”置于数词后，可以表示概数，指接近于前面的数词所表示的数目，可能略多，也可能略少。“多”的基本用法是用在数词或量词之后，表示比前面的数词略多。两者相同的用法体现在以下方面。

1) 都能出现在“十/百/千/万 ＋ 来/多 ＋ 量词 ＋(名词)”格式中。例如：

十来斤苹果　十来下儿　五十来遍　一万来块钱　一千来公里
一百多公斤大米　一千多元人民币　一万三千多亩　二十多种

但是当数词是小数，量词是“万”或“亿”时，只能用“多”。例如：

203.5万多元，1.2亿多斤

2）都可以用在“十/百/千/万 ＋ 来/多 ＋度量单位＋重/长/厚/宽/高/深/远”格式中。如：

十尺来高　七十来吨重　两百多页厚　二十多米深

3）也可以出现在“半＋度量单位＋来/多＋重/长/厚/宽/高/深/远”格式中。如：

半尺来长的一根铁丝　半人来高的书　半里多远的路　半斤多重的螃蟹

4）还能出现在“十×X(X为整数)＋来/多＋万/亿＋(量)＋(名)”格式中。例如：

十来万人　二十来万元/三十多万份/一百多万平方公里

但“来”出现于此类格式时，量词一般只限于“元”和“人”，两者的用法也有区别。相对来说，“多”的选择面更宽一些。

“多”能出现在“1/2/3/4/5/6/7/8/9/10＋度量单位＋多＋名”格式中。“来”一般不行。但这些度量单位是有限制的。例如：

两斤多米饭　一尺多布　三公里多路

当量词为时间量词时，一般只用“秒”、“分”、“点”、“天”、“周”、“年”，例如：两秒多，三年多时间；当量词为“个”时，可以用时间名词“小时”、“钟头”、“星期”、“月”与之搭配，例如：四个多小时，五个多月。

“多”可以出现在“半＋量词(度量单位、容量单位、时间量词)＋多＋(名)”以及“X(X为小数)＋万/亿＋多＋量词＋(名)”这两种格式中。“来”不行。例如：

半年多　半瓶多　1.4万多人　3.2亿多亩

量词为“个”，名词为“小时、月”时，“来”和“多”都可以适用。例如：

半个来小时　半个多小时　半个来月　半个多月

5）“多”可用于以下格式：1/2/3/4/5/6/7/8/9＋量词＋多＋(名词)。例如：三十二年多，四十三斤多白菜。“来”没有这一格式。

另外，表示概数的“来”还适用于以下格式：百十＋来＋量词＋(名词)。例如：

百十来个人　百十来本书　百十来米

“多”就没有这种格式。

［辨析］“上下”、“左右”、“前后”

这三个估量助词都可以用在数词后面表示概数，但它们的搭配关系、适用范围不尽相同。

“上下”主要用于表示年龄、数量等，多用于成十的整数后。例如：

五十岁上下　个子在一米八十上下　每件大约三十元上下　一百公斤上下

“左右”主要用于时间（包括时点词和时段词）、数量，也可以用于年纪、距离等。例如：

中午十二点半左右　一年左右　总共二十本左右　五十公里左右　六十岁左右

“前后”主要表示时间，用在具有明确起止的时点词语后面表示略早或略晚。例如：

新年前后　考试前后　开学前后　下午两点前后　国庆前后

没有明确起止的时点词语后面不能用“前后”。如不能说“下周前后”、“明天早上前后”。

总的说来，“上下”多指年龄，不能指时间、距离。“左右”多指数量和时间的约数，不能用于节日、节气。表示节日、节气时只能用“前后”。例如“圣诞节前后”、“春节前后”。“前后”与“左右”、“上下”不同的是：“前后”不能用来表示年龄、距离、重量等，不能用在表时段的词语后面。不过“前后”可以用在表示时点的谓词性词语甚至小句的后面。这一用法是“上下”、“左右”不具备的。例如：

磁悬浮列车运行前后（*上下）　媒体将此事全面曝光前后（*左右）

（五）列举助词“等”、“等等”

［辨析］“等”与“等等”

“等”、“等等”是两个后附助词。它们常常附在两个或两个以上并列的词语后面，表示列举未尽。例如：

① 毒蛇的种类很多，著名的就有五步蛇、眼镜蛇、竹叶青等。

② 我家阳台上种有迎春、石榴、木桃、月季等，花开不断。

以上两句中的“等”和“等等”可以互换。这是二者的相同用法。

表示列举未尽时，二者还有区别：

1）“等等”一般不用于指人的名词和专有名词之后，“等”不受此限制。例如：

① 我最近去了北方几个大城市，包括北京、天津、哈尔滨等。

② 唐代著名诗人有杜甫、李白、白居易等。

以上两句中的“等”，都不能换成“等等”。

2）“等等”后面一般不能再有其他词语，“等”没有这一限制。例如：

① 近年来，麦当劳、肯德基、必胜客等洋快餐相继打进国内市场。

② 这次运动会的比赛项目很多，有田径、体操、射击等。

例①中的“等”后紧跟着其他词语，所以这里的“等”不能换成“等等”。例②的“等”后没有其他词语，因此这个“等”可以换成“等等”。

3）“等等”跟前面的词语之间可以有停顿，“等”则不允许有停顿。例如：

青年人有青年人的特点，他们积极、热情、开朗、有朝气、求知欲强，等等。

这句话里的“等等”如果要换成“等”，“求知欲强”后面的逗号就必须去掉。

4）“等等”可以重复，“等”不能。例如：

这批货物品种很多，包括布匹、手表、收音机、电视机、录音机等等，等等。

此外，“等等”和“等”这两个助词前面一般不能只列举一项，至少要两项。但如果前面是人称代词或指人的名词时，可以只列一项，而且这时只能用“等”，不能用“等等”。例如：

你等务必尽快离京。

上例中的“等”不能用“等等”替换。

除了表示列举未尽外，“等”还可以表示列举已尽，前面常有数词指明项数。这时“等”含有“一共”的意思，不能换成“等等”。例如：

《诗》、《书》、《礼》、《易》、《春秋》等五部儒家经典合称“五经”。

（六）其他助词“给”的用法

助词“给”最基本的句法特点就是，直接附在动词的前面。在现代汉语中，“给＋动词”的用法主要有两类四种。

(1) 用在表示被动的句子中。或者是句中有介词“被”、“叫”、“教”、“让”等，施事一般要出现。例如：

① 新买的书叫弟弟给弄脏了。

② 没说几句话，就被老太太给轰了出来。

③ 庄稼让大水给淹了。

④ 我的脸也教他给丢尽了。

（2）句中没有介词，由“给”表示“被”的意思，施事一般不出现（有的根本就补不出施事），也可以在“给”字前面或前一分句中出现。例如：

① 这下他又给问住了。

② 这儿的蚊子真厉害，连续两天他都给咬醒了。

③ 房间我们给拾掇好了/杯子我给打碎了一个。

④ 我脚给崴了一下。

（3）用在表示主动的句子中。或者是句中有介词“把”，受事一般要出现。例如：

① 她把钱包给弄丢了。

② 三下两下，就把那家伙给收拾了。

③ 把母亲多年的积蓄都给花完了。

（4）句中没有“把”，由“给”表示“替”的意思，受事一般不出现，也可以在前面出现；“给”的对象可以是说话人，也可以是听话人，也可以是其他人。例如：

① 家里已经不由分说地给娶了媳妇。

② 你放心吧，抽屉我已给安上锁了。

③ 考试的事，你给记着点儿。

总的说来，“给”所起的作用主要是辅助性的。在大多数情况下，句中的“给”可以省略，尤其是在已有介词的句子中。有时句中有没有“给”的区别就在语体色彩和语体风格方面：用了“给”的句子口语色彩明显，情态也显得自然活泼。

练习

一、下列句子中，哪些地方不需要加“的”，哪些地方一定要加“的”。

1. 弟弟（　　）自行车坏了。
2. 学校（　　）附近（　　）邮局不开门。
3. 你有几个（　　）朋友？
4. 小张是迈克（　　）中国（　　）朋友。
5. 我（　　）妈妈很忙。
6. 他娶（　　）是一位法国姑娘。

7. 他在做电脑(　　)生意。

8. 他是一位知识非常渊博(　　)医学(　　)专家。

9. 她是一位善良(　　)姑娘。

10. 我想知道你(　　)看法是什么。

二、用“着”、“了”、“过”选择填空。

1. 你借我的那本书我看____,挺有意思的。

2. 你借我的那本书我看____,不想再看了。

3. 这个人我好像在什么地方见____。

4. 我紧紧地握____他的手,说:“太谢谢你了!”

5. 这星期我们做成____几笔大生意。

6. 笔就在你手中拿____,你还找什么?

7. 来中国以后,我认识____很多朋友。

8. 今天上午一直下____大雨,我只好呆在家里。

9. 这次汉语演讲,我们班拿____第1名。

10. 我小时候在那儿生活____,所以对那儿很熟悉。

三、选词填空(给、似的、个、地、的、得、着、了、过、看、所、之、来着、左右、前后、来、多、把)。

1. 路旁的柳树忽然变成了天使____,传达着上天的消息。

2. 茶馆里供给的烟,他一枝一枝抽____不亦乐乎。

3. 要杀则杀,给我们____干脆,不必这样折磨我们。

4. 北平城是不朽____城,他的房子也是永世不朽的房子。

5. 做妈____首先看到的是那张她赋予的脸。

6. 我____了解的情况也就是这么多了。

7. 他头也不回____离开了,从此以后再也没回来____。

8. 她叫什么名字____? 我怎么想不起来。

9. 别老是躺____,起来走走。

10. 人家都副教授____,可你呢,连讲师都不是。

11. 房间都让我们____收拾好了。

12. 通过这次教训,他也许有所觉悟,让我再去做做他的工作____。

13. 为了帮你打毕业论文,他已经累____三天了。

14. 我从来没有这样打扮____,所以很不自在。

15. 他过了个____月才回来,可把我急坏了。

16. 这个百十____个人的小厂每年都要亏损三十万。

17. 学校离家只有两里____路。

18. 百____块钱一个月,活儿还这么累,我才不稀罕呢!
19. 我总共花了三个小时____的时间才把这个问题解决了。
20. 这件事被公之于众____,他承受了巨大的压力。

四、改正下列病句并说明理由。

1. 我在日本常常看见了中国古代的艺术品。
2. 三年前,我在波恩大学开始了学习中文。
3. 那个年轻人进来以后,鲁迅问了他为什么到书店来。
4. 在那些艰难的日子里,我一直随身保存了这两件东西。
5. 从前我去过了上海,上海是中国最大的工业城市。
6. 到现在还没有一个人来,是不是时间改呢?
7. 我们一起从香港坐了火车回到北京。
8. 每天晚上我吃饭就去阅览室。
9. 昨天晚上小明没把练习做完了。
10. 生日那天,孩子们都穿了漂亮的衣服,高兴极了。

第四节　语　气　词

语气词是附着在句末或句中停顿处,表示说话语气的一类词。

一、语气词的特点

语气词有以下三个特点。

(1) 语气词后一般有语音停顿。

(2) 语气词可以连用。语气词连用主要是指单音节的六个典型的语气词,即"的"、"了"、"吗"、"呢"、"吧"、"啊"。比较常见的连用有:"的了"、"的么(吗)"、"的呢"、"的吧"、"的啊"、"了么(吗)"、"了呢"、"了吧"、"么啊"、"呢啊"、"的么"、"了吧"等等。

(3) 语气词会有不同的表现形式。这种不同的表现形式在书面语中体现在以下方面。

A. 同一个语气词会有不同的字形。例如"啊"可以写作"呵","吗"写作"么"、"嘛","呢"写作"呐",等等。这与方言的影响和使用者的使用习惯有关。

B. 语气词"啊"在实际语流中,用在句末的"啊"常常会受到它前面音节最后一个音素的影响,产生连音或同化等变化。这就是"啊"的音变。"啊"音变用汉字表示就有“呀”、“哇”、“哪”等不同的写法。

C. 如果句末的两个语气词连用，由于语音上的原因会产生合音，即合成一个音节。例如“啦＝了＋啊”、“哪＝呢＋啊”，等等。这些合音语气词在字形上有时和单音节语气词混淆，如合音的“哪”和“啊”音变中的“哪”。

二、语气词的类型

语气词的绝对数量有限。可以从多角度对语气词进行分类。

从构成的音节看，可以分为单音节语气词和双音节语气词两大类。单音节的有“啊”、“吗”、“吧”、“呀”、“哇”、“哪”、“呢”、“的”、“了”、“哟”等等；双音节的有“也好”、“也罢”、“着呢”、“罢了”、“不成”、“不行”等等；此外，还有三音节语气词“就是了”等。

从所起的作用看，可以分为典型语气词和一般语气词两类。典型语气词使用频率高，分布领域广，所表语气相对比较复杂，总共有六个：“啊”、“吗”、“吧”、“呢”、“了”、“的”；除此之外的都是一般语气词。

从语音的变化看，单音节语气词大都可分为基本语气词和派生语气词两种。基本语气词就是指某个最常用的最典型的语气词，派生语气词是指在某个基本语气词的基础上由于所处环境的不同而出现的读音变体，或者是两个语气词连用而形成的合音变体，再或者是同一个语气词被书写成的不同形式的变体。例如：

啊 → 呵、呀、哇　　吧 → 罢、呗　　了 → 啦喽　　呢 → 呐哩

从所处的位置看，可以分为句末语气词和句中语气词两种。凡是只能位于句子末尾的语气词，就是句末语气词。汉语中所有的语气词都能位于句末。凡是既可以位于句末，又可以位于句中的语气词，就是句中语气词，比较常见的有“啊”、“呢”、“吧”、“么”、“嘛”、“哪”、“啦”。

三、典型的句末语气词

（一）“啊”和“吧”

1. “啊”的功能与应用

“啊”可以用在各种各样的句子，其功能是缓和语气。同时受前一音节的影响，会表现出几种不同的语音形式（呀、哇、哪）。

(1) 用于陈述句句末可以起到加强解释、提醒、申明等作用，也有缓和语气的作用。例如：

① 你可别介意啊。

② 他们还没有死心啊。

③ 我可没有存心跟你过不去啊。

④ 到时候你千万要通知我们一声啊。

(2) 用于疑问句句末,具有强化疑问的功能和舒缓语气的作用。例如:

① 这么晚了,你还要出去啊?

② 你说的是他呀?

③ 他刚才到底说了些什么呀?

④ 我们学校到底参加不参加啊?

(3) 用于感叹句句末,加强感慨和惊叹的语气;用于祈使句末,加强请求、劝告和命令的语气。例如:

① 这儿的风景真美啊!

② 这几个孩子多么可爱呀!

③ 你们等等我啊!

④ 你也去看看哪!

2. “吧”的主要功用

(1) “吧”主要表示说话人对自己的看法不很肯定。在不同的句类中,其揣度性语气的强弱并不相等。在陈述句末,表示叙述不很肯定;在疑问句末,希望对方给予证实;在祈使句末,可以使请求、命令、劝告、催促等语气略微舒缓一些。例如:

① 恐怕他已经到了吧。

② 你不介意我再问几句吧?

③ 你快去吧!

(2) “吧”还有其他一些用法,用于表示列举、选择、让步、容忍等语气。例如:

① 就说小王吧,他就是个不错的学生。

② 譬如喝茶吧,里面有不少讲究呢。

③ 就算你说得有道理吧,你也应该给他一个机会。

(二) “吗”和“呢”

1. “吗”的基本功用

“吗”是一个典型的疑问语气词。“吗”在疑问句中的基本功用就是突出疑问焦点,强化疑问语气。主要用于是非问句句末。也可以用于反意问、回声问。例如:

① 他们准备好了吗?

② 他并不是一个好学生,不是吗?

③ 你这样做太过分了。过分吗?你也不问问他们以前是怎么对我的?

从"吗"所附着的疑问句的疑问程度看,既可以用于疑问度为百分之百的真性疑问句,也可以用于疑问度为零的假性疑问句。例如:

④ 他们也是你的朋友吗?

⑤ 你以为这个世界上少了你就不行了吗?

2. "呢"的基本功用

"呢"既可以用于疑问句,也可以用于陈述句;既可以用于句末,也可以用于句中。用于疑问句时,"呢"主要用于特指问、选择问、正反问,一般不用于是非问。"呢"在疑问句中其实并不真正负担疑问信息,其主要功用在于表示一种深究的语气,同时还兼有指明焦点的作用。例如:

① 他们会去哪儿呢?

② 是去北京呢,还是去上海呢?

③ 这样做到底合适不合适呢?

同样,"呢"也可以用在没有任何疑问信息的反问句中。例如:

④ 我怎么可能不知道呢?

⑤ 谁不知道她很难相处呢?

有时可直接后附于体词或名词性短语,构成一种省略式疑问句,省略部分的内容前面应有交代。例如:

⑥ 小王,你妈妈呢?

⑦ 七八月间北京特别热,西安呢?

(三)"的"和"了"

1. "的"的功能及搭配

"的"用于陈述句末,主要用以加强对事实的确定和未来的推断,表示一种明白无误、显而易见的语气。"的"常与动词"是"搭配使用。例如:

① 我曾经调查过的,不会错的。

② 我是不会和他一般见识的。

"的"有时也可以用在疑问句和感叹句句末,以加强对疑问点和感叹事实的确定。例如:

① 一个人死了以后，究竟有没有魂灵的？

② 这样的生活，真够她受的！

2．“了”的基本功用

“了”用于陈述句末也可以表示对已然事实的确定和推断，但与“的”不同的是，“了”重在提供一个新的情况。例如：

① 这件事情就这样定了。

② 肯定又发生什么意外了。

“了”附在名词和名词性短语的后面，表示一种新情况的出现。例如：

③ 都三十好几的人了，还挑什么呀。

④ 已经南京了，马上就上海了。

“了”有时也可以用在疑问句和感叹句句末，以加强对作为一种新情况的现象的疑问和感叹。例如：

⑤ 你刚才去哪儿了？

⑥ 他俩相差太远了！

“了”＋“没有”/“是不是”多用于疑问句（包括反问），询问新情况。例如：

⑦ 我跟你说的那件事你考虑了没有？

⑧ 你这样做有点太心急了是不是？

在这里，需要区别一下表示陈述语气的“了”和动态助词“了”。语气词“了”附着在句末，表示确定的语气，去掉后不影响句意。而动态助词“了”只能附着在动词或某些形容词的后边，表示动作行为或性状变化已经完成，经常出现在句子的中间，不能去掉。例如：

⑨ 我给他送去了一些水果。

⑩ 到明年暑假就有八年没见到他了。

⑪ 苹果已经熟了。

例⑨中的“了”是动态助词，例⑩中的“了”是语气词，例⑪中的“了”兼有语气词和动态助词两种作用。

四、语气词的运用

语气词的运用要注意下面两点。

（1）一个语气词可以表示不同的语气，也就是说，同一个语气词可以分别用在不同的句子类别中。例如“呢”在陈述句中用于指明某种事实,带有夸张意味;在疑问句中表示疑问等等。其中最复杂的是语气词“啊”,“啊”可以出现表示各种不同语气的句子中,如下表所示。

语气	表示的意思	例　　句
陈述	表示解释或提醒	找到他可不容易啊。/我去不了啊。
祈使	表示催促、嘱咐、提醒或警告	吃啊,别饿着肚子 。/千万注意安全啊!
疑问	使语气显得缓和	你知道什么啊?/北京你到底去不去啊?
感叹	表示赞赏或感叹	这座高楼真漂亮啊!/多棒的身体啊!

另外,还要注意语气词“啊”会因为前一字末尾音节的影响产生音变,这种音变语音学里称作为“啊”音变,教材中已将其规律用表格方式表示出来。

(2) 普通话的典型语气词是“的”、“了”、“么(吗)”、“呢”、“吧”、“啊”六个,这六个语气词可以分成三级,第一级是“的”、“了”,第二级是“么”、“呢”、“吧”,第三级是“啊”、“唉”等。语气词可以连用,连用时的顺序是按 1, 2, 3 级依次排列,可以缺少某一级,但顺序不能颠倒。举例如下。

“1+2”连用:真的么?
这还是真的呢。
现在可以证明花瓶是真的吧?
小王已经走了么?
下雨了吧?

“1+3”连用:太阳下山了,不早了啊!
这块钻石才是正宗的啊!
你就这么去啦(了+啊)?

“2+3”连用:事情就是这样嘛(么+啊)!
小李就是那个穿黄衣服的人吗(么+啊)?
这样做真丢人啊(呢+啊)!
别多想,好好干呗(吧+唉)!

“1+2+3”连用:现在迟到了吗?
这才是真的哪!
小华已经有婆家了呗!

语气词运用中注意的两个问题,其实包括了语气词的用法,读法和写法的问题,哪些语气词可以用在什么场合,某一确定的语气该选用什么语气词,这是用法问题。语气词连用后应该读什么音,“啊”与前边的音节末尾的音素相结合后发生什么样的变化,这是读法问题。至于读音改变之后,文字上又应该作出怎样的改变,牵涉到的则是语气词的写法问题。而这些问题都是语气词运用过程中必须注意的问题。

练习

一、给下列句子填上适当的语气词。

1. 你对这件事是同意(　　),还是反对?
2. 不说就不说(　　),我也不想知道。
3. 这衣服看上去挺不错的,是刚买的(　　)?
4. 都这么晚了,你不回家(　　)?
5. 事情很清楚(　　),他是要骗你的钱。
6. 我(　　),就喜欢看电影,不喜欢看电视。
7. 功到自然成(　　),这点道理你还不懂?
8. 我不过说说(　　),你何必当真。
9. 去(　　),得花很多时间;不去(　　),又不太礼貌。
10. 我是同意你的意见(　　)。
11. 你说行就行(　　),我没有什么意见。
12. 就拿汉语来说(　　),不下工夫是学不好的。
13. (打电话)张先生(　　)?
14. 你有什么了不起(　　),竟敢如此放肆?
15. 小李,我从来没来过这儿,这是图书馆(　　)?

二、指出下列语气词的用法有什么问题并说明原因。

1. 他非常想去,你不让他去,他会同意吧?
2. 这儿的空气可好吧!
3. 我上课马上就要迟到了,怎么办吗?
4. 行行出状元吧。
5. 既然你非要我去,那我就去呀。
6. 我要是不同意呀,你怎么办?
7. 事已如此,说这些又有什么用吗?
8. 这是怎么回事呢?
9. 时间多快呢,转眼三年过去了。
10. 你怎么不说话,说吗!

第五节 叹 词

一、叹词的特征和范围

叹词是表示感叹或呼唤、应答的一类词。叹词是一种特殊的虚词，它跟助词的附着性相反，叹词的独立性很强，一般不跟其他词语发生结构上的关系，也不充当句子成分，总是位于句子结构之外，单独使用。叹词一般用于句首，在一定的语言环境中，一个叹词就可以单独成句，即叹词句。例如：

① 哈，你还真不简单！
② 啊，多么可爱的小生灵啊！
③ 啧，啧，你穿得可真漂亮！
④ ——我说的话你都听到了吗？
——嘘！（示意他不要说话）

叹词也有放在句中和句末的，不过为数较少。例如：

⑤ 她，哼，和大杂院里的娘儿们没有什么两样。
⑥ 孩子，哎，这也是没有办法的办法呀。
⑦ 又要上班了，唉！
⑧ 便宜你小子了，哼！

另外，汉语中的叹词在表达感情时区别细致。同一叹词，伴随不同的语调，在不同的语言环境中可以表达不同的感情。例如：

啊（a^1）：爸爸，我也要去，啊？（征求同意）
啊（a^2）：啊？你说什么？（追问）
啊（a^3）：啊？有这样的事？（惊讶）
啊（a^4）：啊，多美啊！（赞叹）/ 啊，是啊！（应答）

值得注意的是，叹词在书面上的写法不固定。如"哎哟"又可写作"哎唷"。有时同一叹词发音也不一致。如"唉"的发音有 ai 和 ei，"哟"的发音有 yo，yao。

叹词的数量并不多，常用的共有三十多个。大多数是单音节的，如"啊"、"喔"、"哈"、"哇"、"嘿"、"哼"、"嗨"、"呸"、"嗬"、"哎"、"哟"、"嘘"、"啧"等，也有一些是双音节的，如"哎呀"、"哎哟"、"哟嗨"等。

另外，叹词和语气词之间存在着一些兼类的情况。"啊"、"哇"、"呕"、"哟"等都是叹词和语气词的兼类词。当它们单独使用时，就是叹词；附在句末或某个句法成分后面时，就是语气词。

二、叹词的表义功能

叹词的表义功能与语气词比较接近，主要表达各种语气、情感和情态，少数也可以用于应答和允诺。概括地说，叹词所表示的心情、感觉、态度主要有以下六个方面。

1. 喜悦或赞叹。例如：

　　① 哇！好大的蛋糕啊！
　　② 啊，我亲爱的祖国！

2. 悲伤或无奈。例如：

　　① 唉，还有什么可说的呢！
　　② 嘿！比比人家，再看看自己！

3. 意外或惊讶。例如：

　　① 咦，我的钱包呢？
　　② 嗬！你怎么会在这儿？

4. 提醒或醒悟。例如：

　　① 噢，原来是这么回事！
　　② 哎，你的坏脾气该改改了。

5. 鄙视和唾弃。例如：

　　① 哼！我看你跟他们是一路货色！
　　② 呸！你这个见利忘义的家伙！

6. 招呼与应答。例如：

　　① 嗨！好久不见了！
　　② 嗯，他就是这么跟我说的。

练习

一、选择括号中适当的叹词填空。

1. ____，电视怎么这么不清楚？（哦，咦）
2. ____，这可怎么办好呢？（喂，唉）

3. ____！都快八点了，赶紧起来吧！（哟，呸）
4. ____，别让他瞎说了。（啧，呸）
5. ____，着急有什么用，赶紧想办法。（咳，哦）
6. ____，瞧他那个神气劲。（嗬，啊）
7. 谁叫他这么不讲理，____。（啊，哼）
8. ____，你放心吧，假期我一定回来。（喂，嗯）
9. ____，你明天就走了，怎么没听说？（噢，啊）
10. ____，你怎么现在才来？真急死人了。（哎呀，喔哟）

二、说出下列各句中的叹词所体现的语气和情感。

1. 嗯！他的表现是比以前好多了。
2. 哼，我才不像你呢，总是唯唯诺诺的。
3. 哇！你真棒！
4. 咳！这次考试我又没通过。
5. 哎呀，这怎么可能呢！
6. 哦，你昨天找我原来就为这事啊！

第六节 拟声词

一、拟声词的特征和范围

用语音来模拟事物或自然界的声音以及描写事物情态的词叫拟声词，也叫象声词。如“轰隆”（炮声）、“扑哧”（笑声）、“呼哧呼哧”（喘气声）、“哇”（哭声）、“哗啦啦”（雨声）等等。

拟声词主要用语音来模拟事物或自然界的声音，以增添声音的实感和语言的生动性。例如：

① 一下、两下、五下、十下……打得山崖上的土哗哗往下落。

② 小雨淅淅沥沥地下个不停。

有时是用声音对事物的情态进行描绘，如“他的脸唰地红了”。这个句子所描述的“脸变红”是不会发出声音的，但用拟声词“唰”来修饰“红”，生动而形象地表现了脸变红的速度之快，起到了增强表达效果的作用。因此，拟声词的修辞作用比其他词类要突出。从拟声词的使用来看，可以分为定型的和非定型的两类。定型的如“潺潺”、“琅琅”、“萧萧”、“霍霍”等，这类拟声词在口语中很少用，多见于书面语，其书写形式和所代表的声音都比较固定，无需语言环境也能知道所表示的是什么声音。如"潺潺"表示泉水或溪水流动的声音。"琅琅"描述的是金石相击声或响亮的读书声。"萧萧"表示风声或马叫声。"霍霍"形容的是磨刀的声音。非定型的拟声词大多是说话人或作家模拟声音造出来的，其语音形式、书写形式都不大固定，适用的范围比较广，如"丁当"、"叽里咕噜"、"砰"、"嗞溜"等。此类拟声词离开一定的语言环境后就很难知道它所代表的是什么声音。不过，很多不定型的拟声词大体上模拟什么声音一般还是一定的，如"咚咚"表示敲门声或鼓声，"砰砰"表示枪声，"哗哗"表示流水声或雨声，"扑通"表示落水声，"轰轰"表示炮声，"咕咚"表示重物落地声，"丁当"表示金属物相击声，"呼呼"表示风声，"汪汪"表示狗叫声，"嘻嘻"表示笑声，"呼噜噜"表示鼾声，"唧唧喳喳"表示鸟叫声，"劈劈啪啪"表示鞭炮声，"稀里哗啦"表示零散物件散落声，"叽里咕噜"表示滚动声，"丁零当啷"表示零散的金属物相击声，等等。掌握一定量的拟声词，对学习汉语是非常有用的。

二、拟声词的语法功能

主要作状语和定语。例如：

① 他老婆扑哧一声笑了。
② 他把门一关，就呼呼地睡去了。
③ 我躺着，听船底潺潺的水声，知道我在走我的路。
④ 只听见"轰"的一声巨响，车身摇晃了一下就停了下来。

也可以充当其他句法成分。例如：

⑤ 她的叽里呱啦是出了名的，厂里谁不知道？
⑥ 她们轻轻划着船，船两边的水，哗，哗，哗。
⑦ 大厅里被这群家伙打了个稀里哗啦。

例⑤的"叽里呱啦"作主语，例⑥的"哗，哗，哗"作谓语，例⑦的"稀里哗啦"作补语。

拟声词也可以独立使用。例如：

⑦ 咣，门被什么人一脚踢开了。
⑧ 扑通，一个跳了下去，扑通，扑通，又接连跳下去两个人。

拟声词除了模拟具体事物的声音，它还可以对一些不易觉察的声音进行模拟，使抽象的心理活动表达得更形象，更生动。例如：

⑨ 她的眼泪"唰"地一下流了下来。

⑩ 他接过纸条一看，脸“腾”地一下红了。

练习

一、选择适当的拟声词填空。

怦怦　呼哧呼哧　滴答滴答　呼噜　噼噼啪啪　嗷嗷

哗拉哗拉　吧嗒吧嗒　吱扭　咕嘟咕嘟

1. 这上百斤的货物把他累得________直喘粗气。
2. 门________响了一声，我回头一看，原来是他。
3. 屋里的闹钟一直在________地走着。
4. 他手一松，手里的硬币________地全都掉到了地上。
5. 老支书装了一袋烟，________抽着，好像在想什么。
6. 风刮来的大雨点打在玻璃窗上________乱响。
7. 小胖刚放下书包，就________喝了两大杯水。
8. 王阿大鼻孔________了两声，忍住了眼泪。
9. 这时老师叫我的名字，我的心紧张得________直跳。
10. 大胡子军官气得跳起来________地叫“再不说就打死你！”

二、比较一下下面两组句子，找出不合格句，然后说明不合格的原因。

1. “丁当”响了一下　/“丁当”响个不停
2. “丁丁当当”响了一下　/“丁丁当当”响个不停

三、写出与下列声音相对应的拟声词。

1. 风声　2. 雨声　3. 雷声　4. 电话铃声

5. 鼓掌声　6. 笑声　7. 哭声　8. 敲门声

9. 心跳声　10. 小声说话声

第六章　短　语

第一节　短语概述

一、什么是短语

短语,有的也称为词组或结构,是由两个或两个以上的词组合而成的语法单位。但并不能说词和词连在一起就构成了短语。例如:

我们星期天常常去北京故宫。

"我们"和"星期天"两个词连在一起,"星期天"和"常常"连在一起,但它们都不是短语。

词和词要组成短语,必须具备三个条件。

(1) 两个词或多个词必须紧连在一起,或者由虚词把它们连在一起。例如:

我和小明正在打算请小华去北京故宫玩儿。

在这个句子里,代词"我"与名词"小明"由连词"和"连在一起,组成一个短语;"正在"与"打算"紧连,组成一个短语;"北京"与"故宫"紧连组成一个短语;"去北京故宫玩儿"紧连也组成一个短语;"请小华去北京故宫玩儿"紧连在一起也组成一个短语。而不紧连的词则不能组成一个短语,如"正在"和"去"。

(2) 它们之间必须有一定的句法结构关系。所谓句法结构关系,又称为句法关系或结构关系,即组成短语的成员之间的并列、偏正、述宾等的语法关系,这种语法关系是短语内部的关系,一般和逻辑事理关系是一致的。比如"老师和学生","老师"和"学生"由连词"和"连在一起,构成并列关系;"样式新颖","样式"是主语,是被"新颖"说明的,"新颖"是谓语,是说明"样式"的,二者构成主谓关系;"木头房子","木头"是修饰"房子"的,二者构成定中式偏正关系;"很高兴","很"是修饰"高兴"的,二者构成状中式偏正关系;"看完","完"是补充说明"看"的,二者构成"动补"关系;"看书",动词"看"是支配"书"的,二者构成述宾关系，等等。

(3) 所组成的短语整体上要有意义。所谓整体上要有意义，是指所组成的短语可以作为一个整体，或者可以单独成为一个句子，或者在句子里可以相当于一个词，充当一定的句法成分。比如“老师和学生”、“木头房子”等作为一个整体，可以在句子里充当主语和宾语；“很高兴”作为一个整体，可以在句子里充当谓语或状语；“看完”作为一个整体可以在句子里充当谓语；“样式新颖”作为一个整体可以直接成为一个独立的句子，或者在句子里充当主语或谓语等。

二、短语与词的区别

短语和复合词的区别主要表现在以下两个方面。

（一）结合的程度不同

词的结合程度比较紧，构成词的各语素之间不能插入其他成分。如“黑板”、“高深”、“大学”等都是词，不能扩展成“黑色的板”、“高又深”、“大的学校”。短语的结合程度比较松，构成短语的各词之间可以插入其他成分。如“说话”、“唱歌”、“新书”都是短语，可以说成“说大话”、“唱一支歌”、“新的书”。

（二）表达的意思不同

词表达的意思往往不是单纯的几个语素意义的相加，而是融合在一起表示一种与其相关的特定的含义。因此它表达的意义是固定的、凝结的、不可分割的。如“打算”是词，它的意义不是既打又算，而是指对某一事情或行为预先所做的安排、计划和设想。构成短语的词与词的组合是临时的，表达的意义不是融合在一起的，也不是固定的、凝结的和不可分割的。如“打球”是短语，“打”是动作，“球”是“打”的对象，它们各自保留着本身的意义，并没有融合成新的概念。

区分短语和词，一般采用扩展法。扩展法也叫作隔开法，如果两个实词之间可以用别的词语隔开的，是短语；反之，则是复合词。运用扩展法，可以根据不同的结构插入不同的词语。

(1) 联合短语可以用插入“和”，或扩展成“又……又……”等来与复合词加以区别。如：

你我→你和我/好坏→好与坏/报纸杂志→报纸和杂志

根本≠根和本/尺寸≠尺和寸/贵重≠又贵又重

上述组合可以扩展的是短语；不可以扩展的是词。

(2) 定中式偏正短语与附加式复合词的区别，可以运用扩展法，在两个语素之间加上“的”进行鉴别。如：

布鞋　熟肉　旧书　白布　高山　大眼睛　烂香蕉

上述组合中可以插入“的”,可以说“布的鞋”,“熟的肉”,“大的眼睛”、“烂的香蕉”等,所以是短语。

白铁　草图　壁画　火车　粗心　晚会

上述组合不能插入“的”,不能说“白的铁”、“草的图”、“壁的画”等等,所以是词。

(3) 述补短语可以用插入“得”或“不”或者其他成分与复合词区别。如下面三组中:

A. 证明　改进　说穿　纠正　推迟　扩大　决定
B. 看见　打倒　叫醒　完成　发动　打开　气坏
C. 放大　缩小　学好　降低　增多　提高　抓紧

A 组中的各例,两个组成成分之间不可以插入其他成分,所以是词。B 组中的组合,两个组成成分之间可以插入,如“看见→看得见/看不见”、“打开→打得开/打不开”等,但不能插入其他成分,这种插入称为“有限插入”。C 组中的组合,两个组合成分间除了插入“得”、“不”外,还可以插入其他成分,如“放大→放得大/放不大→放得非常大→放得一点儿也不大”,“学好→学得好/学不好→学得不怎么好”等等,这种插入有别于 B 组的插入,所以可以称作为自由插入。B 组和 C 组可以扩展,所以都应该看作为短语。

(4) 述宾短语可以用插入“了”、“着”、“过”等与复合词区别。如:

A. 动员　耐劳　伤心　知己　监工　司令　示威
B. 买书　吃饭　说话　走路　读书　唱歌　写字

上述 A 组不能插入,例如不能说“动了员”,“耐了劳”,“知了己”等,是支配式复合词;B 组可以插入,可以说“买了书”,“吃着饭”,“说过话”等,是述宾短语。

还有一些离合词,如:

鞠躬　洗澡　理发　结婚　造谣　打赌

这一类结构,通常不隔开使用,但有时也可以说“鞠了一个躬”、“洗了澡”、“理一次发”等等。一般的处理方法是,把没有隔开使用的看作词,隔开使用的,则看作短语。

三、短语与句子的区别

(一) 语音上的差异

短语和句子在语音方面的差异,体现在下列三个方面。

(1) 句子具备语调,短语不具备。如:

来了。　　来吧?　　来!
出太阳了。　　出太阳了?
小张去北京了。　　小张去北京了?　　小张去北京了!

"出太阳"、"小张去北京"都是短语,短语只有具备了语调,才有可能成为句子。

(2) 短语只有语法重音,句子还有句子重音、焦点重音。

句子可以有句子重音,句子重音是短语重音所不具备的。句子重音是逻辑重音,是语用上的需要,它往往可以改变句子的句法重音。如:

好天气!　　明天休息。

根据表达上的需要,"好天气"可以重读"天气","明天休息"可以重读"明天"。

(3) 句子中可以有较长的停顿,短语没有停顿或只有较短的停顿。短语结构一般比较短,说的时候中间没有停顿,如果有停顿的话,书面上也只有用表示较短停顿的顿号,大多用在联合短语中。如:

上海、天津、广州和重庆　　爱科学、爱和平、爱人民

而大多数短语没有停顿,即便是两个组成部分结合比较松散的主谓短语,中间也无须停顿。

句子中一句话中间的停顿可以用逗号,分句之间可以用分号,句子结束的时候可以用句号、问号、感叹号等来表示不同的停顿。如:

他的眼神,还是那么安详;他的举止,还是那么凝重。

(二) 句法上的差异

短语和句子在句法上的差异,表现在以下几个方面。

(1) 短语中有较严格的语序,句子中的语序则相对灵活。

从短语的结构看,语序相对固定。语序不同,意义就不一样。如:

热天—天热　　上网—网上
方便群众—群众方便　　豆腐一碗—一碗豆腐

句子的语序相对灵活,为了交际的需要,常常会出现短语所不可能具备的改变语序的情况:

正常的语序	改变了的语序
小鸟飞了。	飞了,小鸟。
这是张老师的讲稿。	这是讲稿,张老师的。

他吞吞吐吐地交代了不少问题。　他交代了不少问题，吞吞吐吐的。

(2) 句子中可以有特殊成分，短语中没有。

作为句子，除了有与短语相同的成分之外，还具有特殊成分，有两种特殊成分是短语所不具备的。

杭州，我知道那是个天堂一样的地方。

爷儿俩，一个跑原料，一个搞销售。

上述例子中的特殊成分是提示成分。

喂，什么时候了，还不开船？　　据说，明天会下雨。

上述例子中的特殊成分是独立成分。

(3) 句子中可以有表示语气的成分，短语中没有。

短语是静态单位，所以没有语气，不具备表示语气的成分；句子是动态的表达单位，具有一定的语气，可以具有表示语气的成分。

表示语气的主要是语气词，另外，短语成句时往往需要增加一些表示时间的因素，而这些因素不少是由语气词担任的，如：

他上大学了。　　桃花是红的。

“了”、“的”都是语气词。另外不同的语气词往往可以成为不同的语气标志，如“了”、“的”大多是陈述语气，“吗”一定是疑问语气，“吧”可以是祈使或疑问语气等等。

在句子中还会出现表示不同口气的语气副词，如“也许”、“幸亏”、“大概”、“恐怕”、“难道”、“究竟”等等，这些语气副词在句子中的位置也相对灵活。如：

难道你真的不去吗？　　你难道真的不去吗？

也许他早就回家了。　　他也许早就回家了。

(三) 语义上的差异

短语和句子在语义上的差异，体现在以下几个方面。

(1) 短语常有歧义现象，句子有一定的上下文，歧义现象比较少。

短语中存在着许多歧义现象，造成歧义结构的主要因素是层次构造不同、语法关系不同等等，如下列短语都是有歧义的：

几个学校的领导　　进口设备　　补充材料　　学习文件

句子中由于有上下文的限制，短语中的歧义在动态的句子中往往可以清除。

(2) 句子中可以有超常搭配，短语中没有。

词语的搭配要符合句法上和语义上的要求。短语要严格地受到这种制约，违反搭配原则的短语是不合格的；动态的句子则由于表达的需要，往往可以突破这种限制，如：

这次中国进入决赛的十名选手，有三名参加过上届世锦赛，阵容比较“豪华”。

国际体坛畅销的乒乓球运动已在中国推向市场。

说阵容“豪华”，不用常规的搭配“强大”，“最受欢迎”的乒乓球运动，被说成是“最畅销”的，都是偏离了词汇意义上的超常搭配，这种搭配只能在句子中才会出现。

四、短语的分类问题

（一）固定短语和非固定短语

按短语内部词语之间的松紧程度，可以把短语分为固定短语和非固定短语两类。

固定短语的内部词语相对稳定而不能随意转换，也可以看作是短语化了的词。固定短语有以下特点：

（1）形式比较固定。例如“千军万马”不能说成“千人万马”或者“万马千军”，“说一不二”不能说成“说一不三”或者“说二不一”，“敲竹杠”不能说成“敲木杠”。

（2）一般有特定的意义，不是特定成分意义的简单相加。例如“敲竹杠”的意思不是拿着一根竹杠敲打，而是“利用别人的弱点或借某种口实抬高价格或索取财物”。

固定短语可以分为两类：

1. 成语

成语是人们长期习用的、意义完整、结构稳定、形式简洁、整体使用的固定短语。成语的内部和非固定短语一样，都具有内部的句法结构关系。如“孤掌难鸣”是主谓关系，“顾全大局”是述宾关系，“世外桃源”是偏正关系，“日新月异”是并列关系等等。

比较常用的成语大概只有 3 000 多条，而且由于成语具有意义的整体性和结构的凝固性特点，所以学习过程中要像词一样，对于每个成语的意义和用法要掌握熟练。

2. 惯用语

惯用语是指人们口语中短小定型的习惯用语。惯用语按照组合的松紧程度，又可以分为两类：

（1）一般形式的惯用语。如：

开夜车　半瓶醋　敲边鼓　生米煮成熟饭

(2) 结构对称的。如:

你一言,我一语;高调好唱,事情难办

相对成语来说,惯用语结构灵活,富于变化,从音节上看,三音节较多,但四、五、六、七、八,甚至更多音节的也很多。惯用语具有鲜明的口语色彩,只要有一定的汉语基础,大多惯用语一看就懂,一听就会,学习起来不是太困难。而且,惯用语在使用的过程中,结构形式可以随表达的需要而改变,比如可以换其中的字:脚踩两只船—脚踏/登两只船;可以重叠其中一部分:敲边鼓—敲敲边鼓;有的也可以变序、加字等。

非固定短语是指按一定的结构规律能自由结合的短语。非固定短语中的词只要符合语义和句法上选择性的要求,就能自由替换,如“看书”、“很大”这两个短语:

看书	看书	很大	很大
买～	～电影	房子～	～好
借～	～小说	困难～	～不错

(二) 简单短语和复杂短语

按照构成短语的直接成分的多少,可以把短语分为简单短语和复杂短语。

简单短语是指由两个或两个以上的词在一个层次上组合而成的短语。大多数简单短语都由两个词组成,如主谓短语(我去)、偏正短语(好人)、述宾短语(吃饭)等都是如此。由两个以上的词组成的简单短语专指联合短语和连动短语。如:

上海、北京、天津(三个名词组合而成的联合短语)

吃、喝、玩、乐(四个动词组合而成的联合短语)

跑着去锻炼(三个动词组合而成的连动短语)

复杂短语是指由三个或三个以上的词在两个或两个以上层次组合而成的短语。两个词不能组合成复杂短语,在一个层次上也不是复杂短语。简单短语通过扩展往往成为复杂短语。如:

看书(述宾短语)→不看书(第一层述宾关系,第二层偏正关系)

前途光明(主谓短语)→前途无限光明(第一层主谓关系,第二层偏正关系)

(三) 单义短语和多义短语

按含义的多少这个标准,可以将短语分为单义短语和多义短语两类。多义性是词的特点,单义词在词汇中是少数;短语的情况与此不同,一般是单义的,但也有多义的。所谓多义,是指形式上是一个短语,实际上是由两个或两个以上不同类型的短语交叉在一起。在教学过程中,多义短语是难点,需要把每个意思逐一讲给学生。多义短语主要有以下几种类型。如:

学习文件(是述宾短语和偏正短语的交叉,这是层次相同,语法结构关系不同的多义短语)

几个学校的学生(可以作两种不同的理解:一个是"几个/学校的学生",即学校的"几个学生";一个是"几个学校的/学生",即"学生"来自几个学校。这是语法结构关系相同,层次不同的多义短语)

撞倒小王的自行车(可以作两种不同的理解:一个是"撞倒/小王的//自行车",即"自行车"是"小王"的,先是述宾关系,再是偏正关系;一个是"撞倒//小王的/自行车",即"自行车"把"小王"撞倒,先是偏正关系,再是述宾关系。这是语法结构关系不同,层次也不同的多义短语)

(四) 自由短语和黏着短语

按照短语的成句能力,可以将短语分为自由短语和黏着短语两类。

自由短语是可以单独成句的,大多数实词和实词组合的短语都是自由短语。

黏着短语大多数是不能单独成句的。但黏着短语并非都是由实词和虚词组合而成的,也可以是实词和实词的组合。这种实词和实词的组合往往还会有自由短语与黏着短语的并列格式。例如:

	黏着短语	自由短语
V来V去(连动短语)	说来说去/哭来哭去	走来走去/飞来飞去
N的V(偏正短语)	狐狸的狡猾/生活的艰辛	党的领导/群众的支持
V了N(述宾短语)	削了苹果/吃了饭	削了两个苹果/吃了一顿饭
FA(偏正短语)	再大/怪可怜	老哭/穷摆谱
V起来(述补短语)	胖起来/闻起来	躲起来/爬起来

还有一些只能作黏着短语的,如介词短语等。

(五) 结构类别和功能类别

给短语进行分类是必要的,它是短语结构规律的归纳和总结。从上面的分类可以看出,根据不同的目的,短语的分类可以采用不同的标准,但是这些标准必须符合逻辑分类的原则,即分出来的类别之间具有排他性,而不是包容性;采用的方法具有一致性,而不是多重性。

常见的短语的语法分类主要有两种:一种是根据内部的句法结构关系来分,所得到的是结构类别;一种是根据外部的功能意义来分,所得到的是功能类别。

练习

一、词和词组合成短语要具备的条件是什么？

二、什么是句法结构？

三、短语和词的区别是什么？

四、试说一说主谓短语和句子的区别是什么。

五、可以从哪些角度给短语分类？

第二节　短语的结构类别

一、实词和实词组合的短语

短语是词和词按照一定方式组合起来的语言单位。词和词的组合，可以是实词和实词的组合，也可以是实词和虚词各为一方的组合。常见的实词和实词组合的短语主要有以下几种。

（一）五种基本短语

从短语的内部关系分析，汉语短语的基本类型有主谓、述宾、述补、偏正、联合五种，这五种类型反映了汉语里五种的结构关系。除联合短语之外，其他几种短语都由两项组成。

短语类型	结构关系	举例
主谓短语	结构内部两个成分之间是陈述和被陈述的关系	鸡叫 经济繁荣 明天晴天 这个人态度傲慢
述宾短语	结构内部两个成分之间是支配和被支配的关系	吃菜 喜欢喝啤酒 来了一个人 听懂他的话
述补短语	结构内部两个成分之间是补充和被补充的关系	说清楚 笑得弯下了腰 忙起来 好得很

（续表）

短语类型	结构关系	举例
偏正短语	结构内部两个成分之间是修饰和被修饰的关系	大型工厂 抢来的时间 合同的签订 十分舒服 刚星期二 可以参加
联合短语	结构内部有两个或两个以上的成分，它们有并列或选择的关系	北京、上海和天津 讨论并且通过 聪明伶俐 同意或反对

（二）连动短语、兼语短语和同位短语

除了五种基本类型的短语之外，还有连动短语、兼语短语和同位短语。

连动短语由两个或两个以上的动词性词语连用，它们之间没有联合、偏正、述宾、述补、主谓等关系，中间没有语音停顿，没有关联词语，也没有复句中分句之间的各种逻辑关系。

兼语短语也是由两个或两个以上的谓词性词语连用构成的句法结构，兼语短语是由一个述宾短语和一个主谓短语套叠在一起，而且述宾短语中的“宾语”兼作主谓短语的“主语”。

同位短语两个部分相互叠用，相互指称，同表一个事物。

短语类型	结构关系	举例
连动短语	两个或两个以上的动词性词语连用，它们之间没有联合、偏正、述宾、述补、主谓等关系	打电话叫车 躺着看书 来打电话 有机会上大学
兼语短语	两个或两个以上的谓词性词语连用，其中前一个动词性词语的宾语兼作后一个动词（或形容词）性词语的主语	请他参加 他回答问题 有弟弟考大学 使孩子高兴
同位短语	两个组成部分从不同的角度复指同一事物	厂长王一林 老王老李他们 他们自己 夫妻两个 意大利人马可·波罗

［辨析］“连动短语”与“联合短语”

联合短语前后两个成分可以互换位置，互换后结构关系和语义都不变，中间可加上表示并列关系的关联词语。而连动短语前后两个成分或者不能互换位置，或者互换后语义改变，或者互换后语法结构关系改变。例如：

唱歌跳舞→跳舞唱歌

读书写字→又读书又写字→一边读书一边写字

上述短语是联合短语。

熬锅粥喝→喝熬锅粥（不通）

上街买菜→买菜上街（语义改变）

有机会出国→出国有机会（语法结构关系改变，前一句为无主句，后一句为主谓句）

上述短语是连动短语。

［辨析］“连动短语”与“偏正短语”

连动短语中有一种类型是“V＋着＋宾语＋VP”，如：

躺着看书　　笑着说　　提着箱子上飞机　　瞪着眼睛说话

有人认为这种短语都是偏正短语，并认为“着”是动词作状语的标志，只有“躺在床上看书”一类才算是连动短语。其实，“躺着看书”一类短语连用的动词之间的语义关系，都是表示动作的方式或手段。例如“躺着”是“看书”的方式，“笑”带上“着”是“说”的情态方式。因此，“躺在床上看书”和“躺着看书”前后两个动词在表示动作的方式手段上是相同的，不宜将其中的一个看成是连动短语，把另一个看成是偏正短语。

［辨析］“连动短语”与“述宾短语”

述宾短语中的宾语如果以动词和形容词来充当，也有可能与连动短语混淆。区别的方式可以看下面几点。

1）这一类述宾短语的动词大多是心理动词，如“喜欢”、“害怕”、“讨厌”等等，这样的述宾短语前可加上程度副词“很”，如“很害怕误了火车”、“很喜欢读书”；而连动短语前不能加上“很”。

2）这样的述宾短语只能用“动＋什么”来提问；而连动短语则只能用“动＋干什么”来提问。如：“害怕误了火车”可用“害怕什么？”提问，而“躺着看书”、“熬锅粥喝”只能以“躺着干什么？”“熬锅粥干什么？”来提问。

（三）量词短语和方位短语

量词短语和方位短语也是实词和实词组合的短语。

1. 量词短语

量词短语由数词、指示代词、疑问代词与量词组合而成。前一部分是数词、指示代词、疑问代词,后一部分是量词。量词短语按照其内部的结构成分,可分为如下几种形式。

(1) 数词+量词。如:

一个(人) 两封(信) 三双(袜子) 五碗(水) 一口袋(米) 一盆(花)
(大哭)一场 (去过)两回 (讨论)三次 (抽)一鞭 (看)两眼
第二天 头班(车) 二分之一个(苹果) 零点六个(百分比)
八九个(学生) 三四辆(轿车) 二十多头(牛) 三十来里(路)

(2) 指示代词+量词/代词+数词+量词。如:

这幅(画) 这个(人) 那份(礼物) 那位(来宾)
这一幅(画) 这三个(人) 那两份(礼物) 那五位(来宾)
每位(旅客) 每份(礼物) 各国(政府) 各种(方法)

(3) 疑问代词+量词。如:

哪个(人) 几件(事儿) 几里(路) 多少斤(鱼) 多少本(书)

2. 方位短语

方位短语由两个部分组成。前一部分是词或短语,后一部分是方位词。方位短语按照其内部的结构成分,可分为如下几种形式。

(1) 一般实词+方位词。如:

屋子里 讲台上 西湖边 书架旁 宴会后 考试前

(2) 时间词/处所词+方位词。如:

星期一前 三点钟后 两个钟头前 三年内 两个月之外
长安街北 北京以南 亚洲以东 邮局前 图书馆以内 电影院旁

(3) 一般短语+方位词。如:

一个金黄的鸟笼里 宽大的前额下 高楼与平房之间 十月一日国庆节那天之前 学习方法的提高 打完球之后 我出国之前 洗得满头大汗以后

二、实词和虚词各为一方组合的短语

(一) 介词短语

介词短语由两部分组成。前一部分是介词,后一部分是词或短语。介词是这类短语的标志。根据介词后接成分的不同,介词短语可以分成以下两类。

(1) 介词与词的组合。如:

往北京(挂电话) 向沙漠(展开攻势) 同老李(去北京) 比去年(暖和)

凭证件(借书) 按照惯例(要进行考试) 为了孩子(去市场打工)

向我(传达指示) 从这里(去北京) 被你(拖苦了)

比哪儿(都强) 向北(挺进) 从下往上(爬) 朝东(驶去)

上述介词短语,主要是介词与名词、代词、方位词的组合。

(2) 介词与短语的组合。如:

向远在五十里外的目的地(进发) 为不听话的学生(伤透了脑筋)

比高大的男人还要高大(的女保姆) 按照法律的规定(应该立即补交所得税)

对于这个人的装疯卖傻(我们早就领教过了)

把小王小李这两个学生(累垮了) 连肚子饿(都忘记了)

在学校、机关、事业单位(工作) 在黑板上(写字)

从海面上(升起) 从我们几个人(做起)

对改建学生公寓(有什么意见) 将原文与译文(对了一遍)

朝首都北京(开去) 与汽车被砸(有什么关系)

按照税务局的规定和学校的分房条例(搬进新居的住户须在三周内缴清一切款项)

上述介词短语,主要是介词与名词性的偏正短语、联合短语、同位短语以及方位短语的组合,也包括介词与述宾短语、主谓短语的组合。

(二)“的”字短语

“的”字短语由两部分组成。前一部分是词或短语,后一部分是助词“的”。“的”是这类短语的标志。根据“的”字前附成分的不同,“的”字短语可以分成以下几类。

(1) 名词性词语+的。如:

木头的(容易坏) (钥匙是)新写字台的 我们的(还在办公室)

(2) 区别词+的。如:

男的(排在左边) 女的(排在右边) (满把都是)银的和铜的

黑白的(便宜) 彩色的(要五六百块) 一等的(就有三人)

(3) 谓词性词语+的。如：

来的(都是客)　(那两个是)新加盟的　高的和矮的(都是外籍球员)

最不欣赏的(是言而无物的文章)　开卡车的(是老张)

让人最不放心的(就是小王)　进办公室倒开水的(是大学生)

(4) 主谓短语+的。如：

我们反对的(是说空话的人)　(这一班学生都是)我教过的

(上海大剧院是)建筑师们吸收了悉尼歌剧院的优点创造出来的

(三) "所"字短语

"所"字短语由两部分组成。前一部分是助词"所",后一部分是动词。"所"是这类短语的标志。例如：

(心有)所感　(各取)所需　所剩(无几)　所见所闻

所撰写(的论文)　所珍藏(的书籍)　所认识(的老师)　所依靠(的力量)　所知道(的事实)　所亲近(的朋友)

(四) 比况短语

比况短语由两部分组成。前一部分是词或短语,后一部分是助词"似的"、"一般"、"一样"、"般"等。"似的"等比况助词是这类短语的标志。根据比况助词前附成分的不同,比况短语可以分成两类。

(1) 词与比况助词的组合。如：

墨似的(乌云)　乞丐似的(男子)　(气得)什么似的　闪电般(窜了过去)

逃跑一般(滚了出去)　(乐得)什么似的　石灰一样(又白又干)

上述比况短语,主要是名词、动词、疑问代词"什么"和比况助词的组合。

(2) 短语与比况助词的组合。如：

爆豆锅般(的嘴里)　小火星似(的亮光)　得了气管炎一样(干咳)

对待亲兄弟似(的热情)

箭出弦似(地飞了出去)　雷鸣般(的掌声)　久饿的人见了食物一般(扑了过去)

上述比况短语,主要是偏正短语、述宾短语和主谓短语与比况助词的组合。

练习

一、实词和实词可以组合成哪些结构类别的短语？

二、实词和虚词可以组合成哪些结构类别的短语？

三、“读一篇课文”和“读一遍课文”的内部结构关系是否一致，如何不同，应该如何辨析？

四、说出下列短语的结构类别。

大家一同去　支持或者反对　叫小张来　著名语法学家吕叔湘　老王心肠很好　美丽的草原　害怕老张　明天六一儿童节　云南漓江　江西浙江　十分困难　讲清楚　同意我们去北京　死了一个犯人　东岳泰山　去拜访老同学　让他走　累得一身汗　指派老李参加　微笑着演讲　他自己　上街吃晚饭

第三节　短语的功能类别

词的语法功能表现在能否充当句法结构成分上，句法结构成分，既包括主语、宾语和述语，也包括定语、状语和补语。按照这个功能标准，我们区分了实词和虚词，并对实词的基本词类名词、动词、形容词等功能用法进行了逐一说明。

短语也是一种句子的结构单位，是造句的备用材料，短语从外部的语法功能进行分类，大致和实词相当，可以分成名词性短语、动词性短语、形容词性短语、副词性短语。

一、名词性短语

（一）名词性短语包括的结构类别

名词性短语的基本功能和名词相当，主要作主语、宾语、定语，一般不作谓语。包括以下类别。

(1) 以名词为中心的偏正短语。如：

高大的建筑物　新买的钢琴　木头房子　不久的将来　以前的事　一张照片

(2) 带有定语的以动词或形容词为中心的偏正短语。如：

你的到来　他的突然出现　孩子的幸福　内心的痛苦　狐狸的狡猾

(3) 由各类名词、代词、数词或量词组成的联合短语。如：

优秀品质和高尚情操　我和同学们　她跟她的孩子　这一个与那几个

(4) 同位短语。如：

我的同学张明　中国的首都北京　国务院总理温家宝　厂长王一林

(5) “的”字短语和由名量词组成的量词短语。如：

过路的　卖菜的　穿红衣服的　一件　两个　一百零八条

(6) 由名词组成的主谓短语。如：

今天星期五　10月1日国庆节　两元一斤　一斤两元

(7) “所”字短语。如：

所看到(的报纸)　所喜爱(的花)　所需　所剩　所见所闻

(8) 名词性的固定短语。如：

崇山峻岭　虎头虎脑　深情厚谊　立锥之地　山南海北　山珍海味

(二) 名词性短语与名词在充当主语和宾语时的功能比较

名词性偏正短语可以比较自由地充当主语、宾语，名词不可以。例如：

那个孩子黄头发	*孩子黄头发	(主语)
我们学校出现了新局面	*我们学校出现了局面	(宾语)
开水烫了他几个泡	*开水烫了他泡	(远宾语)

二、动词性短语

(一) 动词性短语包括的结构类别

动词性短语的功能基本与动词一样，在句子中主要作谓语，有时也能作主语和宾语。从短语的结构分类上看，动词性短语包括以下一些短语。

(1) 由动词带宾语构成的述宾短语。如：

增加收入　怕脏　来了客　给他钱　是书　有东西

(2) 由动词接补语构成的述补短语。如：

看完　说得好　去过两次　洗得满头大汗　回答得很及时

(3) 连动短语。如：

上山采药　说着笑起来　有资格晋升　走出去关上门　来祝贺

(4) 兼语短语。如：

叫他来　有人认为　劝他出国　称他为队长　请家里人吃饭

(5) 由两个或两个以上的动词组成的联合短语。如：

讨论并且通过　来或者去　研究解决　思考回答

(6) 以动词为中心的偏正短语。如：

不来　刚去　辛苦地劳动　认真思考　非常赞成

(7) 由动词作谓语的主谓短语。如：

红旗飘扬　我去　我们唱歌　弟弟吃饭　领导讲话

(8) 动词性固定短语。如：

东奔西走　承前启后　沁人心脾　眉来眼去

(9) 由动词重叠组成的短语。如：

看看　听听　走走　学习学习　研究研究　检查检查

(二) 部分动词性短语充当谓语时与动词的功能比较

动词性短语与动词一样，主要作谓语，但下列短语在充当谓语时，与单个动词充当谓语时不同。

(1) 动词性联合短语可以充当谓语。动词性联合短语充当谓语有两种情况，一是联合短语共同带一个宾语，一是联合短语分别带不同的宾语，这和单个动词带宾语不同。如：

讨论并通过老王的任职问题　学习、掌握科学知识　宣传和推广普通话政策

处理和接待了群众的来信、来访　明确、掌握基本概念、基本知识

提高并且改善了医疗质量和服务态度

可以充当谓语的动词性联合短语，动词一般来说是双音节的，单音节的动词性联合短语不能充当谓语。

(2) 部分双音节的述宾短语还可以带宾语，这和动词带双宾语不同。有以下几种类型：

A. 宾语表示对象。如：

寄语青年读者　示意读者　致电联合国　复信国务院

B. 宾语表示目的。如：

造福子孙　献身教育事业　投身科学研究　献爱心灾区

C. 宾语表示领属。如：

加盟新乐队　结缘上海　接轨国际惯例　入股这家公司

D. 宾语表示起点。如：

启程欧洲　过境法国　取道香港　转口新加坡

E. 宾语表示终点。如：

存款中国银行　投资中国　进军大上海　移民美国

(3) 部分双音节或多音节的述补短语，主要是表结果的述补短语和表趋向的述补短语，也可以再带上宾语，这种情况下，如果省去补语，一般不能成立。如：

哭红了眼睛→*哭了眼睛/吃圆了肚子→*吃了肚子/喝倒了他→*喝了他

挺直了腰板→*挺了腰板/气跑了小王→*气了小王/说累了他→*说了他

爬起来一个人→*爬一个人/走进来一个人→*走一个人

三、形容词性短语

(一) 形容词性短语包括的结构类别

形容词性短语的功能基本与形容词一样，在句子中主要作谓语、定语，有时也可以作状语、补语。从结构形式上看，形容词性短语主要包括以下几类。

(1) 由两个或两个以上形容词组成的联合短语。如：

雄伟而庄重　平凡而伟大　艰苦朴素　端庄大方　美丽可爱

(2) 以形容词为中心的偏正短语。如：

深蓝　浅灰　大红　非常漂亮　十分美丽　有点儿羞涩

(3) 由形容词接补语组成的述补短语。如：

漂亮极了　红得发紫　冷得要命　傻得可爱

(4) 由形容词作谓语的主谓短语。如：

学习努力　意志坚强　祖国昌盛　身材魁梧

(5) 由形容词带宾语组成的述宾短语。如：

烦人　累人　繁荣经济　纯洁队伍　丰富生活　活跃气氛

(6) 比况短语。如：

乞丐似的　什么似的　亲兄弟一样　闪电般　饿虎扑食一般

(7) 形容词性固定短语。如：

花枝招展　气象万千　谨小慎微　尽善尽美

(8) 由形容词重叠组成的短语。如：

别别扭扭　干干净净　清清楚楚　冰凉冰凉　火热火热

(二) 形容词性短语和形容词的功能比较

(1) 单个形容词不能自由作谓语，而形容词性短语可以。例如：

这个孩子很调皮　这个孩子调皮极了　*这个孩子调皮
人民英雄纪念碑高大而雄伟　*人民英雄纪念碑高大

(2) 部分形容词可以直接作状语，而形容词性短语要加助词"地"。例如：

委员会认真(地)讨论了这个问题
委员会非常认真地讨论了这个问题

四、副词性短语

副词性短语整体功能和副词一样，在句子中只能作状语。从结构形式上看，副词性短语主要包括以下几类。

(1) 由副词重叠组成的短语。如：

特别特别　非常非常

(2) 一部分以"形容词＋名词"方式组成的偏正短语，只能作状语，而不能作其他成分，因此，把它们作为副词性短语。如：

小范围(讨论)　高速度(运行)　大规模(生成)　长时间(工作)

(3) 一部分固定短语，也只能作状语，不能作其他成分，也把它们作为副词性短语。如：

一个劲儿地(钻研)　　经年累月地(磨炼)
苦口婆心地(劝解)　　挨门逐户地(搜查)

(4) 介词短语主要的语法功能是作状语，在句子中比较多的是修饰动词性词语。如：

从北京(来上海开会)　把那只杯子(打碎了)　被貌似忠厚的人(骗了)

比去年(热多了)　用这把刀(切肉)

上述只能用于句中的介词短语,大都表示与事、共事、比较、工具、受事、施事等意义;而表示关涉、时间、目的、依据等意义的介词短语,作状语时不仅可以位于句中,还常常位于句首,作句首修饰语。如:

对于这个问题(我不准备多说)　为了孩子的幸福(她会献出一切)
从开学以后(我就没有安定过)　根据这个原则(你去办理)
至于这个问题(我们以后再谈)　关于这件事(我不准备多说)

需要注意的是,部分介词短语还可以作定语,这时的介词短语的功能不是副词性的。如:

关于他的传说　为灾区人民的救援行动

练习

一、试说一说动词性短语和动词有哪些异同。
二、试说一说副词性短语和副词的用法有什么不同。
三、“他高兴”和“他的高兴”有什么不同,如何辨析?
四、说出下列短语的功能类别。

交代清楚　干不了　高兴得不得了　踹了一脚　钻进去　摔得很重　快活死了　吃不得　搞懂　好看极了　爬上去　吃得好　讲不明白　累得浑身一点力气都没有　跳下去　去一趟　快跑　赶上　处得来　做得不太好　住了三年　从上海　高水平

第四节　复杂短语和短语的层次分析

一、简单短语和复杂短语

简单短语和复杂短语的根本区别不在于组成成分的多少,而在于组合层次的多少。

简单短语是指词与词在一个层次上的组合,而复杂短语则指两个或两个以上的层次上的组合。如:

教师和学生　机关学校　吃饭　又吃又唱　好得很

教师、学生和工友　工厂、企业、机关、学校、医院及社区

上述短语都是简单短语，联合短语中的并列项可以是两项，也可以是三项或者四项五项，从理论上说是可以无限延长的。下列短语才是复杂短语：

教师和学生的宿舍　吃饭的时候　又吃又唱的妹妹　在北京玩得很好

很显然，只有复杂短语才谈得上层次分析，简单短语无所谓层次分析。

二、层次分析法

（一）层次分析法的原则和步骤

对复杂短语进行结构层次分析的方法叫作“层次分析法”，层次分析法又叫作“直接成分分析法”。关于切分的原则，语法学界尽管有不同的看法，但归纳起来不外乎结构、功能、意义三条原则。所谓结构原则，是指切分后的语言片段各自能成为一个结构；所谓功能原则，是指切分后的语言片段可以按照汉语的语法规律搭配；所谓意义原则，是指切分后的语言片段不能违背原来短语所具有的意思。如：

一朵/红花(✓)一/朵红花(╳)一朵红/花(╳)(要求符合结构原则)

一家研究单位的/工程师(✓)一家/研究单位的工程师(╳)(要求符合功能原则)

毒害儿童的/黄色读物(✓)毒害/儿童的黄色读物(╳)(要求符合意义原则)

层次分析法主要包括两个步骤，即：①切分结构层次；②确定结构关系。

（二）层次分析的运用

层次分析法是常用的方法之一。遵循层次分析的原则，对一个复杂短语进行具体分析时可以采取两种不同的步骤，即从大到小的步骤和从小到大的步骤。两种分析方法的结果一致，不过步骤上是有差别的。例如分析复杂短语“教师和学生的宿舍”，采取不同的分析方法是：

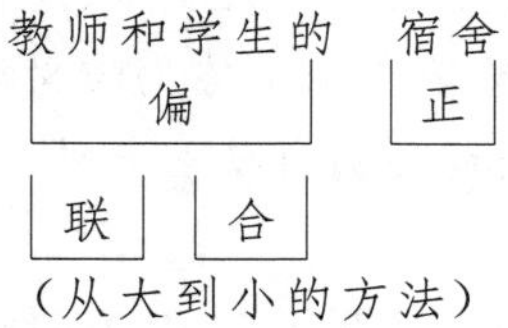

（从大到小的方法）

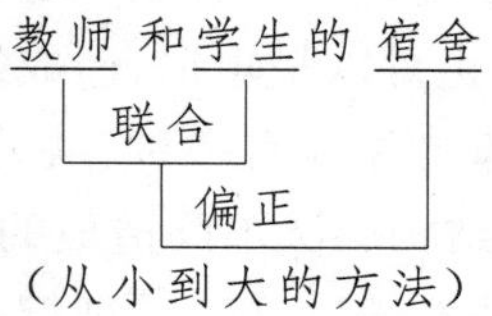

（从小到大的方法）

我们认为采取从大到小的方法比较合适：①从小到大的分析，须先确定基本的语言单位，有时会遇到词与非词的界限难以确定的问题。从大到小的分

析可以避免这种麻烦。②从小到大的分析,必须分析到最大的层次才可以结束。从大到小的分析可以适可而止。③多重复句的分析是从大到小的,短语的分析可以与复句的分析一致。

按照从大到小的分析方法,量词短语和方位短语就可以不再往下分析。例如下列短语中的“一本”、“窗台上”就可以不必再切分:

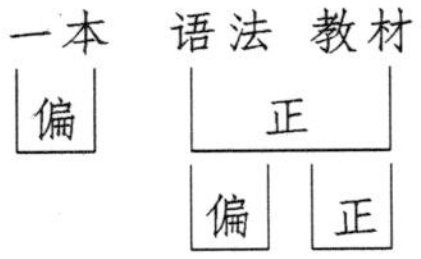

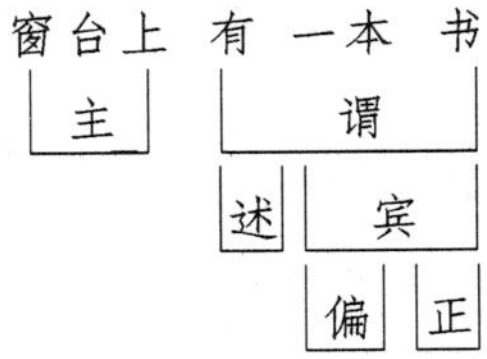

短语中有实词与实词的组合,也有实词和虚词的组合。对短语进行分析,除了介词短语和“的”字短语外,对虚词是不作分析的,例如“高大的楼房”、“艰巨而光荣”、“打了开水”中的虚词“的”、“而”、“了”等,切分时都可以不必考虑。如:

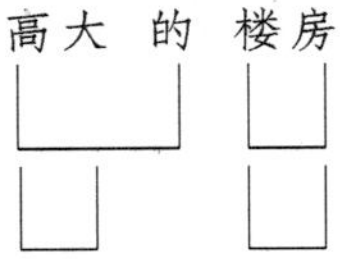

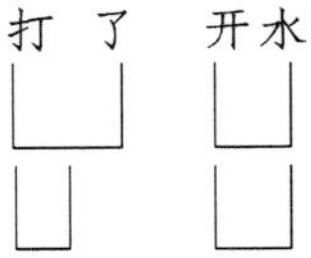

有的可以放在“└┘”的里边,有的可以放在“└┘”的外边,都是可以的。不管是放在里边还是放在外边,都不再继续往下切分。介词短语和“的”字短语中的虚词,对直接揭示复杂短语的关系有密切的联系,所以切分时就不能对这里的虚词忽略不计。如:

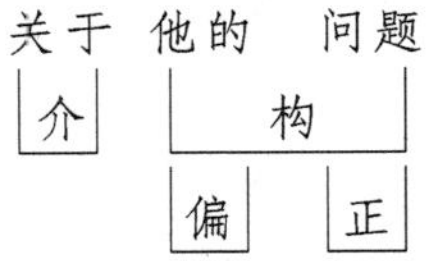

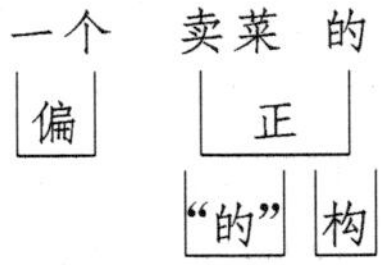

(三)短语的歧义问题和层次分析的作用

形式相同而语义表达不同的短语,实际上是两个或两个以上不同类型的语言单位在形式上重合在一起,这种现象称为短语的歧义现象,这种语言单位可以是词,也可以是短语,造成短语歧义现象的语言单位称为歧义项。造成短语歧义现象的原因有多种,常见的与句法结构有关的有以下三种。

1. 由结构层次不同造成的歧义短语

结构层次不同而造成理解中有歧义的短语,主要是以由多项修饰语组成的偏正关系短语为主。从理论上说,修饰语的项数越多,造成歧义的可能性越大。如:

上大教师公寓：上大/教师公寓（上海大学拥有的教师公寓）
上大教师/公寓（上海大学的教师住的公寓，公寓不一定属于上大）
上大新教师公寓：上大/新//教师公寓（上海大学拥有的刚建好的教师公寓）
上大/新教师//公寓（上海大学拥有的给新来的教师住的公寓）
上大//新教师/公寓（上海大学新教师居住的公寓）

2. 由结构关系不同造成的歧义短语

由于结构关系不同造成的歧义短语很多，例如常见的偏正关系与述宾关系交叉的歧义短语、主谓关系与偏正关系交叉的歧义短语、定中式偏正关系与状中式偏正关系交叉的歧义短语。如：

学习文件：（刚发下来的）学习文件（偏正短语）
（我们下午）学习文件（述宾短语）
学生管理：学生（负责）管理（的活动）（主谓短语）
学生（的）管理（工作）（偏正短语）
等价运算：等价（的）运算（方式）（定中式偏正短语）
等价（的方式进行）运算（状中式偏正短语）

3. 结构层次和结构关系都不同的歧义短语

由于结构层次和结构关系两种情况都不同造成的歧义短语，必须至少有三个以上的歧义项。如：

撞倒他的自行车：撞倒/他的//自行车（第一层是述宾关系，第二层是偏正关系）
撞倒//他的/自行车（第一层是偏正关系，第二层是述宾关系）
上海和江苏的部分地区：上海/和江苏的//部分地区（第一层是联合关系，第二层是偏正关系）
上海//和江苏的/部分地区（第一层是偏正关系，第二层是联合关系）

层次分析的作用就在于可以分化短语的歧义。利用层次分化短语的歧义，往往要结合结构关系的分析，二者结合使用。如：

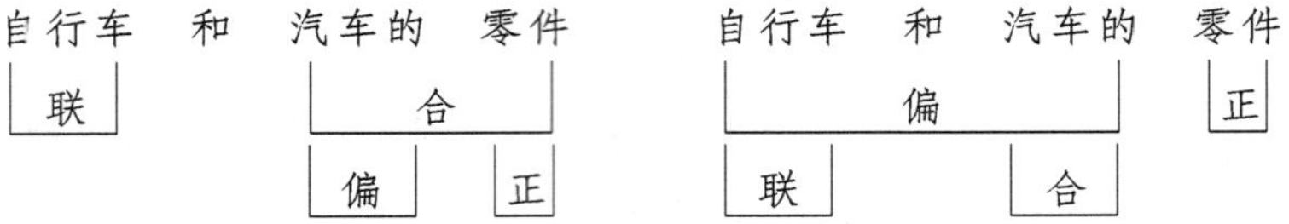

分化短语歧义的方法有多种，比如还有变换分析法。层次分析法和变换分析法都属于句法手段分化短语歧义，还有非句法手段的方法分化短语歧义。

非句法手段主要是指用语音上的方法分化歧义短语的一种手段，通过这种手段可以在口语中消除短语的歧义。非句法手段有下列几种。

(1) 利用停顿的不同。如：

车上睡/不好((偏正)主谓)
车上/睡不好(主谓(后补))

(2) 利用轻声与非轻声的对立。如：

我想起来(qǐ lái)了(主谓(动宾))
我想起来(qi lai)了(主谓(后补))

(3) 利用声调的差异。如：

这个人好(hǎo)说话。(主谓(偏正))
这个人好(hào)说话(主谓(动宾))

三、一些特殊的复杂短语的层次分析

(一) 双宾语的切分

从层次分析法的原则和要求来看，对双宾语的切分用三分的方法是不适宜的，应该采取如下的分析。如：

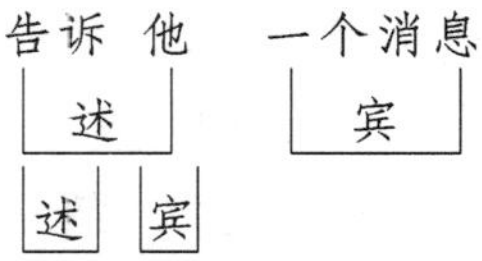

(二) 联合短语、连动短语的切分

联合短语与连动短语根据并列项的多少，作不同的分析：如果是两项的，用二分的方法；如果是三项的，用三分的方法。以此类推。如：

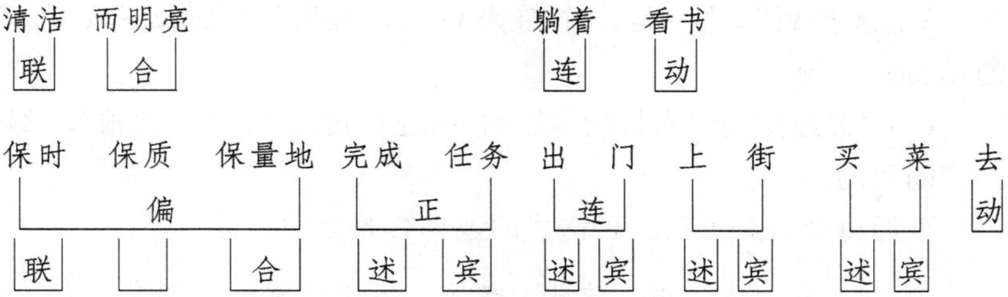

（三）兼语短语与复杂的连动、兼语套用的短语的切分

1．兼语短语的切分

由于兼语短语中的述语$_1$后的充当受事宾语的名词又充当述语$_2$的施事或系事，因此，在层次分析时，这个成分就要做两次切分。如：

2．复杂的连述短语的切分

一个语言片段中，既包含了连动短语，又包含了兼语短语，这种复杂的短语叫作连动和兼语的套用。连动和兼语的套用有两种格式，一种是[（兼语）+（连动）]，一种是[连动+（兼语）]。如“派人去通知小王马上来报到”就是属于第一种格式，是兼语套连动的语言片段。对这种语言片段用框式图解法表示，首先要把关系搞清楚，第一刀切准，然后再层层往下分析，一直切分到词为止，上述语言片段的切分如下：

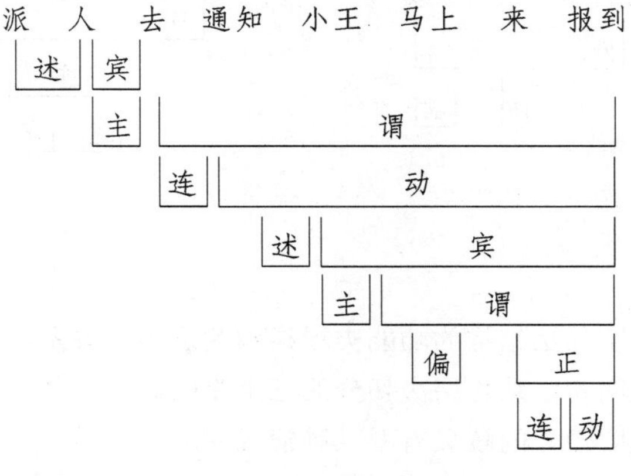

这个语言片段切分时应注意以下几点：

（1）既然是兼语套连动的格式，那么第一刀当然是切分出兼语短语来；

（2）“通知小王马上来报到”是一个述宾短语，而不能切分成“通知小王/马上来报到”，这不是一个兼语短语，“通知”不是表示使令、促成意义的动词；

(3)“去通知”和“来报到”都分析成连动短语，“通知”、“报到”都是“去”和“来”的目的。

下面再分析属于第二种格式的连动套兼语的语言片段：

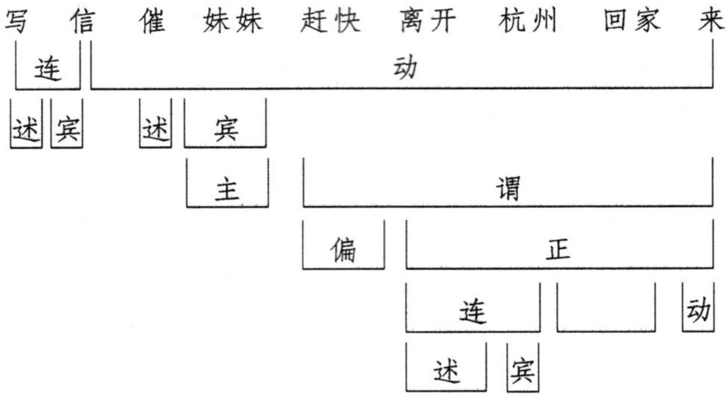

分析这个语言片段时应注意：

(1) 第一步应切分出连动短语来，第二步再切分出兼语短语；

(2)“回家来”也作连动处理，“来”前置表示目的在后，“来”后置表示目的在前，“回家”是“来”的目的。

(四)“状＋动＋宾”的切分

动词前边有状语，后边有宾语，宜采取“先切头，后去尾”的方法。如：

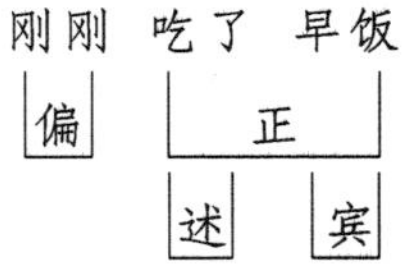

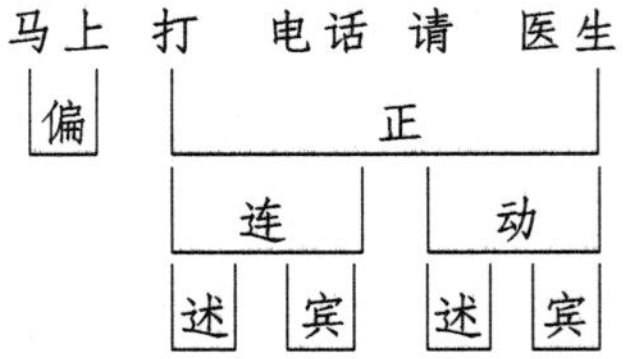

练习

一、举例说明句法结构的功能类跟结构关系类的关系。

二、举例说明句法结构层次切分的三个原则。

三、举例说明短语的歧义有哪几种情况。

四、用层次分析法分析下列短语。

1. 没答应参加

2. 送小张两本书

3. 热爱集体很重要
4. 看老师借你的
5. 学生们游泳的是体育宫的室内游泳池
6. 我下午去请王老师参加我们的迎新联欢会

第七章　句法成分

第一节　主语和谓语

一、主语和谓语的关系

主谓结构是汉语中最基本的句法结构，主语和谓语则是主谓结构的直接组成部分，也是汉语中最基本的句法成分。在一般情况下，它们的次序是主语在前，谓语在后。主语是谓语陈述的对象，谓语则是对主语进行陈述和说明的。主语和谓语之间的关系是一种陈述和被陈述的关系。例如“他喜欢上海”这句话，主语“他”是被陈述的对象，回答“谁”或者“什么”的问题，谓语“喜欢上海”则是对主语“他”的陈述，回答“干什么”或者“怎么样”的问题。

汉语中主语和谓语之间的联系，跟其他各种句法结构比较起来要算是最松的。主要表现在以下几点。

第一，主语和谓语之间往往可以有停顿，而且主语后头可以加上“啊”、“呢”、“吧”等语气词跟谓语隔开。例如：

① 他啊，会说三门外语。

② 小张呢，又不喜欢人家了。

③ 这个问题吧，很难！

第二，只要不引起误解，主语往往可以略去不说。这主要是在对话或者上下文中，例如：

① 甲：你们国家有这种动物吗？

乙：(　　)没有。

② 早上起来我刷了牙，(　　)洗了脸，(　　)吃了早饭，(　　)然后就去上学了。

第三，为了表达的需要，有时候主语和谓语还可以颠倒位置，形成倒装句。

例如：

① 起来了吗，他？

② 这么苦啊，这药！

二、充当主语的词语

（一）体词性主语

主语是一个句子陈述的对象，而人或者事物经常成为被陈述的对象，所以名词、数词、名词性的代词和名词性短语经常作句子的主语。例如：

① 祖国‖是我的母亲。（名词）

② 我‖很想家。（代词）

③ 伟大的中国‖迎来了她的第五十个生日。（体词为中心的偏正短语）

④ 内心的激动‖无法用语言来形容。（谓词为中心的偏正短语）

⑤ 我的同事小王‖今年三十岁了。（同位短语）

⑥ 我和妈妈‖都想到外面走走。（体词组成的联合短语）

⑦ 一米‖等于三市尺。（名量词组成的量词短语）

⑧ 我遇见的‖都是好人。（“的”字短语）

在体词性主语中比较特殊的一类是时间名词、处所名词（包括表时间或处所的短语如方位词、方位短语等）充当的主语。时间名词、处所名词具有双重性质：一是时地性，一是事物性，它们在句子中既可以作主语，也可以作状语。作主语时，主要体现其事物性的特点。例如：

① 2004年8月28日‖是让很多中国人难忘的一天。（时间名词作主语）

② 上海‖我只到过一次。（处所名词作主语）

但是时间名词和处所名词更经常地是用作句子的状语。时间名词和处所名词作主语的规则是：

第一，谓语前边有一般名词（包括以上各种名词性短语），不管一般名词是位于句首还是位于时间名词或处所名词之后，都由一般名词作主语，时间名词或处所名词作状语。例如：

③ 艺术家们‖有一场精彩的演出。（一般名词作主语）

④ 昨天艺术家们‖有一场精彩的演出。（时间名词作状语）

⑤ 上海大剧院里艺术家们‖有一场精彩的演出。（处所名词作状语）

⑥ 昨天上海大剧院里艺术家们‖有一场精彩的演出。（时间名词和

处所名词作状语）

第二，谓语前边没有一般名词，但同时出现时间名词和处所名词时，处所名词作主语，时间名词作状语，因为与时间名词相比，处所名词的事物性更强一些。例如：

⑦ 昨天上海大剧院里‖有一场精彩的演出。（时间名词作状语，处所名词作主语）

⑧ 上海大剧院里‖昨天有一场精彩的演出。（时间名词作状语，处所名词作主语）

第三，谓语前边没有一般名词，但有时间名词或处所名词时，则时间名词或处所名词作主语。例如：

⑨ 昨天‖有一场精彩的演出。（时间名词作主语）

⑩ 上海大剧院里‖有一场精彩的演出。（处所名词作主语）

以上的三条原则，可以概括为一个等级序列，即一般名词＞处所名词＞时间名词。一般名词是第一级，处所名词是第二级，时间名词是第三级，级别高的单位比级别低的单位更有充当主语的优先权。

需要注意的是，副词和介词短语也可以表示时间和处所，但它们在句子中只能作状语，不能作主语，不管句中是否还有其他的一般名词出现。如：

⑪ 忽然爆发出一阵热烈的掌声。（时间副词作状语）

⑫ 在田径场上爆发出一阵热烈的掌声。（表处所的介词短语作状语）

⑬ 忽然在田径场上爆发出一阵热烈的掌声。（时间副词和表处所的介词短语作状语）

（二）谓词性主语

当动作行为、性质状态作为陈述的对象时，动词或动词性短语、形容词或形容词性短语（包括主谓短语）可以直接作句子的主语而无须改变形式，这也是汉语与形态比较丰富的印欧语的显著差别之一。拿英语来说，动词或者形容词只有在变成名词形态时才可以在句子中作主语。例如：

① neat：The room is neat.　　干净：房间很干净。

* Neat is very important.

Neatness is very important.　　干净非常重要。

② study：We should study English.　　学习：我们应该学习英语。

* Study English made him very happy.

Studying English made him very happy.　　学习英语让他很高兴。

在英语中，形容词“neat”和动词“study”只有在变为名词形式后才能在主语部分出现，而汉语中与之意思相对的形容词“干净”和动词“学习”不管是在谓语部分还是在主语部分出现其形式都保持不变。

需要注意的是，谓词性词语充当主语时，句子的谓语往往是形容词性短语或者包含“是”、“有”、“使”、“让”等的动词性短语。

① 笑‖对人的身体有好处。（动词）
② 谦虚谨慎‖是他做事的原则。（谓词性的联合短语）
③ 经常吸烟‖对身体不好。（以谓词为中心的偏正短语）
④ 做学问‖很辛苦。（动宾短语）
⑤ 睡得太晚‖不利于健康。（后补短语）
⑥ 我学汉语‖是为了来中国。（主谓短语）
⑦ 来上海学习‖使他进步很快。（连动短语）
⑧ 请朋友来家里玩‖当然没问题。（兼语短语）

三、充当谓语的词语

谓语的主要作用是对主语进行判断、描写和叙述。谓词性词语充当谓语是最常见的，除此之外，体词性词语在一定的条件下也可以作谓语。

（一）动词或动词性短语经常作谓语

动词或动词性短语谓语其作用主要是叙述主语所作的或与主语有关的一件事情。例如：

① 你看！
② 我知道！
③ 他来，我就走！
④ 他笑了。
⑤ 这场雨下了整整一天。
⑥ 我们都很喜欢喝茶。

从上面的例子可以看出，动词单独作谓语是有条件的，或者用在祈使句中，如例①，或者用在对话中，如例②，或者用在复句中的先行句和后续句中，如例③；否则，至少要加上一定的语气词或动态助词，如例④，或者用动词性短语的形式，如例⑤、例⑥。

（二）形容词或形容词性短语经常作谓语

形容词或形容词性短语作谓语其作用着重于描写主语的性质状态。例如：

① 哪里凉快？——这里凉快。
② 北方干燥，南方潮湿。
③ 麦田里绿油油的。
④ 这孩子特别聪明。

与动词性词语作谓语一样，性质形容词单独作谓语也比较受限制，往往是在对话中或者复句的先行句和后续句中使用，含有比较、对照的意思，如例①、例②；否则一般也要用状态形容词或者形容词短语的形式，如例③、例④。

（三）少数名词可以作谓语

单独的名词一般不能作谓语，名词性词语作谓语也比较少见。能充当谓语的大多是用来说明时间、天气、节令、人的籍贯、特点等的名词。例如：

① 明天圣诞节。
② 茅盾浙江人。
③ 这把椅子三条腿。
④ 这孩子大眼睛，黄头发。

应该说，形容词和名词性词语可以直接作谓语，也是汉语不同于印欧语的一大特色。在印欧语例如英语中，形容词和名词性词语作谓语都要借助于系动词的帮助。试比较下面的句子：

① 这　孩子　　特别　聪明。
The　boy　is　very　clever.
② 明天　　圣诞　节。
Tomorrow　is　Christmas　day.

（四）主谓短语作谓语

主谓短语也可以作谓语是汉语所独有的语言表达形式。例如：

① 这本书我看过了。
② 什么他都知道。

四、主语的语义特点与类型

（一）主语的语义特点

汉语中的主语从语义上来讲，往往具有定指的特点，也即主语所指的对象往往是已知的、确定的人或者事物。比如“我”的具体所指是确定的，就是指称说话人自己，所以可以作主语，如“我知道应该怎么做”；而“一个人”具体指的是谁就不确定了，所以不能说“一个人来了”，往往要在“一个人”前面加上

“这”、“那”等指示代词使之变为定指，才能作主语，如“那个人来了”。

另外，汉语中强调事物的周遍性（即全都如此，没有例外）的时候，也往往会把它放在主语的位置上。例如：

① 所有的问题她都会。

② 谁都懂得这个道理。

③ 什么问题都会答。

④ 件件衣服都喜欢。

例①“所有的问题她都会”不能说成“她都会所有的问题”，例②、③是用疑问代词表示周遍性，“什么问题都会答”如果说成“都会答什么问题”意思就变了，例④是用量词重叠式作主语部分的定语表示在所说的范围中“每一件都”的意思，也是表示周遍性的词语作主语。

（二）主语的语义类型

从主语与谓语之间的语义关系来看，主语的语义类型大体上有以下几类。

1. 施事主语

主语是动作、行为的发出者，即动作、行为的主体，这样的主语叫施事主语。如：

① 我也唱了几首歌。

② 中国人民从此站起来了。

③ 猎人打死了那只狼。

例①中的“我”、例②中的“中国人民”、例③中的“猎人”都是动作的主体，也即施事，谓语动词所表示的动作行为都是由他们发出的。

2. 受事主语

主语是动作、行为的承受者，即动作、行为的客体，这样的主语叫受事主语。谓语中有“被”、“叫”、“让”等表示被动的标志。如：

① 我被他骗了。

② 那台电视机叫他弄坏了。

③ 自行车让小王骑走了。

但是最常见的是谓语中并没有表示被动的字眼，而主语在意义上却是受事。如：

④ 他的作业做完了。

⑤ 所有的办法都试过了。

⑥ 每人都给一本书。

3. 中性主语

主语既不是动作行为的发出者也不是动作行为的承受者,也即主语既不是施事,也不是受事,只是谓语陈述的对象,这样的主语我们称之为中性主语。我们可以从谓语的性质方面来加以说明:

第一,谓语不是由动词性词语充当的,也即谓语由名词性词语或形容词性词语充当时,主语本身就无所谓施事、受事。如我们前面讲过的形容词性词语和名词性词语作谓语的例子。

第二,动词性词语充当谓语,但谓语动词如"有"、"是"等不表示动作,主语自然也无所谓施事、受事。例如:

① 这所学校有两个校区。
② 这个问题是我们首先要解决的问题。
③ 六加六等于十二。

第三,谓语动词虽然表示动作,但是表示的动作既不是主语发出来的,也不是主语所承受的,这样主语也还是无所谓施事、受事。例如:

① 蓝蓝的天上飘着几朵白云。
② 这支笔写大字。
③ 王冕七岁上死了父亲。

例①中的主语是动作的处所,例②中的主语表示动作凭借的工具,例③的主语在意义上与句子的宾语有领属关系。

第四,一部分主谓短语作谓语的句子,主语只是被提出来作为讨论的对象,起提示作用,有的可以在前面加上"对于"、"关于"、"在……中"等,这样的主语自然也是中性主语。例如:

① 这件事情我们的经验不多。
② 全班的人我就服你。
③ 这次比赛小王得了冠军。

主语谓语是从句法的角度来讲的,而施事受事则是从语义的角度来讲的,同样的意思,有时候我们既可以选择动作的施事作主语,也可以选择动作的受事或者工具等其他成分来作主语。选择何种语义成分作主语,往往是由说话者语言表达的兴趣来决定的,说话者往往把自己最感兴趣的话题拿来作主语。例如"他把弟弟惹哭了",是动作的施事作主语,同样的意思我们也可以说成"弟弟被他惹哭了",让动作的受事作主语,这时说话者要讨论的话题就由"他"变成了"弟弟"。"我用这把刀切肉",是动作的施事作主语,同样的意思我们也可以说成“这把刀我用它切肉”，让动作的工具作主语，这时说话者感兴趣的话题就由“我”变成了“这把刀”。

练习

一、为什么说汉语中主语和谓语的联系是最松的？

二、时间名词和处所名词作主语的规则是什么？请举例说明。

三、为什么“书买来了”可以说，而“一本书买来了”却一般不能说？

四、举例说明主语的语义类型都有哪些。

五、指出下列句子中的主语和谓语，并说明充当它们的词语是属于哪一类的。

1. 学汉语的都希望来中国。
2. 我上海人，他北京人。
3. 那天晚上天气不怎么好。
4. 多听、多写、多说、多读，对提高外语水平很有好处。
5. 瓷瓶里上午还插着许多花呢。
6. 造成事故的原因，我们调查清楚了。
7. 大妈说：“农村政策放宽了，村里也搞起了几样副业。”
8. 最令人感动的是他舍己救人的精神。

第二节　宾 语 和 补 语

一、宾语

（一）述语与宾语的关系

主语是相对于谓语说的，宾语是相对于述语说的。从表面上来看，“我赞美白杨树”这个句子里的动词“赞美”一头牵着主语“我”，一头牵着宾语“白杨树”，好像句子的主语和宾语在同一个平面上。其实主语“我”是和谓语“赞美白杨树”发生关系的，宾语“白杨树”则是和述语“赞美”发生关系的。

在正常情况下，主语一定在谓语前头，宾语一定在述语后头。主语和谓语之间的关系松弛，中间可以有停顿；而述语和宾语意义上和结构上的联系都很紧密，当中没有停顿。谓语的前头可以没有主语，如“吃饭了吗”，而宾语的前头却必须有述语。

（二）宾语的语义特点

汉语中的主语在语义上一般都具有定指的特点。而宾语和主语不一样，一般来说在指称上没有明确的限制，既可以是定指的，也可以是不定指的。例如：

① 我看了一部电影。（不定指）

② 我看了那部电影。（定指）

例①和例②在汉语中都是成立的。由于主语往往要求定指，而宾语则可以是不定指的，所以，不定指的“一位客人”不能放在主语的位置上，“一位客人来了”是不成立的，但在它前面加上一个动词“有”，让它放在宾语的位置上，说成“有一位客人来了”句子就合法了。另外，同样是“客人”一词，所处的位置不同，意思也会不同。例如：

③ 客人来了。

④ 来客人了。

例③的“客人”放在主语位置上，因此是定指的，是说话人已经知道的、正在等待的“客人”；而例④的“客人”放在宾语位置上，所指是不定指的，是说话人没有想到的、并不知道要来的“客人”。

（三）宾语的语义类型

述语和宾语之间的语义关系很复杂，大体上可以分为以下三类。

1. 受事宾语

从语义上来看，宾语最常见的是表示动作支配的对象，也即受事。但这里的受事是广义的，受事宾语的语义又各不相同。

（1）动作的承受者。如：

打土豪　审稿子　看电影　准备功课

（2）动作的结果。如：

写文章　织毛衣　包饺子　编词典

（3）动作的处所。如：

留学美国　到上海　住宾馆　吃食堂

（4）动作的工具。如：

跳绳　写毛笔　拉小提琴　吃大碗

（5）动作的目的。如：

买火车票　跑项目　躲清静

当然,受事宾语还有很多其他的语义类型,我们这里就不再一一列举了。需要指出的是,不同的动词可能会带不同语义类型的宾语,就是同一个动词也常常不只可以带一种语义关系的宾语。像动词“吃”既可以带动作的承受者作宾语,如“吃饭”;也可以带动作的处所作宾语,如“吃食堂”;还可以带动作的工具作宾语如“吃大碗”。同样是动词“写”,说成“写毛笔”,带的是工具宾语,说成“写文章”则带的是结果宾语。

另外,上面这些语义关系的述宾组合在汉语中出现的频率并不一样。总的来说,“动作—承受者”的组合关系最常见,可类推性最强,其次是“动作—结果”,再次是“动作—处所”等。像“吃食堂”、“吃大碗”这类的组合很受限制,带有较强的固定语的性质,不能随便类推,比如“勺子”也是吃饭的工具,但却不能说“吃勺子”,“餐厅”也是吃饭的处所,但也不能说“吃餐厅”。

2. 施事宾语

宾语是动作行为的发出者,施事宾语所表示的人或事物往往是不定指的,常常带有“一位”、“几个”等定语。例如:

① 来了几个留学生。

② 荷叶上挂着几滴露珠。

③ 村子里丢了几头牛。

④ 门外蹲着一位老大爷。

有施事宾语的句子,往往表示什么地方存在、出现或消失了什么人或者事物,述语动词往往是表示存在、出现或消失的“来”、“站”、“走”、“蹲”等,这样的句子叫作存现句。另外,还有一些比较特殊的施事宾语句表示什么东西可以供多少人使用,述语动词表示使用的方式,例如:

⑤ 这锅饭能吃三十个人。

⑥ 两床被子盖了四个人。

3. 中性宾语

指施事、受事以外或者难以断定是施事还是受事的宾语。如:

① 他成为了一位著名的作家。

② 教室里有三五个同学。

③ 她长得像她妈妈。

④ 他是我们大家学习的榜样。

⑤ 他的妻子姓翁。

中性宾语句的述语动词往往是“有”、“像”、“是”、“成为”等非动作性动词,整个谓语往往只对主语起判断或说明的作用。

（四）与宾语相关的问题

关于宾语，还有两点特殊情况需要说明。

(1) 就汉语中最常见的情况来说，主语和宾语如果同时出现，主语往往指施事，宾语往往指受事，所以“狗追猫”和“猫追狗”的意思不同。但汉语中还有这样一些句子，充任主语和宾语的词语相互交换位置后，施受关系并不发生改变，例如：

① 行人走人行道—人行道走行人

② 监狱逃出了一个犯人——个犯人逃出了监狱

③ 人住北屋—北屋住人

④ 外滩挤满了游客—游客挤满了外滩

(2) 述语动词带不带宾语，一般情况下在施受关系上不会对立，如“我吃了”和“我吃饭了”。但在下面的例子中，动词带不带宾语，意思完全不同：

① 孩子丢了—孩子丢了一只手套

② 王冕死了—王冕死了父亲

③ 中国队打败了—中国队打败了匈牙利队

（五）双宾语

双宾语指一个述语后边接连出现两个宾语，两个宾语之间没有句法关系。离述语近的宾语一般指人，叫近宾语，也叫间接宾语；离述语远的宾语一般指物，叫远宾语，也叫直接宾语，也有两个宾语都指人或都指物的。当然，有时候远宾语还可以是谓词性短语。根据语义的不同，我们可以把双宾语分为以下几类。

1. 给予类双宾语

这种双宾语构造中的主语是事物的给予者，近宾语是事物的接收者，述语动词使得事物（远宾语）由主语向近宾语转移，含有“主语＋把＋远宾语＋给＋近宾语”的意思。能带这类双宾语的动词有“送”、“卖”、“还”、“托付”、“转交”、“递”、“赏”、“嫁”、“奖”、“推荐”、“通知”、“扔”、“写”、“带”、“喂”、“灌”、“招待”等。这类的双宾语格式里的动词，有的后头可以加“给”，有的不能加。如：

① 我送她一串项链→我把一串项链给她→我送给她一串项链

② 她扔我一个球→她把一个球给我→她扔给我一个球

③ 保姆喂小孩牛奶→保姆把牛奶给小孩→ * 保姆喂给小孩牛奶

这类格式中，接收者往往是人，因此近宾语往往是指人的名词或代词。值得注意的是，远宾语如果指人，就只能用指人的名词，不能用人称代词。例如：

④ 我介绍你一个朋友→＊我介绍你他

⑤ 将军嫁国王一个女儿→＊将军嫁国王她

2. 取得类双宾语

这种构造中的主语是事物的接收者，近宾语是事物的给予者，述语动词使得事物(远宾语)由近宾语向主语处转移，含有“主语＋得到＋远宾语”的意思。能带这类双宾语的动词如“买”、“偷”、“娶”、“抢”、“赚”、“吃”、“喝”、“浪费”、“用”等。因为这一类格式中的近宾语和远宾语之间在意义上有领属关系，所以往往可以在近宾语后边加上“的”使近宾语转换为远宾语的修饰语，从而使原来的双宾语转化为单宾语。如：

① 我买小王一只鸡→我得到一只鸡→我买小王的一只鸡

② 我拿了你几本书→我得到了几本书→我拿了你的几本书

③ 我吃了他一个桃子→我得到一个桃子→我吃了他的一个桃子

3. 予取类双宾语

这种双宾语构造有歧义，既可以表示“主语＋把＋远宾语＋给＋近宾语”的意思，又可以表示“主语＋从＋近宾语＋得到＋远宾语”的意思。能带这类双宾语的动词如“借”、“租”、“赁”、“换”、“分”、“倒”、“盛”等。如：

① 我租他一间房→我把一间房租给他→我从他那里租到一间房

② 我借他一本书→我把一本书借给他→我从他那里借到了一本书

4. 表称类双宾语

这种构造的特点是近宾语与远宾语有同一关系，表示在“主语”眼里“近宾语＋是＋远宾语”，因此一般都可变换为“近宾语＋被＋主语＋动词＋为＋远宾语”。能带这类双宾语的动词如“封”、“评”、“称”、“骂”、“叫”等。如：

① 大家称他呆霸王→他是呆霸王→他被大家称为呆霸王

② 大家夸她好孩子→她是好孩子→她被大家夸为好孩子

此外，双宾语还可以分出其他语义类型。如“烫了他好几个泡”可以看作表结果的双宾语，“喜欢那个人大眼睛”可以看作表原因的双宾语，“尝它个新鲜”可以看作表时机的双宾语。

双宾语结构大都表示已经发生的事，所以动词后面一般可以加上“了”、“过”，但是往往不能加“着”。另外，能带双宾语的动词中，有的要求两个宾语都必须出现，如“称”、“叫”等；有的允许只出现直接宾语，但却不允许只出现间接宾语，如“借”、“租”、“买”、“偷”等；有的允许只出现间接宾语，但却不允许只出现直接宾语，如“告诉”、“求”、“通知”等；有的允许只出现双宾语中的任何一个，如“问”、“还”、“给”、“赔”等。如：

① 我们叫他老大哥→＊我们叫他→我们叫老大哥

② 他偷了我一本书→＊他偷了我→他偷了一本书

③ 老师通知了我这个消息→老师通知了我→老师通知了这个消息

④ 我问了他一个问题→我问了他→我问了一个问题

二、补语

补语是放在述语（一般是动词或形容词）后面作补充说明的句法成分，一般由谓词性词语、数量短语和介词短语充当。其基本的表达格式为“述语动词（形容词）＋得＋补语”。例如：

① 我高兴得跳了起来。（谓词性词语作补语）

② 他去了很多次。（数量短语作补语）

③ 我住在学校里。（介词短语作补语）

补语在现代汉语中是很常用的，因而是非常重要的。其他语言中很少有类似汉语补语的这种语言现象，汉语中一个包含补语的句子，其他语言会用其他方式，比如很可能用两个句子表达，因而补语也是对外汉语教学中的一个难点。

（一）补语的意义类别与结构类别

1. 补语的意义类别

按照补语所表示的意义的不同，可以将补语分成如下几类：

（1）结果补语。如：

睁大　晒干　洗干净　说清楚　看见　听懂　说完

（2）趋向补语。如：

进来　出去　爬上　跳下　拿出去　扔过来　送回去

（3）程度补语。如：

好极了　暖和多了　难看死了　冷死了　好得很　闷得慌

（4）情态补语。如：

飞得很高　想得很透彻　走得累死了　洗得满头大汗　吃得越来越胖

（5）数量补语。如：

看一次 走一趟 打几棍 住了两年 等了一会儿 好了三天

2. 补语的结构类别

根据述语后用不用“得”,可以将补语分成三类:

(1) 不能用“得”的:如程度补语、数量补语。这一类补语可以称为黏合式补语。

(2) 必须用“得”的:情态补语。这一类补语可以称为组合式补语。

(3) 用“得”(不)与不用“得”(不)构成平行格式的:如结果补语、趋向补语。

(二) 结果补语和趋向补语

1. 结果补语和趋向补语的组成

能够充当结果补语和趋向补语的成分都是动词或形容词,其中形容词数量较多,动词的数量不多:充当趋向补语的是趋向动词,有“上”、“下”、“进”、“出”、“起”、“回”、“开”、“过”和“来”、“去”,以及它们的合成“上来”、“下去”、“进来”、“出去”等;充当结果补语的动词常见的是“走”、“跑”、“动”、“倒”、“死”、“见”、“懂”、“成”、“完”、“穿”、“透”等。

根据述语和补语的配合情况,表结果和表趋向的述补短语有下列几种搭配方式。

(1) 动词—动词。如:

学懂 戳穿 打死 赶跑 睡醒 拿走 弄丢 踢进 坐下 递上 走开 带回 飞出去 跑进来

(2) 动词—形容词。如:

吃饱 长大 拧紧 晒干 走远 削平 挖深 说清楚 搞明白

(3) 形容词—动词。如:

热醒 滑倒 瘦死 急哭 累病 黑下去 忙起来

(4) 形容词—形容词。如:

累坏 忙坏 热坏 涨红

结果补语上述四种搭配方式都有,趋向补语只有第一种和第三种搭配方式。

带上结果补语和趋向补语的述补短语语法功能上相当于一个动词,后面可以带“了”或者“过”。如:

看见了他(*看了见他)/学会了开车(*学了回开车)/流进了瓶里(*流了进瓶里)/爬过了雪山(*爬了过雪山)

打破过头(*打过破头)/洗干净过衣服(*洗过干净衣服)/带去过一

本书(≠带过去一本书)/拿上来过几张报纸(*拿过上来一本书)

2. 结果补语和趋向补语的可能式

结果补语和趋向补语都有用“得”(不)与不用“得”(不)构成平行格式。我们把不用“得”(不)的形式称为基本式,把用“得”(不)的形式称为可能式。例如:

(1) 基本式。如:

听懂/看见	上来/走回来

(2) 可能式。如:

听得懂/听不懂	上得来/上不来
看得见/看不见	走得回来/走不回来

与结果补语和趋向补语可能式有关的问题是:

(1) 有些语言单位不是短语,而是补充式合成词,如“说明”、“改进”等,所以没有加“得”(不)的可能式;“巴不得”是词,也不是可能式的短语。

(2) 有些结果补语只有可能式,没有基本式。大都以“~得来”、“~不来”(合得来/合不来),“~得了”、“~不了”(受得了/受不了),“~得”、“~不得”(做得/做不得)的形式表示。

(3) “放心不下”、“得罪不起”是现代汉语中的熟语性的用法,其他地方很少这样用。因此,结果补语和趋向补语的可能式如果要带宾语的话,宾语只能位于可能式后面。如:

听得懂话/赶得上车/叫不出名字/瞒不住我

(4) 结果补语和趋向补语的可能式一般不能用在“把”字句和“被”字句中。如:

我干得好这活	*我把这活干得好
我把她的名字想出来了	*我把她的名字想得出来了
他听不懂这句话	*这句话被他听不懂
日本队可能被我们打败	*日本队可能被我们打得败

3. 结果补语和趋向补语的语义指向

表结果的和表趋向的述补短语 VR,从广义上说,都是表因果关系的“使成式”,它们作谓语构成的句子,从语义上说,都可以分成两个表述,即 V 或 R 都可分别与某个名词性成分构成主谓关系。这里牵涉到的是语义指向的问题。根据语义指向的不同,可以将结果补语和趋向补语分为三类。

(1) 前向。述语和补语都只跟主语 S 直接发生联系,与宾语 O 没有关系,

VR 语义上都指向前面的 S,即 S 与 V 构成一个表述关系,S 与 R 也构成一个表述关系。如:

他学会了三维动画(他学三维动画+他会三维动画)

那头牛病死了(那头牛病+那头牛死)

一只壁虎爬上了墙头(一只壁虎爬+一只壁虎上墙头)

鸽子飞回来了(鸽子飞+鸽子回来)

(2) 后向。述语和补语都只跟宾语 O 直接发生联系,与主语 S 没有关系,VR 语义上都指向后面的 O,即 O 与 V 构成一个表述关系,O 与 R 也构成一个表述关系。如:

旅行累倒了好几个人(好几个人累+好几个人倒)

一番话气跑了王小明(王小明气+王小明跑)

树上飞来了两只鸟(两只鸟飞+两只鸟来)

从地下爬起来一个水手(一个水手爬+一个水手起来)

(3) 双向。述语和补语分别跟主语 S、宾语 O 直接发生联系,VR 语义上分别指向前面的 S 和后面的 O,即 S 与 V 构成一个表述关系,O 与 R 也构成一个表述关系。如:

小王哭红了眼睛(小王哭+眼睛红)

他挺直了腰板(他挺+腰板直)

他从墙上拿下来一幅画(他拿+一幅画下来)

我请来一个医生(我请+医生来)

(三) 情态补语、程度补语和数量补语

1. 情态补语

充当情态补语的可以是形容词或形容词短语,也可以是动词或动词短语,还可以是主谓短语。如:

A. 爬得高　爬得高高的　忘得一干二净　擦得亮晶晶的　气得发抖　疼得直叫唤

B. 热得满头大汗　说得一个钱不值　写得谁也看不懂　走得两腿发硬

A 组是由形容词或形容词短语,动词或动词短语组成的,B 组是由主谓短语组成的。

单个形容词构成的情态补语,在形式上与结果补语可能式的肯定式相同,例如“做得好”既可以是情态补语，又可以是结果补语可能式的肯定形式。区别的方法通常为：①二者的否定形式不同，前者是“做得不好”，后者是“做不好”；②二者的疑问形式不同，前者是“做得好不好”，后者是“做得好做不好”；③前者有扩展形式，如“做得很好”、“做得好极了”，后者没有扩展形式。

由单个形容词构成的情态补语和由状态形容词构成的情态补语，如“爬得高”和“爬得高高的”，“擦得亮”和“擦得亮晶晶的”，在语法功能上有所差异：

(1) 后者可以受时间副词修饰，前者不可以。如：

马上爬得高高的　*马上爬得高　已经擦得亮晶晶的　*已经擦得亮

(2) 后者可以与“把”、“被”、“给”等介词连用，前者不可以。如：

把锅子擦得亮晶晶的　　*把锅子擦得亮
衣服被洗得干干净净的　*衣服被洗得干净

(3) 后者可以作状语，前者不可以。如：

擦得亮晶晶地放着　*擦得亮地放着　洗得干干净净地收着　*洗得干净地收着

可以带情态补语的动词和形容词具有如下特点。

首先，动词和形容词不能是重叠形式的。例如：

① 他高兴得唱起歌来。
*他高高兴兴得唱起歌来。
② 我看得很认真。
*我看看得很认真。

其次，状态形容词如“红通通”、“笔直”等也不能带情态补语；

再次，述语如果是离合动词或者动词带宾语的形式，需要重复动词(或动词的前一音节)。例如：

③ 他签字签得手都麻了。
④ 他说汉语说得很流利。

除了用“得”连接情态补语之外，述语和补语之间还可以用“个”连接，用上“个”字，述语后面还可以再带上“了”或“得”，从而形成“了个”或“得个”连接述语和补语的情况。例如：

① 我们今天在一起玩个痛快。
② 我们把敌人打了个落花流水。

③ 他里里外外，忙得个不亦乐乎。

这类带情态补语的形式往往用在口语中，补语前面的述语动词一般都是单音节的。另外，能用在这种补语格式中的成分要受很多限制，一些能充当“得”后补语的短语大都不能用于这种结构。例如：

④ 他高兴得眼泪都流出来了。
　*他高兴了个眼泪都流出来了。

用“个”的情态补语可以是肯定形式，也可以是否定形式。如果是否定形式，往往用“不停”、“不住”、“不休”、“不了”、“没完没了”、“没完”等，表示“不停”的意思。例如：

⑤ 鹅毛般的大雪，一直下个不停。
⑥ 我的心一直“怦怦”跳个不停。
⑦ 你怎么说个没完没了。

有时候，“得”字后面的状态补语在一定的语境中还可以省去。例如：

⑧ 看把你高兴得。
⑨ 你瞧老王美得。

2. 程度补语

表示程度的补语叫作程度补语。程度补语像程度副词一样，只能用在形容词和表示感情、感觉以及心理活动、心理状态的动词的后面，而且没有否定形式。

程度补语非常有限，主要有两种表现方式。

(1) 述语后面加上“极了”、“多了”、“透了”、“死了”等。要注意，这类述补结构后面的“了”不能省。例如：

① 我害怕极了。
② 昨天把我累死了。
③ 这件衣服可真是难看透了。

动词“死”、“透”等放在一般动词后面是表示结果的，但放在表示感情等的动词和形容词后面的时候则表示程度。例如：

④ 那只羊被狼咬死了。
⑤ 他的衣服被雨淋透了。

同样是“死了”，例②放在形容词后面，是程度补语，例④放在动作动词后面，是结果补语。同样是“透了”，例③是程度补语，例⑤则是结果补语。当然，这只是一般的情况，“累死了”、“饿死了”中的“死了”就既可以指程度，又可以指结果，这时，我们主要根据上下文来判断其具体所指。

(2) 述语后面加上“得”再加上“很”、“多”、“慌”、“不得了”、“什么似的”、“要死”、“要命”、“不行”、“可以”、“厉害”、“够呛”等。例如：

① 这本书好得很。

② 听到这个好消息，他高兴得不得了。

③ 昨天我饿得够呛。

程度补语和结果补语、情态补语的不同。带结果补语或情态补语的结构都包含两个表述，而带程度补语的结构只是一个表述。从语义上来看，程度补语表示程度，它的作用与程度状语大体相当。例如：

① 我非常高兴。

② 我高兴极了。

③ 我高兴得不得了。

从表达的意义来看，应该说上面的三个句子基本相同，都是说“高兴”的程度高。

3. 数量补语

在述语后面表示有关动作、变化的数量的成分叫做数量补语。数量补语大体可以分为以下两类。

(1) 表示动作、行为发生的次数，由动量短语充当的是动量补语。例如：

① 她在我肩上拍了几下儿。

② 她在后面打了我一下。

(2) 由时量短语充当，表示的是一段时间，即表时段的是时量补语。时量补语一般表示动作持续的时间。例如：

③ 这本书我看了三天。

④ 我昨天等了他一下午。

时量补语也可以表示动作实现以后所经历的时间，例如：

⑤ 她来了一个月了。

⑥ 这个公司成立了一年了。

数量补语使用时要注意以下几点：

(1) 带数量补语的结构如果加“了”、“过”，“了”、“过”要跟在动词后面。

例如：

① 北京我去过三次。

＊北京我去三次过。

② 我看了一会儿电视。

＊我看一会儿电视了。

（2）如果述语动词又带宾语，要注意宾语的位置。大致有以下规律：

当宾语为一般表事物的名词时，一般放在数量补语的后面。例如：

④ 我想用一下你的电话。

＊我想用你的电话一下。

⑤ 我已经复习了一晚上英语了。

＊我已经复习了英语一晚上了。

当宾语为处所名词或称人名词时，补语为动量补语时，宾语既可以在补语之前，又可以在补语之后。例如：

⑥ 我只去过图书馆一次。

我只去过一次图书馆。

⑦ 她找过老师一次。

她找过一次老师。

当宾语为称人名词，补语为时量补语时，宾语一般位于补语的前面。例如：

⑧ 我跟了师傅这么多年。

＊我跟了这么多年师傅。

当宾语为指人代词时，一般放在数量补语的前面。例如：

⑨ 我见过他一次。

＊我见过一次他。

⑩ 我照顾了她几天。

＊我照顾了几天她。

以上所说的是一般的情况。需要注意的是，如果补语为表示动作实现以后所经历时间的时量补语时，宾语都要放在补语的前面。例如：

⑪ 我到北京半年了。

＊我到半年北京了。

⑫ 他创办这家企业三年了。

*他创办三年这家企业了。

三、与宾语、补语相关的问题

（一）述语后既有宾语又有补语的几种情况

述语后面可以带上宾语，也可以同时带上补语，可能会出现下面三种情况。

（1）动词＋宾语＋补语。例如“他找了我三次”，“她看了我两眼”一类短语中的谓语部分就是这样的组合，分析这样的组合，应该首先分析出述补关系，第二层再分析出述宾关系，即“（动＋宾）＋补”。用框式图解法表示，应如下：

（2）动词＋补语＋宾语。例如“我笑痛了肚皮”，“他看清楚了这个问题”一类短语中的谓语部分就是这样的组合。分析这样的组合，应该首先分析出述宾关系，第二层再分析出述补关系，即“（动＋补）＋宾”。用框式图解法表示，应如下：

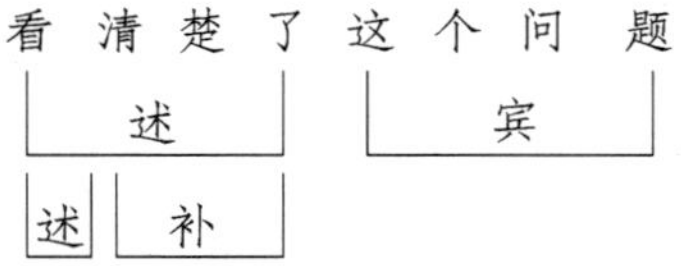

（3）动词＋宾语＋动词＋补语。例如“他洗衣服洗得满头大汗”，“他写文章写得得心应手”一类短语的谓语部分。这种复杂的短语是由两个短语加接在一起，而成为一个新的短语，如：他洗衣服＋他洗得满头大汗→他洗衣服洗得满头大汗。这种组合应作如此分析，即把两个部分“动＋宾”和“动＋补”看成是并列的成分，这样，就可以在第一层次上分析出这个组合内部结构有联合的关系，然后再在第二层次上分别分析出述宾关系和述补关系。图解如下：

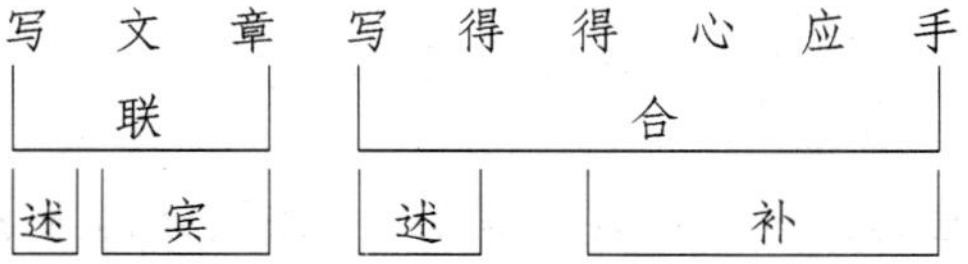

（二）表趋向的述补短语带宾语的情况

表趋向的述宾短语后再带宾语的情况比较复杂：一方面是由于作趋向补语的“来/去”和“上/下”、“进/出”等功能不同，一方面是由于出现在述补短语后的宾语的类型不同。大致上会出现如下几种情况。

1. 由“来/去”充当补语和由“上/下”、“进/出”等充当补语的述补短语带宾语的有关情况

由“来/去”充当补语的述补短语，后面只能带一般宾语，不能带处所宾语，如果要带处所宾语，用“V—O—R”这种非连续结构的形式表示；由“上/下”、“进/出”等充当补语的述补短语，后面可以带一般宾语，也可以带处所宾语：

进来一个人　*进来教室　进教室来/拿去一本书　*拿去家里　拿家里去

走进一个人　走进教室/拿出一本书　拿出图书馆

由“来/去”充当补语的述补短语带一般宾语时，如果述语动词是及物的，也可以用“V—O—R”这种非连续结构的形式表示：

拿去一本书→拿一本书去　送来一包茶叶→送一包茶叶来　走来一个人→?

2. 由“上来/上去”、“进来/进去”、“出来/出去”等充当补语的述补短语带宾语的有关情况

(1) 带一般宾语可以放在整个述补短语后也可以用“$V—R_1—O—R_2$”这种非连续结构的形式表示，带处所宾语时只能用“$V—R_1—O—R_2$”这种非连续结构的形式表示。如：

走进来一个人　拿出去一本书　送回来一包茶叶　扔过去一串善意的笑声

走进一个人来　拿出一本书去　送回一包茶叶来　扔过一串善意的笑声去

走进屋里来　拿出图书馆去　送回幼儿园来　扔过墙头去

(2) 一般宾语如果由表示定指的名词担任，要用“$V—R_1—O—R_2$”这种非连续结构的形式表示：

叫出那位老师来→*叫出来那位老师

拿出这本《鲁迅全集》来→*拿出来这本《鲁迅全集》

找回咱家丢失多年的老皇历来→*找回来咱家丢失多年的老皇历

从地上捡起我的那只包来→*从地上捡起来我的那只包

[辨析]“宾语”与“补语”

宾语和补语都位于述语之后，有相似之处，例如“读一篇课文”和“读一遍课文”。其实，“读一篇”是个述宾短语，而“读一遍”则是个述补短语。宾语和

补语的辨别可以考虑以下三点。

1）充当宾语和补语的成分功能不同。充当宾语的大多数是体词和体词性短语，补语则主要由谓词或谓词性短语担任。这样，如果遇上“动词＋量词短语”这种组合时，如果这个量词短语是表示事物的数量，只能用在名词前边的“数＋物量”词时，那么它就是宾语。反之，如果这个量词短语是表示动作的数量，只能用在动词后边的“数＋动量”词时，那么它就是补语。“读一篇”中的“一篇”是“数＋物量”词，所以是宾语，“读一遍”中的“一遍”是“数＋动量”词，所以是补语。同样，“说一句”是述宾短语，“说一下”是述补短语。

2）能否用介词“把”字将述语后的词语提前。“把”是介词，后面可以带体词或体词性短语组成介词短语。因此，如果动词后面的词语可以用“把”字提前，那么动词后面的词语就是宾语；如果动词后面的词语不可以用“把”字提前，那么动词后面的词语就是补语。用这种方法可以区别“数＋时量词”这种组合中的宾语和补语。例如：“浪费了两个钟头”和“休息了两个钟头”，前面一句可以变换成“把两个钟头浪费了”，这里的“两个钟头”是宾语，后面一句不能变换成“把两个钟头休息了”，所以这里的“两个钟头”就是补语。可以用“把”字提前的“数＋时量词”，说明时间本身，也可以移到述语前构成主谓短语，如：

浪费了两个钟头→把两个钟头浪费了→两个钟头浪费了

不能用“把”字提前的“数＋时量词”，只是说明动作的持续时间，当然也就不能移到述语前。如：

休息了两个钟头→＊把两个钟头休息了→＊两个钟头休息了

3）能否加上结构助词“得”。“得”可以看作是补语的标志，除了一些带“得”的双音节动词，即“得”作为一个构词成分时，后面跟的当然是宾语，如“取得成绩”、“获得胜利”、“觉得温暖”、“懂得道理”、“值得表扬”、“求得谅解”、“赢得时间”等等，“得”后的词无论是体词性的，还是谓词性的，都作为宾语看待。其他的情况下，动词后能加上“得”的，后面的词语是补语；不能加上“得”的，后面的词语是宾语。例如“看电影→＊看得电影”，“看清楚→看得清楚”，所以，“电影”是宾语，“清楚”则是补语。

（三）多层补语的顺序问题

有时候一个述语同时带几个补语，这时候就有个多层补语的顺序问题。多层补语一般只有以下几种，它们的排列顺序是：述语＞结果补语＞处所补语或数量补语＞趋向补语，例如：

① 杯子被她打翻在地。(结果补语＞处所补语)

② 作业我已经做完很长时间了。(结果补语＞数量补语)

③ 他跑到操场上去了。(处所补语＞趋向补语)

④ 青年们已经走散到各个革命根据地去了。(结果补语＞处所补语＞趋向补语)

练习

一、举例说明双宾语句有哪几种类型。

二、补语主要有哪几种类型？请举例说明。

三、以“跑得快”为例,说明可能补语与情态补语的区别。

四、补语和宾语有哪些不同,如何辨别?

五、下列句子中的说法正确吗？为什么?

1. 我希望很多钱。

2. 他跑得渐渐快下来了。

3. 我买来家里一台冰箱。

4. 他早就写得工整了。

5. 我把他的名字叫不出来。

6. 我恨了一辈子他。

第三节　定语和状语

一、定语和状语的区分

(一) 有关定语、状语的定义

什么是定语,什么是状语,较早的语法教材中是这样下定义的:“名词前边的回答‘谁的’、‘什么样的’、‘多少’这类问题的名词、代词、形容词数量词叫作定语”,“动词、形容词前边的形容词、副词或者表示时间、处所的词,能回答‘怎么’、‘多么’这类问题的,叫作状语”。

按照这样的定义,我们不能分析下面短语:

刚星期二/才十一月/最中间/只三个人(应该是状中短语)

水平的提高/问题的纠正/老王的任命/狐狸的狡猾(应该是定中短语)

所以，定语、状语的定义应是：体词性短语的修饰语是定语，谓词性短语的修饰语是状语。

（二）定语、状语区分的三条标准

1. 修饰语的性质

从修饰语的情况看，人称代词、名词、区别词、“数词＋名量词”构成的量词短语只能作定语，不能作状语，不管中心语的性质如何；副词只能作状语，不能作定语，不管中心语的性质如何。

2. 中心语的性质

定语、状语区分不仅要看修饰语性质，还要看中心语性质。特别在单音节形容词作修饰语时，有定语和状语的区别问题。如：

A. 假古董　高房子　怪脾气　苦味道　粗布
B. 假笑　　高喊　　怪叫　　苦想　　粗看

中心语是体词的话，前面的修饰语是定语；中心语是谓词的话，前面的修饰语是状语。A组的是定中短语，B组的是状中短语。B组中的修饰语不能作定语：

你别假笑了。　　　　＊你别假的笑了。
我把他臭骂了一顿。　＊我把他臭的骂了一顿。

3. 整个偏正短语的性质

双音节形容词作修饰语时，还要考虑整个偏正短语的性质：

A. 周密 de 调查一下/B. 周密 de 调查周围的情况/C. 已经周密 de 调查过了/D. 进行周密 de 调查/E. 周密 de 调查很重要

上述 A 至 E 中都出现了“周密 de 调查”，A 带了补语，B 带了宾语，C 带了状语，上述三个短语中的“de”应是“地”，“周密”作状语，“周密地调查”是动词性短语；D 中“周密 de 调查”作“进行”的宾语，“调查”后也不能再带宾语和补语及状语，所以这里的“de”应是“的”，“周密的调查”是名词性短语；E 中“周密 de 调查”位于主语的位置，所以这儿的“de”既可以写作“的”，也可以写作“地”；既可以是名词性短语，也可以是动词性短语。

二、定语

（一）定中短语

偏正短语可以分为两类，前面的修饰语由定语组成的，称作为定中短语；前面的修饰语由状语组成的，称作为状中短语。

1. 充当定语的成分

大多数实词、大多数短语都可以充当定语。

(1) 区别词主要用来作定语,如:

大型的游乐场　袖珍手机　公共财产　典型的问题

(2) 量词短语,包括数量短语和指量短语,如:

十个人　一本书　这间教室　那件事

(3) 形容词和形容词性短语,如:

旧皮箱　新书　多么聪明的孩子　庄严幸福的时刻

(4) 名词、代词和名词性短语。如:

小王的书　他的笔　我和妈妈的房间　一班和二班的试卷

(5) 动词和动词性短语。如:

吃的菜　送人的礼物　命令我回家去的电话　扔出去的球

(6) 主谓短语有时也能作定语。如:

华灯初上的时候　信心十足的样子　他讲课的神态　影响颇大的举动

(7) 介词短语。如:

关于那个问题的解决方法　对这件事的理解

2. 充当中心语的成分

定语所修饰的中心语,大多数是体词性词语,上面(1)—(5)所举的例子都是这样。谓词性词语有时也可以作中心语,如:

小王的聪明在整个年级都是有名的。

张先生的光临为婚礼增添了欢乐。

3. 定语和中心语之间意义上有一定的联系

常见的有以下几种:

(1) 表示时间、空间的。如:

甲午战争　辛亥革命　中国地理　科索沃的问题

(2) 表示性质、状态的。如:

绝密文件　正宗商品　气体打火机　生物特性

(3) 表示质地、用途的。如:

塑料拖鞋　玻璃茶杯　生日蛋糕　通讯卫星

(4) 表示领属、指别的。如：

学生的家长　我的书　他的个性　这里的气候

(5) 表示工具、结果的。如：

吃饭的碗　演戏的服装　挖的洞　盖的房子

(6) 表示受事、施事的。如：

穿的衣服　写的文章　来的客人　教汉语的老师

总的来说，定语和中心语之间的语义关系是多种多样的，其他的还有“气声唱法”（方式）、“五千年的历史”（数量）、“女性杂志”（性别）等。

（二）限制性定语和描写性定语

定语是一种修饰语，它和中心语的语义关系尽管如上所述是多种多样的，但总的来说，可以分为限制性定语和描写性定语两大类。

1. 限制性定语

这类定语的作用是区别，重在说明后面的中心语事物的外部联系，给事物分类或划定范围，它指明在一些事物中是“这个”而不是“那个”，一般回答“哪一种或哪一类的问题”。多由名词性词语、动词性词语和区别词来充当，说明人或事物的领有者、时间、处所、环境、范围、数量等。例如：

① 愚公的儿子、孙子都赞成。（表领属）
② 经过几个月的努力，我们终于通过了考试。（表时间）
③ 书包里的书是我从图书馆借来的。（表处所）
④ 你昨天说的那件事，妈妈同意了。（限定范围）
⑤ 我在小书店买了几本书。（表数量）

在限制性定语中，有一种是表示同一关系的，定语和中心语所指内容一致。如果把其间的结构助词“的”换成“这个”，整个偏正短语就转化为同位短语。例如：

⑥ 两公婆吵架的小事→两公婆吵架这件小事
⑦ 黄土高原变成肥沃良田的远景→黄土高原变成肥沃良田这个远景

2. 描写性定语

这类定语的作用是描写，主要着眼于所描写的事物本身，突出人或事物的本体特征，回答“什么样的”问题，使语言表达更加准确、形象、生动。多由形容词性词语等来充当，说明人或事物的性质、状态、特点、用途、质料等。例如：

① 绿油油的麦田一眼望不到边。(表事物的性质状态)

② 老马是个雷厉风行的人。(表人的特点)

③ 这是一座木头房子。(表质料)

④ 这个装工具的箱子我很熟悉。(表用途)

以上只是对定语语义类型的大体分类。事实上,限制性定语和描写性定语之间并没有非此即彼的明确界限,限制性定语也有描写作用,描写性定语也有限制作用,比如"绿油油的麦田"既是对"麦田"的一种描写,同时也限定这个"麦田"是"绿油油的"而非"金黄的"等等。

(三)定语和定语的标志"的"

结构助词"的"是定语的标志。"的"的作用主要表现在两个方面,一是区别偏正关系与其他关系,一是强调前边词语的修饰性、领属性和描写性。区别偏正关系与其他关系,需要有相对的格式;强调修饰性、领属性或描写性,则需要平行的格式。但是,定语与中心语加不加"的",似乎是很灵活的:有的要用"的",有的不能用"的",有的用了之后语法关系和语义上会有不同,情况比较复杂。我们说,该用"的"与不用"的"的一些规律,主要是针对那些可用可不用"的"都可以的场合,这就首先要分离出那些既无相对格式,又无平行格式的偏正短语,即首先要排除掉必须用"的"的和必须不用"的"的那种情况。

1. 必须用"的"的定中短语

这种短语必须在定语与中心语之间用上"的"的,如果不用"的",则这个语言片段是不通的,当然更无法构成偏正短语,如:

(1) 主谓短语作名词的定语:

桂花飘香的季节→ * 桂花飘香季节

(2) 连动短语、兼语短语作名词的定语:

出去打电话的人→ * 出去打电话人　请他来的目的→ * 请他来目的

(3) 紧缩复句作名词的定语:

越想越复杂的事情→ * 越想越复杂事情

(4) 介词短语作名词的定语:

关于天体物理的学术报告→ * 关于天体物理学术报告

2. 一定不能用"的"的定中短语

这种短语在定语与中心语之间一定不用"的",不用"的"时是偏正短语,用上"的"后,这个语言片段就不能成立。如数量词、指量词作名词的定语:

一本书→＊一本的书

这个人→＊这个的人

3. 用“的”和不用“的”都可以的定中短语

分离出必须用“的”和必须不用“的”后，剩下的就是那些用“的”不用“的”都可以的情况了，这种情况也可以分成两类。

(1) 用“的”不用“的”有相对的格式，这种相对的格式表示不同的语法关系：

A. 名词＋名词。如：

学校出版社（联合）→学校的出版社（偏正）

父亲母亲（联合）→父亲的母亲（偏正）

B. 动词＋名词。如：

分配工作（述宾）→分配的工作（偏正）

研究问题（述宾）→研究的问题（偏正）

C. 代词＋名词。如：

我们学生（同位）→我们的学生（偏正）

上述各种不同的组合，用了“的”全部表示偏正关系，而不用“的”则可能是“联合、述宾、同位”等各种关系，可见“的”的用与不用，具有区别的作用，下面的组合与上面不同，中心语不再是名词，而是非名词，加“的”不加“的”也同样有区别的作用。如：

A. 名词＋动词：

资料查找（主谓）→资料的查找（偏正）

合同签订（主谓）→合同的签订（偏正）

B. 名词＋形容词：

情况特殊（主谓）→情况的特殊（偏正）

成绩优异（主谓）→成绩的优异（偏正）

另外，还有下面“这种代词＋偏正短语”的情况也是用与不用“的”具有区别的作用：

他黄头发（主谓）→他的黄头发（偏正）

她大眼睛（主谓）→她的大眼睛（偏正）

上述各种不同的组合，用了“的”全部表示偏正关系，而不用“的”则只能是主谓关系。

(2) 用“的”与不用“的”有平行的格式，这种平行的格式表示的语法关系是相同的，即都是偏正的关系，但强调的重点有所不同。可以分三种情况：

A. 用上“的”之后，增加了前面词语的修饰性。如：

名词+名词：中国历史→中国的历史（不是“外国的”历史）

动词+名词：广播节目→广播的节目（不是“以其他形式表演的”节目）

形容词+名词：干净衣服→干净的衣服（不是“肮脏的”衣服）

代词+名词：他哥哥→他的哥哥（不是“别人的”哥哥）

区别词+名词：优质皮鞋→优质的皮鞋（不是“其他质量等级的”皮鞋）

B. 用上“的”后增加前面词语的领属性。例如：

牛脾气→牛的脾气（具体的一种动物的脾气）

日本朋友→日本的朋友（强调朋友是来自日本的）

C. 用上“的”之后，增加了前面词语的描写性。如：

三斤鲤鱼→三斤的鲤鱼（一条重三斤的鲤鱼）

十支香烟→十支的香烟（十支一盒的那种香烟）

如上所述，定语与中心语之间用“的”与不用的“的”的情况确实是很复杂的，上述规律也只能说是概括了一个大致的情况。

（四）多层定语的语序问题

如果定中短语中心语前边的定语不止一项，从而形成定语层层叠加的形式的，叫作多层定语，例如“一双没膝的长筒尼龙袜子”。

1. 注意区分几种复杂的短语

在讨论多层定语语序问题之前，我们首先要注意区分几种复杂的短语。一种是几个词语没有主次之分，组成一个联合短语作定语的情况。例如：

① 他是个客客气气、嘻嘻哈哈、谨慎小心的人。

② 我不愿意成为家庭和社会的负担。

③ 她是个聪明、美丽、善良的姑娘。

还有一种是修饰中心语的定语本身又是一个复杂的偏正短语。例如：

④ 我是他的老师的朋友的同学。

⑤ 真的、善的、美的东西的价值是无法衡量的。

⑥ 这是雄伟的泰山顶峰的照片。

2. 多层定语的语序问题

如果一个中心语有多个定语，这些定语并不是可以随便叠加在一起来修饰中心语的。多层定语的语序是一个比较复杂的问题。一般来说，最基本的规则是限制性定语要在描写性定语之前。例如：

① 她的漂亮衣服很多。（领属＋性状）

*漂亮的她的衣服很多。

② 我喜欢图书馆里安静的环境。（处所＋性状）

*我喜欢安静的图书馆的环境。

多层定语的语序排列除了上述基本规则外，还有以下几条规则。

(1) 如果几个定语全都是限制性定语，按照离中心语由远到近的顺序依次是：表示领属关系的词语＞表示处所或时间的词语＞指示代词或数量短语。例如：

① 她的一本书找不着了。（领属＋数量）

② 操场北面的那间活动室关门了。（处所＋数量）

③ 我在北京的那位同学来了。（领属＋处所＋指量）

(2) 如果几个定语都是描写性定语，一般来说，其顺序为：动词或动词性短语（包括主谓短语）＞形容词或形容词性短语＞不带“的”的表属性、质料等的形容词、名词。例如：

① 这是草草写成的乱七八糟的一封信。

② 那个个子比一般人高的年轻工人今天迟到了。

③ 她穿了一身从朋友那里借来的漂亮的藏族服装。

(3) 把上面的规则总结起来，那么修饰同一个中心语的多层定语，从离中心语最远的词语算起，其一般顺序为：A. 表示领属关系的词语＞B. 表示时间处所的词语＞C. 指示代词或数量短语＞D. 动词性词语＞E. 形容词性词语＞F. 不带“的”的表示质料、属性等的形容词、名词等。例如：

① 这是一张从报上剪下来的彩色照片。（C>D>F）

② 他的那件刚买的羊皮大衣也拿来了。（A>C>D>F）

③ 我有一件非常漂亮的丝绸衬衫。（C>E>F）

④ 他就像木屋后面那条碧玉般清澈的山溪。（B>C>E>F）

从逻辑的角度来说，跟中心语关系越密切的定语就越靠近中心语。但是，有些词语比如量词短语具有较大的灵活性，位置可前可后。例如上面的例①、例②也可以有如下的表达方式：

⑤ 这是从报纸上剪下来的一张彩色照片。（D>C>F）

⑥ 他刚买的那件羊皮大衣也拿来了。(A＞D＞C＞F)

以上我们对多层定语的排序规则作了一个简单的说明。应该说,在具体的语言运用中,由于说话者语言表达的各种需要,情况要远比这复杂得多,需要我们去细心地体会、把握。

三、状语

(一) 状中短语

1. 充当状语的成分

在状中短语中,充当状语的成分主要有以下几种。

(1) 副词、形容词、介词短语可以作状语(其中的副词只能作状语)。状语中,这三类成分最为多见。如:

非常多　很好　常常去　悄悄来(副词作状语)

轻放　重扣　默默地坐下　热乎乎地喝下去(形容词作状语)

把书还我　被他拿去　从北京来　向着大海默哀(介词短语作状语)

(2) 除形容词外的谓词性短语有时也可以作状语,大多数情况下要在状语后带上一些附着成分,如"着"、"地"等。如:

抢着参加　哭着说　满怀信心地向前走　叠得整整齐齐地放着　举止大方地说　面对面地谈

(3) 一部分量词短语和一部分名词也可以作状语。量词短语中的"数词＋动量词"利用作状语,名词中的表示时间、处所的词可以作状语。如:

两口喝完　一次吃掉　明天等你去　后天见　屋里谈　沙发上坐

2. 状中短语的意义联系

在状中短语中,状语和中心语之间意义上有一定的联系,常见的有以下几种。

(1) 表示时间、处所的:已经证明、后天见、从日本来、屋里谈

(2) 表示情状的:亲自去、慢慢走、抢着参加、叠得整整齐齐地放着

(3) 表示程度、范围的:非常聪明、更加努力、全都完成、统统去

(4) 表示对象的:为大家服务、给他书、比小王高

(5) 表示肯定、否定语气的:不说、没吃饭、一定来、大概有、也许去

总的来说,状语和中心语之间的语义关系也是多种多样的,其他的还有电话联系(方式)、三尺长(数量)、用筷子吃饭(工具)等。

(二) 限制性状语和描写性状语

根据状语的语义功能,我们可以把状语分为限制性状语和描写性状语。

1. 限制性状语

限制性状语主要由副词、时间名词、处所名词、介词短语等担任，从各个方面对中心语加以限制。其语义又可以分为以下几类。

(1) 表示时间、处所、方向的。例如：

① 以后我们就要各奔东西了。
② 当太阳升起的时候，我们就要离开这里了。
③ 他们在郊外上课。
④ 我们沿着他们留下的脚印往前走。

(2) 表示程度、范围、否定、语气的。例如：

① 他的心肠格外好。
② 我们班的同学全部参加。
③ 我不喜欢办事拖沓的人。
④ 你居然忘了我们的约会。

(3) 表示目的、依据、关涉、对象的。例如：

① 为了及早完成这项任务，他废寝忘食。
② 我们根据学校的规定处理了这件事。
③ 就勒令他退学一事，大家谈了各自的看法。
④ 妈妈给他请了个家教。

2. 描写性状语

描写性状语按照其语义指向，又可以分为描写主语的、描写动作的和描写宾语的几类。

(1) 语义指向动作。这类状语主要是对动作的方式等进行修饰描写。充当这类状语的主要是“高”、“彻底”、“非常仔细”等一部分形容词及形容词性短语，“快步”、“历史”、“主观主义”，“不停”、“不住”，“一把”、“一趟一趟”等一部分名词和名词性短语、动词和动词性短语、量词短语，“一直”、“亲手”、“独自”、“互相”等表示情态的副词。例如：

① 他草草地浏览了一下报纸上的文章。
② 女儿滔滔不绝地向他讲述着自己的见闻。
③ 请您亲自给他做这个手术。

(2) 语义指向动作者。这类状语主要是描写句子主语的，它描写动作者动作时的表情、姿态以及形之于外的心理活动。充当这类状语的主要是“激动”、“幸福”、“美滋滋”、“十分自然”、“兴高采烈”等形容词及形容词性短语，“怀疑”、“吃惊”、“又蹦又跳”、“脸色阴沉”、“大摇大摆”等动词及动词性短语（包括主谓短语）。例如：

① 四凤胆怯地望着大海。
② 他踉踉跄跄地走进了风雪中。
③ 我们兴高采烈地参加了这次庆祝活动。

（3）语义指向句子中的宾语。例如：

① 老张给自己酽酽地沏了一壶茶。
② 他圆圆地画了一个圈。
③ 矮墙上蓬蓬地长着狗尾草。

上述三种描写性状语由于语义指向不同，所以有各自不同的变换形式。描写动作的状语有些可以变换成对动作的表述，例如：

④ 我们热烈地欢迎凯旋的奥运健儿。→我们对凯旋的奥运健儿的欢迎很热烈。

而描写主语的状语一般不能进行这样的变换。例如：

⑤ “……”她幸福地对我说。→*“……”她对我说得很幸福。

描写主语的状语很多可以在意义不变的情况下构成对主语这个动作者的表述。如：

⑥ 她很幸福地跟我谈起她的家庭。→她很幸福，他跟我谈起她的家庭。

描写句子宾语的状语则大多可以变为宾语的定语。例如：

⑦ 他嫩嫩地炖了一碗鸡蛋。→他炖了一碗嫩嫩的鸡蛋。

（三）状语带“地”的情况

1. 限制性状语

限制性状语大多数不能带“地”。例如：

第二天他起得很早。（时间）	从口袋里掏出一块手帕。（处所）
为去美国而来回奔走（目的）	我跟小王打网球去了。（协同）
对这个节目很感兴趣。（对象）	他的确很健谈。（语气）
他五岁时就死了爹娘。（关联）	他把话又说了一遍。（重复）
这一条鱼正好十块钱。（数量）	我们一班同学都回来了。（范围）

只有在特别强调时，双音节副词后才能带“地”：

非常(地)及时　格外(地)高兴　极端(地)负责任

2. 描写动作者状语

描写动作者的状语,除了单音节的形容词以外(傻笑、呆坐),一般要带"地":

得意地说　不高兴地走了　静静地等待　吃惊地问

抱歉地笑　挨得紧紧地坐着　气喘吁吁地进来　聚精会神地听

3. 描写动作状语

描写动作的状语,有两种情况:

(1) 一般单音节形容词、双音节形容词、量词短语一般不带"地"。如:

快走　直视　仔细看　直接找　一把把敌人抓住　一下子走了很多人

(2) 动词短语、名词短语一般带"地"。如:

不住地说　有计划地提高　很感兴趣地看

形式主义地看问题　历史地落在我们头上

(3) 形容词重叠式、量词短语重叠、双音节和多音节拟声词、少数双音节动词、少数副词,可带可不带"地"。如:

轻轻(地)把门关上　痛痛快快(地)玩一天

一趟一趟(地)给客人倒水　一遍一遍(地)教他们

格格(地)笑了　淅沥淅沥(地)下着　来回(地)奔走

暗暗(地)得意　渐渐(地)红了　再三(地)要求

(四) 多层状语的语序问题

如果状中短语中心语前边的状语不止一项,从而形成状语层层叠加的形式的,叫作多层状语。例如"刚才他在屋子里轻轻地叫了一声"。

1. 注意区分多层状语和其他两种复杂短语

在讨论多层状语语序之前,我们首先也要注意区分多层状语和其他两种复杂短语。一种是几个词语没有主次之分,组成一个联合短语作状语的情况。例如:

① 他们迅速而准确地掌握了全部情况。

② 这对国家对个人都有好处。

另外一种则是状语本身又带了状语的情况。例如:

③ 他非常高兴地去了北京。

④ 我特别小心地问起她在国外的生活。

2. 多层状语的语序问题

总体上来看，多层状语的语序相对于多层定语来说要灵活一些。例如：

① 他一把把敌人从坦克上拽了下来。
他一把从坦克上把敌人拽了下来。
他把敌人从坦克上一把拽了下来。
他把敌人一把从坦克上拽了下来。

很显然，上面的句子中有三层状语，排列的顺序是很灵活的。但是状语的排列也并不是完全自由的，例如：

② ＊我们从学校下午出发。
③ ＊他没有从来就跟我商量过。

上面的句子没有遵守汉语中多层状语的排序规则，因此是不合法的。

多层状语的语序排列有以下几条基本规则：

(1) 如果动词前面同时有几个表示时间的状语，它们的排列顺序是：时间名词>表时间的介词短语或方位短语>时间副词。例如：

① 我以前常常来这儿看书。（时间名词>时间副词）
＊我常常以前来这儿看书。
② 下班以后你马上去银行取钱。（方位短语>时间副词）
＊你马上下班以后去银行取钱。
③ 今天我从八点到十一点一直在做作业。（时间名词>介词短语>时间副词）
＊我一直今天从八点到十一点在做作业。

(2) 当语气副词、时间副词、否定副词三类副词连用，其顺序为语气副词>时间副词>否定副词。例如：

① 李明果然正在写那个计划。（语气副词>时间副词）
② 这个人也许永远不会来了。（语气副词>时间副词>否定副词）
③ 他大概从来没失败过。（语气副词>时间副词>否定副词）

(3) 多个介词短语连用，从时间上看，先发生的在前，后发生的在后；从空间上看，位置先于方向；从施事、受事方面考虑，先施事，后受事。例如：

① 我们从学校沿着桂林路往北走。
② 合同自签订之日起十天后生效。

③ 他在房顶上对着下面大喊大叫。

④ 他被人把自行车偷走了。

（4）否定副词的语序比较灵活，在语义上修饰什么成分，就位于什么成分的前面，不一定与中心语直接发生联系。它们出现位置的不同可能会引起意义上的差别。例如：

① 小妹听了这句话很不高兴。（不高兴，而且程度很高）

② 小妹听了这句话不很高兴。（高兴，但是程度差些）

③ 昨天他们都没来听报告。（全部没来，没有一个人来）

④ 昨天他们没都来听报告。（不是全部来了，有的来了，有的没来）

（5）如果同时出现两个描写性状语，描写句子主语的在前，描写动作的在后。例如：

① 他不动声色地一件件处理着。

② 肖建兴奋地一把抢过了入学通知书。

③ 严俊像跟谁辩论似的猛然抬起了头。

（6）不同结构形式的几个状语连用，按照离中心语由远到近，其倾向性的排列顺序是：A. 表示时间的状语>B. 表示语气的状语>C. 描写主语的状语>D. 表示处所、方向的状语>E. 表示对象的状语>F. 描写动作的状语。例如：

① 刚才他在屋子里轻轻地叫了一声。（A>D>F）

② 他现在正在教室里给小明辅导功课呢。（A>D>E）

③ 他居然从后门悄悄地溜走了。（B>D>F）

④ 二十多年来，她为他默默地奉献着。（A>E>F）

⑤ 昨天晚上他在巷子口对着迎面走来的黑影大喊了一声。（A>D>E>F）

我们前面说过，多层状语的语序要比多层定语更灵活一些，所以上面的排序规则实际上只是一个总体的倾向，语言的具体运用情况并不一定完全符合这个规则。比如，同样是表时间的状语，时间名词往往放在语气副词的前面，而时间副词则往往放在语气副词的后面。上面的例③，如果我们加上时间名词和时间副词，就变为：

⑥ 他刚才居然已经从后门悄悄地溜走了。

练习

一、“他有个中国朋友”和“巴基斯坦是中国的朋友”中,“中国”和“朋友”之间的语义关系一样吗?

二、下面句子中状语的语义指向一样吗？试简要分析。

1. 他喜滋滋地炸了一盘花生米。
2. 他非常麻利地炸了一盘花生米。
3. 他脆脆地炸了一盘花生米。

三、下面句子中的说法是否符合汉语的习惯？请简要说明理由。

1. 这是新出版杂志,你看吗?
2. 我们是好的朋友。
3. 这三本的书我全看了。
4. 一眼望过去是一片绿油油麦田。
5. 我们在操场上地做操。
6. 我沮丧说了自己的经历。
7. 他亲耳地听说了这件事。
8. 他非常仔细检查了试卷。

四、下面句子中定语或状语的排列顺序正确吗？如果不正确,请改正并简要说明理由。

1. 一辆刚买来的我的自行车被人偷走了。
2. 他心里有痛苦的说不出来的一股味道。
3. 我们厂生产了塑料的优质的很多产品。
4. 我很爱惜那本精美的我的汉语词典。
5. 他有时过去周末的时候会到小书店来看看。
6. 把结果由他告诉你。
7. 我给他在门口幸亏昨天打了招呼。
8. 我已经现在没有钱了。

五、简要说明汉语中的“的”与英语中的“'s”、“of”的异同。

第八章　句型和句类

第一节　句型和句类概说

一、句子和句子分析

（一）句子的特点

句子是语言的基本运用单位，在人们的交际过程中，句子可以表达一个完整的意思。正因为有了句子，人类思维活动的结果，认识活动的成果才能记载下来，巩固起来，使人类社会中的思想交流成为可能。句子的特点大致上可以从以下两个方面进行概括。

1．形式上的特点

每个句子都有一定的语调，句子与句子之间有较大的停顿。这种停顿与语调在书面形式上就表现为要运用一些合适的标点符号。句子是由词或短语构成的，词或短语数量上的多寡不成为构成句子的一个条件。句子可以由一个词组成。例如：

票。（汽车上售票员递给对方车票）

票！（电影院检票员要求对方将电影票拿出来看一下）

票？（买电影票时，对方找了零钱却忘给票，向卖票者要票）

票！（得到一张足球票，兴奋地叫了起来）

句子也可以由许多词或短语组成。如：

这是一张梦寐以求的由歌星童安格领衔的演唱会的入场券。

更复杂的句子可以由几个分句组成，可见句子的长短并没有一定的要求。

2．内容上的特点

短语和句子的构造虽然基本相同，但短语是一个静态单位，只是一个由词组合起来的比词复杂的材料单位；而句子则是动态的，是一种表达单位，因此，句子都必须带上表达上需要的语调，除此之外，句子还具备了一些短语所没有的，而在表达中又起重要作用的特殊成分，如提示成分和独立成分等等：

教室里的同学，有的在看书，有的在写字。（提示成分）

这东西，少说也用个十年八年的。（独立成分）

还有，句子中可以有表示语气的成分，短语中也是没有的。例如：

这张桌子买了几年了？　还去北京吗？　这样做会发生危险的。

另外，由于句子的功能只有在表达的过程中才能体现，所以，句子的结构会因表达的需要作出种种与常规不同的变化；如省略、倒装等，这种变化是静态的短语所不具备的。例如短语中只能出现"你进来"这样的结构方式，而在句子中，却可以出现"进来，你！"或者"'进来。''是。'"这种在特殊的语境下的种种变化。

（二）句子的结构分析

对句子进行结构分析，通常有两种方法。一种叫作句子成分分析法，这是一种将词看作造句的单位，让句子成分与词相对应。遇到偏正结构须找中心词，遇到动宾结构也须找出中心词（以动词为中心），让中心词充当句子成分，所以这种析句方法也叫作中心词分析法。这种析句方法的最大缺点是不能正确地反映句子的层次结构。

另一种方法就是句型分析法。句型分析法是根据每一个句子的结构特点来确定它们的句型，句型分析法的基本出发点是，句子分析不等于句法分析：句法分析的目的是寻求词语之间的关系，句子分析的目的则是寻求句型。所以，析句就不能仅仅满足于找出句子的成分（如这是主语，那是谓语和宾语，等等），也不能停留于找出句子的层次。句型分析法有利于揭示出句子的各层，例如"今天中秋节"，就可以根据句子的结构，从上位句型到下位句型，依次确定其为单句—主谓句—名词谓语句。

有人认为句型分析法不如句子成分分析法显得层次清楚，关系明白，其实这是一种误解。句型分析法虽然认为句子分析不同于句法分析，但句子分析又是以句法分析作为它的补充和延伸。在确定句型之后，如果有必要，可以把句子中的片段抽出来作句法分析，采用的是"层次分析法"，就可以看清楚这一部分的词语之间的层次和关系了。

（三）句子分析和句法分析

传统语法混淆句子分析和句法分析，以至将句法分析所得的不同层次上的句法成分都看作句子成分，模糊了句子结构的层次性，这当然是不合适的。不过，句子分析和句法分析是密切相关的。

句子分析是以句法分析为基础的，一个句子要认定它是主谓句或非主谓句首先得进行句法分析，如“脾气很好。”是主谓句，“他脾气很好。”是主谓谓语句，“多好的脾气啊！”是非主谓句，这是依靠句法分析得出的结论。同时对一个句子通过句子分析得出了句型类属，如果该句子的两个直接成分还比较复杂，还可以拿出来再进行句法分析。用层次分析法分析句子，第二层次以下的分析，实际上就是句法分析了。如“人民解放军迅速打退了进攻的敌人”作为句子是主谓句，从句子成分看只有主语“人民解放军”和谓语“迅速打退了进攻的敌人”，由于主语和谓语都还复杂，是短语，还可以再进行句法分析，只有再经过句法分析才可能得出定语、状语、述语、宾语、中心语等句法成分。

句法分析是句子分析的基础，但不能以句法分析代替句子分析，更不能把句法分析和句子分析混为一谈，也不能把句法分析所得到的所有句法成分都看作句子成分。只有区分句法分析和句子分析才能建立具有抽象概括作用的句型系统。建立科学实用的句型系统正是从句法平面对句子进行分析的最终目的。

二、句子的特殊成分

句子的特殊成分，主要指提示成分和独立成分。提示成分和独立成分都附丽于句子，不能离句而独立，但又不是句子所由组成的直接成分，所以把这两种成分称之为句子的特殊成分。

（一）提示成分

两个词或短语指的是同一事物，一个用在句子当中作为句子的一个部分，另一个用在句子头上或末尾，不属于主语或谓语的组成部分，句子头上或末尾的这个部分就叫提示成分。提示成分有下列两类。

1. 称代式提示成分

称代式提示成分一般用在句首，句中用代词来指称它，提示成分之后，有明显的停顿，书面上常用逗号或破折号来表示。例如：

国家的统一，人民的团结，国内各民族的团结，这是我们的事业必定要胜利的基本保证。

长江，我要为你歌唱！

泰山——这是一座象征中国人民坚强性格的山！

称代式提示成分偶尔也有倒装在句子后面的。例如：

我常常给他写信，尊敬的王老师！

2. 总分式提示成分

在句首的提示成分是总说部分，句中同它相应的是分说部分，分说的部分作为分句的主语，这就是总分式提示成分。这种提示成分后边一般有语音停顿，书面上用逗号或冒号表示，常用“的”字短语或“一个”之类来分说。例如：

全班同学，有的在看书，有的在做作业，有的在听录音。

祁宏和范志毅，一个踢前卫，一个踢后卫。

父子二人，曹操是文学家和政治家，曹植只是一个文学家。

有些句子的提示成分是分说部分，出现在句末，句中同分说部分相应的是总说部分。例如：

人文学院有四个系：中文、历史、古典文献、社会管理。

桌上放着三本书：《家》、《春》、《秋》。

提示成分不能是主谓短语，例如下面两个句子：

① 他的两个弟弟，一个是教师，一个是医生。

② 他有两个弟弟，一个是教师，一个是医生。

第②个句子中，“他有两个弟弟”不能是提示成分。提示成分的构成条件如下：

(1) 提示成分必须用在句首或者句尾，并且有逗号、破折号或冒号与句子的另一部分分开；

(2) 在另一部分里，必须有一个词语在主语位置或者在谓语位置上复指提示成分所指称的事物；

(3) 作为提示成分，还必须由排除了主谓短语之后的词或短语担任，反过来说，主谓短语是不能充当提示成分的。为什么不能让主谓短语充当提示成分呢？因为主谓短语结构完整，位于句首或句尾，往往就“升级”成为复句中的一个分句。因此，不管是称代式提示成分还是总分式提示成分，都不能是主谓短语。例如：

① a. 他来看望我们，这使我们受到了极大的鼓舞。

b. 他的到来，这使我们受到了极大的鼓舞。

② a. 参加决赛的有两个队，一个是美国队，一个是挪威队。

b. 参加决赛的两个队，一个是美国队，一个是挪威队。

③ a. 我见过他，他是才毕业的大学生。

b. 我见过他，那位才毕业的大学生。

④ a. 他借了很多书，有的是古代的，有的是近代的，有的是当代的。

b. 他借了很多书，古代的、近代的、当代的。

每组的 a 句中都没有提示成分，整个句子是复句；每组的 b 句中有提示成分，整个句子是单句。

（二）独立成分

句子中有一些词语，不同别的成分发生结构关系，位置一般比较灵活，这就是独立成分。例如：

听说徐家汇一带又开设了几家超市。

有线电视网络线看样子已经接通了。

上述例子中的"听说"、"看样子"都是独立成分。

独立成分在结构上不是非有不可，但在表义上却不是可有可无的。独立成分主要有以下一些作用。

（1）表示招呼、应答或感叹，常用名词、叹词等表示。例如：

小王、小李，你们两个也去吗？

好，这事就这么定了！

啊呀，真没想到上海这两年的变化会这么大！

（2）引起对方注意，一般用"你看"、"你瞧"、"你想"、"你听"等词语表示。例如：

你看，那几个慢慢走过来的人不就是张老师他们吗？

这些孩子的嘴你听多巧！

（3）表示对情况的推测和估计。表示对情况推测的含有保留口气，常用"看来"、"看起来"、"想来"、"看样子"、"说不定"等词语表示。表示对情况估计的，有的是往"大"、"多"等方面估计，有的是往"小"、"少"等方面估计，常用"充其量"、"大不了"、"少说"、"往少里说"、"少说一点"等词语来表示。例如：

看起来，我们有些同学，对于语言和言语的区别，还不理解。

现在都已六点了，这几个人说不定不会来了。

我去北京，往少里说，也有十几次了。

把那些钱都算进去，充其量也只有五千多元，五千多元能开什么店？

（4）表示特定的口气。所谓特定的口气，主要是指肯定、强调的口气。常用"毫无疑问"、"没问题"、"不用说"、"不可否认"、"说真的"、"说实在的"、"老实说"、"不错"等词语来表示。例如：

毫无疑问，这种思想是要不得的。

这种条件在国外根本算不了一回事，说实在的。

不错，考场的纪律问题我们学校有，其他学校也有，可见已经引起各个学校普遍重视了。

（5）表示某一消息或情况的来源，常用“听说”、“据说”、“相传”、“据报道”等词语来表示。例如：

这个村子的西头相传有一口古井。

听说我们新来的班主任姓黄。

教现代文学的梅老师据说正在写一篇有关他女儿的小说。

（6）表示总括，常用“总之”、“总而言之”、“总的说来”、“一句话”等词语来表示，它们在句子中有承上启下的作用。例如：

工厂、农村、商店、部队、学校、机关，总之，各行各业都在为四个现代化奋斗。

对于新事物，有的人赞成，有的人反对，有的人怀疑，总而言之，每个人都有一定的看法。

（7）表示对某一问题的意见和看法，常用“我想”、“我看”、“依我看”等词语来表示。例如：

我们提出向外国学习的口号，我想是提得对的。

这种题材的小说，依我看，销路是不会好的。

［辨析］“独立成分”与“非主谓句”

① a. 小张，你别走啊！

b. 小张！你别走啊。

② a. 不，学习的目的不仅仅为了分数。

b. 不。学习的目的不仅仅为了分数。

③ a. 咦，人都走了？

b. 咦？人都走了。

上述表示呼应、感叹的词语在句子中常位于句首或句末的位置，同句子中别的成分又不发生结构关系，有明显的停顿。这些词语在句子中是不是都充当独立成分呢？不是的。表示呼应、感叹的词语是独立成分，还是独立的句子，关键在于这些词语与句子之间停顿间隙的长短。停顿时间短，书面语上用逗号表示，则是独立成分；停顿时间长，书面语上用句号、问号、感叹号表示，则是非主谓句。因此上述例句中 a 组的表示呼应、感叹的词语是独立成分，b 组的表示呼应、感叹的词语是非主谓句。

[辨析]“表示提醒或强调的独立成分”与“一些主谓短语作宾语的结构”

① a. 你说这到底是怎么回事?
   b. 你说,这到底是怎么回事?
② a. 你看他们回来了没有?
   b. 你看,他们回来了没有?

两组句子中,b组表示提醒或强调的词语才是独立成分。区别的方法有两个:

1) 独立成分与后面的句子之间有明显的停顿,书面上可用逗号表示。而a组句子中动词和宾语(由主谓短语作宾语)之间没有明显的停顿。

2) 独立成分的位置比较灵活,我们可以把上述b组例句说成:“这到底是怎么回事,你说?”、“他们回来了没有,你看?”,而a组句子中词语的位置不能变换。

[辨析]“表示呼应的独立成分”与“某些主谓句”

① a. (和园园相比),玲玲干得快些。
   b. 玲玲,干得快些!
② a. 小周从北京来的?
   b. 小周,从北京来的?

a组句子是一般的陈述句,b组句子是祈使句和疑问句。正因为语气不同,a组中的“玲玲”、“小周”是陈述对象,而b组中的“玲玲”、“小周”则是呼唤语,成为独立成分。

三、确定句型的方法

(一) 句型划分与非句型因素

句型既然是句子的结构类型,那么一切与句子的句法结构无关的因素都不应该影响句型划分。句子中的下列成分或形式都属于非句型因素。

(1) 句子的语气、语调、口气以及表达语气、口气的语气词(包括句中语气词)不影响句型划分,这些都属于句子语用方面的因素,只要句子的句法结构相同,语气、口气虽异,也属于同一句型。如“小王走了。”、“小王走了吗?”、“小王走!”、“小王走了啊!”都是主谓句。“走!”、“走吗?”都属于动词性非主谓句。

(2) 句子中的独立成分、提示成分、追加成分、连续反复的重复成分、冗余重复成分等不影响句型划分,它们也是句子的语用成分。如“小王来了。”和“听说小王来了。”属于同一句型;“我认识小王。”和“我认识小王,你的那个好朋友。”是同一句型;“你说什么!”和“你说什么你!”是同一句型;“您经常几个小时地这样急促地走着。”和“您经常几个小时地、几个小时地这样急促地走着、走着、走着。”是同一句型;“他已经来了。”和“他、他、他已经来了。”是同一句型。

(3) 单句内部主语和谓语之间的停顿、述语和宾语之间的停顿以及强调重音交替等节律形式不影响句型划分。如“他这个人,是嘴辣豆腐心。”跟“他这个人是嘴辣豆腐心。”是同一句型;“我认为,这样做不合适。”和“我认为这样做不合适。”;“小王昨天在新华书店买了一本书。”可以有不同的强调重音、提示不同的焦点,也可以在不同的成分使用焦点提示成分“是”,但这些都是语用因素,不影响该句的句型划分。

(4) 深层语义结构不影响句型划分。同一句法结构可以表示不同的语义关系,如“鸡不吃了。”的“鸡”有施事和受事两种可能,是有歧义的结构,但句法结构上“鸡不吃了。”只是主谓句;就歧义句来说,只要不是结构关系、结构层次不同造成的歧义,都不影响句型划分。同一语义关系用不同句法结构来表达,构成同义句式,同义句式之间具有变换关系,这种变换关系影响句型,如“我们打败了对手。”“我们把对手打败了。”“对手被我们打败了。”等就是主谓句的不同的下位句型。

(5) 句首状语可以有不同意义的词语,从句法分析来看,句首状语是后面主谓结构的修饰语。但从句子分析来看,归纳句型可以不考虑句首修饰语。

(6) 纯语用因素的句子的变化不影响句型划分,如省略句和完全句是同一句型、倒装句和常式句属于同一句型。

排除上述这些跟句法结构无关的句子其他因素,句型要素就清楚了,即只与句法结构有关的因素才是句型划分的要素。但是,由于对句法结构要素的认识不同,使得句型划分的具体标准、程序上也还有差异,也使得人们对句子的结构类型——句型——的认识不尽相同。

(二) 句型分析的方法和步骤

1. 确定句型的层次

在确定句型时应考虑到句型的层次性,从而确定各个层次的不同句型。我们从上述所归纳的句型表中可以看出,不同平面的句型应该有不同的结构成分,例如复句的结构成分是分句,主谓句的结构成分是主语和谓语等等。这样,我们就可以归纳出,汉语的句型是可以分成下面四个层次的。

第一层次句型:单句、复句。

第二层次句型:单句分为主谓句和非主谓句,复句分为联合复句和偏正复句。

第三层次句型:以主谓句为例,可以分为名词性谓语句、动词性谓语句、形容词性谓语句和主谓谓语句。

第四层次句型：以动词性谓语句为例，可以分为动词谓语句、述宾谓语句、述补谓语句、连动谓语句和兼语谓语句。

确定句型必须层层确定，先确定上位句型，再确定下位句型。例如单句是主谓句和非主谓句的上位句型，主谓句是名词性谓语句、动词性谓语句、形容词性谓语句和主谓谓语句的上位句型；相反，主谓句和非主谓句则是单句的下位句型，名词性谓语句、动词性谓语句、形容词性谓语句和主谓谓语句则是主谓句的下位句型。

2. 排除非句型因素

确定句型是要涉及多方面因素的。有些因素与句型的确定有关，有些因素与句型的确定无关。不影响句型的因素，在分析句子时应予排除，如上述所说的六种非句型因素。把该排除的都排除了，句型的面目也就清楚了。这是确定句型时所要考虑的另一个重要问题。具体说来，上述所说的五种要排除的因素可归纳为下面三种：

(1) 句中表示语气的成分；

(2) 句中的特殊成分，包括独立成分和提示成分；

(3) 句中的修饰成分，包括全句修饰语，句中的状语和定语。如：

据报道①，10月16日起②，浦东新区③政府部门正式挂牌④办公了⑤。

上述句子中，①为独立成分，②为全句修饰语，③为定语，④为状语，⑤为语气成分，在分析句子中，以上五种成分都可以不予考虑。这样，这个句子的句型我们就可以归纳为：单句/主谓句/动词性谓语句/动词谓语句。

3. 考虑句式和句型的联系和区别

在确定句型时，还要考虑到句式和句型是两个不同的概念。句式是指汉语中一些结构上比较特殊，或者有特殊标志的句子。结构上比较特殊的，如连动句“她放下行李跟我说了几句”，兼语句“她请我在客厅里稍坐一会”，“把”字句“他把大伙儿忘了”，“被”字句“他被大伙儿忘了”等。但是，不一样的句式在句型上的表现是不一样的。有些句式在句型的某一层次上可以表现出来，这些句式同时又是某种句型，例如连动句和兼语句这两个句式同时又是动词性谓语句的下位句型：连动谓语句和兼语谓语句；有些句式在句型的某一层次上不能表现出来，如另一类有特殊标志的句式“把”字句和“被”字句，由于“把～”、“被～”在句子中都作修饰成分处理，都属于要排除的因素，所以更不影响句型的确定，即使有动词性谓语句的下位句型，像“他把大伙儿忘了”、“他被大伙儿忘了”这样的“把”字句和“被”字句也不可能归到不同的句型中去。

（三）现代汉语句型系统

现代汉语的各种句型可以归纳为下表。

<table>
<tr><td rowspan="22">句子</td><td rowspan="12">单句</td><td rowspan="8">主谓句</td><td>名词性谓语句</td><td></td></tr>
<tr><td rowspan="5">动词性谓语句</td><td>动词谓语句</td></tr>
<tr><td>述宾谓语句</td></tr>
<tr><td>述补谓语句</td></tr>
<tr><td>连动谓语句</td></tr>
<tr><td>兼语谓语句</td></tr>
<tr><td>形容词性谓语句</td><td></td></tr>
<tr><td>主谓谓语句</td><td></td></tr>
<tr><td rowspan="4">非主谓句</td><td>名词性非主谓句</td><td></td></tr>
<tr><td>动词性非主谓句</td><td></td></tr>
<tr><td>形容词性非主谓句</td><td></td></tr>
<tr><td>叹词、拟声词非主谓句</td><td></td></tr>
<tr><td rowspan="10">复句</td><td rowspan="4">联合复句</td><td>并列复句</td><td></td></tr>
<tr><td>承接复句</td><td></td></tr>
<tr><td>递进复句</td><td></td></tr>
<tr><td>选择复句</td><td></td></tr>
<tr><td rowspan="6">偏正复句</td><td>因果复句</td><td></td></tr>
<tr><td>转折复句</td><td></td></tr>
<tr><td>条件复句</td><td></td></tr>
<tr><td>假设复句</td><td></td></tr>
<tr><td>让步复句</td><td></td></tr>
<tr><td>目的复句</td><td></td></tr>
</table>

四、句类概说

（一）句类的性质

句子可以根据不同的标准来分类。根据语气分出的句子类型叫句类。

句子的语气类型是从句子语用平面给句子所作的分类。人们的语言交际总有一定的语用目的，这种语用目的就是句子的用途，如陈述一件事，询问一个问题，表示一个请求或命令，抒发一种感情等等，句子的这种语用目的和用途是由句子的语气来反映的。语气是句子语用目的或表达用途的外在体现，语气又是通过语调或语气词等手段表现出来的。句类就是根据句子的语气对句子所作的分类。

句类不同于句型，语气是决定句类的因素，跟语气无关的因素都是非句型因素，像句子所表达的内容、句法成分的配置方式和多寡、语义关系的样式和语义成分的多少等都不影响句类的划分。

（二）句类的类别

句子从语气的角度看，一般分为陈述句、疑问句、祈使句、感叹句四类，分别表示陈述语气、疑问语气、祈使语气、感叹语气。每种句类在结构形式上有特殊的标志，在语用功能上也都有其特殊的作用。

练习

一、句子分析和句法分析有什么区别和联系？

二、如何归纳句型，哪些与句子有关的因素不影响句型的分析？

三、指出下列句子特殊成分及其类型。

1. 归根结底，我们是一定会取得胜利的。
2. 他买了两本小说：《西游记》和《红楼梦》。
3. 西藏，我们知道那是一个充满神奇的地方。
4. 你说，这不都是事实吗？
5. 啊！好厉害呀！
6. 两个同学，一个在做作业，一个在看小说。
7. 他那个朋友，说句良心话，我看并不怎么样。
8. 行，我就听你一次。

第二节　主　谓　句

主谓句是由主谓短语构成的句子，即主谓句是能分析出主语和谓语两个直接成分的句子。谓语是句子结构的核心。根据谓语的结构类型，主谓句的下位句型是：名词性谓语句、动词性谓语句、形容词性谓语句、主谓谓语句。

一、名词性谓语句

名词或名词性短语充当谓语的句子叫名词谓语句。

（一）主语是名词的名词谓语句

其基本格式是："名词＋名词"。特点是主语和谓语都是体词性词语，主语表示确定的事物，谓语对主语所表示的事物进行判断、说明或描写。这一句型要受一定的限制，即主语和谓语之间要有一定的选择。

（1）主语是一般时间名词，谓语是表示日期、节令、天气的时间名词，或者主语、谓语都是处所名词。名词作谓语可以在主语和谓语之间添加"是"，否定时一定要加"是"。如：

① 昨天星期一。 ——昨天是星期一。 ——昨天不是星期一。
② 今天国庆节。 ——今天是国庆节。 ——今天不是国庆节。
③ 明天春分。 ——明天是春分。 ——明天不是春分。
④ 今天晴天。 ——今天是晴天。 ——今天不是晴天。
⑤ 楼前一片绿地。 ——楼前是一片绿地。 ——楼前不是一片绿地。

（2）主语是人的名称，谓语表示人名及职务（职称）、籍贯、单位的名称。如：

① 鲁迅周树人。
② 王军已经教授了。

这类名词谓语句需要注意以下两点：

1）普通名词直接作谓语在语义和句法上都有特殊的要求，有的只有在对举的情况下才可以说。如：

③ 王杰市长，李军经理，张芳会计。

2）当名词性谓语表示身份、职务、学历、职称时，其前一般须有副词"都"、"才"、"已经"、"刚"等，或者句末要有语气词"了"。用了副词或语气词"了"，就是加进了说话者的认识和态度。如：

④ 小李刚讲师。
⑤ 王杰已经市长了。

（3）谓语是对主语的注释的词语。如：

① 北京中国的首都。
② 他对外汉语专业的学生。

（4）谓语是描写性的形名组合。如：

① 这个工厂,一派繁荣景象。

② 她大眼睛,红脸蛋。

(5) 谓语是量词短语。如:

① 王老太太60岁了。

② 这学期一共20周。

③ 那篮水果30斤。

(6) 主语和谓语是数量词对应。如:

① 两人一间房。

② 一个人就一本书。

③ 一步一个脚印。

(7) 谓语可以是“的”字短语。如:

① 这本书刚买的。

② 他从美国来的。

(8) 谓语是并列的名词或名词短语。如:

① 这个姑娘长长的眉毛,大大的眼睛,高高的鼻梁。

② 小王,上海人,21岁了。

(二) 主语是动词的名词谓语句

主语是动词的名词谓语句,其结构式是:“动词或动词短语+名词短语”。特点是主语多半是动宾结构,可是它不表示动作,却有指称时间的作用,谓语名词或名词短语限于表示时间的数量词。如:

① 连续下雨一天半。

② 一星期上课十六节。

另外,同位短语在对比的情况下也可以作动词主语的谓语。如:

③ 买菜我一个人,做饭我一个人,洗衣服还是我一个人。

“我一个人”是个同位短语,它分别作“买菜”、“做饭”的谓语。

(三) 主语是主谓短语的名词谓语句

能做这种句子谓语的主要是时间名词。它常常带上副词“才”、“已经”或语气词“了”。如:

① 我干教师工作已经二十年了。

② 校长出差才一天。

有时候，主语指称处所，谓语含有表示处所、距离的数量词。如：

③ 上海离北京一千多公里。

二、动词性谓语句

动词(短语)充当谓语的句子叫动词性谓语句。根据充当谓语的动词性短语的结构可以把动词性谓语句分为下面几类。

(一) 动词谓语句

动词谓语句指的是单个动词作谓语的句子，谓语的主要作用是叙述。有两种情况。

(1) 谓语由不及物动词组成。如：

① 敌人失败了。
② 王杰牺牲了。
③ 犯人逃跑了。

(2) 谓语由及物动词组成。单个及物动词作谓语是有限制的，主语是受事，或者施事泛指，或者对举句。如：

① 饭好吃钱难挣。
② 饭做了开始烧了。

或者施事不明、施事无须说出。如：

③ 门开着呢。
④ 录取名单落实了。

或者施事做了受事主语的定语。如：

⑤ 我的文章发表了。
⑥ 他的毕业论文完成了。

(二) 述宾谓语句

谓语是述宾短语，按宾语的数量有单宾语句和双宾语句。

(1) 谓语动词带单宾语。例如：

① 考试前，他进行了认真准备。
② 校长善于和人沟通。
③ 我懒得做这件事情。

④ 我主张到杭州旅游。

⑤ 研究生们打算暑假时到出版社实习。

⑥ 小张喜欢到食堂用餐。

⑦ 他发现了统计学上的一条规律。

上述例句中“进行”、“善于”、“懒得”是黏宾动词,一定要带宾语;“主张”、“打算”是谓宾动词,只能带谓词性宾语;“喜欢”、“发现”一类动词是既可以带体词性宾语,又可以带谓词性宾语。

(2) 谓语动词带双宾语。例如:

① 单位发给他十个月工资。

② 我送给李老师一束鲜花。

③ 我学了他不少绝招。

④ 守规矩的人不偷别人的东西。

⑤ 他告诉我们电影已经开始了。

⑥ 我们称他老黄牛。

上述例①、例②句中的动词具有“给予”义,例③、例④句中的动词具有“取得”义,例⑤句中的动词是具有“告诉”义,例⑥句中的动词具有“称说”义。

(三) 述补谓语句

述补谓语句是指由述补短语作谓语的句子。述补短语谓语句中补语和谓语动词的语义关系是多样的,根据补语所表示的意义,可以分为表结果、表趋向、表程度、表数量等类型。如:

① 小王跌伤了。

② 他吃饱了。

③ 他向我走过来。

④ 他朝图书馆的方向走去。

⑤ 小王渴坏了。

⑥ 这两天暖和多了。

⑦ 月亮升的很高了。

⑧ 衣服洗得干干净净的。

⑨ 我把这本书又看了一遍。

⑩ 我在上海学习三年了。

上述①②例句中补语是表示结果的,③④例句中的补语是表示趋向的,⑤⑥例句中的补语是表示程度的,⑦⑧例句中的补语是表示情状的,⑨⑩例句中的补语是表示数量的。

（四）连动谓语句

谓语有两个和两个以上动词构成，在动词短语中间没有停顿，也没有关联词语，两个动词共用一个主语，这样的句子叫连动谓语句。如：

① 他昨天去看望张先生。

② 李老师微笑着说这个故事。

③ 放学后，王明回家做作业。

④ 我们听了这个决定很吃惊。

（五）兼语谓语句

由兼语短语充当谓语的句子叫兼语谓语句。例如：

① 我请你略微坐一坐。

② 研究生会主席召集各部部长开会。

③ 他给孙子起了个名字叫贝贝。

④ 屋里有人轻轻地哼着小调。

⑤ 外面还来了许多人要参观。

三、形容词性谓语句

由形容词或形容词性短语充当谓语的句子是形容词性谓语句，主要的作用是描写主语的性质状态。例如：

① 小王胖了。

② 天晴了。

③ 这孩子老实憨厚。

④ 他谦虚谨慎。

上述句子中形容词后有“了”，或者两个以上的形容词并列，这样的句子才成立。而单个性质形容词作谓语时是不自由的，一般要求有对举句（有比较意味）或前后句，或者在问答句中。如：

① 小王胖，小李瘦。

② 这间屋子大，那间小。

③ 我喜欢女孩，女孩文静。

④ 哪间房子大？——这间大。

状态形容词单独作谓语时相对自由些，如：

① 外面冷清清的。

② 他的脸色铁青。

③ 房间里干干净净的。

作谓语的形容词性短语主要指那些以形容词为中心语的偏正短语。例如：

① 他对业务很熟悉。

② 吸烟对健康不利。

③ 这项工作我比较在行。

④ 学校里十分安静。

四、主谓谓语句

主谓短语充当谓语的句子叫主谓谓语句,这是汉语特有的一种句子。

（一）主谓谓语句的作用

（1）对人、事物从某一方面进行说明、解释、描写、评议、判断。例如：

① 这首歌曲调明快,歌词淳朴。

② 她眼睛很漂亮。

③ 这本对外汉语教材观点新颖,例句生动贴切。

（2）对处所状况进行说明描写。例如：

① 圣诞节的时候,人民广场人更多,我们好不容易才找到一个站的地方。

② 这儿夏天凉快。

③ 玉龙雪山山高路险,气候复杂。

（二）主谓谓语句的类型

为了区别全句的主语、谓语和谓语中的主语、谓语,我们一般把前者称为大主语、大谓语,后者称为小主语、小谓语,并且大主语和小主语之间存在着一定的关系。我们根据这个关系对主谓谓语句进行了分类。

（1）小主语或表示大主语所表示的事物的一部分,或表示大主语所表示的事物的属性。例如：

① 她眼睛很大,鼻子小巧。

② 这部小说情节生动。

③ 我姐姐学习勤奋努力,工作积极上进。

④ 上海的经济发展很迅速。

例①中的小主语“眼睛”、“鼻子”表示的是大主语“她”所表示的一个组成部分。例②中的小主语“情节”是大主语“这部小说”所包含的某一方面。例③、例④

中的小主语“学习”、“工作”、“发展”也是从某一侧面来说明大主语“我姐姐”、“上海的经济”所表示的事物的，并且小主语是由动词或动词短语充任的。

（2）大主语是小谓语的受事，小主语是小谓语的施事。例如：

① 这件事情大家都反对。
② 一口饭他都不吃。
③ 任何苦他都能吃。

例①中的大主语“这件事情”是小谓语“反对”的受事，小主语“大家”是小谓语“反对”的施事。例②中大主语“一口饭”是小谓语“不吃”的受事，小主语“他”是小谓语“不吃”的施事。例③中大主语“任何苦”是小谓语“吃”的受事，小主语“他”是小谓语“吃”的施事。

（3）大主语是小谓语的工具、材料、与事等语义成分。例如：

① 这台电脑，我写了几篇专业论文。
② 这盒颜料他用来画画。
③ 妈妈我送了杭州丝巾，爸爸我送了一条烟。

上面例① 中的大主语“这台电脑”是小谓语的工具，例②中的大主语“这盒颜料”是小谓语的材料，例③中的大主语“妈妈”、“爸爸”是小谓语的与事。

（4）大谓语对大主语进行计量估价，小主语、小谓语往往是数量词等题词性词语。例如：

① 浦东新开的楼盘，一般一平方 8 000 元。
② 笔记本电脑，一万元一台。
③ 这种布料，一百块一米。

（5）小主语是动词或形容词性的成分，小谓语是形容词性的，大主语是小主语的施事。例如：

① 他说话很快。
② 他进球很准。
③ 我学习很努力。

（6）大主语表示范围、对象、关涉的事物。例如：

① 学校行政方面的事儿，我不在行。
② 这次英语六级考试，她得了第一名。
③ 这件事情，我有新的看法。

（三）主谓谓语句用法问题

（1）下面的句子不是主谓谓语句。

① 明天我去徐家汇买大衣。

② 学校里学生正在军训。

“明天”、“学校里”在句子中是状语,而不是主语。

(2) 下面的句子也不是主谓谓语句。

① 祖国,这是一个多么亲切的词语啊!

② 他的两篇论文,一篇登在校报上,一篇登在专业刊物上。

这类句子中的“祖国”、“他的两篇论文”是提示成分,是句子的特殊成分。

(3) 大主语和大谓语之间往往有语气上的短暂停顿。书写的时候,有时可以用逗号隔开,有时可以插入一些语气助词,如“啊”、“呢”、“嘛”、“呀”等,起到语气上的停顿作用,还可以插入修饰谓语的副词。例如:

① 小王,我昨天还看见过他。

② 我呀头疼。

③ 我不害怕,你怎么这么害怕?

练习

一、主语是名词的名词性谓语句,主语和谓语之间有什么选择性要求?

二、根据下列句型要求,造出相应的句子。

1. 名词性谓语句
2. 动宾谓语句
3. 表示程度的述补谓语句
4. 表示情状的述补谓语句
5. 表示情状的数量谓语句
6. 主谓谓语句
7. 连动谓语句
8. 兼语谓语句

三、指出下列主谓句的具体分类。

1. 他给我们极大的鼓励。
2. 勤劳让你有钱花。
3. 明天中秋。
4. 河面上弥漫着一层薄雾。
5. 他激动得说不出话来。
6. 他写毛笔字写得很好。
7. 这孩子高个儿,圆脸,大眼睛。

8. 我妹妹考上大学已经两年了。
9. 他高兴得两只眼睛笑成了一条缝。
10. 这部电视剧我已经看过三遍了。

四、用名词谓语句回答问题。

1. 你哪个学校的？
2. 今天星期几？
3. 西瓜多少钱一斤？
4. 李老师什么职称？
5. 迈克是从哪个国家来的？
6. 这个小姑娘长得怎么样？

五、改正错误并说明原因。

1. 他送张老师的一束花。
2. 请你帮我开门一下，我双手拿着东西不方便。
3. 这个学生跑进去教室里。
4. 他元旦写我一封信。
5. 他赠一本书我。
6. 这句话这样说也能。
7. 中秋那天小王终于团圆了一家人。
8. 我们一定要做好卫生和环境保护宣传。

六、变换句子。

(一) 把下列一般主谓句变换为主谓谓语句。

1. 我们认为这个方案不切实际。
2. 这个人的品行很好。
3. 在这次英语考试中，他得了第一名。
4. 小王的能力并不怎么强。

(二) 把下列句子变换为双宾语句。

1. 刚才他被我赢了三盘棋。
2. 我想向您请教一个问题。

第三节　非主谓句

单句中不能分析出主语和谓语的句子叫做非主谓句。非主谓句是由单个的词或主谓短语以外的其他短语构成的句子。非主谓句有以下三种。

一、名词性非主谓句

名词性非主谓句是由单个名词或名词性短语构成。按照表达的内容可以分为以下几类。

(1) 用于剧本或小说、散文，以说明故事发生的时间、地点、场景。如：

① 1937年。上海外滩。

② 北京的一家老式茶馆。一个深秋的下午。

(2) 用于景象描写和人物形象的描写。如：

① 杏花，春雨，江南。

② 车流。人群。红绿灯。

③ 高高的个子，四方脸，浓眉，大眼，笔挺的西装，名牌皮鞋，潇洒的举止，这就是我们的小王。

(3) 表示感叹，一般由名词性短语构成。如：

① 好香的干菜呀！

② 多好的小伙子啊！

③ 我那苦命的孩子呀！

(4) 表示突然出现或发现的事物。如：

① 敌机！

② 血！啊，你流血了。

③ 老虎！快跑！

(5) 用于标题。如：

《三千里江山》《老人与海》《现代汉语语法》

(6) 表示祈使、叫卖。如：

① 钱！

② 工作证！

③ 大饼！油条！热腾腾的小米稀饭！

(7) 表示招呼、应答、问答、斥责。如：

① 小李！

② 谁？——我！

③ 几斤？——三斤。

④ 什么东西！

二、动词性非主谓句

动词性非主谓句大都由述宾短语或其他动词性短语构成，单个动词用得比较少。根据表达内容可以分成以下几类。

(1) 用于叙述自然界发生的现象。如：

① 下大雨了。

② 出太阳了。

③ 起风了。

(2) 叙述突然发生或发现的事物。如：

① 着火了！

② 漏水了！

③ 跑掉了！

(3) 说明事实情况或叙述存在出现消失的事物。如：

① 又上课了！

② 从教室里传来了琅琅的书声。

③ 在 1998 年 7 月的一天下午发生了一桩抢劫案。

(4) 表示祈使、命令、要求，或用于标语、口号、熟语。如：

① 请！

② 起立！——坐下！

③ 学习，学习，再学习！

(5) 用于叫卖、问答。如：

① 卖鱼啦！卖新鲜的活鱼啦！

② 走吗？——走！

③ (你到底还去不去？)——去！

三、形容词性非主谓句

形容词性非主谓句由形容词或形容词性短语构成，往往用来表达说话人的态度和感情。根据表达内容分成以下几类。

(1) 用于应答、问答，用于应答的主要是“好”、“行”、“对”等形容词。如：

① 你看这样做好不好？——好，行！
② 这本身对你来说也是个锻炼嘛。——也对，也对。
③ 孩子们，这个房子漂亮不漂亮？——漂亮！

(2) 表示感叹或论断。如：

① 太美了！
② 真糟糕透顶！
③ 讨厌死了！

(3) 表示祈使。如：

① 安静点儿！
② 快点吧！

四、叹词、拟声词非主谓句

(一) 叹词性非主谓句

叹词性非主谓句是由一个叹词构成的句子，表示某种强烈的感情或者呼唤应答。按依赖的语境可分为以下几类。

(1) 表示呼唤、应答、问答。如：

① 喂！你快来呀！
② 老李。——哎！

(2) 表示惊讶、领悟、哀叹。如：

① 啊！这不是我多年来时时记起的故乡？
② 哦！我终于想起来了。
③ 唉！我真倒霉。

(3) 表示感叹、喜悦、高兴。如：

① 哈哈！丰收了。
② 啊！
③ 哇！

(4) 表示愤怒、鄙视、斥责。如：

① 哼！
② 呸！

(二) 拟声词非主谓句

拟声词非主谓句是由拟声词构成的句子，用来模拟事物的声音。如：

① 哗啦啦!

② 轰隆隆! 轰隆隆!

③ 丁零零,丁零零,小张骑着自行车来了。

练习

一、指出下列非主谓句的类型。

1. 多么美好的风景啊!
2. 一个阴雨绵绵的秋日晚上。
3. 不许动! 举起手来!
4. 看弄的一身水!
5. 火!
6. 真难受呀!
7. 怎么少了个人?
8. 亏了你们这几句话啊。

二、指出下列句子哪些是主谓句,哪些是非主谓句。

1. 哎! 这不能怪我呀。
2. 一九九二年的春天。
3. 活到老,学到老。
4. 他这才吃饱了肚子。
5. 广场上站着一群人。
6. 班长通知我们晚上看电影。
7. 雨停了。
8. 小张的那些做法我们感觉有些不理解。
9. 请勿大声喧哗!
10. 好漂亮的球!

第四节 陈述句、祈使句和感叹句

一、陈述句

陈述句是用来叙述或说明事实的具有陈述语调的句子。句末用句号表示停顿。

（一）陈述句的语气词

陈述句可以带语气词，也可以不带语气词。常带的语气词有"的"、"了"、"阿"、"呢"、"嘛"、"罢了"等。这些语气词可以用来表示不同的语气意义。一般来说，"的"表示确实如此；"了"表示情况有了变化；"嘛"申明说话人的态度，强调事情显而易见；"啊"申明说话人的态度，但附加了一种提醒的意味；"呢"带有夸张的意味；"罢了"表示不过如此，把事情往小里说。如：

① 我们会把这件事处理好的。

② 天刮风了。

③ 这件事情本来就不是他的错嘛。

④ 这究竟是怎么回事啊？

⑤ 这学期收获不小呢。

⑥ 他们不去就罢了。

（二）陈述句的肯定和否定

（1）陈述句的肯定形式。表示肯定的陈述有两种方式，一种是用表示肯定的判断句，一种是用一般的肯定句式。如：

① 我们是对外汉语专业的学生。

② 张军就是这样一位学识渊博、关心学生的好教师。

③ 我们一定能找到满意的工作。

④ 我前天到新华书店买的是一本小说。

（2）陈述句的否定形式。陈述句否定形式一般是在肯定形式之上加上否定词构成。否定词通常是副词，例如"不"、"未"、"别"、"非"、"没"、"别"、"没有"等。在现代汉语中，表示否定主要用"不"和"没(有)"。如：

① 我不知道他到那里去了。

② 那个地方危险，你别去。

③ 小王今天没来上课。

（三）陈述句的强调

在陈述句中，既可以对肯定陈述加以强调，也可以对否定陈述加以强调。陈述句的强调有以下几种形式。

（1）陈述句如果要显示强调，常常用动词或副词"是"。如果要强调其中某个成分，就可以把"是"分别安插在这个成分之前。如：

① 我前天到新华书店买了一本小说。

② 是我前天到新华书店买了一本小说。

③ 我是前天到新华书店买了一本小说。

④ 我前天是到新华书店买了一本小说。

⑤ 我前天到新华书店是买了一本小说。

(2) 在句子的谓语前头用表示强调的语气副词“的确”、“确实”、“实在”、“简直”、“明明”等。如：

① 我确实不知道那件事情。

② 考试作弊的确是不对的。

③ 他的做事方式实在让人受不了。

④ 春天的黄山简直是一幅青绿山水画。

⑤ 这件事明明是我做得对，他却说我做得不对。

和强调的陈述相对，有的陈述句表示肯定或否定的语气比较弱，是一种猜测、估计，这种句子常用“也许”、“大概”、“说不定”等。如：

⑥ 他大概不知道我是从美国来的。

⑦ 明天我们也许出去玩，也许在宿舍看书。

⑧ 从天气情况看，说不定会下雨。

(3) 也可以用双重否定方式来表示肯定和加强肯定。如：

① 从前线回来的人说到白求恩，没有一个不佩服，没有一个不为他的精神所感动。

② 同学生活有困难，学校不会不帮助的。

[辨析]“是……的”句中表示判断的“是”和表示强调的“是”

“是……的”句的“是”可能是判断动词，“的”是“的”字短语标志；“是”也能是表示强调的副词，“的”是语气词。如何区分它们呢？当“是”是动词，“的”字短语是它的宾语时，“的”字后面可以添加个名词，“的”字和“是”字也不能省去，如：“这些是小王买的”可以说成“这些是小王买的书”，不能说成“这些是小王买”；如果“是”是副词，“的”是语气词，则“的”后不能添加名词，“的”字和“是”字可以省去，“明天是会到来的”不能说成“明天是会到来的一天”，可以说成“明天会到来”。

(四) 陈述句的异型同义格式

在一些习惯用法中，句子的肯定形式跟否定形式所表示的意义是相同的，但这样的格式不具备类推性。如：

① 我好容易做通了她的思想工作。

② 我好不容易做通了她的思想工作。

③ 春节到了，大街上好热闹啊！

④ 春节到了，大街上好不热闹啊！

⑤ 刚下了一场雪，路上很滑，当心摔跤。

⑥ 刚下了一场雪，路上很滑，当心别摔跤。

上述句子中“好容易”和“好不容易”意义相同，都是“不容易”的意思。“好热闹”和“好不热闹”意义相同，都是“热闹”的意思。“当心摔跤”和“当心别摔跤”意义相同，都是“别摔跤”的意思。

二、祈使句

向听话人提出要求，希望他做什么或不做什么的句子叫祈使句。句末多用“！”表示结句。祈使句的谓语大都是表示行为动作的动词或动词性词组，表示的动作是未然的；主语一般是第二人称的代词“你”、“你们”，但往往省略。

（一）祈使句的类型

祈使句可以从意义和形式两个方面分出两种类型系统：意义类和形式类。从表义功能看，祈使句有以下几种类型。

（1）表示命令的祈使句要求听话人必须服从，因此，这类句子一般要求言辞简短，语气坚决、直率，句末很少用语气词。如：

① 坐下！

② 快吃！别说话！

③ 把门关上！

（2）表示禁止的祈使句要求听话者不能、不准做什么事情。这类句子一般都有“不准”、“不许”、“严禁”、“禁止”、“不要”、“请勿”、“别”等表示禁止的词语。如：

① 禁止吸烟！

② 别进来！

③ 不准在此处张贴广告！

④ 请勿大声喧哗！

表示禁止的祈使句，句中使用“不准”、“不许”、“严禁”、“禁止”、“不要”、“请勿”、“别”这些词后，句末不能再用语气词“吧”。如：

⑤ *不准在此处张贴广告吧！

⑥ ＊请勿大声喧哗吧！

(3) 表示请求的祈使句语气要求委婉、客气,句首常用"请"、"麻烦"、"劳驾"等词语;谓语动词常用重叠或加"一下"的动补式;句末常常用语气助词"吧"。如:

① 请您照顾照顾她吧!
② 请你们研究一下!
③ 请把书借我看一下!
④ 请您让一下吧!

表示请求的祈使句还可以采用疑问形式,这样可以把话说得更委婉些,带有商量的口气。如:

⑤ 请你帮我买一本书,好吗?
⑥ 借你的笔给我用一下好吗?

(4) 表示劝说的祈使句语气更为和缓、委婉,一般用语气词"吧",也多使用敬辞"您"、"各位"、"诸位"等。如:

① 同学们休息一下吧!
② 你们两个不要吵了!

(5) 表示催促的祈使句意思为催促他人立刻或尽快做某事。句中常用"快"、"快些"、"倒"、"倒是"等词语;句末常使用语气词"啊"、"吧"、"哇"。如:

① 快走哇!
② 请你快讲啊!
③ 你倒是快点去啊!

表示催促的祈使句还可以采用疑问形式,这样可以把话说的更委婉些,这样加强祈使的语气。句末可以用问号,也可以不用。如:

④ 还不快去? 来不及了!
⑤ 还不快走,火车都快开了!

(6) 表示建议的祈使句语气委婉、客气。句末常常用语气助词"吧"。否定式常用"不要"、"别"、"不用"、"甭"等。如:

① 我们一起去图书馆看书吧!
② 下雨了,你就不要走了,在这儿住下吧!

(7) 表示提醒、警告、威胁的祈使句主要提醒听话人防备什么事情,警告对方不该做什么事情或者威胁对方。如:

① 你别忘了带雨伞！
② 你这样下去后果很严重！
③ 你等着瞧吧！

（二）祈使句的肯定形式和否定形式

从结构形式上看，祈使句可分为肯定式和否定式两种。

1. 肯定形式祈使句

肯定形式的祈使句要求听话人做些什么，一般表示命令、请求、商议、口号、提醒，语气强烈的是命令句，委婉的是请求句。如：

① 把他拉下去！
② 请你起床吧！
③ 我们合伙租一间房子吧！
④ 让我们为实现小康社会而努力奋斗吧！
⑤ 别忘记关门！

肯定性祈使句可以用助动词或副词加助动词“必须”、“应该”、“要”、“一定要”、“千万要”强化祈使主体的主观态度。如：

① 你们必须通过英语六级考试！
② 请大伙一定要注意安全！
③ 千万要把火熄灭！

2. 否定形式祈使句

否定形式祈使句要求听话人不做什么，一般表示禁止、劝说、警告、口号等。语气强烈的是禁止句，语气委婉的是劝阻句。

否定形式祈使句一般含有“别”、“甭”、“少”、“不要”、“不用”、“不许”、“不准”、“别不”、“别这么”等否定词语。如：

① 甭胡说！
② 以后做作业不要这么马虎了。
③ 你不要太紧张！
④ 不许乱说乱动！
⑤ 你不用干了！
⑥ 不准随地大小便！
⑦ 你别在这做梦啦！
⑧ 别这么不识抬举！

（三）祈使句对动词的选择与限制

动词和动词短语、形容词短语、名词、副词都可以构成祈使句。由名词构成的祈使句，都是向对方要什么东西，所要的东西，必须是听话人清楚。副词单独构成祈使句的情况比较少见，要求做的事情，听话人也应该很清楚。所以由名词和副词构成的祈使句实际上是省略了动词。

命令、请求是在人与人之间进行的，而且是请求别人做什么，所以无论是肯定形式祈使句还是否定形式祈使句，所用动词必须是表示人的动作的动词。但并不是说所有的动词都能构成祈使句，有时具有一定的选择与限制：

(1) 有些动词需要重叠或加量词“一下”才能构成祈使句。这类动词有“醒”、“逛”、“宣传”、“反映”、“表示”、“说明”、“活动”、“观察”、“吓唬”、“打听”、“打扮”等。如：

① 醒醒！——*醒！
② 醒一下！
③ 打扮一下！

此类动词有的可以单独构成否定祈使句。如：

④ 别打听！
⑤ 别宣传！

(2) 要求动词后有“着”，或加“着”是此类动词构成祈使句时可选择的方式之一。这类动词有“仰”、“站”、“躺”、“跪”、“伸”、“趴”、“呆”、“托”、“扶”、“举”、“捧”、“搂”等。如：

① 站着！
② 躺着！——躺下！
③ 呆着！
④ 举着！
⑤ 趴着！——趴下！

此类动词绝大多数不能单独构成否定祈使句。只有个别的词语可以单独构成否定祈使句。

(3) 加补语是构成祈使句时可选择的方式之一。这类动词有“合”、“闭”、“关”、“塞”、“盖”、“存”、“藏”、“躲”、“住”、“骑”、“出”、“回”、“过”、“起”等。如：

① 关上！——*关！
② 回来！
③ 躲起来！
④ 过去！

(4) 要求主语出现。有的动词表示抽象的动作，作为主语的发出动作的人或当事者，对该动作具有权利和责任，因而非常重要，所以构成祈使句是要求主语也要出现。这类动词有“决定”、“批准”、“负责”、“代理”、“代表”、“承担”、“担任”、“防守”、“发行”等。如：

① 你批准吧！

② 你决定！

(5) 要求宾语同时出现。有的动词的宾语表示动作的对象，构成祈使句时如不带宾语，动作对象就会不明确，所以宾语必须出现。这类动词有“禁止”、“利用”、“帮助”、“救”、“养活”、“请教”、“加入”、“生产”等。如：

① 救火！

② 禁止拍照！

(6) 要求同时出现某种状语。有些动作是有不止一方参与完成的，表示此类动作的动词构成肯定的祈使句时，一般要求说出参与动作的另一方，由介词“跟”、“对”、“向”等引入。这类动词有“请教”、“讲理”、“道歉”、“赔罪”、“吵”、“请求”、“接头”等。如：

① 向他道歉！

② 别跟她吵了！

③ 向他赔罪！

(7) 要求以连动句的形式构成祈使句。有些动作必须离开原地才能实现，构成祈使句时，要用“‘去’＋动词”这样的连动形式。这类动词有“打仗”、“战斗”、“旅行”、“出差”、“演戏”、“迎接”、“欢迎”等。如：

① 去打仗！

② 去旅行吧！

(四) 祈使句肯定形式和否定形式的不对称现象

有些祈使句，既有肯定形式，又有否定形式；而有些祈使句，要么只有肯定形式，没有否定形式；要么只有否定形式，没有肯定形式。我们把这叫做祈使句肯定形式和否定形式的不对称现象。如：

① 快动手吧！——不要动手！

② 把电线掐断！——别把电线掐断！

③ 叫醒小孩！——甭叫醒小孩！

④ 爱护公物！——＊别爱护公物！

⑤ 听明白了！——*别听明白了！

⑥ 把地扫干净！——*别把地扫干净！

⑦ *把花瓶碰倒！——别把花瓶碰倒！

造成这种现象的原因，主要跟谓语中心语的褒贬色彩、语义特征有关。祈使句动词中有的具有[＋自主]的语义特征，表示人有意识地通过某个动作达到某种结果；有的具有[－自主]的语义特征，表示人无意识地发出了某个动作达到某种结果。这两种动词在祈使句的肯定形式和否定形式中表现是不同的：

（1）自主动词中的褒义动词一般只能进入肯定性祈使句，不能进入否定性祈使句。这类动词有“帮助”、“安慰”、“尊重”、“改正”、“爱护”、“改善”、“照顾”、“培养”、“称赞”、“赞美”、“团结”、“夸奖”、“赡养”等。如：

① 尊重教育！——*别尊重教育！

② 请赡养老人！——*不要赡养老人！

③ 培养好下一代！——*别培养好下一代！

④ 赞美我们的生活吧！——*别赞美我们的生活吧！

（2）自主动词中的贬义动词一般只能进入否定性祈使句，不能进入肯定性祈使句。这类动词有“骗”、“欺骗”、“诈骗”、“剥削”、“捣乱”、“抱怨”、“埋怨”、“堕落”、“敲诈”、“调皮”等等。如：

① *捣乱！——别捣乱！

② *要欺骗善良的人！——不要欺骗善良的人！

③ *要抱怨了！——请不要抱怨了！

④ *要埋怨老师！——别埋怨老师了！

（3）非自主动词只能进入否定性祈使句，不能进入肯定性祈使句。这类动词有“跌”、“丢”、“怕”、“忘记”、“恼”、“嫌”、“着急”、“害怕”、“愁”、“心痛”、“伤心”、“后悔”等等。如：

① *后悔！——不要后悔！

② *着急！——甭着急！

③ *伤心！——别伤心！

④ *害怕！——不用害怕！

（4）有些动词性结构，动作和结果之间的关系是能够由人控制的，这样的结构，可以进入否定性祈使句；动作和结果之间的关系不能为人控制的，这样的结构，就不能进入否定性祈使句。如：

① 请看！——别看！（可控）

② 听清楚！——＊别听清楚！（不可控）

(5) 只有自主的中性(无褒贬色彩)的动词才可以既适合肯定性祈使句也适合否定性祈使句。这类动词有“站”、“做”、“坐”、“走”、“跑”、“去”、“休息”、“讲”、“答应”、“动手”、“告诉”、“收拾”、“化装”、“点头”、“加入”、“调查”等等。如：

① 站起来！——不要站起来！

② 休息一会儿！——别休息！

③ 答应他们吧！——别答应他们！

④ 摘朵花！——别摘花！

三、感叹句

感叹句是以直接抒发感情为主要功能的句子。句末多用语气助词，用“！”表示语气停顿。常用的语气助词有“啊”、“了”、“啦”、“呢”等。感叹句一般用降语调。

（一）感叹句感叹的内容

从感叹发生的角度，感叹句感叹的内容大致归纳为四类。

(1) 对某一事物、人本身的感叹。这种感情比较混沌，有惊喜、感叹、嗔怪、赞赏等，具体表示什么要由大语境决定，感叹中心只代表具体事、物、人的名词，所以常用叹词或语气词协助感叹之情。如：

① 喝！娘子军！

② 瞧！两条小金鱼！

(2) 对事、物、人的某一性质或特点的感叹。这种感叹句的对象及原因比较明确，因此感情较强烈，往往用程度副词或指示词修饰感叹中心的形容词。如：

① 东方明珠塔真高啊！

② 小张太聪明了！

(3) 对事、物、人的处境或状态的感叹。这类句子往往在叙述状况的同时发出感叹，也就是说带着强烈的情感来评价所处的情况、状态。如：

① 自食其力，凭良心干了一辈子事啊，我一事无成！七十多岁了，只落得卖花生米。

② 爬了多高呀，人就软的像棉花！多要命！

(4) 对某种动作、行为的感叹。这类句子往往在叙述某种动作、行为之后，再加上表感叹的评述句子。如：

① 坐完车不给钱，你说是个什么人！

② 半夜三更住在外面够多悬哪！

（二）感叹句的表现形式

从形式上看，可以把感叹句分为有形式标记的和无形式标记的两大类型。

1. 有特殊标记的感叹句

有特殊标记的感叹句可分为以下三类：

（1）由表示程度的副词“好”、“太”、“多么”以及指示代词“这么”、“那么”等加在作为感叹中心的形容词或某些动词性结构前面，表示说话人认为程度很高，并带有略微夸张或强调的口吻。如：

① 好大个儿！

② 太臭了，太不像话！

③ 多悬呐！亏了没出事儿！

④ 说起这些，她是怀着多么真挚的深情！

（2）运用感叹词。如：

⑤ 嗬，真好看啊！

⑥ 哟。急了急了，没劲！我都没急你倒先急了。

（3）加上标明感叹句常用口气的语气词，包括句末用语气词和句中用语气词。如：

⑦ 那才真是要了她老人家的命呢！

⑧ 往后这日子怎么过呀！

⑨ 好人呐，都是好人呐！

2. 无标记的感叹句

无标记的感叹句没有特定的表现形式，是陈述、疑问还是感叹，受着具体语境的制约，需要根据特定语境下的特定语调来判定。感叹句所表达的感情一般是由特殊的外部刺激引起的，这个特殊的起因可以看成是感叹句的隐性标记。有时候，在具体的语境中一些不带显性感叹标记的句子由于这个隐性标记的存在也可以成为感叹句。如：

① 马立秋：“好好儿的差使叫你给弄丢了。”——香秀没好气儿地：“我愿意！”

② 今天星期一了！日子过得真快！

③ 这是一幅名画！多美啊！

有标记的感叹句和无标记的感叹句往往可以混合使用。具体又有两种情况：

（1）有标记的感叹句合用。如：

① 喝！这么多人！
② 哦！天哪！

（2）有标记与无标记感叹句合用。如：

③ 天哪！这一定是没了命了！
④ 嗨！又一学期过去了！

感叹的程度大体上可分为三级：无标记的为弱级，有标记的以有标记与无标记合用的为强级，有标记的合用为最强级。

（三）感叹句的句法结构

感叹句可以由下面几种句型构成。

（1）由单个的词加上语调构成感叹句。包括单个的名词、形容词、动词构成的感叹句，还包括由感叹词独用构成的感叹句。如：

① 天才！ 天使！ 英雄！ 模范！ 强盗！ 坏蛋！（名词）
② 吹牛！ 刺激！ 嫉妒！ 抗议！ 捏造！ 佩服！ 误会！ 值！（动词）
③ 卑鄙！ 聪明！ 糊涂！ 低级！ 奇妙！ 差劲！ 谦虚！ 霸道！（形容词）
④ 啊！ 咦！ 哦！ 唉！ 嘻！

不过由名词、动词、形容词独用构成的感叹句要受到一定的限制，不是所有的名词、动词、形容词独用都可以构成感叹句的。

（2）由各种非主谓词组加上感叹语调构成的感叹句。包括由偏正词组、述补短语、动宾短语、同位语短语、联合短语、数量短语构成的感叹句，其中，以偏正短语构成的感叹句较为常见。如：

① 多好的年轻人啊！（偏正词组）
② 好极了！（述补短语）
③ 吃这么多东西！（动宾短语）
④ 你这个人！（同位短语）
⑤ 无情无义！（联合短语）

⑥ 一千万！（数量短语）

（3）由各种主谓短语构成的感叹句，包括动词性谓语句、形容词性谓语句、名词性谓语句、主谓谓语句等。如：

① 我多么留恋这熟悉的土地啊！（动词性谓语句）

② 你看，天多蓝！（形容词性谓语句）

③ 他干什么事都那么认真！（主谓谓语句）

（四）表示感叹的特殊短语

有一些表示感叹的短语，字面意义虚化，功能和叹词相当。常见的有“老天爷”、“天哪”、“妈呀”、“乖乖”、“好家伙”等，是一个成员较少的封闭的类。一般表现为呼告形式的感叹。从表达的感叹的程度看，这些短语可以大致分为两类：一种是表示极度的感叹，主要有“老天爷”、“天哪”、“妈呀”等；一种是表示高度的感叹，主要有“乖乖”、“好家伙”等。

（1）“老天爷”和“天哪”。从表达功能来看，这两个短语似乎没有太大的区别，主要用来表示精神上受到极度的震撼或痛苦。

① 老天爷啊，你睁睁眼吧！我就这么一个闺女呀！（表示精神上极度痛苦）

② 天哪！我活不了啦！我要死啦！（表示精神上极度痛苦）

③ 天哪！他的胳膊少了一只，这怎么得了啊……（表示非常震惊）

（2）“妈呀”。表示非常震惊、惊恐、突然遭受到肉体上的痛苦，如：

① 妈呀，江水山没走！奶奶的，今儿倒霉，东有老东山挡道，西有江水山拦路，把我夹在两“山”中间，出不去了！（非常震惊）

这时，“妈呀”可以和“老天爷”、“天哪”互换。

② 嗳哟，妈呀！蜂子，蜂子！（非常惊恐）

③ 哎呀，妈呀！疼死我啦——（突然遭受到肉体上的痛苦）

（3）“乖乖”和“好家伙”。“乖乖”和“好家伙”功能相近，一般用来表示因某事物或现象超过了说话人正常的心理接受范围而发出的感叹。

① 乖乖！两斤饼一斤肉，你多少年没吃饭了？饿疯了吧！

② 乖乖，这都什么时候了，还说这话。

③ 好家伙！刚才差点儿没跟我动手儿！

④ 好家伙！亏了昨天没进山。

练习

一、陈述句的强调形式有哪几种？请举例说明。

二、在祈使句中存在着肯定形式和否定形式的不对称现象，你是如何理解的？请举例做详细说明。

三、不同的动词可以进入不同类型的祈使句，请总结一下动词的小类跟祈使句的小类之间的选择和限制。

四、把下边的肯定陈述句式变换成否定句式、双重否定句式或否定的反问句式，把否定的陈述句式变换成肯定句式或肯定的反问句式，不要改变原句的意思。

1. 听了这个故事没有一个人不感动。

2. 那个问题的真相容易弄清楚。

3. 末班车没有了，我们只好步行回家。

4. 老师的建议不是没有道理的，我们大家应该认真考虑。

5. 同学生活有困难，学校不会不帮助的。

6. 我一定要说说他。

7. 黄山谁都知道。

8. 我是学校的校长，为教职工谋福利是我义不容辞的职责。

五、句子变换。

（一）把下列句子变成命令句或禁止句。

1. 展览室内不要乱仍东西。

2. 安静点，不要说话了。

3. 小孩子可不能这样跟大人说话。

4. 灭掉香烟，这里不能抽烟。

（二）根据句子写出相应的请求句。

1. 你给我倒杯水！

2. 我希望你做一点解释。

3. 老人家就不要来了！

4. 我想问到上海外滩怎么走？

六、改错，并说明原因。

1. 别尊重别人。

2. 你给我跪！

3. 上课了。同学们静下来！

4. 你得马上睡着！
5. 这是无烟办公室，这里禁止抽烟吧！
6. 不要发扬优点。

七、指出下列句子各表示什么语气。

1. 他也许早毕业了吧？
2. 走！你们都走！
3. 这对他来说确实是一个大难题。
4. 太高兴了！
5. 没别的，他只是不想干这件工作罢了。
6. 你的钢笔是不是借给我用一下？
7. 好家伙！刚才差点儿没跟我动手儿！
8. 哎呀，妈呀！疼死我啦！

第五节　疑　问　句

具有疑问语调表示提问的句子叫疑问句。疑问句包括疑惑和询问双重意义。一个疑问句，通常是既疑且问，但可以疑而不问，也可以问而不疑。

一、疑问句表达疑问的手段

（一）语调

疑问句的语调是构成疑问句的基本手段，确定一个句子是不是疑问句主要依据是语调。比如，是非问在结构上跟一般的陈述句相同，只要语调变为升调，陈述句就变为疑问句。如：

① 他去黄山。↘→他去黄山？↗

再如，像无疑而问的句子虽然不表示疑问，但它使用了疑问语调，所以属于疑问句。如：

② 这件事是你经手办的，你会不知道？（一定知道）

③ 这么晚了，他还不来，你说急人不急人？（急死人）

像有的疑问句表示的是祈使的目的，但因为使用了疑问语调，所以也属于疑问句。如：

④ 大家认真听老师讲课好不好?(要求认真听讲)

这也就是说疑问信息主要是由疑问语调承担的。

(二)句末语气词

疑问句句末语气词是用来帮助表达疑问语气的,一般认为疑问语气词主要有"吗"、"呢"、"啊"三个。"吗"表示疑问主要用在是非疑问句中,要求回答"是"或"没有";"呢"用于特指疑问句、选择疑问句和正反疑问句中,带有深究的意味;"啊"用在疑问句中,使语气显得缓和。例如:

① 他来上课了吗?
② 我的衣服已经洗了,你的呢?
③ 你说的是谁啊?

"吧"可以算是半个疑问语气词,常常表示测度,介于疑信之间,句子中可以与"大约"、"也许"、"恐怕"一类词语搭配,如:

① 这把伞也许是小王丢下的吧?
② 那家小店恐怕关门了吧?
③ 你是小王吧?

(三)语气副词

反问句中常出现语气副词"难道"、"岂"、"何不"等帮助表达反问语气,它们还常和"吗"、"呢"配合使用,如:

① 难道说你不认识我了?
② 这样岂不是等于说他是小偷吗?
③ 你何不先通知他一下呢?

"莫非"、"大概"、"恐怕"、"好像"等表示推测语气的副词常用在测度句中,并可以跟"吧"配合使用,如:

① 你莫非是王强吧?
② 他大约已经不在人世了吧?
③ 他好像走了吧?

(四)疑问代词

"谁"、"什么"、"哪里"、"哪儿"、"多少"、"几"、"怎么"、"怎么样"、"怎样"、"为什么"等疑问代词常用在特指问中,用来询问人、事、地点、时间、原因、方式、动作的情状等问题,表示疑问点。如:

① 他什么时候去日本?

② 你跟谁一起去的？
③ 老张到哪儿去了？
④ 这个项目你们谈的怎么样？
⑤ 这次考试为什么没有考好？

▲ **疑问句的辨析**

疑问句的辨析过程中要注意下列问题。

(1) 要注意那种形式上是选择问，但句子中又有疑问代词。如下面句子：

你买大红色的，还是怎么的？

这儿的疑问代词是虚指，疑问中心并不在“怎么”上，我们可以根据结构形式，把这个句子看成是选择疑问句。上述回声问中的疑问代词，其实代词也是虚指的。

(2) 要注意疑问句和陈述句的区别。有些陈述句中也会出现疑问代词，但这些疑问代词不表示疑问，不要求对方回答，仍是代词的虚词用法，这时，这个句子不能看作为疑问句：

① 学校里我谁都不认识。
② 最近我不去哪儿。

(3) 要注意疑问结构形式。有疑问结构形式的短语在句中充当某个成分，但由于这些疑问结构处在较下位的层次上，所以整个句子仍然不表示疑问。这儿的疑问结构叫作“间接问句”，而整个句子依然是陈述句。如：

① 谁能够得到大奖已成了大家关心的问题。
② 学校正在研究怎样处理这个问题。
③ 我看不出这件衣服的颜色究竟是蓝的，还是绿的。

二、疑问句的分类

对疑问句进行分类，可以从不同的角度入手。

（一）按疑问信息的有无对疑问句分类

(1) 有疑而问。提问者确实有疑问，期待被问者或对方回答，以获得新的信息，这又叫真性疑问句。如：

① 我们明天去什么地方呢？
② 你是去北京吗？
③ 小王生活得怎么样？
④ 买香蕉好呢还是买苹果好？

(2) 半信半疑。提问者对某一问题已有些主见,对提出的问题大致有肯定或否定的倾向,但又不能确定,提出问题的目的是期望被问者或对方予以证实,这类问句又叫测度句,句末往往有语气词“吧”。如:

① 你明天还来吧?
② 你明天还来,是吧?
③ 是不是你明天还来?
④ 你明天还来,对吧?

(3) 无疑而问。说话人对某一问题已经有确定的见解,用疑问语气或疑问方式表达出来,目的是为了增加表达效果,而不期望听话人回答,这类句子又叫反问句或反诘问句。这类句子中往往有语气副词“难道”、“岂”、“倒也”、“就”、“当真”、“便”、“也”、“还”、“更”、“何必”、“何不”等,句首可以用“谁说”、“谁知道”等词语。如:

① 你这样的人也配问我么?
② 难道这不正是他渴望的吗?
③ 谁说我不愿意嫁他?
④ 你何必怕他呢?
⑤ 你说这事可笑不可笑?

(二) 按结构形式对疑问句分类

按结构特点,疑问句可以分为是非问句、特指问句、选择问句、正反问句四类。

1. 是非问句

是非问句要求对提出的问题做出肯定或否定的回答。是非问句在句法结构上和一般陈述句相同,只是在一般陈述句的基础上,加上疑问语调(语调变为升调),或兼用疑问语气“吗”、“吧”(不能用“呢”)就可以了。一般是对整个命题的疑问。

(1) 用疑问语气词“吗”构成的是非问句。这种句子的谓语可以是肯定形式,也可以是否定形式,但以肯定形式居多。如:

① 你知道小王的手机号码吗?
② 你了解有多少外国人学习汉语吗?
③ 这个座位有人吗?

回答带“吗”的是非问句时,不论问句是以肯定形式还是以否定形式出现,只要答话的人同意问句所表达的意思,就用“是的”、“是”、“对了”、“嗯”等;如果不同意问句所表达的意思，就用"不"、"没有"等。如：

④ 你参加工作了吗？——没有。

⑤ 这道题这样回答可以吗？——可以。

⑥ 2008年奥运会在北京举办吗？——是的。

(2) 用"好吗"、"行吗"、"成吗"、"对吗"、"可以吗"等构成的是非问句。用这类语气词的是非问句还可以有一些变化形式，即前句用陈述形式，再用"好吗"、"行吗"、"成吗"、"对吗"、"可以吗"。这种是非问句明显有推测、商量的口气，回答时，肯定的答语用"好"、"对"、"行"、"可以"，否定的回答用"不"、"不对"、"不行"。如：

① 你们两个调换一下位置，好吗？——行/不行。

② 我在这里放一下东西，可以吗？——可以/不可以。

③ 明年春天大伙一块去郊游，成吗？——好。

④ 全面建设小康社会不重视农业，行吗？——不行。

(3) 用语气词"吧"构成的是非问句。当提问的人对某一事实或情况有了某种估计，但又不能完全肯定时，就可以在一个陈述句的句尾用上语气词"吧"构成是非问句，以表示推测和探询。如：

① 你星期天能来吧？

② 现在快十点了吧？

③ 这不会是陈老师吧？

2. 特指问句

特指问是指说话人就某一方面提出问题，要求听话人作出回答。句中一定有疑问代词，特指问句中常用的疑问代词是"谁"、"哪一个"、"什么"、"哪里"、"哪儿"、"怎样"、"怎么样"、"怎么"等，疑问代词问什么，听话人就答什么。

(1) 特指问如果用语气词，只能用"呢"和"啊"，不能用"吗"和"吧"，因为疑问代词已表示疑问。如：

① 他们在哪儿干什么呢？

② 他们在哪儿干什么啊？

③ 他们在哪儿干什么呀？

④ *他们在哪儿干什么吗？

⑤ *他们在哪儿干什么吧？

(2) 特指问句不能做简单的肯定或否定回答，一般得具体回答。如：

① 这些东西是从哪里来的?——是从商店买来的。

② 我们托付给你的任务完成得怎么样啦?——没完成/已经完成了。

(3) 特指问句还有两种特殊的简略格式,即在形式上没有疑问代词出现,但是句末用了语气词“呢”,而且要有针对性地回答。

A. “NP(名词性成分)+呢”。这种问句,如果是首发句,一般是询问处所,相当于问“NP在哪儿?”在一定的语境中,当“NP呢”处在后续句的情况下,也可以询问处所以外的其他情况,相当于问“NP怎么样”。如:

① 我的衣服呢?(我的衣服在哪儿?)

② 我们去图书馆,你呢?(你怎么办?)

B. “VP(谓词性成分)+呢”。这种问句,一般询问假设性的后果,句中可以出现假设性的连词,如:

③ 我去呢?(如果我去,怎么办呢?)

④ 他不来上课呢?(要是他不来上课,那么怎么办呢?)

(4) 有的句子在形式上是特指问句,实际上是一种反问句,用疑问句的形式来表达肯定的或否定的陈述,并不要求回答。这种句子的疑问代词是表示不定指或任指的,要把这种句子和真正的特指问句区分开来。如:

① 什么地方不能随便睡一夜呢?(哪个地方都可以睡一夜)

② 这样的蠢事谁肯干?(这样的蠢事没人肯干)

3. 选择问句

选择问是问话人提出两种以上的看法,希望听话人选择一种回答。这种疑问句是把要选择的两种或几种可能用“是……还是”或“还是……还是”连接起来,要求答话的人选择其中之一作为答案。注意两点:第一,一切疑问句的句末都要用问号;第二,选择问句如果用语气词,只能用“呢”,不能用“吗”。如:

① 你将来是去北京工作还是去上海工作?

② 你吃米饭还是吃面条?

③ 今天是星期六,还是星期天?

④ *今天是星期六,还是星期天吗?

4. 正反问句

正反问句用肯定和否定相叠的方式来提问,要求做出肯定或否定的回答。基本格式是“×不×”。肯定否定并用是一种疑问方式,句末不再用“吗”,可以用“呢”、“啊”语气助词。

(1) 一般正反问句。这种疑问句主要是由谓语的肯定形式和否定形式并列起来构成的,要回答的人选择其中一个作为回答。如:

① 香山的枫叶红了没有?
② 这件衣服你中意不中意?
③ 能不能帮我一下忙?

这个格式须注意"×不×"的变化形式。"×不×"其实代表了六种变化的形式。

A. "×……不×……"	你知道这件事不知道这件事?
B. "×不×……"	你知道不知道这件事?
C. "×……不×"	你知道这件事不知道?
D. "×……不"	你知道这件事不?
E. "×不"	你知道不?
F. "×不×"	他跑得快不快?

(2) 用"是不是"的正反问句。如果提问的人对某一事实或情况已有比较肯定地估计,为了进一步得到证实,就可以用这种疑问句提问。如:

① 大家是不是分头找人?
② 你到底是不是医生?(你到底是医生不是?)

"是不是"的位置有固定和移动的不同,可以用在一个陈述句的谓语前,也可以用在句首或句尾。如:

③ 是不是他昨天来过?
④ 他是不是昨天来过?
⑤ 他昨天是不是来过?
⑥ 他昨天来过,是不是?

(3) 用"好不好"、"成不成"、"行不行"、"对不对"构成的正反问句。"好不好"、"成不成"、"行不行"、"对不对"只能放句尾,不能放句首或谓语前。如:

① 我们班和他们班明天下午举行拔河比赛好不好?
② *我们班和他们班明天下午好不好举行拔河比赛?

三、疑问句的疑问点

疑问句表示询问,询问的焦点就是疑问点。答问总是针对疑问点的。分析疑问点不仅是为了分析疑问句,也是为了掌握答问的方式。语气词和句调虽然负载疑问信息，它只能表明那是疑问句，却不能指明疑问点。疑问点的确定跟疑问句的结构特点有关。

（一）特指问句中的是疑问点

一般来说，特指问句中的疑问代词就是疑问点，回答时只要针对疑问代词回答即可。如：

① 他给谁上课？（疑问点是“谁”）

② 这是谁给谁买的书？（两个“谁”都是疑问点）

需要注意的是，有时疑问句中虽然出现两个疑问代词，但其中一个表示询问，另一个并不表示询问，仍只有一个疑问点。如：

③ 怎么，学校出了什么事？（疑问点在“什么”，“怎么”不用来询问，不是疑问点）

（二）选择问句的疑问点

选择问句的选择项就是疑问点，回答时只要针对选择项 A 或 B 来回答即可。如：

① 你选修英语还是法语？

② 我们到泰山旅游还是到九寨沟旅游？

前一例的疑问点是“英语”和“法语”，后一例的疑问点是“泰山”和“九寨沟”。这不能算两个疑问点，而是两个合起来作为一个疑问点。

（三）正反问句的疑问点

正反问句的正反方即“×不×”是疑问点，回答时只要针对“×”或“不×”来回答即可。如：

① 你去不去？（疑问点在“去不去”，回答“去”或“不去”）

② 我这样回答不知道你满意不满意？（疑问点在“满意不满意”，回答“满意”或“不满意”）

（四）是非问句的疑问点

是非问句的疑问点从句子结构本身往往看不出，句子结构本身没有指明疑问点。确定是非问句疑问点时应考虑两点。

（1）依靠语境确定疑问点。如：“这学期李芳到公司实习吗？”如果谈话双方谈论的是时间，那么，“这学期”就是疑问点；如果谈话双方谈论的是“李芳”，那么，“李芳”就是疑问点；如果谈话双方谈论的是地点，那么，“公司”就是疑问点。

（2）用重音来显示疑问点。如：“陈老师今天上课吗？”句中重音落在“陈老师”上,那时谈话人已知道今天有人上课,但不知道是不是陈老师,所以疑问点是“陈老师”。句中重音落在“今天”上,那时说话人知道陈老师要上课,但不知道是那一天。句中重音落在“上课”上,那时说话人知道陈老师今天有事,但不知道是否“上课”。所以是非问句句中重音是疑问点。

四、反问句

一般的疑问句都是“有疑而问”,在表达上都有疑问中心。但反问句是一种“无疑而问”的问句,所谓“无疑”,就是说反问句实际上没有真正的疑问点,不要求对方作出回答,在表达上有一种强调的口气。然而,因为反问句在形式上仍以疑问句的形式出现,所以从语法角度来看,反问句也是一种疑问句。

反问句是从反面发问的,因此句子在字面上是肯定的,意思是否定的;字面上是否定的,意思是肯定的。选择问句用作反问句时,字面上包括正反两面,其实说话人的意思是肯定一面,否定一面。至于肯定哪一面,否定哪一面,必须依靠上下文才能确定。反问句的后面一般用问号,少数情况下问号与感叹号连用。例如:

① 还想进去看电影,你有票吗?

② 这么简单的道理,你不懂吗?

从形式上看,上述二例都属于是非问,从表达口气看,第一例是肯定形式的是非问,表达的是否定的口气(你没有票),第二例则相反,表达的是肯定的口气(你应该懂)。又如:

① 谁笑你了?

② 这样的好事为什么不做?

例①在形式上是肯定形式的特指问,表达否定的口气(没有人笑你),例②在形式上是否定形式的特指问,表达肯定的口气(你应该去做)。下面几例是选择问形式的反问句,表达的口气可以根据上下文的确定:

① 你是来学习的,还是来玩的?(肯定前一分句:应该来学习的)

② 你还是说他呢,还是说我?(肯定后一分句:是说我)

练习

一、请你谈谈对疑问句疑问点的理解。

二、有人说“是非问句没有疑问焦点”,你同意吗?为什么?

三、疑问句表示疑问的手段有哪些？请举例说明。

四、指出下列疑问句的结构类型。

1. 这个句子怎么分析？

2. 这个月三十天？

3. 是你去送，还是他来接？

4. 他是不是教外国学生的汉语老师？

5. 我还能飞到天上去不成？

6. 你若那样去做，岂不让人笑掉大牙？

五、下列句子的末尾，有的用"吗"，有的用"呢"，"吗"和"呢"能否互换，为什么？

1. 你没听见什么吗？

2. 他干什么事呢？

3. 他能不能去一趟呢？

六、回答下列问题。

1. 星期天你们参加音乐会吗？（用肯定句回答）

2. 你是不是到美国去了？（用否定句回答）

3. 昨天晚上你不是在学校食堂吃的晚饭吧？（用否定句回答）

4. 你不是这个班的学生吧？（用肯定句回答）

七、指出下列句子的疑问点。

1. 你是说谁都可以去吗？

2. 他有什么理由不让我们进去？

3. 北京的冬天是不是很冷？

4. 你前天到图书馆借了几本小说？

八、把下列句子变换成反问句。

1. 他给了我们很多帮助，我们会感谢他的。

2. 既然你们两个都懂汉语，就用汉语交谈吧。

3. 听说李老师到过韩国，我们可以请他来介绍介绍那里的情况。

4. 我没有到过日本，不知道那里的具体情况。

第六节　句子的变化

句子是语言的基本运用单位。在具体使用过程中，说话人可以根据需要将句子加以变化而不改变句子的意义。常见的句子变化有省略、倒装等。

一、省略

人们为了使语言更加简洁、精练，在一定的语境中，在不影响语意表达的情况下常常省去一些成分，就叫省略。

（一）省略的类型

根据省略主语或谓语的不同条件，可以分成以下几种类型。

（1）承前省略。被省略的词语已在上文出现过，省掉了并不增加理解的困难。如：

① 我下午上课，（　　）晚上排练。

② 他有两个弟弟，一个（　　）在上海工作，一个（　　）在北京工作。

（2）蒙后省略。被省略的词语在下文中可以找到。如：

①（　　）展望未来，我们对就业前景充满了信心。

②（　　）布置完会场，他就回到了办公室。

（3）对话省略。对话中的自称“我”、对称“你”之类的主语经常省略，不会引起理解的困难。如：

① 甲：“你上哪儿了？”　乙：“（　　）上图书馆了。”

② 甲：“谁来了？”　乙：“我（　　）。”

（4）自述省略。在书信、日记、教案、发言提纲之类具有自述性质的说话中，说话主体“我”经常可以省略。如：

① 收到你的来信，很高兴。

② 听了你的发言，很受启发。

（二）省略的成分

（1）省略主语。汉语中最常见的省略是主语的省略。自述省是省去主语“我”，对话省是省去主语“你”和“我”，蒙后省略省去的主语与下文句子的主语相同。这些比较简单。主语承前省的情况比较复杂。如：

① 哥哥回到家，（　　）就给我打了个电话。（承前一分句省主语）

② 小张送我花，（　　）并不是他买的。（承前一分句省宾语）

③ 以他的资格，（　　）本来有很多机会做经理。（承前面的介词结构中的定语省）

④ 你叫我走，（　　）偏不走。（承前一分句中的兼语省）

（2）省略谓语。汉语中谓语的省略要少些，一般只出现在答句中。如：

甲："在哪儿吃的饭？" 乙："学生食堂（ ）。"

(3) 省略宾语。如：

小张去黄山旅游去了，小王也去（ ）了。

(4) 省略修饰语。定语省略较状语省略常见些。如：

① 她的上衣不合身，（ ）裤子较合身。
② 甲："你对这件事有意见？" 乙："我（ ）没有意见。"

[辨析]"省略句"与"非主谓句"

省略句和非主谓句是两种不同性质的句子，省略是在语言交际中出现的动态语言现象，非主谓句则属于句子的一种静态结构类型。两者关系是交叉的，即省略句可以是主谓句，也可以是非主谓句，反之，非主谓句可以省略，也可以不省略。如：

① 我的帽子呢？
② 你的帽子做好了，我的帽子呢？
③ 他的帽子很好看，我的帽子呢？
④ 我的鞋子你找到了，我的帽子呢？

例①是一个非主谓句。汉语中"名词或名词性词组＋呢"的格式可以构成一个问处所的特指疑问句，这里是"我的帽子在哪儿呢"的意思。这种格式在结构上是独立而完整的，在表达上也不受上下文条件的限制或具体说话环境的影响，因此是非主谓句，不是省略句。例②③④则不同。这几个例子中的"我的帽子呢"都受上下文条件的限制，表达上不自足。例②是"我的帽子做好了没有？"的省略格式；例③是"我的帽子好看不好看呢？"的省略格式；例④是"我的帽子你找到没找到呢？"的省略格式。它们都是省略了谓语的省略句。可见，判断一个句子是不是省略句，关键是要结合上下文及语境来进行，一个孤立的脱离语境的句子，就无所谓省略不省略。

二、倒装

汉语句子中成分的位置比较固定，一般是主语在谓语的前面，宾语在谓语的后面，状语在中心语的前面。可是在一定的条件下，句子中成分的位置也可以倒过来，变成谓语在前，主语在后，宾语在前动词在后，中心语在前，状语在后，但它们之间仍是主谓关系、动宾关系、状中关系，像这样改变句子常规语序，但句法结构不变，语义关系也基本不变的现象称为倒装。

（一）倒装的类型

常见的倒装现象有以下几类。

1. 主谓倒装

在句子中这类倒装最为常见。名词性谓语、动词性谓语、形容词性谓语、主谓谓语,在一定的条件下都可以放到主语前,构成倒装句。如:

① 怎么了,你?
② 出来吧,你们!
③ 太漂亮了,这件衣服!
④ 你喜欢吗,这本小说?

2. 宾语前置

在一定条件下,动宾谓语句中的宾语可以出现在动词的前面。常见的情况是:

(1) 宾语是个疑问代词,常同副词"都"、"也"等配合。如:

① 我哪儿也不去。
② 他谁都认识,办事很方便。

(2) 宾语前面有"一",后面有表示否定的副词"不"或"没"、"没有",构成"一……不(没)"的格式。如:

① 他一个人都没帮助。
② 我们一件衣服也没有买。

(3) 有些宾语不是疑问代词,但全句是列举的形式,分句中的宾语也能用在动词前边。如:

我黄山去过,泰山也去过,几个著名的山都去过。

值得注意的是,以上三种情况,有一个共同的特点,那就是有遍指的意味,同时宾语是被强调的。

3. 状语与中心语的倒装

状语与中心语的倒装并不少见,倒装的状语限于一些副词和介词结构。倒装的方式有两种:一种是状语后置。如:

① 今天是春分,大概。
② 这个国庆节有一半的人不回家,大约。
③ 天又刮风了,忽然。

另一种是中心语前置。如:

④ 给同学讲课,王老师正在。
⑤ 凉了吗,这碗饭已经?

（二）倒装的特点

(1) 可以复位。如：

① 太漂亮了，这件衣服！——这件衣服太漂亮了！

② 这个国庆节有一半的人不回家，大约。——这个国庆节大约有一半的人不回家。

(2) 倒装句中句末语气词不是出现在全句的末尾，而是出现在前置部分的末尾。如：

① *多么漂亮，这个新娘啊！

② *老师要到美国去，我们刚听说啦。

(3) 语音上，后置部分往往轻读。

(4) 表达中心在前置的部分，而后置的部分则带有一种“申述”或“追补”的意味。

练习

一、什么是倒装？倒装句有哪些特点？

二、请你谈谈对“宾语前置”的理解，并举例说明。

三、指出下列句子省略句的类型。

1. 小学生背着书包上学去，一路上不停地唱歌。
2. “前天给你发了一封信，大概已经收到了吧？”
3. 起床后，他就去上班了。
4. 我的上衣不合身，下衣很合身。

四、指出倒装句的类型。

1. 他结婚了，和小芳。
2. 小李买了一件大衣，新式的。
3. 我一本书也没买。
4. 这个春节有一半的人会乘火车回家，大约。

五、指出下列几个句子是不是倒装句，并说明理由。

1. 怎么搞的，你这个人？
2. 在校园里，我天天遇到这位老先生。
3. 我见过他两次，在北京。
4. 他就是我要找的那个人，我敢肯定。

第九章　句　　式

第一节　“把”　字　句

句式是句型上的特殊类，也就是说一些在句子结构形式上较特殊的句子。句式是从句子的结构形式角度对句子进行的类型描述，句式不同于句型，句式在句法、语义、语用上都有一定的特殊性。汉语句子结构的特殊性很多，所以汉语中句式的数量也比较多。主要的句式有“把”字句、“被”字句、连动句、兼语句、存现句、比较句、“连”字句等等。

一、什么是“把”字句

“把”字句是指由介词“把”及其宾语所构成的介词短语作状语的动词谓语句，它是汉语里常用的一种结构特殊的句式，其基本格式是：(主语)＋“把”＋“把”字的宾语＋谓语＋其他成分。例如：

① 他们把那只小狗打死了。

② 他把书放在书包里。

大多数“把”字句表示处置义。关于“处置”这个意义，有人认为就是指把人或事物处理、对付、安排等，动作性很强。对“把”字句的“处置”义我们不能狭义地理解它，要对“处置义”有一个比较宽泛的理解。即针对某个确定的事情，有某种行为动作或活动使这个确定的事物受到某种影响，发生某种变化，产生某种结果，或呈现出某种状态，都看作是具有处置意义。

从整个“把”字句的语义来看，句中的主语是某一影响、变化广义上的引起者、责任者、施事者，介词“把”后的宾语是这个动作的接受对象，即受事者。在大部分的“把”字句里，介词“把”的宾语与全句的谓语动词之间存在着动宾关系。“把”字句的语义关系除了上面这种一般常见的以外，还有另外两种语义，例如：

③ 他写字把笔写坏了。(施事+把+工具+动作)

④ 吃柿子把我肚子吃坏了。(原因+把+施事+动作)

二、"把"字句的结构

(一)"把"字句中的主语

"把"字句中的主语一般是名词、代词、名词性短语或动宾短语,是动词谓语所表示动作的发出者。例如:

① 海水把岩石腐蚀了。(名词)

② 他把那本书看完了。(代词)

③ 炙热的阳光把盐从海水里晒出来了。(名词性短语)

④ 经常熬夜打网络游戏把他的眼睛都弄坏了。(动宾短语)

(二)介词"把"的宾语

介词"把"的宾语在"把"字句中是十分重要的,可以说没有这个宾语,就没有"把"字句。介词"把"的宾语在意义上是动词谓语代表的动作的接收对象,即受事者。宾语多为名词性成分,有时动词性成分也是可以的。例如:

① 他把自行车修好了。(名词性成分)

② 他把砍价学会了。(动词性成分)

在"把"字句中,谓语总是针对"把"的宾语的,因此有学者认为在句子中"把"的宾语是话题。正因为如此,宾语必须是听话人可以理解的、确定的事物,也就是说,当说话人用"把"字句时,听话人必须知道宾语所指的是什么。所以"把"后面的宾语所指事物是有定的、已知的,或由上文或语境提供,或可以意会。在形式上表现出来就是宾语前面常加上"这"、"那"或其他限制性的修饰语。例如:

③ 我们明天不上课,我已经把这个消息告诉同学们了。

④ 刚才我把一个小孩碰倒了。

⑤ 这是个自动售货机,只要你把钱放进这个眼里,饮料就从下边出来了。

总之,"把"的宾语应该是一个确指的、听话人可以理解确认的事物。如果听话人不可理解,就不能作"把"字的宾语。

(三)"把"字句中的谓语

"把"字句的谓语动词一般是具有处置意义的,它能使"把"字后面的宾语移动位置、改变状态或受到一定的影响等,所以"把"字句的谓语一定是及物动词，而且一般是能支配或影响介词“把”的宾语的，所以说“把”字句的句子意义决定了谓语动词不可能是光杆形式。如：

① 我把被褥给你找出来。

② 把沏好的茶斟进茶杯。

正是因为“把”字句中的谓语具有上面这个特点，所以没有支配、影响人或事物的作用的动词性成分一般不能充当“把”字句的谓语。

（四）动词谓语后边所带的其他成分

由于“把”字句的作用不只是说明通过动作使“把”的宾语发生某种变化，而且还要说明处置和影响的结果以及处置和影响的方式。所以“把”字句的谓语一般不能是一个简单的动词，其前后一定要有其他成分。

要表示结果或变化，动词后面就应当由表示意义的结果补语或趋向补语；要表示位移或关系的转移，就应当在动词后边有表示这种位移或关系转移的相应词语；要表示动作的某种方式，动词谓语前就应当有表此类意义的词语形式。所以“把”字句的动词谓语后有与处置和影响有关的宾语、状语、各种补语、重叠动词、动态助词“了”、“着”等其他成分。

① 我把电影票丢了。（动态助词“了”）

② 你把那个包提着。（动态助词“着”）

③ 我把钢笔用坏了。（结果补语）

④ 他把那张纸踩脏了。（结果补语）

⑤ 他把桌子上的东西收起来了。（趋向补语）

⑥ 他们把树根埋得很深。（程度补语）

⑦ 我们把衣服收拾一下吧。（数量补语）

⑧ 请你把那本书的内容给大家介绍介绍。（重叠的动词）

三、使用“把”字句需要注意的问题

（一）“把”字短语和谓语之间不能加能愿动词、否定副词、时间词

“把”字短语和谓语之间不能加能愿动词、否定副词、时间词，它们一般放在“把”字前面。

（1）能愿动词。“把”字句中如有能愿动词，不能放在“把”的后面，要放在“把”的前面。如：

① *我把想桌子搬到窗户下边去。

② 我想把桌子搬到窗户下边去。

(2) 否定副词。在“把”字句中,如果有否定副词“不”和“没/没有”的话,它们应当是在“把”字之前而不应当在其后。如:

① *我把今天的练习没做好。
② *我把照相机没带来。
③ 我没把今天的练习做好。
④ 我没把照相机带来。

(3) 时间词。表示时间的词语不能放在“把”的后面,一般应放在“把”的前面,也可以放在主语的前面。如:

① *我把昨天书还给图书馆了。
② 我昨天把书还给图书馆了。
③ 昨天我把书还给图书馆了。

(二)“把”字句动词后不能带可能补语

“把”字句动词后不能带可能补语,因为可能补语表示的只是一种可能,并不是动作的结果。而“把”字句的一个基本句义是表示某一动作或行为对某事物的影响结果,如果“把”字句要表示可能的意思,用助动词“能”或“可以”等放在“把”字之前,如:

① *我把作业做完。
② 我能把作业做完。

(三)助动词不能放在“把”的后面

助动词不能放在“把”的后面,助动词要放在“把”字的前面。如:

① *我把这本书应该还回图书馆去。
② 我应该把这本书还回图书馆去。

(四)助词“过”一般不单独用于“把”字句谓语动词后

动态助词“过”很少单独用于“把”字句的谓语动词后,因为“过”只表示曾经有某种经验、发生某种事情,而不表示动作有无结果。如:

① *他把这种点心吃过。
② *我把北京去过两次。

但如果有了表示结果意义的补语,在动补短语后可以用“过”。例如:

③ 他很马虎,把自己的名字都写错过。

四、"把"字句和非"把"字句的对应

很多"把"字句都有相对应的非"把"字句，如：

你把房子收拾一下→你收拾一下房子

老刘把大红马牵来了→老刘牵来了大红马

我们要把杨浦大桥造好→我们要造好杨浦大桥

但是，并非所有的"把"字句都可以变换或还原成非"把"字句的。例如：

我们把介绍信带在身边→?

他把小说改编成了电影剧本→?

要找出"把"字句和非"把"字句的对应规律，可以运用"排除"的方法，即把缺乏对应的两种句式排除出去，剩下的便是有对应规律的句式了。

（一）只能用或最好用"把"字句

只能用或最好用"把"字句，没有相对应的非"把"字句的句式的使用条件。必须用或者最好用"把"字句的，常常是由于意义上的要求和结构上的要求造成的。这样的句子意义上要求动词对其后的受事宾语必须有积极影响，动词必须要有"处置"的意思。结构上要求动词除了带上受事宾语外，还应带上其他的后置成分，这种后置成分包括下面几种情况：

(1) 带上其他宾语。如："他把这本书借给我三天了。"

(2) 述补式复合动词带上处所宾语。如："我们把介绍信带在身边。"

(3) 动词后有带"得"的情态补语。如："他把话说得很清楚。"

(4) 动词带趋向补语后带宾语。如："老张把菜端上了桌子。"

(5) 动词带结果补语再带宾语。如："他把小说改编成电影剧本。"

（二）只能用非"把"字句

只能用非"把"字句，没有相对应的"把"字句的使用条件。这种必须用非"把"字句的句子的使用条件，主要取决于动词和受事宾语的情况。从动词说，如果缺乏较强的动作性，不能带结果补语和宾语的，一般都只能用于非"把"字句。这些动词有三类：

(1) 联系动词："有"、"在"、"存在"、"是"、"偏"、"姓"、"属于"等等。

(2) 感受心理动词："赞成"、"知道"、"同意"、"觉得"、"相信"、"希望"、"主张"、"要求"、"看见"、"听见"、"记得"、"晓得"、"认得"等等。

(3) 趋向动词："上"、"下"、"进"、"出"、"上来"、"下去"、"离开"、"到达"、"接近"等等。因此，下列句子的变换都不能成立。

我知道他的名字→＊我把他的名字知道

我离开北京→＊我把北京离开

从受事宾语的情况看,“把”后面的受事宾语,如果不是确指的,或者说话人对宾语所指的范围是不明确的,也只能用非“把”字句。因此,下列句子的变换也是不成立的:

你带上一枝铅笔→＊你把一枝铅笔带上。

只能说“你把这枝铅笔带上。”

(三)有“把”字句和非“把”字句对应的句式

排除了上述两种情况,剩下的就是有“把”字句和非“把”字句对应的句式了,这种句式大致上应具备下列两个条件:

(1) 不能是缺乏动作性的动词,但动词部分又不能过于复杂。

(2) 动词一般来说具有“处置”义,受事宾语一般是确指的。

上述三种情况如下表所示:

	“把”字句	非“把”字句
第一种情况	(1) 动词必须有处置义 (2) 受事宾语外,还有其他后置成分	—
第二种情况	—	(1) 动词缺乏较强的动作性 (2) 受事宾语是不确指的
第三种情况	(1) 动词具有处置义 (2) 动词不能过于复杂	(1) 动词具有处置义 (2) 动词不能过于复杂

练习

一、把下列句子改成“把”字句,然后再把它们改成否定式。

1. 我终于写完毕业论文了。
2. 请你分析分析这个问题。
3. 他们吃光了桌上的东西。
4. 小男孩抢走了小女孩吃的棒棒糖。
5. 她领来了今年的年终奖。
6. 大家都穿上了羽绒衣。

二、请指出下列句子的错误,并说明理由。

1. 我把这本书能翻译完。

2. 我把学过的专业知识考试前再复习一遍。

3. 我把这件事情非办好不可。

4. 我把书写。

三、下面的句子要不要使用“把”字句,请说明原因。

1. 我把这个作业做不完。

2. 我把这件事情说得很仔细认真。

3. 我把他认识很多年了。

4. 妈妈把小狗花花喜欢上了。

5. 他已经把今年的几部大片看过。

6. 出国已经一个多月了,我很把父母想。

7. 小女孩掉花瓶到地上摔碎了。

8. 主任已经介绍新的同事给我们了。

9. 他翻译这本语法书成汉语。

10. 我们带自己买的酒水进餐馆了。

11. 我放《英汉词典》在桌子上了。

第二节 “被” 字 句

一、什么是“被”字句

在汉语中,表示被动意义的句子有两种:一种是没有任何标志的,一般称为意义上的被动句;一种是用介词“被”、“让”、“叫”表示被动的句子,叫“被”字句。“被”字句有下面几种格式:①介词“被”后有宾语,②“被”字后无宾语,③“被……所……”式,④“被……给……”式。

(一) 意义上的被动句

汉语中的句子一般主语是施事,放在句首,如:“我们学习汉语”。也有的主语是受事,这种句子叫意义上的被动句。例如:

① 地刚拖过。

② 你要的东西放在桌子上了。

这种句子在日常生活中用得很多,它有以下语法特点。

(1) 主语多为有定的事物,在一般的情况下,它不会发出谓语动词所表示的动作,所以不会被误解为施事者。

(2) 谓语动词一般不是一个简单的动词,往往有状语、补语、能愿动词或动态助词"了"或"过"。

(二) 形式上的被动句

在谓语动词前有一个表示被动意义的介词"被"或由"被"组成的介词短语作状语所构成的句式叫"被"字句。包含由表示被动意义的介词"叫"、"让"、"给"构成的状语的句子,也属于"被"字句。

"被"字句说明的行为一般不是主语所代表的人或事的主动行为。这种句型是说明某人、某事物受到某动作的影响而产生某种结果,并且"被"字句所叙述的行为多表示主语不愿意发生或受到损害的。"被"字句表示的语法意义就是表示被动意义,语义结构与"把"字句是不同的。

"被"字句的主语位于句首,通常是谓语动词的受事,介词"被"的宾语通常是施事,"被"用于被动句,引进动作的施动者。"被"多用于书面语,"让/叫"常用于口语。"被"字句的基本格式是:主语+被+动词+其他成分。例如:

① 他被人打了。

② 在考试的时候,他因为舞弊被老师抓住。

二、"被"字句的结构

(一) "被"字句的主语

"被"字句的主语位于句首,语义上是受事,是接受谓语所表示的动作的对象,即动作的受事者,可以指人或事物,并且都是定指的。例如:

① 那个奄奄一息的老婆婆被路人送到医院去了。

② 那位人事局的处长被我们请来作报告。

"送"的对象是"那个奄奄一息的老婆婆","请"的对象是"那位人事局的处长",并且"那个奄奄一息的老婆婆"、"那位人事局的处长"表示定指都具有形式上的标志"那个"、"那位"。

(二) "被"字句的谓语

(1) 汉语"被"字句最基本的特点之一就是句子的主语是谓语动词的受事,反过来也就是说,"被"字句的谓语动词一定是能带宾语的及物动词,否则就没有作主语的受事成分了。所以"被"字句的谓语一定是及物动词,而且一般是能支配或影响句中主语的。例如:

① 那个牛奶瓶子被我扔了。

② 那扇窗户被我关了。

“扔”和“关”的支配对象是“那个牛奶瓶子”和“那扇窗户”。

(2)“被”字句的动词前,还可以加上“所”、“给”。加“所”以后书面语风格很强,加“给”则更加口语化。如:

① 我被这一情景所感动,情不自禁地加入到他们的行列中。

② 孩子被他给惯坏了。

(3)“被”字句中的谓语动词如果是单音节词,那么它的后面应该有其他成分。例如:

① *床所在的那个角落是屋内最幽暗的地方,窗外泄入的些微光线都被那排书柜挡。

② 床所在的那个角落是屋内最幽暗的地方,窗外泄入的些微光线都被那排书柜挡住了。

(4) 谓语一般不是简单的动词,动词后面多有表示完成或结果的词语,如动态助词“了”、“过”、补语、宾语、状语、能愿动词等,或者动词本身包含此类成分,说明动词的结果、程度、时间等。

(5) 不能进入“被”字句的谓语动词有:关系动词、能愿动词、趋向动词、不及物动词、部分心理动词、非动作性及物动词。

(6) 可能补语不能用在“被”字句的动词谓语后面。例如:

屋子被他收拾得干净。

可能补语的意义与其他各类补语一样,都属于一种结果范畴的意义。无论肯定式还是否定式,可能补语只能表示谓语产生某种结果的可能性。从“被”字句方面来看。“被”字句从语义上要求动词谓语的结果是确定的,因此“被”字句要求“动词后面多有表示完成或结果的词语,或者动词本身包含此类成分”。可见,“被”字句同可能补语在语义要求或语义倾向上是互相矛盾的。所以可能补语不能用在“被”字句的动词谓语后面。

(7) 动态助词“着”不能用于“被”字句中谓语动词后边。例如:

那本书被他拿着。

(8) 某些情况下“被”字句的动词可以是光杆形式。这一点和“把”字句是不一样的。例如:

① *他又被老师批评。

② 他不愿意总被老师批评。

（三）“被”字句的宾语

1．“被”字句中动词带宾语的几种情况

“被”字句中，动词后面可以带宾语，但限于以下几种：

（1）宾语是主语的一部分或属于主语。

① 书被学生拿走了一本。

② 敌军被我军歼灭了一个连。

（2）宾语是主语受动作支配而达到的结果。

① 他被我们选为班长。

② 很多流行于民间的歌被王洛宾改编为正式的民歌。

（3）主语指动作发生或进行的处所。

① 门上被人贴上了大字报。

② 阳台上被堆了很多杂物。

（4）动词和宾语组成固定的动宾短语。

① 这话被你打了折扣了吧？

② 他被歹徒下了毒手，不幸牺牲了。

2．有关“被”字句中施事者的问题

“被”字句表示某个事物因为受到某种影响而有所变化，“被”的宾语在意义上是谓语表示的动作的发出者，即施事者。“被”字后面可以没有施事，也就是说“被”后的宾语可以不出现，直接和动词连接，“叫”、“让”没有这种用法。有时可以省略。例如：

① 门被（风）吹开了。

② 我的病被（医生）治好了。

③ 我被他吓了一跳。

④ 词典被人撕掉了一页。

⑤ 我的自行车被偷走了。

（四）“被”的后置成分

“被”的后置成分较为宽泛。“被”字句必须表示受事主语所受到某一动作的作用、影响，因此动词谓语后要体现这种影响所产生的结果。谓语动词后面常带些后附成分，这些成分就是说明受事受到的影响或结果。由于这个原因，“被”字句的谓语动词在通常情况下，像“把”字句一样，也不是一个简单的动词，动词后要有表示动作完结、结果的成分，不能是光杆动词。这是“被”字句受语义内容制约而产生的一个结构上的特点。动词后面可以有动态助词“了”或“过”、补语、宾语等。

(1) 动词后有动态助词“了”、“过”。例如：

① 我被他们说服了。(助词“了”)

② 我的头被飞来的足球砸中了。(助词“了”)

③ 他们被老师批评过。(助词“过”)

④ 我的头被足球砸过。(助词“过”)

(2) 动词后有结果补语、趋向补语、程度补语、动量补语、时间补语、介词短语补语等补语，也可以有宾语。例如：

① 敌人终于被我们打跑了。(结果补语)

② 我没有被他的恶毒的话语吓倒，我继续探寻事情的真相。(结果补语)

③ 我养的小猫被他从家里扔了出去。(趋向补语)

④ 晚上的时候，小偷撬开了我家的门，我的钱包都被小偷偷去了。(趋向补语)

⑤ 他被打了一顿。(动量补语)

⑥ 他被气得不得了。(程度补语)

⑦ 寝室被我们布置得很漂亮。(程度补语)

⑧ 家里被安上了防盗门。(宾语)

由于“被”字句必须表示受事受到影响，因此当动词本身可以说明这种影响时，动词可以不带任何补语，只要一个“了”或“着”就行了，双音节动词可以连“了”或“着”都不要。

三、“被”字句的使用特点

(1) “被”字句主要用来表示一个受事者受到某种动作行为的影响而有所改变，是针对动作受事者的，其中最常见的是用于对受事者或说话者来说是不愉快、受损害的或失去了什么的情况。例如：

① 他被我赶走了。

② 李缅宁大剌剌地说，“怕被你搜着。”

上面例句中表示对受事者“他”和“李缅宁”来说都是不愉快或失去了什么。但是在文学作品或风格比较正式的文字中，会出现一些不包含不愉快或失去意义、甚至受事者也没有因为动作而有所改变的“被”字句。

(2) 能愿动词、否定副词、时间词(时间名词、时间副词)只能居于“被”或“让”字前。如:

① 我能被他打着吗?(能愿动词)
② 我没被他打着。(否定副词)
③ 刚才让他打着了头部。(时间词)
④ 那本书没有让人拿走,你就拿去看吧。(否定副词)
⑤ 快关上门,桌子上的文件要让风刮下来了。(能愿动词)

(3) 介词“被”的前面可以带状语。如:

① 那个女孩子昨天被自行车撞了。
② 我的自行车刚被人轧了胎。

(4) 动词段只能是肯定形式,否定词用在“被”字前面。这一点和“把”字句相同。例如:

① * 自行车被别人没骑走。
② 自行车没被别人骑走。

(5) 用于“被”字句的动词比“把”字句多。下面的动词能用于“被”字句,但不能用于“把”字句:知道、看见、听见、碰见、理解。例如:

① 这件事被他知道了。
② * 他把这件事知道了。
③ 昨天的事被他听见了。
④ * 他把昨天的事听见了。

基本规律是,能用于“把”字句的动词也能用于“被”字句,但能用于“被”字句的动词不一定也能用于“把”字句。

四、“被”字句和非“被”字句的对应

(一) 不能使用“被”字句的情况

汉语的“被”字句有特定的表达功能,即在受事处于一种受损害的状况,或者出现说话人不希望发生的情况时才使用这种句子,是针对动作的受事者的,这是使用“被”字句的前提。

而在汉语里,在说明句大量存在话题,而话题中有不少表示动作的受事。也就是说,如果语境或上下文要求一个受事者在句中作为话题时,这个受事者就出现于句首,而不一定用表示被动意义的“被/叫/让”等。有些不能发出动

作的事物作主语时，后边的动词谓语本身就带有被动的意思，汉语里如不需要特别指明主动者（或施事者），一般不用介词“被”。这种句子叫做意义上表被动的句子。受这种表达功能的限制，下面的句子都是错的。例如：

① ＊我们被老师教英语。
② ＊那个电影被我们看了。
③ ＊工作被完成了。
④ ＊升学率被提高了一倍。
⑤ ＊教案被写好了。

上面这些句子加上“被”字，是不合法的句子。

当句子的主语是不能发出动作的物体时，并且这个句子不需要专门说明施事者，这时句子中往往不用表示被动的介词“被”。如：

⑥ ＊我的钥匙被找不到了。

“被”字句中的动词谓语应是能支配或影响主语的。如“老鼠被猫吃了”中动词谓语“吃”能支配主语“老鼠”，可以说“猫吃了老鼠”。但上面这个句子中的动词“吃”不是支配主语“我”的，所以不能用“被”，这时可用一般的动词谓语句来表达。

（二）可用可不用“被”字句的情况

在叙述不如意的事情时有时不用带“被”字的句子，例如：

① 房子震塌了。
② 消息泄露出去了。

这样的句子中动词前都可以加上“被”字。两种表达形式表达的基本意义一样，不同的是带“被”字的句子更加强调被动的意义。

（三）用上“被”字句表达效果好的情况

“被”字句是针对动作的受事者的，这是使用“被”字句的前提。“被”字句主要用来表示一个受事者受到某种动作行为的影响而有所改变。其中最为常见的是用于对受事者或说话者来说是不愉快或受到什么损害或失去什么的这种不好的情况。例如：

① 他被打倒在地。
② 那个没有办营业执照的小摊贩被城管的人赶得满街跑。

此外，当受事主语是表示人的名词，语言环境又不足以表明施受关系时，为了清楚地表明施受关系，一般也用或最好用“被”字句。例如：

③ 他被公司派到国外去了。

④ 赖宁死后被追认为烈士。

这种句子也表示受事者受到动作的影响而有所变化，句子的谓语动词多限于“选”、“派”、“送”、“到”等补语。

决定“被”字句能否运用最关键的是动词。能用于“被”字句的动词都是有处置性的，就是说动词必须是代表发自某人、某物的一种有意识的或无意识的动作。对另一人物是有所影响的。

根据上下文的语境，可以知道这个句子的主语是可以发出动作的人，当这类词作受事主语时，动词谓语前一定要用介词“被”。或者是在句子的前面加上另一个主语，组成一个“把”字句。如：

⑤ *他病得很厉害，送到医院去了。

⑥ 他病得很厉害，被送到医院去了。

⑦ 他病得很厉害，同学们把他送到医院去了。

（四）使用“被”字句的注意事项

“被”字句是现代汉语中使用频率较高的，在结构上比较特殊，同时又有特殊标志的一种句式。对“被”字句能正确理解和运用，下面两点是要注意的。

（1）句子中出现“被”字的句子，并非一定是“被”字句。汉语中的“被”字可以有两种，一种是“词”，它出现在句子中，就构成“被”字句；一种是“语素”，语素“被”以“被＋动”的形式跟少数名词结合，构成一个新的名词。句子中出现这样的“被”，自然不可能成为“被”字句。语素“被”所构成的名词数量不多，大致可以列举如“被保护人”、“被保险人”、“被动式”、“被害人”、“被加数”、“被减数”、“被乘数”、“被除数”、“被告人”、“被侵略者”、“被统治者”、“被压迫者”、“被统治阶级”、“被剥削阶级”、“被选举权”等等。

（2）“被”字句中的“被”在口语中经常被“叫”、“让”、“给”等介词替代。但介词“叫”、“让”、“给”后面是指人名词时，可能跟动词“叫”、“让”、“给”的用法混淆，产生误解，而“被”字不会有这个问题。如：

桌子没让他搬走＝没命令他搬走
　　　　　　　＝没容许他搬走
　　　　　　　＝没被他搬走

我叫他说了几句＝请他说了几句
　　　　　　　＝被他说了几句

饼干给他吃了＝把饼干给他吃
＝饼干被他吃了

另外,“被”字后的施事名词经常省略,但“让”后的名词不能去掉,“叫”后的名词很少去掉,“给”后的名词省略现象要多一些,但有时候仍不可省略,如:

这一点儿已经被证明了→?这一点儿已经让证明了
他终于被接受了→?他终于叫接受了

练习

一、把下列“把”字句改成“被”字句,然后再改成“被”字句的否定式。
1. 我把今天的作业都做完了。
2. 大风把窗户刮坏了。
3. 我把屋子弄乱了。
4. 他把没用的东西都扔了。
5. 学院领导派那个青年教师出国学习法语去了。
6. 他把房间打扫得干干净净。
二、请指出下列句子的错误,并说明理由。
1. 我的梳子让借走了。
2. 雪很大,树被雪压。
三、下面的句子要不要使用“被”字句?请说明原因。
1. 他烧得很厉害,送到医院去了。
2. 我的书被找不到了
3. 孩子的不听话,妈妈被他吃了很多苦。

四、“把”字句和“被”字句一般都有相应的平行句型(“主语＋动词＋宾语”),假设教学对象是初等水平的留学生,那么请你谈谈怎么来讲解“把”字句和“被”字句在这种相应的平行句型时,句法结构和语用价值等方面的不同。

第三节　连　动　句

一、什么是连动句

由两个及两个以上的动词或动词词组构成谓语,它们之间没有停顿,也没有关联词语，也没有分句间的逻辑关系，书面上没有逗号、顿号，并且这几个动词性成分共用一个主语，它们共同叙述、描写、说明这个主语，这样的动词谓语句叫连动句。连动句的基本结构是：主语＋谓语$_1$＋（宾语$_1$）＋谓语$_2$＋（宾语$_2$）。例如：

① 他去邮电局发信。
② 你有权力发表意见。
③ 叔叔抚摸着我的头说："多聪明的孩子呀！"
④ 他听了这个消息很激动。

从意义上来看，连动句的两个动词短语之间不存在着并列、主谓、动宾、动补、状动等关系，而是事理上或自然的先后关系。也就是说两个连用的动词（或动词结构）的次序是固定的，不能调换。例如：

⑤ 他站起来走过去拿书。
⑥ 妈妈走了以后，我每天自己买菜做饭吃。

上面句子中的"站起来"、"走过去"和"拿书"表示三个连续发生的动作。"买菜"是"做饭"的前提条件，"做饭"又是"吃"的前提。这是事理上的先后关系。

二、连动句的分类

根据前后两个动词（短语）之间的意义关系，连动句可分为下列几种。

（一）表示动作的连续

表示先后或连续发生的两个或两个以上的动作或情况。后一个动作或情况发生时，前一个动作已结束。

① 他穿上衣服拉开门跑了出去。
② 小王去市场买了不少菜。

（二）表示动作的目的

后一个动词（短语）表示的动作行为是前一个动词表示的动作的目的。

① 我们去医院看病。
② 明天留学生要去南京旅游。
③ 我们开个欢送会送别即将回国的日本留学生。

并且两个谓语动词都可以带宾语。例如：

④ 同学们进城看杂技了。
⑤ 我们找他谈重要的事情。

(三) 表示动作的方式

前一个动词(短语)表示后一个动词(短语)所表示的动作的方式(或手段、工具)。

① 老李每天骑自行车上班。

② 他握着我的手说:"欢迎,欢迎。"

③ 我们用英语谈话。

(四) 正反两个方面说明一个事实

前一个动词(短语)表示肯定的意思,后一个动词(短语)表示否定的意思,但是两个短语表示的意思一样,从正反两个方面说明一个事实。

① 大家都站着不动。

② 小李闭着嘴一句话不说。

(五) 前一个动词为"有"的连动句

前一个动词为"有"(或"没有")的连动句,动词"有"常常同名词相结合,用在连动句谓语当前部分,表示后一动作发生的原因或条件。这种连动句有两类:

(1) 第二个动词不带宾语。第一个动词"有"的宾语,在意义上是第二个动词的受事。

① 解放以前,他没有饭吃,没有衣服穿,生活非常困难。

② 你最近有电影光盘看吗?

(2) 第二个动词后带宾语。在意义上,第二个动词短语对第一个动词短语有补充说明的作用。

③ 我有理由这样做。

④ 我有几个问题要问你。

⑤ 他有事没有参加今天的晚会。

⑥ 小刘没有资格参加这次会议。

⑦ 我有几个问题要问你。

(六) 动词重叠形式的连动句

连动句中有的也可以用动词重叠形式,但是一般要重叠后一个动词。例如:

① 我上街买买东西。

② *我上上街买东西。

（七）表示动作的结果的连动句

这样的连动句中，后一个动作是前一个动作的结果。

① 他看了那封信高兴极了。
② 他出门丢了十块钱。

（八）前后是目的和对象关系的连动句

后一个动词表示前一动词的目的，而前一动词的宾语在意义上也是后一动词的动作对象。前一动词要带宾语，后一动词一般不带宾语。例如：

① 我倒水喝。
② 她买衣服穿。
③ 我们自己做饭吃。
④ 他要你的设计图看看。

三、连动句的结构方式

（一）连动句的谓语

（1）连动句的谓语可以是两个动词。例如：

① 我去找。（“去”为动$_1$，“找”为动$_2$）
② 他们来参观。（“来”为动$_1$，“参观”为动$_2$）

（2）连动句的谓语动词可以都带宾语，也可以是其中任何一个动词带宾语。

① 我去找他。（动$_1$“去”没有宾语，动$_2$“找”有宾语“他”）
② 我去图书馆找。（动$_1$“去”有宾语“图书馆”，动$_2$“找”没有宾语）
③ 我去宿舍找他。（动$_1$“去”有宾语“宿舍”，动$_2$“找”有宾语“他”）

（二）连动句的状语

状语一般放在第一个谓语动词前边。例如：

① 你**快**去告诉他。
② 小张**要**买一份说明书看。
③ 他们**现在**有机会学习技术。

连动句中如果有表示时间的状语可以放在句首。例如：

① 下午你到办公室找我一下。
② 三年以前她来中国访问过。

(三) 连动句的否定式

(1) 连动句的否定形式是把否定副词“不”或“没(有)”放在第一个谓语动词前边,否定的是整个谓语部分,不能把否定副词放在第二个谓语动词前边。

① *我出去不买东西。

② 我不出去买东西。

③ *他坐汽车不进城。

④ 他不坐汽车进城。

⑤ 他们不去旅游了。

⑥ 今天咱们没功夫谈下去了。

(2) 第一个谓语动词为“有”的否定式是“没有”。例如:

① *他不有时间去公园。

② 他没有时间去公园。

③ *我不有本子用了。

④ 我没有本子用了。

四、连动句用法上的特点

(1) 连动句中两个动词短语位置不能互换,否则会改变原来的意思,或者不成句子。连动句的这一个特点不同于并列关系的短语。具有并列关系的结构成分位置可以互换,而不改变原来的意义,而组成连动句的几个短语位置不能变换。

(2) 连动句的主语,最常见的是动词(短语)的施事,但也有的是受事,或既是受事也是施事。例如:

① 小伙子抽出了自己的骨髓救活了那个濒临死亡的小姑娘。(“小伙子”是“抽”和“救”的施事)

② 暑假里,我和另一位老师被派到日语系教汉语。(“我和另一位老师”是“派”的受事,是“教汉语”的施事)

(3) 在连动句中,有一个动词成分是表示方式的时候,这个表示方式的动词不能放在其他动词的后面。如:

① *我写信用汉语。

② 我用汉语写信。

在汉语中表示手段或方式的动词和它的宾语应该用在其他动词的前边。在上面的例子中,“用汉语”表示的是一种方式,必须用在动词“写”的前边。

(4) 连动句中如果要强调动作已完成，一般是在句尾用助词“了”，或者把助词“了”放在第二个谓语动词后边。例如：

① 他们都去礼堂听报告了。
② 他们去礼堂听了一个报告。
③ 我们去阅览室看了一会儿画报。

当连动句中有“了”的时候，“了”要放在第二个动词的后面。如：

④ *我去了商店买东西。
⑤ 我去商店买了东西。
⑥ 我去商店买东西了。
⑦ *去书店买一本书了。
⑧ 去书店买了一本书。
⑨ *到上海玩一天了。
⑩ 到上海玩了一天。

上面句子中有两个动词谓语“去”和“买”。在这种句子中，助词“了”一般用在第二个动词之后或句尾。

(5) 当连动句中有“了”的时候，“了”不能放在数量词组的后面。

① *我昨天去电影院看一部电影了。
② 我昨天去电影院看了一部电影。

上面这个连动句中第二个动词“看”后边带了数量词组“一部电影”。

(6) 表示趋向的动词“来”、“去”既可出现在第二个谓词性成分之前，又可以出现在第二个谓词性成分之后，还可以重复出现。例如：

① 我去买菜。(“去”的目的是“买菜”)
② 我买菜去。(“去”虚化，轻读)
③ 我去$_1$买菜去$_2$。(“去$_1$”是实动，“去$_2$”是虚动)

练习

一、完成下面的连动句，然后把它们改成否定式。

1. 最近我很忙没空______________________________。
2. 他去超市______________________________。
3. 我拿暖壶______________________________。
4. 他们搬来桌子______________________________。

5. 我要找辅导员____。

二、请指出下列句子的错误,并说明理由。

1. 我去学校骑自行车。
2. 我们去浦东机场坐磁悬浮列车。
3. 老师们去了超市买东西。
4. 留学生去了酒吧喝酒。
5. 我昨天去书店买一本书了。
6. 小明洗手吃一个苹果了。
7. 我去加油站不加油。
8. 他去考研辅导班不学习政治。

第四节 兼 语 句

一、什么是兼语句

一个述宾短语和一个主谓短语套叠在一起,而且述宾短语中的“宾语”兼作主谓短语的“主语”,这样的短语叫作兼语短语。由兼语短语充当谓语的句子称作为兼语句。

兼语短语的特点可以从下面三个方面考察。

首先,在结构形式上,两个短语套叠在一起是兼语短语的形式标志,用图示应是:

动词$_1$——名词(宾语)
　　　　　｜　｜
　　　　　名词(主语)——动词$_2$

名词兼有宾语和主语双重身份:在语义上名词是动词$_1$的受事,同时又是后面动词$_2$的施事或系事。例如:

请老师讲课=请老师+老师讲课　　　留他吃饭=留他+他吃饭

同时,动词$_1$和动词$_2$之间还有因果或目的关系,例如,“请”和“讲课”之间有目的关系,“留”和“吃饭”之间有因果关系。

其次,在内部类型上,兼语短语中的第一个动词主要由下面几类构成。①带有使令、促成意义的动词,如“请”、“叫”、“使”、“让”、“派”、“命令”、“动员”、“强迫”、“鼓励”等,这类动词占大多数,构成典型的兼语短语。如“允许他经商”、“求我帮个忙”。②表示称谓或认定义的动词，如“叫”、“称”、“选”、“认”、“当”、“追认”、“选举”等，这类动词要求动词$_2$是“做”、“为”、“当”、“是”等判断动词，如“当他是傻瓜”、“称他为队长”。③表示领属的动词“有”，如“有人出国”、“有个村子叫赵家庄”。

再次，在语法功能上，兼语短语同连动短语一样，可以充当多种成分，如：

请他参加比较合适。（主语）

筹备组决定请他参加。（宾语）

请他参加的通知已经发了。（定语）

大家请他参加。（谓语）

只有兼语短语充当谓语的句子，才是兼语句。

二、兼语句的分类

（一）一般兼语句与特殊兼语句

（1）一般兼语句。例如：

① 老师叫我告诉你这件事情。

② 我们选陆老师当我们的教研室主任。

③ 这件小小的事情使我很感动。

（2）特殊兼语句。特殊兼语句包括第一个动词是“有”的兼语句和第一个动词是“是”的兼语句。例如：

① 我有朋友去法国留学。

② 是心地善良的人常常帮助别人。

（二）根据兼语句第一个动词的语义特征分类

（1）表示“使令”意义的兼语句。在这种兼语句中，第一个动词是表示使令意义的动词。如“使”、“让”、“叫”、“派”、“请”、“劝”、“命令”、“请求”、“要求”。第一个动词所表示的行为动作是兼语所发出的行为动作的原因，也就是说，兼语后面的词语所表示的行为动作或状态是由第一个动作引起的。

① 我们请你谈点儿感想，好吗？

② 好朋友要我注意身体。

（2）表示爱憎、好恶等意义的兼语句。在这类兼语句中，第一个动词大多是表示心理活动的动词，如“喜欢”、“讨厌”、“爱”、“恨”、“嫌”、“佩服”、“欣赏”、“赞扬”、“原谅”等。兼语的谓语表示主语具有某种心理活动的原因或持有某种态度的理由。

① 讨厌她大嘴巴，到处说人家的秘密。

② 我们都称赞小孙服务周到。

(3) 表示称谓或认定意义的兼语句。这种兼语句的第一个动词多是表示称谓或认定意义的动词，常见的动词有“叫”、“称”、“认”、“拜”、“选”、“推选”、“选举”、“认为”。兼语后面常用“当/做/为/是”等动词结构。

① 同学们选我当班长。

② 我认你们做爹娘吧。

(4) 第一个动词是“有(没有)/是”的兼语句，“有”或“没有”的宾语(即兼语)多表示存在的人或事物，兼语的谓语说明或叙述描写兼语。

① 他有个朋友叫山本。

② 是他救了我的小命。

(5) 兼语的谓语是说明或描写兼语的。

① 我最近改编了一个剧本约二十万字。

在这个句子中，“约二十万字”是说明“剧本”的。

(6) 第一个动词是表示肯定意义的“是”的兼语句。动词“是”前边没有主语，其后的名词短语或代词充当“是”的宾语，同时兼作他后边动词(短语)的主语，形成一个主谓短语。这类兼语句都是无主语的，“是”的作用在于肯定其宾语(即兼语，重读)。例如：

① 是这句话感动了我。

② 是党的教育挽救了他。

三、兼语句的结构方式

(一) 兼语句的谓语

1. 兼语句中两个谓语动词的关系

(1) 兼语的谓语表明前一动作要达到的目的、产生的结果。例如：

① 我们请你唱一支歌。

② 我求姐姐去一趟。

(2) 前一个谓语是动词“有”，兼语的谓语(动词或形容词等)说明前一个谓语的宾语(兼语)“做什么”或“怎么样”。例如：

③ 我有几个朋友来长沙了。

④ 教室里有人说话。

(3) 前一个谓语是动词"是",兼语的谓语动词起解释说明的作用。例如:

⑤ 是妈妈帮助他。

⑥ 是对外汉语学院组织这次舞会。

2. 兼语句中谓语使用上的特点

(1) 两个谓语前都可以带状语。例如:

① 他昨天请我们去洗桑拿。

② 老师常常让我们互相学习。

③ 妈妈留我多住几天。

④ 这件事的确使我们非常高兴。

(2) 谓语(动词或形容词)后边可以带补语。例如:

① 他有一个朋友跳舞跳得很好。

② 主人让你准备得好一点儿。

③ 大连的棒槌岛安静极了。

(3) 谓语(动词)后边可以带宾语。例如:

① 他前天请我们去长沙。

② 是他们要的麻婆豆腐。

(4) 连动句中第二个谓语(动词)后边可以带兼语。例如:

① 我们来北京请您给我们介绍介绍经验。

② 昨天有一位青年祝我们成功。

(5) 兼语的谓语可以是动词或形容词等。例如:

① 老师想请同学们谈谈感想。(动词)

② 我们一定选他当班长。(动词)

③ 他的话使我十分生气。(形容词)

④ 同事的女儿很可爱。(形容词)

(6) 时间词语不能放在第一个动词的后面。例如:

① * 留学生请下午我吃饭。

② 下午留学生请我吃饭。

③ 留学生下午请我吃饭。

在上面这个兼语句中,“我”即是第一个动词谓语“请”的宾语,又是第二个动词谓语“吃”的主语。在兼语句中,第一个谓语动词和它的宾语之间不能插入任何成分。时间词“下午”可用在主语“留学生”之前或第一个动词谓语“请”之前。

(7) 能愿动词一般也放在第一个动词前,例如:

① 我想请他来做一个报告。
② 胜利能使人走向成功,也能使人走向失败。

(8) 谓语(动词)“有”的宾语一般是不定指的人或事物,常带数量定语。例如:

① 刚才有一位同志来看你。
② 我有好几本新书很有意思。

(二) 兼语句的兼语

兼语句的兼语主要由名词、代词充当,在一定的上下文里,也可以由数量词充当。例如:

从上海回来的人说到他,没有一个不佩服,没有一个不为他的精神所感动。

(1) 兼语后边可以带连动结构。例如:

① 他请我们来这儿商量怎么合作的问题。
② 领导派他去管理那个水库。

(2) 第一个谓语(动词)和兼语之间不能插入其他成分。

① 他请我们去他家。
② 他请我们明天去他家。
③ 明天他请我们去他家。
④ 他明天请我们去他家。
⑤ *他请明天我们去他家。

四、兼语句使用的条件限制

(一) 从语音上看

从语音上看,兼语句中可以停顿或可以拖长的地方是在兼语的后面,而不是第一个动词的后面。如在“你请他来”中,只能说“你请他/来”,而不是“你请/他来”。而且兼语后边可以插入其他成分。例如:

① 我请他明天晚上到我家来。

② 你叫他立刻去接电话。

(二) 兼语的第一个动词后一般不能带"了"、"着"、"过"

兼语的第一个动词后一般不能带"了"、"着"、"过",少数情况可以,但必须有条件,如:有说明原因、结果的上下文或有表示新情况出现的可以带"了"等。除了"让"、"叫"、"使"外,有的表示使令意义或认定意义的动词后面有时也可带"了",但有一定的条件,即要有说明原因或结果的上下文,或者是句尾有表示出现新情况的"了"。例如:

① 厂长让工人们谈了各自的想法。

*厂长让了工人们谈了各自的想法。

② 他知道我一个人很难按时完成试验,就派了一位同志协助我。

(三) 兼语句的否定式

1. 表示请求、使令等动词为第一谓语

表示请求、使令一类的动词作第一谓语时,兼语句的否定式一般是在第一个谓语前边加否定副词"没(有)"或"不"。

(1) 用"没(有)"否定动作达到的目的、产生的结果。例如:

① 这次我们没选他当组长。

② 我没让他麻烦你。

③ 我们没请他系统地介绍对外汉语学科的发展。

(2) 用"不"否定意愿。例如:

① 他们几个人不让我来。

② 这个月我不请他做客。

2. 动词"有"为第一谓语

第一个谓语是动词"有"时,否定式可以有三种情况:

(1) "有"的否定式是"没(有)"。例如:

① 他没(有)东西放在我这儿。

② 我没(有)朋友住在那个小区。

(2) 在兼语的动词谓语前用"不"或"没(有)"否定。例如:

① 他有一个叔叔不在北京工作。

② 我有一个本子没用过。

(3) 在兼语的形容词谓语前用“不”否定。例如:

① 这儿有一间空房子不大。

② 他有两个汉字不对。

3. 无主语兼语句的否定形式

(1) 第一个谓语是动词“有”的,用“没”否定。例如:

① 上午没(有)人找你。

② 我们这儿没有同学是津巴布韦人。

(2) 第一个谓语是动词“是”的,用“不”否定。例如:

① 不是我去过那儿。

② 不是他做的这件事情。

4. 否定副词的位置

在否定形式的兼语句中,否定副词“没(有)”或“不”一般都要放在第一个谓语动词前面,而不放在兼语的谓语前边。例如:

① 他们没让我出院。

② 队长不叫我去他那儿。

③ 刚才不是我们叫你。

不能说“他们让我没出院”、“队长叫我不去他那儿”等。如表示制止、劝阻,常在兼语的谓语前边用“别”、“不要”等否定副词。例如:

⑤ 他们让我别出院。

⑥ 队长叫我不要去他那儿。

(四) 关于无主语兼语句

(1) 第一个谓语是动词“有”或“是”时,“有”或“是”前边可以带表示时间、处所的状语。例如:

① 明天有一个亲戚来我家。

② 操场中间有几个同学在打球。

③ 教学楼南边有两个大屋子是报告厅。

④ 今天是我值班。

⑤ 刚才是他在打电话。

⑥ 外边是弟弟他们在打球。

(2) 前一个谓语是“请”、“禁止”等动词时,兼语常省略不用。例如:

① 请进！

② 请喝茶！

③ 禁止通行。

④ 禁止停车。

五、兼语句与其他句式的区别

[辨析]“兼语句”与“主谓短语作宾语的句子”

请看下面两个例句：

① 我们知道小王去。

② 我们派小王去。

“我们知道小王去”是主谓短语作宾语句，可以在第一个动词“知道”后停顿并可以插入状语，如：

我们知道小王去。——我们知道，小王去。——我们知道明天小王去。

而“我们派小王去”是兼语句，不能在第一个动词“派”后停顿并插入状语，只能在名词性词语“小王”后停顿并插入状语，如：

我们派小王去。——我们派小王明天去。

另外，这两种句子对动词成分的提问形式也是不同的：

你们知道什么？——我们知道小王去。

* 你们派什么？——我们派小王去。

兼语句的第一个动词往往是具有使令意义的动词，带主谓短语作宾语的动词一般是认知、感知意义的动词。

[辨析]“兼语句”与“双宾句”

兼语句中的动词如果是表示称谓或认定义的，会与双宾语句发生混淆。一般来说，我们把两个名词性成分间没有动词的看作是双宾语句，有动词的看作是兼语句。下列 A 组的是双宾语句，B 组的是兼语句。

A	B
大伙儿喊老王老板。	大伙儿喊老王是老板。
我们叫小陈经理。	我们叫小陈为经理。

[辨析]“兼语句”与“紧缩句”

① 骂死我也不回家。

② 你打死我也要嫁给他。

③ 赶他也不走。

④ 撞伤我不能就这么算了。

上述句子虽然也是“$Vp_1+Np+Vp_2$”排列序列，但隐含条件是假设关系，和兼语句不一样，因而是紧缩句，不是兼语句。

▲ 连动短语和兼语短语的套用

有时候，一个句子的谓语部分可以既出现连动短语，又出现兼语短语，从而组成更为复杂的谓语。例如：

① 老张派我去上海查资料。

② 王老师到我们班来劝大家报名参加数学竞赛。

这种情况可以称作为连动短语和兼语短语的套用。

那么，如何确定是连动短语套用兼语短语呢，还是兼语短语套用连动短语，主要看句子中谓语部分第一层关系是什么。如果第一层关系是连动短语，整个句子就是连动短语套用兼语短语，属于连动句；如果第一层关系是兼语短语，整个句子就是兼语短语套用连动短语，属于兼语句。如：

我去学校请老师教英语。（第一层是“去学校＋请老师教英语”，第二层是“请老师＋老师教英语”，是连动句）

老师们让我去北京开会。（第一层是“让我＋我去北京开会”，第二层是“去北京＋开会”，是兼语句）

练习

一、把下列各组句子连成兼语句，并指出兼语。

1. 老李叫你们。
   你们去吃饭。
2. 学院请留学生。
   留学生看中国电影。
3. 我请过路的人。
   过路人告诉我怎么去地铁站。
4. 家门口有一个好德 24 小时便利店。
   那个好德 24 小时便利店晚上开门。
5. 他叫我。
   我去体育馆看演唱会。

二、请指出下列句子的错误，并说明理由。

1. 老师问我告诉你这件事。
2. 部门主管请周末我们吃饭。
3. 男朋友让我不出国。
4. 看了这部电影，使我想起了我以前的老朋友。
5. 他的话使我们很大的收益。

三、指出下面句子中的兼语和宾语。

1. 老师要我们看世界名著。
   老师知道我们喜欢看世界名著。
2. 他说他姐姐是一个律师。
   他有一个姐姐是律师。
3. 我请朋友吃湘菜。
   我听说他很喜欢吃湘菜。

第五节　存　现　句

一、什么是存现句

存现句是用来表示某人或某事物存在、出现或消失于某处或某时的句子。它的句首为表示处所、时间的词或词组，说明某处、某时存在、出现或消失某人某事物。存现句的基本结构是：表示处所、时间的词或词组（状语）＋表示存在、出现或消失的动词（谓语）＋动态助词＋表示存在、出现或消失的名词（人或事物）（宾语）。例如：

① 客厅里坐着两位客人。
② 桌子上放着不少西红柿。
③ 桌子上有一本书。
④ 桌子上是一本书。
⑤ 桌子上放着一本书。

存现句不仅结构特殊，对动词有特殊的要求，而且有特殊的表达功能，应该用存现句的时候，就不能用其他的句子代替。

二、存现句的分类

存现句根据句式意义和相关形式特点的不同，分为存在句和隐现句两大类。

（一）存在句

存在句是表示人或事物存在的句子。存在句的表达功能主要是描写客观环境、人物的穿着打扮和姿态等等，表示人或事物存在的一种状态，是描写性的，不是叙述性的。常采用的句式是“处所词语＋动词＋名词”，例如：

① 办公桌上摆满了文件。

② 桌上放着几本书。

存在句形式上的特点主要表现在句首词语和句中词语上，句首都是处所词语，句中动词的类型和组合形式与隐现句特点不同。

存在句主要有下面几种类型：

(1) 处所＋V着/了＋人/事物。例如：

① 脸上带着迷人的微笑。

② 草地上坐了几个人。

带“着”的形式和带“了”的形式基本意义是差不多的，但带“着”的形式表示静态持续的意味强一些，带“了”的形式表示动作完结后呈现的存在状态的意味强一些。“着”和“了”有时候可以互换，但是有的时候不能互换，如上面的例①就不能换成“脸上带了迷人的微笑”，例②可以换成“草地上坐着几个人”。

(2) 处所＋是＋人/事物。例如：

① 远处是一片绿地。

② 最前面是几排威武的海军战士。

带“是”的句子多表示判断，但在存在句的结构中，也用“是”来表示存在。当然，和其他形式比较，带“是”的存在句还保留着一点判断的意味。

(3) 处所＋有＋人/事物。例如：

① 前面有一个易初莲花超市。

② 这一带有好几所幼儿园。

这是最直接表示存在的一种表达形式，除了表示“某处有什么”这种存在意义外，不含有其他的意义。

(4) 处所＋V＋有＋人/事物。例如：

① 墙上挂有一幅布拉格的名画。

② 大门上装有猫眼和小信箱。

这是一种主要用于书面语中的表存在的形式，其中的“有”基本上都可以和“着”“了”互换，但几种形式之间有语体色彩的差别。

(5) 处所+数量+人/事物。例如:

① 天上一片乌云。

② 田野里一片金黄的麦浪。

这种存在句没有动词,但从理解的角度看,可以认为句中隐含了一个动词,或者是“有”,或者是“是”,或者是其他。另外,其中的数量词组必不可少,并且一般数词是“一”。整个数量词组描写的作用远远大于表示数量的作用,或者可以说主要不是表示数量了。

(二) 隐现句

隐现句是表示人或事物出现、消失的句子。在汉语里,当要叙述某个处所或某一时间有什么人或事物出现或消失的时候,一般就用隐现句表达:处所词语(时间词语)+动词+名词(表示出现或消失的事物)。例如:

① 前天我们家来了一个客人。

② 昨天发生了一件大事。

③ 邻居家死了一只猫。

1. 隐现句的特点

(1) 句首的处所词语:像存在句一样,表示出现、消失的句子句首的处所词语也主要是表示处所的名词、方位词等。例如:

① 这时前面开过来一辆面包车,我急忙躲开了。

② 身后出现了一位挺英俊的军官。

③ 我们家来了几个客人。

(2) 这类句子的谓语动词多为不及物动词。一种是与人体或物体移动有关的,如“走”、“来”、“跑”、“钻”、“掉”、“开(汽车)”等;一种是表示出现、消失意义的,如“飘”、“冒”、“浮现”、“涌”、“响”、“刮风”、“弥漫”、“显现”、“浮现”、“消失”、“失去”;或者带上表示出现或消失的词作补语,如“搬走”、“响起”、“跑过来”、“溜出去”、“开过来”、“表现出来”等。例如:

① 我们教研室最近来了一位新老师。

② 人民广场地铁站昨天死了一个人。

(3) 动词后常带趋向补语、结果补语及动态助词“了”。例如:

① 女生宿舍门口开来了一辆宝马。

② 秋天的时候,天空经常飞过一群群的大雁。

(4) 宾语表示出现、消失的人或事物,是新信息,前面往往有数量词。例如:

① 后边挤过两个解放军战士，把她举上了 K135 次火车。

② 这时商场里走出来一位衣服破旧的老大爷。

(5) 专有名词作宾语时，也常常在前面加上"(一)个"。例如：

① 中国出了个哈佛女孩刘亦婷。

② 我们单位出了个活雷锋。

(6) 与存在句相比较，隐现句句首常常有或可以加上时间词语，而存在句，除了表示动态的以外(如"这时天空盘旋着几只老鹰")，多不包含时间词语。

(7) 有时宾语前面没有数量宾语，但句末要有"了"。例如：

① 来客人了。

② 张家死了人了。

2. 隐现句的类型

(1) 出现句。出现句的前面部分主要是表示处所的词语，后面部分一般是名词性短语，往往带数量词作定语，谓语动词必须是出现义。

(2) 消失句。消失句的前面部分主要是表示处所的词语，后面部分一般是名词性短语，往往带数量词作定语，谓语动词必须是消失义。

三、存现句的结构方式

存现句无论是表示存在，还是表示出现或消失，都是由三个部分构成的：句首表示处所或时间的词语，句中的动词词组，句尾表示人或事物的名词词组。下面我们依次看这三个部分的特点。

(一) 句首的处所词语或时间词语

存现句的句首可以是处所词语，也可以是时间词语。例如：

① 他的脸上现出了幸福的笑容。(处所词语)

② 刚才开过去几辆小车。(时间词语)

1. 处所词语

存在句句首的处所词语是不可缺少的，它们是被描写的对象。处所词语包括一切指明处所的词语，类型有：

(1) 表示处所的名词。如"隔壁"、"附近"、"图书馆"等。

① 门口挂着一个牛奶箱。

(2) 双音节的方位名词，如"前面"、"后边"等。

② 衣服的前面写着"爱我中华"。

(3) 一般名词十方位名词,如"图书馆前面"、"桌子上"等。

③ 空调下摆着一张小桌子。

(4) 动词短语或介词短语。

④ 靠墙摆着装满化妆品的低柜。

(5) 表示处所的代词。

⑤ 原来这里住着两百多口人。

(6) 其他词语。如"临街"、"靠岸"、"顺着墙边"、"沿着街道"等。

2. 时间词语

存现句中的时间词语一般包括时间名词和其他表示时间的词组。例如:

最近　后天　前年以来　一个月前　两年以前　十年后

(二) 句中的谓语动词

1. 存现句中谓语动词的限制

能作存现句谓语的动词有一定的限制,意义上大都与事物的位置或位置的移动有关。常见的有:

(1) 常用来表示存在的动词。有两类:一类是指人、事物等静止时的姿势、状态。如"坐"、"站"、"睡"、"贴"、"躺"、"住"、"停";一类是指安放物品的动作。如"放"、"挂"、"摆"、"种"、"写"、"画"、"绣"。例如:

① 床上躺着一个人。
② 昨天他家住着一位客人。
③ 那儿挂着两件上衣。
④ 牌子上写着:"请不要吸烟!"

(2) 常用来表示出现的动词。有四类:①光杆动词:"来"、"出"、"起"、"出现";②带简单趋向补语的一些动词:上(来)、下(来)、进(来)、出(来)、起(来)、过(来);③带复合趋向补语"……来"的动词:走(出来)、开(过来)、露(出来);④常用来表示消失的动词:死、消失、丢、掉。例如:

⑤ 脸上起了一个小包。
⑥ 城里出了一件新闻。
⑦ 剧场里出来了很多观众。
⑧ 刚才过来几个少先队员。
⑨ 西边开过来一列货车。

⑩ 对面山上跑下来一群羊。
⑪ 生产队里丢了一只羊。

(3) 有的动词既可以表示出现,也可以表示消失。如:

走 开 溜 搬

单独用时表示消失,与趋向补语合用时表示出现或消失。例如:

⑫ 他家跑了一只鸡。
⑬ 队里走了一个裁判。
⑭ 后边跑来一个小伙子。
⑮ 刚才开过去一辆汽车。

(4) 一般说来,凡与人或物的位置或位置移动的关系不大的动词不能做存现句的谓语,如:

吃 喝 看 想 听 知道 哭 给 送 买

2. 存现句中谓语动词的特点

(1) 动词后面一般要带动态助词"着"、"了"或补语,一般补语是结果补语或趋向补语,其他补语都不能用于存现句中。也可以又有"着"或"了",又有补语。表示存在状态、方式时,谓语是具有持续意义的动词,动词后大都有"着"。例如:

① 他的眼里闪动着激动的泪花。
② 画上画着一对小狗。

表示出现、消失时,动词大多是跟物体移动、隐现有关的动词,动词后常常有"了";句首也可以用时间词。

③ 树上挂满了果实。
④ 村子里死了一个人。

表示存在或出现的谓语动词后边可以加动态助词"过"。例如:

⑤ 我们家乡种过这种豆子。
⑥ 我的手上出过一点红点儿。

动词谓语后可以带补语,但只能带趋向补语或结果补语。例如:

⑦ 上个月搬来几个大学生。(简单趋向补语)
⑧ 楼上掉下来一朵花。(复合趋向补语)

⑨ 十点半开过去一列火车。(复合趋向补语)

⑩ 上个月考进来一名打字员。(结果补语)

(2) 动词后有时有“满”(在多数情况下,“满”后还有动态助词“了”),表示“尽是”、“都是”一类的意思。例如:

① 天空上缀满了小星星。

② 这时他的办公桌上摆满了文件、电报,电话不断地响起来。

(3) 存在句有时可以没有动词,谓语部分只有名词短语,这种存在句的功能也是描写。例如:

① 外面一片漆黑,真是伸手不见五指。

② 他进屋一看,满地烟头,满屋烟尘,桌上杯盘狼藉,心中便十分不快。

存在句的谓语中如果只有一个名词,这种句子往往不单独成句,而与其他几个短句连用,如上面的例②。

(4) 动词谓语前边还可以带副词状语。例如:

① 两边墙上都挂着山水画。

② 游泳池旁边还放着很多长椅子。

(三) 句尾表人或事物的名词性成分

存在句的宾语表示的是一个新的信息,一般是不确指的,表示人或事的名词以无定的为多,从形式上看,存现句的宾语一般宾语前大多是数量定语或描写性定语,没有定语的情况极少。

① 她胸前别着一枚漂亮的胸针。

② 天空出现了一朵朵白云。

③ 教室里排列着整齐的桌椅。

1. 表示存在的句子和表示出现、消失的句子对数量词组的要求不同

(1) 在存在句中,数量词组可以是定指的,也可以是不定指的。例如:

① 床上躺着他的父亲。

② 床上躺着一位老人。

③ 墙上挂着那张画儿。

④ 墙上挂着一张画儿。

⑤ 蓬乱的头发上插着一根稻草。

⑥ 墙上挂着一幅画,上面题的字写得真不好。

如果存在句的宾语是专有名词,前边往往也有数量词,如“(一)个”。例如:

⑦ 两千年前的中国历史上有个秦始皇。

⑧ 天安门广场上耸立着一座人民英雄纪念碑。

(2) 在隐现句中,数量词组要求是不定指的形式。例如:

① 楼上走下来一个人。

② *楼上走下来老王。

③ 屋顶飞过去一架飞机。

④ *屋顶飞过去那架飞机。

2. 对举时,宾语前可以没有任何定语

例如:

山上长着树,山下种着庄稼。

当宾语为并列结构或存在句为复句的一个分句的时候,宾语也可以没有任何修饰成分。例如:

① 桌子上摆着酒、饼干、白糖、酱油等等。

② 他进屋一看,桌子上摆着菜,却不见一个人。

(四) 存现句句首的状语

(1) 存现句中指处所或时间的状语要放在句首的动词谓语前边,而不能放在动词谓语后边。例如:

① 桌子上摆着很多好看的盘子。

② 下午五点运来了一批家具。

③ *很多好看的盘子摆在桌子上。

④ *一批家具运来了下午五点。

(2) 存现句中表示处所或时间的状语,除少数“有”字句外,处所词前一般不用介词“在”或“从”。例如:

① 车上装着许多机床。

② 游泳池昨天死了一个人。

③ *在车上装着许多机床。

④ *在游泳池昨天死了一个人。

(3) 表示处所或时间的词或词组可以并用。例如:

① 我们机关上个月来了一位新领导。

② 明年这个地方要搬走几个工厂。

四、存现句使用的条件限制

(1) 存现句的否定式是在谓语动词前边用否定副词“没(有)”。例如:

① 最近我家没来客人。
② 这个本子上没写名字。

否定句中,指人或事物的名词(宾语)前不需要加数量词或指示词。例如:

③ 公园门口没停着车。
④ 后边没开来汽车。
⑤ *公园门口没停着一辆车。
⑥ *后边没开来那辆车。

(2) 处所词语不能放在动词谓语的后面。例如:

① *很多衣服放了柜子里。
② 柜子里放了很多衣服。

上面这句话是一个存现句,其中“柜子里”是表示处所的词,“很多衣服”是表示事物的词。在存现句中,处所词应该用在动词谓语的前边,谓语动词后边应该是人或事物。

(3) 谓语前边不能再加表示动作正在进行的副词“正”或“在”。例如:

① *墙上在挂着一张世界地图。
② *桌子上正摆着电视机。

练习

一、把下列句子改成存现句。
1. 有几个人从电影院走出来。
2. 有两只石狮子蹲在银行门口。
3. 有一堆垃圾在地上放着。
4. 今天有两个同学搬走了。
5. 有两位诺贝尔奖获得者从飞机上走下来了。
6. 有几个留学生在主席台上坐着。
7. 有一条裤子从楼上刮下来。

二、请指出下列句子的错误,并说明理由。
1. 很多汉语语法书放了书柜里。
2. 一位新同事来了教研室。

3. 人民广场站着很多来上海旅游的人。

第六节 比 较 句

一、什么是比较句

汉语里用来表示比较的方式，从大的方面来看，可以分为两大类：一类是比较事物、性状的异同；一类是比较性质或程度的差别、高低，每一大类中又包含一些不同的比较格式。凡是用来作比较的句子都称作为比较句。比较常用的比较句有"比"字句、"不如"句、"跟/和/同/与/像……一样"句、介词"有"字句、"越来越"、"越……越……"句、"更"字句、"最"字句等等。

二、汉语中表示不同比较方法的比较句

（一）"比"字句

"比"字句是指表示两个人或两种事物在性质、程度的差别或高低（也可用于同一事物的不同时期的比较）的一种格式，用介词"比"引出比较的对象，用谓语表示比较的结果，"比"与其宾语在句中作状语。例如：

① 她比我大三岁。
② 他比我高。
③ 我身体比以前好得多了。

"比……"可以放在补语之前，也可以放在动词之前。例如：

④ 他做生意做得比我好。
⑤ 他做生意比我做得好。

1. 结构方式

(1) 基本格式：A＋"比"＋B＋差别

① 这棵树比那棵树高。
② 这个班的学生比那个班的学生多。

(2) 由"比＋被比较的人和事物"构成介词词组，放在形容词或以形容词为中心意义的述补词组前，有三种基本结构。

③ 他比我高。（比字词组＋谓词性词语）
④ 杰克汉语说得比我流利。（比字词组＋形容词（＋得）＋形容词）

⑤ 他的房间比我的大一点儿。(比字词组+形容词+数量词语)

数量词语放在形容词后，补充说明数量，不能放在形容词前。

⑥ *他的房间比我的两平方米大。

(3) 动词后边有宾语的话，可以有两种方式。

⑦ 她骑自行车骑得比我快多了。(重叠动词)
⑧ 他自行车骑得比我快多了。(宾语提前)

(4) 表示在哪方面比较的动词或比较其结果的形容词不能省掉。

⑨ *他自行车比我快多了。
⑩ *他自行车骑得比我多了。

2. "比"字句使用的条件限制

(1) 比较的一项内容一般不能省略，被比的一项相同的内容常常可以省掉。

① 他的房间比我的(房间)大。
② *他比我的房间大。

(2) 表示比较差距大时，"比"字句中不能使用程度副词"很"、"最"、"非常"等。其他表示程度的副词，如"非常"、"极"等也不能用在"比"字句里。如果要说明比较的双方差别很大，应该说"比……得多"或"比……多了"等。例如：

① *我的汉语比他很差。
② 我的汉语比他差得多了。
③ *他的房间比我的非常小。
④ 他的房间比我的小得多。

但是，表示程度"进一步"的意义时，介词结构后面、谓语前面，还可以用表示比较程度的副词"更"、"还"、"还要"等作状语，表示程度更进一层。

⑤ 她比我更胖。
⑥ 妇姐比我还笨。
⑦ 他的汉语比我得还好。

(3) 下列"比"字句不仅可以比较高下差异，而且可以表示高下差异的程度。所以谓语中心语后可以有表示程度的补语。例如：

① 弟弟比妹妹大三岁。

② 他们班的学生比我们班多五个。

(4) 如果动词带程度补语，程度补语不能放在动词的前面，“比”放在动词前或补语主要成分前，如果动词又带宾语，“比”用在重复的动词前或补语主要成分前。例如：

① 小明比我学得好。
② 他翻译得比我快。
③ 比他跑得快。

(5) 程度补语和数量补语不能同时出现。例如：

① *我比她来得早10分钟。
② 我比她早来10分钟。

这个句子里既有数量补语，又有程度补语“来得早”。一个句子中不能同时用两种补语，这时应去掉程度补语中的“得”，将形容词“早”作状语用在动词“来”之前。这种句子的格式是：“比”＋人/物＋形容词(作状语)＋动词谓语＋数量补语。

(6) 否定副词“不”不能放在谓语的前面。例如：

① *我的汉语水平比玛丽的汉语水平不高。
② 我的汉语水平不比玛丽的汉语水平高。

在用“比”表示比较的否定句中，否定副词“不”必须放在“比”之前，而不是放在谓语之前。

(7) 否定形式及其意义。用“比”构成的比较句，多以肯定形式出现，如果否定的话，多用“没有”的形式。这和直接在“比”前加“不”是不同的。否定词不能放在形容词前。例如：

① 这件衣服比那件衣服漂亮。(肯定)
② 那件衣服没有这件衣服漂亮。(否定)

“比”字前虽然可以加“不”进行否定，但是跟用“没有”否定，用法意义有差别。否定形式“不比……”只说明“前者不比后者更……”，而不表示“后者比前者……”。例如“他不比我高”，不能说明“我比他高”，虽然实际上可能是“我比他高”。

“不比”对形容词的积极、消极色彩没有选择。例如：

③ 我的房间不比你的大。
④ 我的房间不比你的小。

而“没有”一般是有选择的,它一般选择带有积极色彩的形容词。例如:

⑤ 我的房间没有你的大。

⑥ *我的房间没有你的小。

⑦ 我跑得没有你快。

⑧ *我跑得没有你慢。

有时用“不比”否定,是为了强调句中形容词反义的肯定意义。例如:

⑨ 这个商店的价钱不比日本低多少。

此例句意义在于“日本的商品贵,这个商店的商品也贵。”

用“不比”否定时,有时含有辩驳的语气。例如:

⑩ 我不比他笨,我怎么就不能参加比赛了?

⑪ (谁说我做的菜比他差),我做的菜不比他差嘛!

其中隐含着反驳“别人认为我比他笨”、“别人认为我做的菜比他差”等意思。

(8) 可以在介词结构“比……”后面作谓语的动词(或助动词)有一定的限制,常见的有:表示愿望、爱好、思维活动的动词或助动词,如“爱”、“喜欢”、“懂”、“关心”;表示增加或减少的动词,如“增加”、“提高”、“降低”;表示“善于”的助动词及其后边的动词。如“能说”、“能写会画”;带程度补语的动词,如“咱们比他们走得快”;表示“多”、“大”等意思的动词“有”,如“她比我们有办法/他的发言比别的人有内容”;前边带“早”、“晚”或“多”、“少”等状语的动词。

(9) 介词结构“比……”后的形容词谓语常带的补语有下面几种情况:用数量补语“一点儿”或“一些”,表示比较的双方差别不大。如“这个提包比那个轻一点儿”;用程度补语“多”,表示比较的双方差别很大。如“这只鸡比那只肥得多”;用数量词组作补语,表示比较双方的具体差别。

(10) “多”、“少”或“早”、“晚”作状语,一定要放在谓语动词前边,而不能放在“比”前边。如:

① 我比他多买了一本书。

② 她比我少买了一本书。

(11) 当“比”字句后项是疑问代词时,疑问代词不表示疑问而表示任指,后边应当有副词“都”。比如:

① 他比谁都聪明。

② 这儿比哪儿都安静。

如果句子表示反问,“不”应当放在疑问代词的后面。如:

① 那个淹死小妮子的龙须沟，它比谁不厉害！

(二)"不如"句

"不如"用来表示一个人或一种事物比不上另一个人或另一种事物，是否定意义的比较。用"不如"进行比较，表示一事物在所比较的方面"不及"或"比不上"另一事物(或同一事物不同事物的比较)。

1. 基本结构

"不如"的前后可以是名词、动词或小句，前后的词类或结构一般相同。

A. X+"不如"+Y：

① 这本书不如那本书。

B. X+"不如"+Y+("那么/那样/这么/这样")+谓语：

② 这张照片不如那张(照片)好。

C. X+"不如"+Y+("那么/那样/这么/这样")+谓语+补语：

③ 他跑一百米不如我跑得快。

④ 我说法语说得不如他流利。

2. 使用"不如"表示比较时需注意的问题

如：

① *我不如他说汉语好/流利。

② 我不如他说汉语说得好/流利。

用"不如"表示比较时，说明的是A和B在某一方面的程度差别。在这个句子中，动词谓语"说"的后面带有宾语"汉语"，当后面还要加上表示程度的词，如"好"或"流利"等时，应重复动词"说"，再加上"得"和程度补语。这种句子的格式是：主语+"不如"+人+动词+宾语+重复的动词+"得"+程度补语。

3. "不如"句使用的条件限制

"不如"句使用时有以下条件限制。

(1) 句中的形容词一般是具有积极意义的，一般不用消极意义的形容词。例如：

① 他不如我长得漂亮。

② 欧美留学生学汉字不如日韩留学生快。

(2) 比较的方面可以作为提示成分出现，也可以放在被比较的对象后面。提示成分相对自由等。放后面的和"比"字句相同，这两方面也常常共现。

① 人品，他不如我。

② 踢球，他不如我。

③ 他踢球不如我。

④ 他不如我踢球踢得好。

(3) 两种事物比较，后面说明用来比较的事物，或事物比较的结果。例如：

① 我们班不如他们班喜欢运动的学生多。

② 走路不如骑车快。

(4) 同一事物，前后不同时期也可以进行比较。例如：

① 今年的学生不如去年的多。

② 他的身体不如从前了。

(5) 在动词带有程度补语的句子里，"不如"可以放在要比较的成分之前，或放在"得"字之后。例如：

① 这张相片不如那张相片照得好。

② 这张照片照得不如那张好。

(三) 用"跟/和/同/与/像……一样"表示的比较句

用"跟/和/同/与/像……一样"来比较两个人或两种事物在性质、状态、数量或程度上的异同，表示两事物相同。例如：

① 这支钢笔的颜色跟那支钢笔的颜色一样。

② 这本书跟那本书一样厚。

1. 基本结构方式

用"跟/和/同/与/像……一样"表示的比较有以下基本结构方式。

(1) X＋"跟"＋Y＋"一样/相同/不一样/不同"＋动词/形容词。例如：

① 父亲跟儿子一样高。

② 他跟我一样，都喜欢吃辣的。

③ 这个教室跟那个教室不一样。

(2) "X＋跟＋Y"部分还可以用复数意义的词语表示。例如：

① 我们的房间都一样大。

(3) "一样"后面不能连带名词性词语，比较的内容放到"一样"前面。例如：

① ＊这两本书一样内容。

② 这两本书内容一样。

2. 否定形式

用“不”否定“一样”，表示不同，或者用“不同”替代。表示完全“不一样”时，可以在“不”前加“完全”“根本”等副词，可以直接在“一样”前加“不”、“不太”。例如：

① 这两件衬衫颜色不一样。

② 这两个句子的意思完全不一样。

③ *这本书的内容不跟那本书一样。

3. 使用的条件限制

“跟/和/同/与/像……一样”表示的比较句使用的条件限制为：

(1) “一样”前可以接表示接近或不够“一样”的词语，如：“差不多”、“几乎”、“不太”等，但是不能接程度副词。肯定各方面一样时，可以用副词“完全”。“一样”后面不能接名词性成分，表比较的内容放到“一样”前。

① 他长得跟我差不多一样高。

② 我们俩跑得几乎一样快。

③ 他们俩的性格不太一样。

④ *他长得跟我非常一样。

⑤ *我们的房间很大一样。

⑥ 这两幅画儿完全一样。

(2) 这是一种比较异同的句型，所以句中一定要明确是比较哪一方面的异同。“一样”是形容词。表示“几乎一样”的意义时，还可以用“差不多”表示。

① 他的汉语跟我差不多。

(3) “跟……一样”在句中可以作状语，也可以作定语。例如：

① 我要借一本跟他那本一样的词典。

4. 使用“跟”表示比较时需要注意的几个问题

(1) 结构误用。如：

① *我们国家的习惯比中国的不一样。

② 我们国家的习惯跟中国的不一样。

汉语中没有“比……一样”或“比……不一样”这种句型。只能说“跟/和/同……一样”或“跟/和/同……不一样”。

(2) 缺少必要成分。如:

① *我买的书跟他一样。

② 我买的书跟他的一样。

用“跟”表示比较时,被比较的对象的性质必须是同类的。在上面这句话里,“书”是物体,而“他”是人,这两者是不能互相比较的。所以,“他”的后边应加上表示领属关系的结构助词“的”,即“他的”,意思是“他的书”。

(四)“有”字句

用“有”或“没有”进行比较,表示一事物在所比较的方面达到或没有达到另一事物的程度(也可以用于不同事物不同时期的比较),“有”、“没有”与其宾语在句中作状语。例如:

① 弟弟有哥哥高了。

② 我没有他那么会唱歌。

1. 基本结构

这种句子的基本结构是:A+有+B(名词性词语)+形容词性词语。例如:

① 这孩子已经有爸爸那么高了。

② 他车开得没有我快。

“有”表示达到某种标准或程度的意义,所以后面的形容词前常常配有“这么”、“那么”、“这样”、“那样”等词语,有时,这类词语可以省略。

2. 否定形式

“有”字句的否定形式是“没”或“没有”。如:

① 我没他那么会说。

② 他汉语说得没有我好。

3. 使用条件限制

用“有”或“没有”进行比较的比较句使用的条件限制为:

(1) 用“有”或“没有”表示比较时,一般格式是:A+“有”(或“没有”)+B+(“这么”或“那么”)+比较的方面。这种格式表示A在比较的方面达到了跟B一样的程度,这种方式的比较,一般多用“没有”,而“有”多用于疑问句。

(2) 除形容词外,能够衡量程度的动词或能愿动词也都可以用。例如:

① 他没有我那么喜欢听音乐。

② 你有他那么会下棋吗?

(3) 这种比较句,只表示两种事物的一般比较关系,因此,谓语中不再表示具体差异的补语。

（五）用“越来越”、“越……越……”表示的比较句

“越来越”、“越……越……”句是用来比较人或事物的数量或程度随着时间的推移而不断发展或变化，是同一事物不同时期或不同条件的比较。

1．基本结构方式

用“越来越”、“越……越……”表示比较的句子有以下基本结构方式。

（1）主语＋越来越＋谓语（形容词或表示心理活动的动词）＋（了）。如：

① 天气越来越热了。

② 他跑得越来越快了。

（2）越＋谓词性词语，越＋谓词性词语。如：

① 她心里越紧张，越说不出话来。

② 小红越长越漂亮。

2．使用的条件限制

用“越来越”、“越……越……”表示比较的比较句使用的条件限制为：

（1）句中表示性状的形容词已经含程度的意义，是肯定了以前程度高，现在更高的意义，所以不再接受表示程度意义的词语。

① * 天气越来越十分热了。

② * 天气越来越热多了。

③ * 阳光照射越很多，地面就很热。

（2）“越来越”表示的是发展、变化的意义，句尾常常加“了”。

① 他汉语说得越来越好了。

（3）“越来越”不能放在一般动词的前面。

① * 风越来越刮得大了。

② 风越来越大了。

③ 风刮得越来越大了。

“越来越”后面的谓语应该表示变化的方面，常常由形容词或表示心理活动的动词充当，如上面例句中“越来越大”中的“大”。而这句话里的“刮”是一个一般性动词，不能用在“越来越”后面。

（4）“越来越”不能放在主语的前面。

① * 越来越学习汉语的人多了。

② 学习汉语的人越来越多了。

在这句话中,“越来越”是副词性短语,不能用在主语“人”的前边,它只能作状语,用在谓语“多”的前边。

(5)“越来越”的后面不能再用其他的程度副词。

① *天气越来越很热了。

② 天气越来越热了。

“越来越”表示程度随时间的变化而变化,它的后边不能再用其他程度副词,如“很”、“非常”、“比较”等等。

(六)用“更”表示的比较句

1.“更”的一般用法

“更”是一个表示程度的副词,常用于人或事物自身的比较或两个事物之间的比较。用“更”进行比较,表示超过原来的程度或对方,多数含有原来也有一定程度的意思。例如:

① 哪种方法更高?

② 她比以前更漂亮了。

③ 我更喜欢上海了。

2. 用“更”表示的比较句使用的条件限制

(1)“更”是副词,后边可以有形容词、动词、动词结构等,在句中作状语。

(2)动词后有程度补语时,“更”可以移到补语里去。例如:

① 他更学习的起劲了。

② 他学习得更起劲了。

(七)用“最”表示的比较句

1.“最”的一般用法

“最”也是表示程度的副词,用“最”进行比较,表示某种属性超过所有同类的人或事物,达到了比较范围内的顶点。例如:

① 这是最重要的问题。

② 这些天以来,今天最冷。

③ 他今天来得最早。

2. 用“最”表示的比较句使用的条件限制

(1)“最”后面跟形容词,可以用来修饰名词,这时一般带“的”。

(2)“最”常用于谓语和补语。

(3)“最”可以用在一些表示情绪、态度、印象、评价等内心活动的动词前面。例如：

① 他最愿意帮助别人。

② 我最赞成这样做。

③ 这件事最不让人放心了。

(4)“最”可以用在方位词前。例如：

① 请你把最上边的那几张报纸给我。

② 那本书我放在书架的最右边了。

“最”是最常用的一个程度副词，其用法之一，是在对两个或两个以上事物进行比较的基础上，或者说是经过比较以后，根据比较的结果，单独提出达到顶点、极端或居于首位的一方。可见“最”是着眼于比较以后的单个的比较项。因此，凡有“最”作状语的句子一定不能再同时出现比较项，凡有比较项作状语的“比”字句一定不能再出现作状语的“最”。这两例中的“最”都不应当有。如下：

① * 他的发音比别的同学最好。

② * 晚上的一分钟小说辅导课比白天的课最有意思。

三、比较句使用中注意的问题

(一) 具体比较句式的选择

下面这些句子都是用来比较事物或性质的异同的，具体来说，是比较事物或性质相同还是不相同，一样还是不一样。

① * 现在，中国青年喜欢的音乐比日本青年相同。

② * 我的汉语水平比以前差不多。

③ * 那里教中文的方法比北京语言大学不同。

要表达这样的比较意义，汉语里是不用“比”字句的，应该用下面的格式：A 跟 B 一样/相同(肯定式)，A 跟 B 不一样/不相同、不同(否定式)。

(二) 用“有”表示比较时注意的问题

汉语中没有“有……一样”这种句型的。用“有”表示比较的句子时候，“有”表明 A 达到了 B 的程度，动词“有”后常用“这么”、“这样”、“那么”或“那样”，而不能用“一样”。或者也可以用“跟……一样”这个结构。

① * 我妹妹有我一样高。

② 我妹妹有我这么高。

③ 我妹妹跟我一样高。

[辨析]“A 跟 B 一样……”与“A 有 B 这么……”

“A 跟 B 一样……”表示 A 和 B 相比较,在某方面程度性质相同。“一样”后可以跟形容词,如“她跟我一样聪明”;也可以跟表示心理活动的动词和一些能愿动词,如“他跟我一样喜欢乒乓球”;也可以什么都不跟,如“他的理想跟我的一样”。“一样”后面跟形容词时,这些形容词一般都是积极意义的词语。它的否定式是“A 跟 B 不一样……”,一般很少用。

“A 有 B 这么/那么……”表示把 B 作为标准,用 A 跟 B 去衡量。根据 B 的远近,选择“这么”(近指)或“那么”(远指)。它的肯定句用得较少,一般用来比划或描述某事物的形状、特征,后面的形容词一般也是积极意义的,如“这孩子已经有我这么高了”。它更多地用于疑问句、反问句和否定句,这时后面的形容词也可以是消极意义的,如“他做人哪有你做得这么差?”它的否定形式为“A 没(有)B 这么/那么……”,如“他没有我那么喜欢乒乓球”。

[辨析]“‘没有’句”和“‘不如’句”

在比较句中,“没有”和“不如”意思相同。“A 没(有)B+X”和“A 不如 B+X”都是“B 比 A+X”的意思。可是它们在用法上又有一点儿不同。

1)“没有”可以和“这么/那么”一起用,而“不如”不能。

2)用“没有”时,后面的形容词可以是积极意义的词,如“他学习没我努力”,也可以是消极意义的词(要加“这么/那么”),如“我没你这么懒”。而用“不如”时,形容词必须是积极意义的,如“我没他高”、“她学习不如我努力”。

3)“不如”后面一般不跟动词,“我没他那么怕死”。

4)当形容词在前面已经出现时,“不如”后面的形容词可以省略,如“他跑得很快,我不如他”;而“没有”后的形容词不能省略。

练习

一、请简述汉语中表示比较的各种方式的基本结构和特点。

二、请指出下列句子的错误,并说明理由。

1. 我妹妹比我很聪明。
2. 我的房间比妹妹的房间一米宽。
3. 兔子比乌龟快跑。
4. 他比我来得晚半个小时。
5. 我的英语口语水平比他的英语口语水平不高。

6. 我打字打得比你快得多了。
7. 我们国家的气候比中国的不一样。
8. 我的电脑跟他一样好用。
9. 他的汉语水平有我一样好。
10. 我不如他打乒乓球好。
11. 雨越来越下得大了。
12. 越来越注意健康的人多了。
13. 房价越来越很贵了。
14. 我的英语口语水平比以前差不多。
15. 这座楼比那座楼最高。
16. 他打字打得比我最快。

三、用“比”、“更”、“最”填空。

1. 我不喜欢打篮球，________不喜欢踢足球。
2. 东京的物价________上海贵得多。
3. 今年他的身体________好了。
4. 我们班他的个子________高。
5. 他________我高一个头。
6. 我们班有十几个人，________大的四十多岁，小的二十出头。

四、用“有”、“没有”、“跟……一样”、“不如”完成句子。

1. 坐飞机________坐火车________________。
2. 我的包大，他的包小，________________。
3. 这个超市________那个超市________。
4. 他写字写得________________________________。

第七节　“连”字句

一、什么是“连”字句

（一）“连”字句的含义

汉语中的“连”字句是指包含“连……也/都”结构的句子，它可以是复句，也可以是单句。例如：

① 他忙得连饭都没有吃。（单句）

② 连他那么健康的人也被传染上了非典。（单句）

③ 连老师都不知道这个问题的答案，更不用说学生了。（复句）

④ 非典的时候，连南京路上也没有人，大家都在家不敢出来。（复句）

（二）“连”字句基本的语法意义

（1）表示隐含比较。例如：

① 这姑娘连孩子都有了，怎么会没结婚呢。

② 他太累了，回家后连鞋都没有脱，就上床睡觉了。

③ 他结婚非常简单，连喜糖也没发给大家吃。

汉语的“连”字句正是用来实现人们把外部事物进行序位化心理操作的一种句法手段。在上面的例句中，“连”后面的成分有一种比较关系。日常谈话时，也可以只说出“连”字句，把包含比较对象的分句省掉，比如例①只说“这姑娘连孩子都有了”，但实际上还蕴含着“更不用说谈恋爱、结婚了”，并且“谈恋爱、结婚、有孩子”在正常的情况下，实际上有着一个层次递进的关系；例②中“鞋都没脱”，实际上隐含比较的是“脱裤子”、“脱衣服”等，这些都被隐含着，而没有在话语形式上表现出来。“连”字句所表示的这种语法意义可称做隐含比较意义。

（2）引出极端情况。在“连”字句中，“连”后边引出的事物或行为，在说话人看来一般是没有想到的或按一般常识情理不该如此。但这样的事物或行为竟然出现或发生了，由此可见其程度之高或出乎预料。请对比：

① 这姑娘连毒药都能喝。

② *这姑娘连白开水都能喝。

③ 他连死都不怕。

④ *他连头疼都不怕。

例②和例④是错误的句子，原因在于白开水是什么人都能喝的（这里说的是正常情况下），一个姑娘能喝白开水一点儿也不奇怪。头疼是一般人常得的病，“不怕头疼”谈不上稀奇。对比之下，“姑娘能喝毒药”和“他不怕死”，在一般情况下总是人们预料不到或不该如此的。在例①和例③中，“连”的作用就是把这种一般情况下人们想不到、认为不该如此或不可能如此的情况作为极端情况引出来，从而起到了强调的作用。

二、“连”字句的结构方式

（一）“连”＋名词性词语

“连”后是名词性成分时，常是要强调一般句式中的主语或宾语。例如：

① 连留学生都知道这个汉语语法知识点，中国老师当然知道。

② 他连饭也没吃就走了。

③ 甚至连厕所里都铺上了大理石瓷砖。

“连”后的名词可以是主语，也可以是前置宾语或其他成分。因此全句的施事主语或受事宾语省略的时候，会产生歧义。例如：

④ 连我也不认识。

这个句子有两个意思：“连我也不认识他”和“他连我也不认识”。

（二）“连”＋动词性词语

“连”后是动词或动宾短语时，谓语多是否定形式或是表示遗忘的一部分。例如：

① 连打升级都不会。

② 连看电视也没兴趣。

③ 这么大的橘子，我连见都没见过。

“连……也/都……”格式有时前后是同一个动词，而且后面的动词要用否定形式，也就是说句子的对比焦点是动词性成分。例如：

④ 她的妈妈给她买了一件衣服，她连看都没看就扔到一边去了。

⑤ 他把一双穿过好长时间的袜子，从衣服堆里翻出来，连洗都没洗，就穿上上课去了。

⑥ 客人进来以后，他连头也不抬，只是抬抬手，示意他等等。

例⑥把动词“抬”省了。这样用的“连……也/都……”格式都表示：说话人认为某件事按常理应该怎么做，而某人并没有那么做。如例⑤，“他”要去“上课”，至少该穿干净袜子，可是“他”竟穿了一双本来就很脏的袜子。

（三）“连”＋主谓短语

主谓短语中有疑问代词或不定数词出现。例如：

① 连他叫什么名字我也忘了问。

② 连这篇文章有哪几个例句他都记得。

（四）“连”＋量词短语

数词只能是“一”，谓语只能是否定形式。例如：

① 最近连一晚也没睡。

② 教室里连一个人都没有。

③ 他宿舍我连一次都没去过。

(五)"连……"在句首

① A:你学过很多语言吧?

B:哪里,连英语我都是磕磕巴巴的。

② A:我今天请客,你敢吃狗肉吗?

B:没问题,连果子狸的肉他都敢吃。

三、"连"字句使用的条件限制

(1) 句子所强调的部分放在"连……也/都/也都"中间,重音也放在强调部分。例如:

① 我连恋爱都没有谈过。

② 天气预报还说要下雪了,连雨都没有下。

(2) "连……也/都/也都"中"连"可以省略不用,但"也/都/也都"不能省去。例如:

① 这次会议连他都去了。

② 这次会议他都去了。

③ *这次会议连他去了。

(3) "连一……也/都/也都"常省"连",而形成"一……也/都/也都",这样的句式中,谓语是否定形式,无论用"没/没有"还是"不",都强调"没有"。例如:

① 今天不知道怎么回事儿,教室里连一个人也没有。

② 他是一个文盲,一个字都不认识。(省"连")

(4) 表示强调的意义时,一般把要强调的成分放在"连"后面。强调的对象分别为主语、宾语、谓语动词。

1) 强调主语。如:

① 连孩子们也知道讲礼貌。

2) 如果要强调宾语或整个动宾短语,宾语要提到谓语前面,"连"的后面,成为前置宾语。

② 他走了这么久连一个电话也没来,真不像话。

③ 他连自己学校的校长都不认识。

3) 强调谓语动词。如:

④ 这件事,他连考虑一下也不考虑。

(5) 用“连+数量”的用法时,数词一般限于“一”,谓语限于否定式。下面例句中“连”的后面都是数词“一”,而且谓语都是否定形式。例如:

① 他连十块钱都拿不出来,别说一千了。

② 十年前我学过的一点俄语,现在连半句也不会说了。

(6) 在“连……也/都”结构中“也”多用于否定句中,“都”则多用于肯定句中。

① 连他也不来。

② 连他都来了。

练习

一、请指出下列句子的错误,并说明理由。

1. 他连饭都吃了。

2. 连人民代表大会都在人民大会堂开了。

3. 我们连水都会烧了。

4. 北京的冬天冷极了,连雪都下了。

二、请说出三个分别强调主语、强调宾语、强调谓语动词的连字句。

第十章　复　　句

第一节　复句的构成

一、复句中分句主语的异同和隐现

(一) 复句中分句主语的异同

复句是由两个或两个以上意义相关的分句组合成的,分句可以是主谓句,也可以是非主谓句。例如:

① 没有孙海平,就不可能培养出刘翔这样的运动员。

② 如果不下雨,我就和你一起去买东西。

例①的两个分句都是非主谓句,例②的前一分句是非主谓句,后一分句是主谓句。

(二) 复句中分句主语的隐现

(1) 由主谓句组合成的复句,多出现主语省略的情况。复句中如果分句主语相同,常常承前或蒙后省略。例如:

① 上海与北京是我国的两个规模最大的城市,事实上(上海与北京)却有着本质的不同。

② 如果(转型中的社会)能有一个同样规模和深度的文化变革与建设,转型中的社会就有了无形的凝聚力和认同感。

例①是后一分句的主语"上海与北京"承前省略,例②是前一个分句的主语"转型中的社会"蒙后省略。

(2) 复句中分句主语不同,也可以承前或蒙后省略。这时,分句的主语是因与其他分句的某一成分相同而省略的。例如:

① 这学期他也拿到了奖学金,不过不多。

② （宝宝）睡了不到十分钟，宝宝的眼睛就又睁开了。

例①后一分句的主语因与前一句的宾语相同而省略，例②前一分句的主语因与后一分句中的领属性定语相同而省略。

有时相同的主语都出现在分句中，是为了表示强调。例如：

③ 即使你了解了全部事实，你也没法得出正确的结论。

④ 我没有证据，但我相信是这么回事。

例③每个分句都有主语“你”，例④每个分句都有主语“我”。

要适当地运用主语省略的规则，避免两类错误：一是随意省略，主语的省略体现了语言简约性的原则，但也不能随意省略，必须表义清楚；二是回避省略，该省的不省，这样会使语句显得冗赘。例如：

⑤ *即使我拉着他，[我/他]也不会滑。

⑥ *小林推开门，（小林）看见他正在床上躺着。

例⑤后一分句的主语，可能是由于与前一分句的主语相同而省略，也可能是由于与前一分句的宾语相同而省略，会产生歧义，所以不应该省略。例⑥的两个分句主语都是“小林”，应该省略一个。

二、复句中分句的连接方式

一个复句包含了几个分句，分句之间的连接是通过语序和关联词语来实现的。

（一）语序连接

用语序来连接分句的方法被称为意合法，这种方法以人们的认知心理为基础，体现了人们不同的认知过程。例如：

① 曾纯找来纸笔，记下姑娘告诉她的电话号码。

② 台灯罩低垂着，在桌面投射出一个明亮的光圈。

③ 苏州山清水秀，气候湿润，经济富足，文化发达。

例①是以动作发生的先后顺序为基础的，例②是以从高到低的观察顺序为基础的，例③是以从具体到抽象的认识顺序为基础的。

用语序来连接的分句，有时可以通过句法形式揭示分句间的关系。例如：

④ 有些东西有它没用，没它不行。

例④两个分句在结构上是对称的，而且句中又有意义相对的词语，分句间存在着转折关系。但是，有时却容易让人产生不同的理解。例如：

⑤ 他去，我不去。

此句可以理解为假设关系（如果他去，我就不去）、因果关系（因为他去，所以我不去）、让步关系（即使他去，我也不去）等。所以，为了明确语义，人们常常使用关联词语。

（二）关联词语连接

关联词语由一些连词（如不但、而且、虽然、即使等）和副词（如都、也、就等）充当，它们有时成对出现，有时单独出现，直接揭示分句之间的关系。例如：

① 上海既受过欧风美雨的吹拂，也受过本土文化的滋润。

② “迷”有很多种，因为爱好有很多种。

③ 有学问的人多的是，但是不一定都能当老师。

例①中出现的关联词语是“既……也……”，分句间为并列关系。例②中出现的关联词语是“因为”，分句间为因果关系。例③中出现的关联词语是“但是”，分句间为转折关系。

复句中的关联词语标示了不同的语义关系，在使用中又具有一定的稳定性和灵活性。在对外汉语教学过程中，应从最常见、最基本的格式入手，循序渐进地学习。初级阶段要求学习的关联词语是标示分句关系的最典型的形式，如“先……再……”（表示顺承关系）、“不但……而且……”（表示递进关系）、“因为……所以……”（表示因果关系）等。到了中高级阶段关联词语的形式变得多样化，或者是出现新的书面化的词语，或者是出现新的搭配组合，如“……甚至……”、“不仅……而且……”（表示递进关系）；“之所以……是因为……”、“（因为）……故……”（表示因果关系）等。

《汉语水平等级标准与语法等级大纲》（国家对外汉语教学领导小组办公室汉语水平考试部编写）和《高等学校外国留学生汉语言专业教学大纲》（国家对外汉语教学领导小组办公室）都对复句作了分级示例。如关联词语“一边……一边……”在《等级大纲》中被列为甲级语法项目，在《教学大纲》中被列为一年级语法项目，均属于初级阶段汉语学习的范围。

三、复句中的关联词语

在实际使用中，充当关联词语的通常是连词和副词。连词既可用于偏句，也可用于正句，而副词一般用于正句。

（一）连词的使用

第一个分句中的连词可以放在主语前，也可以放在主语后。两个分句主语相同时，连词多位于主语后，这时主语往往是话题，统领两个分句。例如：

① 计划生育不但对国家有好处,而且对家庭也有好处。

② 我虽然已经快六十了,可是跟四十多岁的人差不多。

有时虽然两个分句的主语相同,可是连词要放在主语之前。例如:

③ A:今天回来怎么这么高兴啊?

B:因为我买到球票了(所以才这么高兴)。

答句中的连词起连接作用。同样的情况,在句群中也存在。例如:

④ 法国人喜欢喝咖啡,英国人喜欢喝茶,难道英国人就不能跟法国人结婚?只要男女双方相爱,就不在乎喝咖啡还是喝茶了。

因此在确定连词的位置时,不能忽视语境对它的影响。

主语不同时,连词位于主语前。例如:

⑤ 因为她已经有男朋友了,所以我一直也没向她表白过。

⑥ 如果我们再不紧急地加以自我拯救,那么人类将只能走向自我毁灭。

第二个分句中的连词一定要放在主语前。例如:

⑦ 那个留学生经常不上课,但是汉语照样很好。

⑧ 斯诺曾经在燕京大学新闻系当过两年教授,而且燕京大学就是他写《西行漫记》的地方。

(二)副词的使用

充当关联词语的副词主要有"就"、"才"、"又"、"也"、"都"、"便"、"越"等,除"越"以外,它们都只能位于第二个分句的主语后。例如:

① 如果学校的升学率不高,人们就会认为这个学校的教学质量不高。

② 这两年生活条件改善了,心情也不那么沉重了。

③ 不管以后的道路多么艰难,我都不会放弃音乐。

副词"越"的位置较特殊,分别位于两个分句的主语后。例如:

④ 老师越讲,我越糊涂。

(三)关联词语的搭配

复句中的关联词语有的必须成对出现,有的只是单独出现,也有成对出现、单独出现均可的。例如:

① 黄昏恋不是指老年人的婚外恋,而是指老年人死了老伴以后的恋爱婚姻。

② 他不愿意再等下去，于是起身走了。

③（因为）他总是说话不算数，（所以）没人再相信他了。

例①中的关联词语“不是……而是”必须成对出现。例②中的关联词语“于是”只是单独出现。例③中的关联词语“因为……所以”成对出现、单独出现均可。

成对出现的关联词语，有的只与一个关联词语搭配，有的可与两个或多个关联词语搭配。例如：

④ 我虽然不会打篮球，但是非常喜欢看篮球比赛。

⑤ 虽然我们天天见面，可我还是不了解他。

⑥ 明天不是你去，就是我去。

例中的关联词语“虽然”可以和“但是”、“可”搭配，表示转折关系，而“不是”只能和“而是”搭配，表示选择关系。

尽管关联词语的搭配是灵活多样的，但是始终要遵循以下原则：其一，不管是单用还是合用，一定要表情达义清楚明确；其二，不管是与一个还是多个搭配，必须是只表达一种关系，不能混用。例如：

⑦ *我先念课文，就作练习。

⑧ *虽然我没见过你，我还听说过你的情况。

例⑦是承接复句，关联词语“就”虽然可以表示承接关系，但是不能与“先”搭配，应将“就”改为“然后”或“再”。例⑧是转折复句，尽管关联词语“虽然”可以和许多词语配合使用，但不能和“还”搭配，因为“还”不带有转折的意味，应将“还”改成“可”或“但是”并且置于主语“我”后。

练习

一、修改下列句子并说明理由。

1. 我国人民的天文观测开始得很早，但是早就发现了太阳黑子。

2. 骑自行车既不污染空气，骑自行车还可锻炼身体。

3. 只要不怕麻烦，就你再去一趟。

4. 他刚来的时候，他一句汉语也不会说，他生活很不方便。

5. 我们白等了他半天，可是他没有来。

6. 因为对作文一窍不通，我所以特别怕上这门课。

二、请用不同的关联词语将所给的句子组成不同的复句（至少两种），并说明关联词语在复句中的作用。

1. 那个学生考上了大学。/那个学生不能上大学。

2. 我要走。/他要走。

3. 王教授学习日语。/王教授学习法语。

三、假设教学对象为初级阶段的留学生,请从下列关联词语中选出两对进行讲解。

1. 又……又……

2. 一……就……

3. 虽然……但是……

4. 不但……而且……

5. 只有……才……

6. 哪怕……也……

7. 不是……而是……

第二节　复句的类型

一、复句的分类依据和标准

复句可以从不同的角度进行分类,比如从分句间的结合程度和停顿来看,可以分为紧缩复句和非紧缩复句(一般复句);从分句间的层次数来看,可以分为一重复句和多重复句;从分句间的关系来看,可以分为联合复句和偏正复句等。

分析复句主要是指明分句和分句之间的关系。分句间的关系是复杂多样的,因此在联合复句和偏正复句之下,又可分为并列、条件、假设、承接、递进、转折、因果、选择等多种关系类别。这些关系分别与逻辑关系、事理关系和心理关系有关,如因果关系、假设关系等为逻辑关系,并列关系、承接关系等为事理关系,递进关系、转折关系等为心理关系等。但是逻辑关系、事理关系和心理关系这三种关系只是复句分类的基本依据,并不能作为分类标准,因为它们具有双重性。例如:

① 孩子着了凉,生病了。

② 孩子着了凉,于是生病了。

③ 孩子着了凉,所以生病了。

要表达"孩子着了凉,生病了"这一内容,从事理方面说,可以加上"于是"成为承接复句(如例②),但是从逻辑方面说,又可以加上"所以"成为因果复句(如例

③)。因此,复句的分类只能从形式上寻找标准,即把关联词语作为标准,如果句中没有出现关联词语,应根据语境添加上合适的,然后再进行判断。例如:

④ A:你孩子最近怎么样?
B:孩子着了凉,生病了。(孩子着了凉,于是生病了。)

⑤ A:你孩子最近怎么生病了?
B:孩子着了凉,生病了。(孩子着了凉,所以生病了。)

例④中 B 的答话,只能加上"于是"理解为承接复句。例⑤中 B 的答话,只能加上"所以"理解为因果复句。

对于有双重依据的复句,确定归类时也只能根据情况归入某一类,比如用"即使 A,也 B"的句子中,可以依据 A 和 B 是尚未实现的或尚未证实的情况这一特点,归为假设关系,也可以依据 A 和 B 的关系是转折的这一特点,归为转折关系,或者单独列为让步关系。本书采用的就是第 3 种分法。

二、联合复句

联合复句是指由两个或两个以上语法上关系平等、不分主次的分句构成的复句。主要有以下四种。

(一) 并列复句

并列复句的几个分句说明或描写几件事情、几种情况或同一事物的几个方面。分句中出现的事物、情况一定要属于同一性质、范围。例如:

① *他一方面抓紧时间熟悉新环境,一方面和新同事吃饭。
② *那件毛衣不是不好看,而是颜色不好看。

例①前一分句指整个活动,后一分句指这个活动中的一个环节,不能并举,可改为"他一方面抓紧时间熟悉新环境,一方面积极制定新的工作计划"。例②前一分句是对毛衣的整体评价,后一分句是对毛衣颜色方面的评价,范围不同,不能并举,可改为"那件毛衣不是样子不好看,而是颜色不好看。"

并列复句通常分为平列式和对列式两种。

(1) 平列式复句常用的关联词语有"又"、"也"、"又……又……"、"(也)……也……"、"既……又(也)……"、"一方面……(另)一方面……"等。这类关联词语表示的是同一事物的几个方面,或者相关的几种事物、几种情况的并存。例如:

① 我不喜欢大城市,也不喜欢小城市。
② 我们既要看到成绩,又要看到不足。

③ 快毕业了，他们一方面忙着写论文，一方面忙着找工作。

有些表示平列的关联词语，与时间的关系很密切，如"一边……一边……"和"一面……一面……"，表示几个动作的同时进行，或几种情况的同时存在。例如：

④ 他一面打工，一面读书，很辛苦。

⑤ 学生们一边听，一边记笔记。

又如"一时……一时……"、"一会儿……一会儿……"、"时而……时而……"等表示的是动作的交替进行，或者情况的交替出现。例如：

⑥ 他在房间里一会儿翻材料，一会儿找数据，忙得不可开交。

⑦ 辅导员四次找她谈话，时而辩论，时而启发，时而引导，时而鼓励，打消了她退学的念头。

(2) 对列式复句常用的关联词语有"而"、"不是……而是……"等，一般连接两个分句，表示两种情况的对照或对立。例如：

① 在修建南昆铁路的日日夜夜里，困难一个接着一个出现，而胜利的喜悦也一个接着一个传来。

② 当代社会不是草率结婚的人太多，而是草率离婚的人太多。

有些表示对列关系的复句中没有关联词语，此时分句之间形成对照，后一分句的开头可以加上连词"而"。例如：

③ 名著好比美味佳肴，电脑、英语就像大米和蔬菜。

④ 健康人中，体重 50 公斤的人每分钟心跳次数为 90 次，100 公斤的人是 75 次。

[辨析]"又……又……"与"也……也……"

"又……又……"和"也……也……"都表示几种情况或状态并存，例如：

① 他又(也)会汉语，又(也)会英语。

但是有时不能互换：①"又……又……"可以整合为短语充当句法成分，"也……也……"不可以；②"也……也……"可以用于主谓谓语句，"又……又……"不可以。例如：

② *昨天晚上我们也唱也跳，高兴极了。

③ *我北京又去过，上海又去过。

例②的第一个分句为并列短语在句子中充当谓语，应该改为"又唱又跳"。例

③的两个分句为主谓谓语句，应该改为“我北京也去过，上海也去过。”或“我又去过北京，又去过上海。”

［辨析］**“一方面……一方面……”与“一面……一面……”**

“一方面……一方面……”连接的是事情的两个方面或两种情况，不体现时间性；“一面……一面……”连接的是两个同时进行的动作或事情，突出时间性。例如：

① ＊他一面会开车，一面懂英语。

② ＊他一方面开车，一方面用英语打电话。

例①中的“会开车”和“懂英语”是“他”所具备的两种技能，不具有时间性，所以应使用“一方面……一方面……”。例②中的“开车”和“用英语打电话”是他的具体的动作，与时间密切相关，所以应使用“一面……一面……”。

（二）承接复句

承接复句常通过分句的排列顺序来表示连续发生的动作或情况。例如：

① 他打开灯，下了床，走到儿子床前，掀开他蒙住头的毛巾被。

② 海淀乡树村5位退休女职工租赁一个农家院，办起敬老院，收养了20位老人。

有时也使用一些关联词语，如“先……再……”、“（首）先……然后……”、“先……接着……”、“……于是……”、“……就（又）……”、“……（又）……便……”、“……（这）才……”、“……此后……”、“起初……才……”等。例如：

③ 他远远看见路北口有5个民警，便使劲地喊起来。

④ 六七等奖也登出来了，还是没我们的事，这才想起对尾数。

顺序性是承接复句的核心，分句的位置不能随意调换，用于第一个分句的关联词语，也不能用于后续的分句。不过，用于后续分句的关联词语搭配比较自由，既可以分开使用，也可以合并使用。例如：

⑤ 请在文本框中输入需翻译的网站（页）的网址，然后在“原文语种”按钮中选择网站（页）语种，再在“译文语种”按钮中选择需翻译成的语种，单击“确定”按钮，本网站的机器翻译系统会在保持原来版面、格式不动的情况下自动实现双语对照显示。

⑥ 在目前办案过程中，警察采用国际上通用的一套程序对有关电子数据提取固定，然后再将电子证据转化为具有法律效力的证据。

合并使用时，关系连词在前，关系副词在后。

[辨析]“后来”、“然后”、“此后”

“后来”、“然后”和“此后”都可以用于表示承接关系的复句，不同之处是：

“后来”强调时间的先后，即表明动作或情况发生在相关时间的后一阶段，只用于已经发生的事情，常与“开始”、“起先”、“起初”等词语搭配；

“此后”强调时间的关联，即表明后一个动作或情况发生的时间是以前一个动作或情况发生的时间为基点的，也只用于已经发生的事情，常单独出现；

“然后”强调动作或情况发生的顺序，即表明动作或情况的发生是在另一个动作或情况发生后，可用于过去或将来的情况，常与“首先”、“先”等词语搭配。

例如：

① 他们的关系起初不太好，后来比较融洽。

② 1958年9月2日，北京电视台正式开播，此后在相当长的时间内，电视业的发展是缓慢的，这与国家经济发展不快有很大关系。

③ 今天我们先进行笔试，然后进行口试。

[辨析]“于是”与“因此”

前者表示后一件事情紧接着前一件事情发生，后一件事情往往是前一件事情引起的，常单独使用。后者表示由于前面所说的原因，得出后面的结论或结果，常和“因为”、“由于”搭配使用。例如：

① 雪融化时要吸收热量，因此气温很快就会下降。

② 雪融化时吸收了很多热量，于是气温很快就下降了。

当句子表示的是一般的情理和规律，强调内在的因果关系时，只能用“因此”（如例①）；当句子表示具体的情况，分句间又存在因果关系时，两者可以互换（如例②）；不过，如果句子突出的是先后承接的关系，就只能用“于是”不能用“因此”，例如：

③ 在朋友们的鼓动下，他参加了电视台的业余歌手大奖赛，于是他的人生有了戏剧性的变化。

[辨析]“承接复句”与“并列复句”

表示承接关系的分句之间是一种纵的承续，也叫做“鱼贯句”；表示并列关系的分句之间是一种横的排列，也叫做“雁行句”。因此，承接复句的各个分句之间一般不能互换位置，而并列复句的各个分句之间，互换位置不会改变原义。例如：

他披衣坐起，摸出香烟，点着火，怔怔地发呆。（连贯复句，各个分句之间有时间的先后关系，不能互换位置）

他一会儿站起来，一会儿又坐下去。（并列复句，各个分句之间可以互换位置而不改变原义，可改为“他一会儿坐下去，一会儿又站起来。”）

（三）递进复句

递进复句的典型形式是“（不但）……而且……”，表示后一分句的意思比前一分句更进一层，因此既要注意分句之间的可比性，还要注意它们的层次性。例如：

① ＊我不仅能吃中国菜，而且要喝中国酒。

② ＊他在这次比赛中，不但打破了校纪录，而且拿到了第一名。

例①前一分句使用助动词“能”，说明的是“我”的能力，后一分句使用助动词“要”，说明的是“我”的意愿，说明的方面不同不能构成递进关系。例②“不但”和“而且”后面的内容位置颠倒，因为按照常理，“打破校纪录”比“拿到第一名”更难做到。

常用的关联词语还有“……更……”、“……还……”、“不仅……而且……”、“不但……还（也）……”、“……甚至……”、“……不仅不……还……”、“……不但……反而……”、“不光……反而（反倒）……”、“不但……而且……甚至……”、“……尚且……何况……”、“……况且（也、还、又）……”等。关联词语的使用对揭示前后分句间的语义关系起重要作用。例如：

③ 他不但会说汉语，而且还会说法语。

④ 他会说汉语，而且还会说法语。

⑤ ＊他不但会说英语，会说法语。

例③使用了完整的关联词语，突显了表达重点在后一分句。例④的前一分句缺少关联词语“不但”，前后两个分句的语义轻重差别不是很大。例⑤的后一分句缺少了关联词语“而且”，句子就不成立了。

如果句子的意思是从否定方面说，就用“……（不但）……反而……”、“不光……反而（反倒）……”这一类关联词语。例如：

① 这学期以来，他学习上不但没有进步，反而大大退步了。

② 那位老人住院治疗后，病情反而更重了。

表示强调与期望的情况或一般情理相反。

[辨析]“而”与“而且”

“而”和“而且”都可用于递进复句，例如：

① 这次考试同学们都取得了良好的成绩，而他的成绩最为突出。

② 他爱看足球，而且也爱踢足球。

它们的不同是：从形式上看，"而且"可以和"但是"搭配使用，"而"只能单独使用；从语义上看，使用"而"的分句是对前一分句的补充和进一步说明，使用"而且"的分句是在前一句的基础上进一步推进；此外，"而"还可以用于表示转折、承接等不同关系，"而且"只能用于表示递进关系。

[辨析]"……况且……"与"……何况……"

"况且"和"何况"都可表示进一步申述理由或补充说明。例如：

① 这条路线经过的都是一些偏远地区，徒步走一回不是一件容易的事，况且还要自己掏腰包，花上一年的时间。

② 父亲的干涉破坏了他吃饭的兴致，何况本来就没有什么好吃的东西。

但是，"何况"还可用于反问语气的句子，与"尚且"引导的分句进行对照，表示事情更应如此，而"况且"却不能。例如：

③ 有暖气的房子尚且这么冷，何况没有暖气的呢？

[辨析]"递进复句"与"并列复句"

递进复句和并列复句的区别是：后一分句用"也、还、又"等副词时，如果前一分句不用"不但"的话，是并列复句，用"不但"的话，是递进复句。如：

小王能唱歌，也/还/又能作词、作曲。（并列关系，前一分句没有"不但"）

小王不但能唱歌，也/还/又能作词、作曲。（递进关系，前一分句有"不但"）

（四）选择复句

选择复句表示从不同分句所表示的不同事情中，选出一件。通常分为两类：一类是"选择未定"的，一类是"选择已定"的。

（1）"选择未定"复句又可分为两种。一种表示从两件或几件事情中任选一件，常用的关联词语有"（是）……还是……"、"要么……要么……"、"或者……或者……"、"或……或……"、"或是……或是……"等，它们可以连接两项，也可以连接三项或多项。例如：

① 你是喝茶，还是喝咖啡？

② 我们要么星期一见面，要么星期二见面，别的时间我没有空。

③ 或者你去，或者我去，或者我们一块儿去，你决定吧！

用“(是)……还是……”连接的复句常常表示疑问(如例①),可以扩展为“是……还是……还是”或者“是……还是……是……还是”。例如:

④ 那篇文章你是特快专递给我,还是传真给我,还是发电子邮件给我?

⑤ 他辨不清是睡觉,还是醒着,是做梦,还是真实。

另一种表示必须或只能从两件事中选择一件,常用的关联词语是“不(是)……就(是)……”。例如:

⑥ 不是你说错了,就是他说错了。

(2)“选择已定”复句表示已经在两件事中做出选择。常用的关联词语有“与其……不如……”、“与其……宁可……”、“宁可……也不(也要)……”、“宁愿……也不”等。例如:

① 与其跪着生,不如站着死。

② 我宁可饿肚子,也不做饭吃。

例①说话人选择的是“站着死”,例②说话人选择的是“饿肚子”。关联词语连接的内容都是说话人不希望发生的事,选择是在权衡利弊得失之后不得已而作出的。

[辨析]“不是……就是”与“或者……或者”

“不是……就是”表示的是二者选一,非此即彼,而“或者……或者”表示两者当中可能有一个,但是也不排除有第三者的可能。例如:

① 他每天下午不是去打篮球,就是去踢足球。

② 她昨天穿的衣服或者是红色的,或者是黄色的,我记不清楚了。

例①只存在“打篮球”和“踢足球”两种可能,例②除了“红色”和“黄色”两种颜色以外,还可能是别的颜色。

[辨析]“与其……不如……”、“宁可……也不……”、“宁可……也要……”

三对关联词语都表示选择,它们的区别是:

“与其……不如……”多用于谈看法,提建议,在语义上舍前取后,即舍弃“与其”后的事情,选择“不如”后的事情。例如:

① 反正你决定要走了,与其等到天黑再走,不如现在就走。

例①中的说话人建议对方“现在就走”。

“宁可……也不……”和“宁可……也要……”都用于表明当事人自己的选

择，不过“宁可……也不……”在语义上是舍后取前，即选择“宁可”后的事情，舍弃“也不”后的事情；“宁可……也要……”在语义上是为后取前，即为了“也要”后面的目的，选择前面的事情。例如：

② 我宁可一辈子不结婚，也不嫁给他。

③ 他宁可不睡觉，也要看电视。

例②当事人“我”选择的是“一辈子不结婚”，例③当事人“他”为了“看电视”不睡觉。

三、偏正复句

根据正句与偏句间的关系分类，常见的有以下几种。

（一）因果复句

分为说明性因果复句和推论性因果复句两类。

（1）说明性因果复句。偏句表原因，正句表结果，典型形式是“因为……所以……”。一般情况下偏句在前，正句在后；有时也可偏句在后，正句在前。常用的关联词语还有“……因此……”、“由于……，……”、“……是由于……”、“之所以……是因为……”、“由于……以致……”、“由于……的缘故，……”、“（因为）……故……”、“……以至于……”、“所以……所以……（还）因为……”等。例如：

① 因为人们对婚姻的要求越来越高，所以世界上独身的人也越来越多了。

② 他昨天之所以没有来，是因为他母亲突然生病住院了。

（2）推论性因果复句。典型形式是“既然……就……”，只能偏句在前，提出条件，正句在后，加以推论。常用的关联词语还有“……可见……”、“……只好……”等。例如：

③ 既然你没有答应他，事情就好办了。

④ 那个词他又用错了，可见他还没有掌握那个词的用法。

[辨析]“因为……所以……”与“既然……就……”

“因为……所以……”和“既然……就……”都表示因果关系，它们的不同表现在：

1）“因为……所以……”用于说明性因果复句，表明实际的原因和结果，“因为”后是事情发生的原因，“所以”后是已经发生的事实，具有客观性；“既然……就……”用于推论性因果复句，通过事实提出推论，“既然”后是说话双方已知的事实，“就”后是说话人的推断和意见，具有主观性。例如：

① 因为下雨了，所以我没有骑车。

② 既然下雨了，你就别骑车了。

2）“因为”引导的分句和“所以”引导的分句位置可以调换，而且“因为”和“所以”均可以单用，例如：

③ 你送她玫瑰花不太合适，因为她已经结婚了。

④ 他最近很忙，所以我们最好不要去麻烦他。

而“既然”引导的分句和“就”引导的分句位置一般不能调换，且“既然”和“就”要配合使用。

[辨析]“（由于）……以致……”与“……以至（于）……”

“以致”常与“由于”配合使用，表示在一定原因下产生不好的结果；“以至于”常单独使用，表示由于前半句话所说的动作、情况的程度深而形成的结果。例如：

① 由于他优柔寡断，以致铸成大错。

② 现代科学技术发展得这么快，以至于许多知识都需要更新转换。

（二）转折复句

转折复句是偏句在前，正句在后。根据语气的轻重，分为轻转和重转两类。

（1）重转的转折复句，分句间的关系是对立的、矛盾的。常用的关联词语有“（虽然）……但是……”、“虽然……可是……”、“……可是（可）……”、“尽管……但是（可是、然而、还是）……”、“……反而……”等。例如：

① 虽然是白天，但是楼道却是黑洞洞的。

② 尽管绝大多数人一辈子也没有看过一眼满汉全席，但心底里还是认为它才是正宗的中国菜，才是中国菜中的极品。

③ 他住得最远，反而来得最早。

表示重转的关联词语成对出现时，转折的语气最强。如果只使用“但是”、“可是”、“然而”等关联词语，语气较为缓和。

（2）轻转的转折复句，分句间的关系是相对的，语义上并不强调两个分句的不一致，后一分句往往是对前一分句的追加说明。常用的关联词语有“不过”、“只是”、“就是”、“只不过”等。例如：

① 那件衣服很好看，就是价钱太贵了。

② 小小的渔船居然干起了走私汽车的大买卖，不过贪欲总是要付出代价的。

例①首先肯定“那件衣服很好看”，然后补充说明不足之处是“价钱太贵了”，在表达上，前面的内容是主要的，后面的内容是次要的。例②先陈述一种情况，然后从另一个角度对这种情况进行评述，前后的内容是相互照应的。

选用表示转折关系的关联词语时，受句义限制的程度不同。例如：

③（虽然）天晴了，但是很冷。/天晴了，不过很冷。

④ 矛盾是普遍存在的，不过由于事物的性质不同，矛盾的性质也就不同。

例③可以用“（虽然）……但是”和“不过”，只不过用前者时强调两种情况的对立——期望中的“天晴了不冷”和现实中的“天晴了很冷”形成鲜明的对立，转折的语气强；用后者是为了补充说明“天很冷”这一情况，转折的语气弱。例④只能用“不过”，不能用“（虽然）……但是”，因为从表达的重点来看，说话人意在说明普遍存在的矛盾性质是不同的，并非强调矛盾的普遍存在和矛盾的性质不同是对立的。

（三）条件复句

条件复句是偏句在前，表示条件；正句在后，表示结果。分为特定条件句和无条件句两类。

(1) 特定条件复句表示在某一条件下，就会产生相应的结果。常用的关联词语有“只有……才……”、“只要……就……”、“除非……否则（不然）……”、“除非……才……”等。例如：

① 只有始终牢记党的宗旨，坚持一切从人民的利益出发，坚持以最广大人民的根本利益为最高标准，才能从根本上做到求真务实。

② 你还年轻，只要努力，就一定有机会。

③ 除非你答应我的条件，不然你别想从我这儿得到一分钱。

(2) 无条件复句表示在任何条件下都会有同样的结果，强调结果产生的必然性和不可抗拒性。常用的关联词语有“不管……也（都）……”、“（无论）……也（都）……”、“任……都（也）……”、“别管……都……”、“任凭……也（都）……”等。例如：

① 不管明天下不下雨，我们都得按时出发。

② 任凭风吹雨打，那棵树也茁壮地成长。

③ 无论谁打电话找我，你都说我不在。

④ 别管付出多大代价，我都要救我的孩子。

复句中必须使用以下词语或格式：正反对比形式（如例①）；并举形式（如例②）；任指性的疑问代词（如例③）；表示程度的词（如例④）。所以，以下形式都是错误的：

⑤ *不管刮风，他都按时参加训练。

⑥ *不管你认识他，我都不怕你。

［辨析］“只有……才……”与“只要……就……”

“只有……才……”列出的条件是必要条件，具有唯一性。例如：

① 只有请他帮忙，我们才能解决这个问题。

说话人的意思是必须请他帮忙，请别人或者采用别的手段都是不行的。

“只要……就……”列出的条件是充分条件，说明有了这个条件，就能产生所说的结果，但并不排除其他条件。例如：

② 只要请他帮忙，我们就能解决这个问题。

说话人的意思是有他帮忙，就可以得到解决问题这一结果。

（四）假设复句

假设复句是偏句在前提出假设的条件，正句在后说明在这一条件下要产生的结果。假设复句的典型形式是“如果……就……”。常用的关联词语还有“（要是）……，就……”、“假若（倘若）……就……”、“假如……就……”、“假使……就……”、“倘使（倘如，倘）……也（就）……”、“假设……那（么）……”、“不是……还要……”、“没有……就没有（不）……”、“……否则……”、“（幸亏）……不然……”、“要不是……（就）……”、“幸好……不然（要不）……”、“……再不然（要不然）……”、“要么……，否则……”等。例如：

① 如果再多放点糖，这道菜的味道就更好了。

② 要是水不干净，人喝了怎么得了。

③ 幸好主任没有看见我，不然我也要加班了。

还有一类使用“如果说……，那么……”的复句，前后两个分句说的是相关的两件事情。如果承认前一分句是事实，那么就得承认后一句所说的也是事实。例如：

④ 如果说这种办法行不通，那么那种办法也无济于事。

关联词语“否则”、“不然”表示“如果不是这样”。带有这些词语的复句，副句中说明的是已然的事实或说话者提出的条件，正句表示的是假设在这个事实或条件不存在的情况下，将会产生的结果。此类复句在表达上有意突出和强调前面的原因或条件。例如：

⑤ 我不知道您病了，否则，我早就来看您了。
（比较：如果我知道您病了，我早就来看您了。）

⑥ 幸亏有你帮忙，不然，我真不知道该怎么办才好。
（比较：要是没有你帮忙，我就真不知道该怎么办才好。）

还有一类使用“否则”、“不然”的复句，表示的是两种对立的、并存的事实，在肯定前一分句所陈述情况的基础上，引出后一分句陈述的情况。例如：

⑦ 如果名词性成分的表现对象是话语中的某个实体，我们称该名词性成分为有指成分，否则，我们称之为无指成分。

（五）让步复句

让步复句的偏句承认某种事实，作出让步，正句从相反的方面说出正面的意思。正句的内容是表达的重点。常用的关联词语有“即使……也……”、“哪怕……也（都）……”、“就是……也……”、“固然……也……”、“纵然……也……”、“即便……也……”、“就算……（那）也……”等。根据事实的性质，又可分为两种：

（1）对事实的让步，即偏句所说的事实是现实的情况。例如：

① 工作固然重要，家庭也不能不顾啊！

② 即使你家里有抗生素药，也不能随便吃，还是应该去看医生。

（2）对假设的让步，即偏句所说的事实是假设的情况。例如：

① 即使明天你不投我的票，我也能获胜。

② 纵然你说破了天，我也不会买保险。

（六）目的复句

偏句表示目的，正句表示为了这一目的所做的事。又分为两种：

（1）目的是使发生希望的事情或使得到想要的结果。常用的关联词语有“为了……”、“……为的是……”、“……好……”、“……以便……”、“……以……”、“……借以……”等。例如：

① 他不分白天黑夜地工作，为的是攒下一笔钱供儿子读书。

② 为了防止传染病由国外传入或者由国内传出，实施国境卫生检疫，保护人体健康，制定本法。

(2) 目的是不使发生不希望的事或不使出现不想要的结果。常用的关联词语有“……,省得……”、“……免得……”、“……以……”、“……以免……”等。例如:

① 你先打电话问问他今天在不在公司,免得白跑一趟。

② 我送你回家吧,省得你父母担心。

[辨析]“为的是”与“以便”

“为的是”和“以便”都表示目的,而且它们所引导的偏句都在后。它们的不同是:

“为的是”用来补充说明前面那样做的目的,前面的事情通常已经完成或正在进行。例如:

① 大家没有把你父亲去世的消息告诉你,为的是不让你在考试中分心。

② 她梳着奇怪的发型,穿着鲜艳的衣服,为的是引起别人的注意。

“以便”用来表明前面那样做使后面所说的事情容易实现,前面提到的事情通常是还没有完成的建议或计划。例如:

③ 如果此网站无法访问,请点击此处发送错误报告,以便我们进行修正,使连接更准确,使您的搜索更快捷方便。

④ 他要搭乘早上的航班飞往乌鲁木齐,以便下午能参加一个重要的会议。

练习

一、辨别正误并说明原因。

1. 你们既然能打听到他们公司的计划,他们公司也不会不了解你们的计划。

2. 他不但不愿回头,而是无法回头。

3. 不管别人说的话,我都将这项研究进行到底。

4. 记者问他住在哪里,他一方面说与朋友一起住,一方面又说在厂里住。

5. 尽管那个工程难度很大,我们就按期完工了。

6. 我已经向他道过歉了,因此她还是不原谅我。

7. 社会越来越进步了,反而独身的人多了。

8. 我们批评你,以便帮助你。

二、请比较说明下列几组关联词语的用法。

1. “不是……就是……”、“不是……而是……”和“是……还是……”。

2. “但是”、“只是”和“不过”。

3. “虽然……但是”、“如果……就”和“即使……也”。

三、请就关联词语“宁可……也……”设计一个教学方案。

第三节　多重复句与紧缩复句

一、多重复句

（一）一重复句与多重复句

在前面的章节中，我们列举的大多是由两个分句构成的复句，它们之间只存在着一层关系。例如：

① a. 我是不幸的，b. 但是又是最幸运的。

② a. 数据库采用 DVD 光盘或活动硬盘的形式提供给用户，b. 以便于用户进行全库检索。

③ a. 一回到家，b. 我就给他写了一封信。

例①a 和 b 之间是转折关系，例②a 和 b 之间是目的关系，例③a 和 b 之间是承接关系。

而实际语言中，复句的形式非常复杂，常常包含着多个层次关系，我们称之为多重复句。例如：

④ a. 为实现国民经济持续、快速、健康发展，| b. 既要解决历史遗留下来的环境污染问题，‖ c. 又要控制发展过程中出现的新的环境问题。

⑤ a. 人人家里都有老人，‖ b. 老人的今天就是我们的明天，| c. 提倡尊老敬老不仅符合我国的道德标准，‖ d. 也是社会主义精神文明的需要。

⑥ a. 许多妇女之所以还能够保持事业家庭二者兼得，| b. 不是因为命好，‖| c. 嫁了一个好丈夫，‖ d. 而是她们自身能够有一种自我奋斗的价值，‖| e. 有自身的社会地位。

例④和例⑤都是二重复句，例⑥是三重复句。

（二）多重复句分析方法

理清多重复句分句间的层次关系，是理解句子的关键。分析复句的步骤一般为先通读全句，分出层次，然后找出或添加关联词语，最后确定关系。例如：

① a. 住房是所有人都需要的基本生存资料，‖ b. 但个人的收入又因其能力大小是有高低的，| c. 完全靠市场来解决国民的住房问题，‖ d. 就势必造成相当一部分低收入者无房住，||| e. 并给社会带来不稳定。

这个复句包含了 5 个分句，主要是说明不能完全靠市场来解决住房问题。第一个层次在 b、c 之间，前一部分讲为什么不能完全靠市场来解决住房问题，后一部分讲完全靠市场来解决国民的住房问题将会造成的结果，它们之间可以加上关联词语“因为……所以……”，是因果关系。前一部分讲原因的 a、b 之间是第二层次，有关联词语“但”，是转折关系。后一部分讲结果的 c、d、e 句之间又可分为两个层次，c 句和 d、e 句之间可以加上关联词语“如果……就……”，因此是假设关系；而 d 和 e 都是讲结果，且它们之间有关联词语“并”，所以是并列关系。

如果采用以下图示，可以更清晰直观地反映出分句间的层次关系：

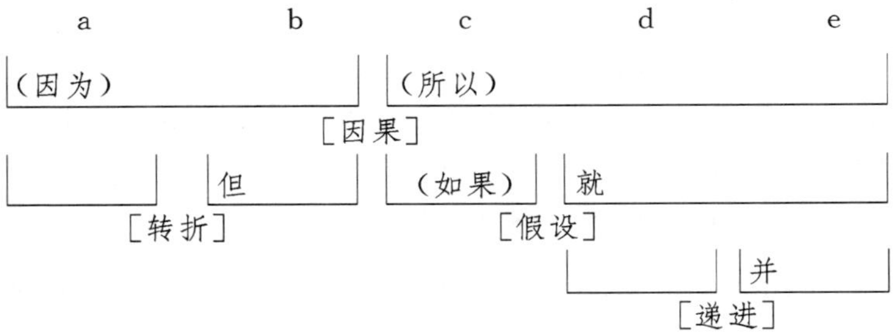

有些意合而成的分句，不能添加关联词语，只能凭小句之间的意念来确定逻辑关系。例如：

a. 她端端正正地坐在三马拉的胶皮轱辘车当中，b. 身上穿着红棉袄，c. 下边是青缎子棉裤，d. 脚上穿着新的红缎子绣花鞋子，e. 头上戴着朵红绒花，f. 后头跟着一辆车，g. 坐着两个吹鼓手，四个老爷子和两个媒人。

这个复句主要描写她的姿态穿戴及和她有关的车和人，第一层次在 e、f 句之间，为并列关系。a 写她总的姿态，b、c、d、e 分写她身上、下边、脚上、头上的穿戴，所以 a 和 b、c、d、e 之间是总分关系，f、g 之间是并列关系。

总分关系是多重复句中常见的一种语义关系，例如：

① 这个城市很清楚地划分为两个世界，一个是平民的，一个是官僚的。

② 或者把老虎打死，或者被老虎吃掉，二者必居其一。

例①是先总述后分说，例②是先分说后总述。

二、紧缩复句

紧缩复句结构紧凑，分句之间没有停顿，书面上也没有逗号，形式上像是一个单句，但是它的谓语不止一个，而且谓语之间存在着条件、让步、因果等关系。所以我们也可以认为它是用单句形式表达复句内容的句子。

紧缩复句有很多固定的格式，简单、凝练，多用于口语。

（一）带成对的关联词语的紧缩复句

（1）用“一……就……”关联的紧缩复句是承接关系，表示“就”后的动作或事情紧接着“一”后的动作或事情发生。例如：

① 我们一下课就去食堂吃饭。

② 明天一起床我们就去爬山。

有时“就”后的动作或事情还是“一”后的动作或事情的结果，例如：

③ 他一着急就脸红。

（2）用“越……越……”关联的紧缩复句表示连贯关系，表示第二个“越”后的情况随着第一个“越”后情况的变化而变化。例如：

① 老子越老越糊涂了。

② 她越干越起劲了。

因为强调的是情况发生了变化，所以句末需要加“了”。

（3）用“不……不……”关联的紧缩复句表示假设关系，相当于“如果不……就不……”。例如：

① 他这个孩子不打不行。

② 明天大家不见不散。

（4）用“（不）……也……”关联的紧缩复句表示假设、让步关系，相当于“如果……也……”或“即使……也……”。例如：

① 你不同意也没办法。

② 不给钱也干。

（5）用“再……也……”关联的紧缩复句表示让步关系，相当于“即使……也……”。例如：

① 人再多也得挤上车去。

② 你再没钱也比我富。

“再”在句中表示程度加深，“再……也……”表示即使主语所指的事物程度加深了，情况也不会改变。

(6) 用“非……不(才)……”关联的紧缩复句用双重否定的形式表示强调，相当于假设关系“如果不……就不……”。主要强调“非”后的词语，“非”后词语常常表示条件或结果，“不”后常跟“可(行、成)”。例如：

① 明年我非考上重点大学不可。
② 那件事非他出面解决才行。
③ 非本院职工不得入内。

(7) 用“没有……就没有……”关联的紧缩复句表示的是假设关系“如果没有……就没有……”，说明前者的存在是后者存在的前提条件。类似的形式还有“没有……(就)不……”。例如：

① 没有共产党就没有新中国。
② 没有他的帮助就没有我的今天。
③ 没有规矩不成方圆。

(二) 带单个关联词语的紧缩复句

带单个关联词语的紧缩复句中往往隐含着与它成对出现的关联词语，而且在不同的句子中成对出现的关联词语并不相同，所以它们可以用于表示不同语义关系的紧缩复句中。

(1) 用“就”关联的紧缩复句。例如：

① 你想什么时候回来就什么时候回来。
② 说了就得照着去做。(自编)
③ 你以为关上电门就解决问题了吗?
④ 我看你不在家就回去了。
⑤ 那部电影写得太形式化了，刚看一半就知道结局了。

例①表示假设关系，意为“如果你想哪个时候回来，你就哪个时候回来”。例②表示让步关系，意为“既然说了就得照着去做”。例③表示条件关系，意为“你以为只要关上电门就解决问题了吗?”。例④表示因果关系，意为“因为我看你不在家，所以就回去了”。例⑤表示转折关系，意为“(虽然)刚看一半，但是就知道结局了”，不过语气较轻。

(2) 用“……也……”关联的紧缩复句。例如：

① 损失已经无法挽回了，打官司也没有用。
② 我自己会看病也不来求医了。
③ 你干什么也得吃饭。

④ 她住院了也没耽误功课。

例①表示让步关系,意为"即使打官司也没有用"。例②表示假设关系,意为"如果我自己会看病就不来求医了"。例③表示条件关系,意为"无论你干什么,也得吃饭"。例④表示转折关系,意为"(虽然)她住院了但是没耽误功课",不过语气较轻。

(3) 用"又"关联的紧缩复句。例如:

① 我想找他借钱又不好意思开口。

② 他那儿住又有地方住,吃又有地方吃,舒服得很。

③ 隔壁有人又怎么样?

例①表示转折关系,意为"(虽然)我想找他借钱,但是不好意思开口",不过语气较轻。例②表示假设关系,意为"如果(说)住,(那么)有地方住;如果(说)吃,(那么)有地方吃。"例③表示让步关系,意为"即使隔壁有人,(也)没什么关系"。

(4) 用"还"关联的紧缩复句。例如:

① 他已经退休了还天天关心着单位的事情。

② 打狗还得看主人呢!

③ 我有别的办法还找你?

例①表示转折关系,意为"(虽然)他已经退休了,但是还天天关心着单位的事情",不过语气较轻。例②表示让步关系,意为"即使打狗,也得看主人"。例③用在反问句中,表示假设关系,意为"如果我有别的办法,就不来找你了"。

(5) 用"再"关联的紧缩复句。例如:

有意见以后再提,现在不是时候。

此例表示假设关系,意为"如果有意见,就以后提"。

(6) 用"才"关联的紧缩复句。例如:

爱拼才会赢。

此例表示条件关系,意为"只有爱拼,才会赢"。

(7) 用"都"关联的紧缩复句。例如:

① 他想都没想,就拒绝了我。

② 那个老头有事没事都想喝上两口。

例①表示让步关系,意为"他连想都没想"。例②表示条件关系,意为"那个老头不管有事没事都想喝上两口。”

[辨析]“你想住在哪儿就住在哪儿。”与“你想住在那儿就住在那儿。”

第一句中的“哪儿”是虚指某一个地方，只能理解为假设关系，而第二句中的“那儿”表示特指，可以理解为假设和让步两种关系。

用“就”关联的紧缩复句还有一些固定的格式，例如：

① 咱们喝就喝个痛快。

② 你写作业就写作业，别东看看西看看的。

例①是“动词1＋就＋动词1＋个＋补语”结构，例②是“动(宾)1＋就＋动(宾)1＋别(甭)……”结构，表示的是让步或假设关系。

[辨析]“小王跑遍书城也买不到那本书。”与“小王跑遍书城买不到那本书。”

第一句是紧缩复句，表示让步关系，相当于“小王即使跑遍书城也买不到那本书”。第二句是连动句，说明小王“跑遍书城”的实际结果是“买不到那本书”。

[辨析]“这个包提又好提，背又好背。”与“这个包又好提又好背。”

第一句是复句，“提又好提”和“背又好背”之间是并列关系，“提又好提”和“背又好背”内部又是假设关系，而重复动词“提”和“背”突出了包不同方面的特性，语言生动，适用于劝说和建议。第二句是单句，“又好提又好背”这一并列短语作句子的谓语，语言平实、简单，适用于一般性说明。

（三）不带关联词语的紧缩复句

不带关联词语的紧缩复句也大量存在，而且结构更为紧凑。例如：

① 答对了有奖。

② 他学什么忘什么。

例①表示假设关系，意为“如果答对了，就有奖”。例②表示条件关系，意为“他不管学什么，都忘。”

练习

一、分析下列多重复句。

1. 要树立正确的政绩观，首先就要树立科学的发展观，不坚持科学的发展观，就不可能落实正确的政绩观。

2. 21世纪，中国人口总数将达到16亿，如何填饱16亿张嘴，这不仅关系到中国人民的幸福，甚至影响到世界的稳定。

3. 我们一定要坚持从基本国情这个最大的实际出发，既增强工作的紧迫感，以只争朝夕的精神抓住机遇加快各项事业的发展，又充分考虑社会主义现代化建设的长期性和艰巨性，做好长期艰苦奋斗的思想准备。

4. 中国工业化起步较晚，一旦实现可持续发展战略，必将后来居上，前景广阔，并为后工业化国家的发展开辟一个光辉前景，同时这无疑也是人类环境保护史上一次质的飞跃。

二、解释下列各句的意思。

1. 你爱来不来，你来欢迎，你不来也不缺你。

2. 他不同意再改。

3. 那个孩子看到妈妈才不哭。

4. 这个人向来不问不说。

第十一章　汉语语法偏误分析

第一节　偏误分析的原则与方法

一、偏误分析的理论基础

第二语言的教学过程，也是第二语言学习者的习得过程。中介语理论提出，学习者自身存在着一个介于第一语言与目的语之间的动态的语言系统——中介语，并重视对这一语言系统的研究。研究时主要采用偏误分析的方法，即关注学习者在第二语言学习过程中所产生的错误，并进行系统地分析研究，以探求第二语言习得的过程和规律。因此，教学中一般的纠错并不等于偏误分析，进行偏误分析首先要区分“失误”(mistake)和“偏误”(error)。

失误是指在特殊情况下产生的语言错误，比如注意力不集中、疲劳、粗心或紧张等，具有偶然性。第二语言学习者和操母语的人都有可能发生这类错误，而且在错误发生之后有能力进行改正。所以，它属于语言运用范畴，不能反映说话人的语言能力。例如在一位学习者的同一篇作文中，先后出现了以下两句话：

① *从4月份的第三(个)星期开始，我妈妈每天给我打电话，想让我回家。

② 从5月份的第四个星期开始，电视台停止播放那首歌。

前一句遗漏了量词“个”，而句法环境相同的后一句却未遗漏，可见前面的错误是由于她的疏忽产生的，属于失误。

偏误是指第二语言学习者在使用语言时不自觉地对目的语的偏离，是以目的语为标准表现出来的错误或不完善之处。这种错误是成系统的、有规律的，反映了说话人的语言能力，属于语言能力范畴。例如：

③ *天上都是黑云，看起来(要)下雨了，我们快回家吧！

④ ＊快八点了，你(要)起床了。

以上两例均出自初级阶段学习者的作业，由于他们还没有熟练掌握助动词“要”的用法，所以在该使用的地方却没有使用，这是他们在特定阶段的语言能力的表现，具有普遍性，所以他们所犯的错误属于偏误。

在教学实践中，纠错应该以偏误为对象，进行有效地分析。这样，才能有助于教师了解偏误的成因，进而预测偏误的发生，积极有效地进行教学。例如：

⑤ ＊我每天吃晚饭在食堂。

此例是母语为英语的学习者的偏误。汉语中当时间状语和地点状语共同出现时，地点状语一定要放在动词或动词短语之前，时间状语之后。而英语是地点状语在动词或动词短语之后，时间状语在前或者在句尾。所以学习者会受英语语序的影响，造出有偏误的句子。因此在讲解动词谓语句的语序时，教师应针对学习者的特点，在说明基本规则之外，有目的地设计一些练习，比如列出以上带有偏误的句子，指导学习者改正，以便学习者早发现问题、早重视、早纠正。

二、语法偏误的成因和特点

（一）偏误成因

第二语言学习者的偏误是由多方面因素造成的，通常归纳为母语的负迁移、目的语知识的负迁移、文化因素负迁移、学习策略和交际策略的影响、学习环境的影响(主要指教师和教材)等五个主要方面。例如：

① ＊什么你要买？

例①是母语为英语的学习者的偏误。在用汉语表达疑问时，学习者受母语的负迁移影响，将要表达的内容按照英语的语序讲出来，于是产生偏误。

② ＊那个天我们没有去公园。

例②误加了量词“个”。学习者因不了解“天”前不能加量词这一特殊规则，误将汉语中名词前要加量词的规则泛化。

③ ＊……。那就是我想说的话。

例③误用了代词“那”。汉语中代词“这”表示近指，“那”表示远指，用于总结，即回指时，把刚刚提及的内容看作“近”的情况，用“这”指代。而英语中表示近指和远指的是“this”和“that”，在相同情况下，把前面提过的内容看作过去的“远”的情况，用“that”指代。所以，以英语为母语的学习者在用汉语表达时，常常受母语思维的影响，误用“那”替代“这”。

④ *昨天晚上我喝了很多茶不能睡。

例④学习者回避使用动补短语，误用“不能睡”这一形式替代“睡不着”。

⑤ *今天学校在进行运动会。

例⑤偏误在于混淆了“举行”和“进行”的用法。“进行”是谓宾动词，后面不能接名词。但是它的这一用法无论在教材，还是词典中都没有说明。教材中对“进行”的解释是“be in progress”，对“举行”的解释是“be in progress, to carry on, to conduct.”。而《现代汉语词典》对“进行”的解释是“从事(某种活动)”，对“举行”的解释是“进行(集会、比赛等)”。所以，学生在使用中容易出现误用偏误。

在实际中，偏误的产生是一个很复杂的问题，一方面，影响偏误的五个方面不是孤立的，而是相互联系的，有时还同时起作用；另一方面，这五个方面的划分也还不甚科学，分类标准不统一，概念有所交叉。因此分析偏误的成因，并不是要生搬硬套上述五个方面，而是要以这五个方面为参照，研究偏误产生的具体的思维心理过程，并在差异中求共性，探求第二语言习得的过程和规律。

（二）偏误的阶段性特点

中介语是一个动态的系统，随着学习者水平的提高不断发展，并呈现出一定的阶段性。不同阶段，表现出来的偏误也有不同的特点。

(1) 对比性偏误和非对比性偏误。在第二语言学习的过程中，学习者因受母语的负迁移作用而产生的偏误可以通过对比分析来解释说明，我们称这类偏误为对比性偏误。但是很多情况下产生的偏误无法通过两种语言的对比来证实，这类偏误我们称之为非对比性偏误。对比性偏误多发生在学习者受母语干扰厉害的初级阶段，而非对比性偏误多发生在学习的中、高级阶段，此时学习者受母语的影响减弱，受目的语的影响增强。例如：

① *昨天看的电影<u>没有</u>好看。(不)

② *他气得<u>没有话说</u>。(说不出话来)

例①是母语为日语的学习者的偏误。当说明人或事物过去的性质或状态时，日语中必须使用表示过去的助动词。受母语的影响，学习者在该用否定词“不”的地方误用了“没有”。属于对比性偏误。例②是由于用简单形式替代了复杂形式而引起的偏误，属于非对比性偏误。

(2) 单句偏误和超单句偏误。单句偏误是指发生在句子内部的偏误，主要表现为与词语的意义、用法有关的偏误，以及由词语充当句子成分的偏误。

这类偏误主要发生在初级阶段。例如：

① *我们已经∧等了两个小时在火车站。

② *院子(里)有几棵树。

超单句偏误是指发生在句子之间的偏误，如句子之间的连接形式和照应代词的偏误，以及受语境、语用的限定而出现的偏误。这类偏误主要出现在中高级阶段。例如：

③ *她穿的那件衣服很好看，[于是]大家都很喜欢。

④ *第一轮，他(田中)迎战韩国的学生，他(韩国学生)的技术好是好，但是不如田中的技术好。

偏误的产生具有阶段性，也具有反复性、顽固性。所以各个阶段所犯的错误不是截然分开的，如果学习者不能及时地改正错误并将正确形式巩固下来，就会堆积偏误，严重影响向目的语靠近的进程。

三、语法偏误分析的基本原则和方法

在进行偏误分析之前，首先要确立标准，口语具有多变性，因此应以普通话的标准书面语作为检验的标准，然后再依次进行选材、分类描述和分析解释。

(一) 偏误用例的选取

我们可以选取同一学习阶段的用例，反映学习者某一阶段的语言能力。比如在学习了“怎么……呢？”这一反问句形式之后，我们从同一班级不同学习者的作业中收集到以下句子：

① *我借了钱，怎么(不)还给人家呢？

② *你中午吃得那么多，现在怎么[不]会饿呢？

例①少用了否定词“不”，例②多用了否定词“不”。可见，学生对“否定句用肯定形式表示否定意义，用否定形式表示肯定意义”这一规则还没有熟练掌握，必须反复操练。

也可以选取不同学习阶段的用例，历史地动态地反映学习者学习的过程。比如一个学习者在不同阶段造的两个句子：

③ *上课快迟到了，我(要)快点儿走。

④ *又过了几天，我们班的一个韩国同学来我的房间，告诉我明天她也(要)回国了。

例③是她上初级班时写的，遗漏了助动词“要”，例④是她上中级班时写的，仍

然遗漏了助动词“要”,由此可知,这一偏误在她的学习中已经具有“化石化”倾向,必须及时地有针对性地加强这方面的练习。

无论是纵向选材还是横向选材,在实际操作中,都要注意区分失误和偏误。例如:

⑤ *闯红灯是一种违反交通规则而且具有危险性(的行为)。

例⑤是句式套用造成的宾语中心语的遗失,这是母语为汉语的人因疏忽也会出现的“成分残缺”现象,不具有普遍性,因此不应选为偏误分析的材料。

(二) 偏误用例的分类描述

学生在学习过程中产生的偏误是纷繁复杂的,对这些偏误进行整理归类是描述的重要环节。根据分析的需要,分类可以从不同的角度进行,比如从分析学习者认知过程的角度分为遗漏、误代、错序等。例如:

① *即使你们不同意,我(也)要买这本书。(遗漏)

② *尽管采用了最好的技术,我们仍然不能修(修不好)这台机器。(误代)

③ *我好几次遇到过(遇到过好几次)令人吃惊的情况。(错序)

也可基于各级语法单位和句子成分,将偏误分为不同的语法项。例如:

④ 明天早上八点我们出发学校(从学校出发)。(不带宾语的动词使用不当)

⑤ 我不太知道中国(了解中国)。(带一个宾语的动词使用不当)

⑥ 他借给图书馆(借图书馆)一本书。(双宾语动词使用不当)

⑦ 他在朋友的帮助下进行研究人口问题(研究人口问题/进行人口问题的研究)。(带动宾的动词使用不当)

无论采取哪种标准,我们都应该注意分类的一致性,因为一方面,如果把不同类别的偏误放在一起,就不能清晰地反映偏误产生的本质原因;另一方面,如果不把同类的偏误放在一起,也不能看到问题的全貌。

(三) 偏误用例的分析

学习者的母语不同,或者学习阶段不同,或者使用语言的环境不同,将产生不同的偏误。偏误产生的原因是多样的,偏误的形式也是多样的,在进行偏误分析时,特别是解释偏误的原因时,应遵循三个基本原则:“第一,解释必须合乎语言规律;第二,应尽量从最能说明问题的角度进行分析;第三,分析应力求深入浅出,尽可能少绕弯子”①。

---

① 肖奚强《略论偏误分析的基本原则》,载《语言文字应用》2001年第1期,第46—52页。

语法偏误分析的目的是指出偏误，解释规律，因此分析必须符合语言规律。比如汉语中“一下子”常常用在动补短语前作状语，但是有时可以加“就”，有时不能加“就”。例子如下：

① ＊他的病很重，一下子就好不了。

② 里里外外都干净了，心情一下子就舒服起来。

③ 房间很小，一下子就收拾好了。

从句法形式上看，例①和例②、例③的最大不同是：例①动词后是可能补语，例②动词后是趋向补语，例③动词后是结果补语。但是，我们不能因此就用“在用‘一下子’作状语的句子中，可能式动补短语前不能加副词‘就’”这一规则来解释例①的偏误。再比较：

④ 他骑得很快，一下子就看不见了。

例④也是可能式动补短语作谓语的句子，动词前同样可以加“就”。可见前面选取的例子是不全面的，解释是不完善的。所以，要合理地、准确地解释偏误，我们必须进行全面地深入地考察。

语法偏误分析可以借助各种分析方法，选取合适的角度进行说明。例如：

⑤ ＊常常刘老师纠正我们的声调。

⑥ ＊因为他刚来中国不懂汉语，我朋友常常让我和他一起去买东西。

例⑤是语序的偏误，可以运用对比分析法来分析。偏误来源于母语为韩语的学习者。韩语中时间副词、处所副词的位置十分自由，可以出现在句首、句中和句末，而汉语绝大多数只能出现在名词的后面，动词、形容词的前面。所以本应放在主语“刘老师”后的“常常”会被放在句首。例⑥是代词的偏误，可以运用篇章分析法来分析。汉语中很少使用前指的形式，即先出现代词，后出现代词所指的名词，即使出现，后面也往往有“这就是……”或者“他叫……”这类话语来照应。所以在例⑥第一分句中的“他”应该和第二分句中的“我朋友”交换位置。

偏误分析的目的是使学习者认识正确的规律，并能造出正确的句子。因此在分析时应该抓住偏误，揭示规律，并给出正确的句子。例如：

⑦ ＊老师告诉今天下午的课不上了。

⑧ 老师说今天下午的课不上了。

⑨ 老师告诉我们今天下午的课不上了。

例⑦的偏误在于双宾动词“告诉”后面遗漏了指人的宾语。所以，虽然例⑦可以改为例⑧，但是不如改为例⑨。因为后者才能体现出“告诉”的使用规则。

另外还有一个容许度的问题。学生使用的句子存在着可能与不可能（即对与错）、好与不好之分，在进行偏误分析时应掌握好尺度。比如汉语中有名词谓语句和形容词谓语句，可以由名词或形容词充当谓语。可是，学习者在刚刚接触这两种句型时，常常添加动词“是”。例如：

⑩ 今天是星期几？

⑪ 她是很漂亮。

例⑩和例⑪都是合乎语法的句子，但是在一般情况下它们的可接受程度较低。例⑩是与日期、时间有关的问题，汉语用名词谓语句“今天星期几”来表达，没有必要加“是”。例⑪说话人的本意只是描述她的特点，此时应该用形容词谓语句“她很漂亮”，如果加上“是”就增加了肯定的意味，常用于特定的语言环境中。例如：

⑫ 甲：她很漂亮吧？

乙：她是很漂亮，不过比小王差远了。

答句中加上“是”表示对对方的话的肯定。所以在分析和纠正学生的偏误时，不能简单地停留在是否合乎语法这一层面，应该对偏误的性质进行剖析，采取不同的纠正方式。

练习

一、分析以下偏误的成因。

1. 他想结婚她。

2. 因为英国没有春节，所以为什么中国人过圣诞节。

3. 这个心血管病中心和很多重要的医疗中心有联系，所以它以采用最新的疗法而出名。

4. 在北京的时候，出租车司机说的话我不能听。

5. 老师问：“约翰，你不去颐和园吗？”约翰回答说：“不，我不去。”

二、请对以下偏误进行分类和分析。

1. 你吃什么，我们都也吃什么。

2. 我看英文报纸，也我看中文报纸。

3. 今年他也收入不错。

4. 那个地方也我到过。

5. 他到中国以后，在一家美国公司工作，也说汉语的机会不多。

6. 即使没有你，也我们能完成得很好。

第二节　常见的语法偏误

对外汉语教学的语法偏误通常分为两大类，一类是词法方面的，主要指各类词的使用偏误，尤其是副词、连词、助词等意义较虚的词的使用偏误，也涉及词和短语的构成偏误。另一类是句法方面的，包括各种短语、句型和句式的使用偏误。这两大类偏误产生的原因是多种多样的，不过在形式上大致都表现为遗漏、误加、误用和错位四类。

一、遗漏(缺失)

遗漏，也称缺失或缺省，是指在词语或句中缺少了某些该用的成分。

(一) 单句的遗漏偏误受母语负干扰的影响最大

单句的遗漏偏误受母语负干扰的影响最大，主要表现为：①遗漏缺少母语照应的、意义比较虚的成分，比如意义比较虚的语素；意义比较虚的词，如介词、助词和副词等；短语中意义比较虚的成分。②缺少特殊句型或句式中的成分，比如动词谓语句，"被"字句，比较句，表示强调的句式中的成分等。具体表现如下：

(1) 遗漏语素。例如：

① *我应该把这只箱(子)拿上来。

② *有人在外(边)等你。

例①遗漏的是名词的构词语素"子"。此例来源于母语为日语的学习者，在日语中表示同一意义的名词只有一个语素"箱"，因此学习者在使用汉语"箱子"一词时易遗漏后一语素"子"。例②遗漏了方位词的构词语素"边"。此例来源于母语为韩语的学习者，韩语中与汉语"外"对应的词可以单独使用，而汉语中"外"后要加语素"边"、"面"或"头"，才能自由使用。

(2) 遗漏意义较虚的词。例如：

① *他(到)图书馆看书去了。

② *他天天(都)很高兴。

③ *去火车站接朋友(的)人多极了。

④ ＊上海的感冒可怕(得)好像我太太。

例①来源于母语是韩语的学习者。韩语中与汉语介词功能相当的是助词，但是韩语助词在句中的位置与汉语介词正好相反，汉语出现介词的位置，在韩语中缺少对应。所以学习者遗漏了介词“到”。例②受母语影响，遗漏了表示总括的副词“都”。例③和例④遗漏的是汉语特有的成分标志，例③动词性短语作定语，遗漏定语的标志助词“的”，例④遗漏了动补短语中补语的标志助词“得”。

(3) 遗漏短语的构成成分。例如：

① ＊有一条蛇掉进缸(里)。

② ＊从明天(开始)，我要努力学习汉语。

例①和例②均来源于母语为英语的学习者。例①遗漏的是方所短语中的方位词“里”，原因在于汉语中普通名词和方位词组合起来，才能表示处所，而该句对应的英语句子“A snake fell into the vat.”中，没有和“里”相对应的词语。例②遗漏的是与介词相照应的动词“开始”，因为在英语中介词“from”后没有类似于“开始”的词语。

(4) 遗漏特殊句型或句式中的成分。例如：

① ＊我看(见)他了。

② ＊我被他们抬了(起来)。

③ ＊排队的人很多，厅里面(很)热闹。

例①遗漏的是动词谓语句中的结果补语，比较相应的英语句子“I saw him.”可以看出“saw”这一个单词已经涵盖了汉语“看见”这一动补短语表达的语义。例②遗漏的是“被”字句中的补语。母语为韩语的学习者常会遗漏动词后面的补语成分，是因为韩语被动句中的动词性成分能够以简单形式出现。例③遗漏的是作状语的程度副词“很”。在汉语中性质形容词本身就带有比较的意味，单独充当谓语时受条件的限制，一般只能用于对举的情况，如“这边安静，那边热闹”，否则前面要加其他修饰成分，如表示程度的副词。而学习者受母语影响常常遗忘汉语性质形容词的这种特殊性，因此产生偏误。

除了受母语干扰以外，产生遗漏偏误的因素还有很多。有因目的语规则泛化造成的偏误，偏误常发生在一类语法项目的特殊规则上。例如：

① ＊生了这种病以后，他的身体一(个)月比一(个)月差。

② ＊我们一起聊天(聊)了很长时间。

例①遗漏了量词“个”，因为在“天”、“星期(周)”、“月”、“年”这个表示时间的序列中,“天”、“星期(周)”和“年”都被认为具有量词性,可以直接和数词组合,如“一天”、“三星期(周)”和“五年”;而“月”却是例外,它一定要加量词,才能和数词组合。学生常因不知道或遗忘这一特例,而遗漏量词。例②遗漏了动词“聊”,汉语中动词后面可以带时量补语,表示动作或状态延续的时间,但是“聊天”属于离合词,必须重复出现动词“聊”才能带时量补语,而学生常常忘记这一规则,遗漏需重复的部分。

还有因简化而产生的遗漏。比如运用语气词是汉语特有的表达语气的方法,但是每个语气词所表达的各种语法意义在句法结构上并没有明确的形式依据,这就给学习造成了一定的难度。为了减少麻烦,学习者常常采取简化的策略。举例如下:

③ *我去年(是)趁暑假去中国旅游的。

④ *天气越来越热(了)。

例③是强调句型,遗漏了与“的”相对应的“是”。因为汉语中“的”也可以单独放在句末加强肯定语气,所以学习者常遗漏强调句式“是……的”中的“是”。例④遗漏了“了”。该句表示情况发生了变化,句末应该加“了”,可“了”是汉语学习的难点之一,学习者害怕出错就采取了简化的策略,消极地省去了语气词“了”,结果产生遗漏偏误。

(二)超单句的遗漏偏误主要受分句间语义关系的影响

超单句的遗漏偏误主要受分句间语义关系的影响,遗漏的多为句间起关联或照应作用的成分,以及受上下文限制,本应承载一定信息的成分。主要表现为每个分句内部没有明显的语法问题,但是整个复句看起来,却显得语句不通、语义不明。例如:

(1) 遗漏关联词语。例如:

① *即使你们不同意,我(也)要买这本书。

② *如果大脑停止工作,生命(就)结束了。

③ *我的老师已经三十多岁了,(可是)同学们觉得她只有二十岁。

充当关联词语的副词、连词,表示的意义较虚,而且在学习者的母语中没有对应的成分,因此容易被遗漏,如例①遗漏关联词语“也”,例②遗漏关联词语“就”。汉语中表示并列和承接关系的复句常常不用关联词语,但是其他关系的复句一般不能缺少关联词语,否则表义就不清楚了,如例③分句间是转折关系,应加上转折连词“可是”。

(2) 遗漏代词。例如:

① *去年在加州学习，我有十个同屋，我跟（这）十个最要好的朋友一起住在一个大房子。

② *他工作很忙，一去工作就一个星期不回家，所以我从大学的宿舍回家的时候，（他）也差不多不在家。

例①遗漏指示代词“这”，因为第三个分句中的“十个最要好的朋友”和第二个分句中的“十个同屋”指的是同一群人，前面需加指示代词“这”，才能使上下文衔接起来。这是条很特殊的规则，而教材中往往没有提及，因此学生因不了解规则而出现遗漏偏误。例②遗漏人称代词“他”，使分句的主语不明。汉语中有分句主语相同，可以承前或蒙后省略的语法规则，但是此例在第3个分句中又出现了一个新的主语“我”，如果第4个分句仍空缺主语的话，会引起误解，所以必须出现主语。这是学习者因为规则泛化而引起的遗漏。

（3）遗漏其他成分。例如：

① *他连最简单的汉字也写不好，复杂的汉字（更）写不好。

② *天气虽然好了，但是（仍要）注意身体。

③ *我们请王老师教我们中文歌，他教我们（了）。

例①遗漏了表示程度加深的副词“更”，例②遗漏了表示情况或状态持续不变的副词“仍”和助动词“要”，例③遗漏助词“了”，这些词都承载了新的信息，遗漏后，使原句表义不明。究其原因在于，学习者对目的语掌握得还不够充分，不能自如地用较复杂的句子表达自己的思想，因此只能简化要表达的语义内容以适应简单的句子形式。

二、误加

误加，也称多余，是指在不应该使用某一词语或某种句法成分时使用了该词语或成分。

（一）单句中的误加主要受目的语规则泛化的影响和母语的干扰

单句中的误加主要受目的语规则泛化的影响和母语的干扰，表现为误加有特殊意义的语素；误加意义比较虚的词；误加特殊句型、句式的标志性成分等。

（1）误加语素。例如：

① *我们班有十五个学生[们]。

② *高三时，我终于在市高中生外语比赛中得了[第]一等奖。

汉语中常把词尾“们”附加在名词后，表示复数，但是名词前面不能再加表示确指的量词。例①名词“学生”已经有了确定的数量词“十五”，因此后面不应再加“们”。这是学习者因规则泛化而产生的误加。同样，例②误加“第”也是规则泛化造成的偏误。汉语可在数词或数量词组前加“第”，表示次序，但是表示等级序列时，不能加“第”。

（2）误加意义比较虚的词。以“了”和“的”为例。“了”和“的”是汉语学习的两个难点，用与不用要受很多条件的制约。比如，“了”通常分为两个，一个是出现在动词或形容词后的时态助词“了”（一般统称为“了$_1$”），一个是出现在句末的语气词“了”（一般统称为“了$_2$”）。学生在使用时会出现以下偏误：

① * 我昨天不在[了]家。

② * 时间过得很快[了]，我到上海已经3个多月了。

③ * 听说你要来了，我真的很高兴[了]。

④ * 我们每次见面都吵架[了]。

例①中的动词“在”不是动作动词，不具有完成义，不能加“了”。例②的前一分句带有程度补语，用来说明事情发展的状态，并非强调完成，也不能加“了”。例③和例④中的“了”位于句末，同时也在形容词的后面，兼有“了$_1$”和“了$_2$”的性质。例③中的“高兴”不具有变化的意思，不能加“了”，例④中有表示经常性的状语“每天”、“每次”，说明是经常性的情况，也不能加“了”。之所以产生这些偏误，一方面是因为母语有时态变化的学习者常常将“了”和母语中表示过去、完成的语法范畴对应起来，另一方面是因为汉语有关“了”的规则很多，且不成体系，学习者难以完全掌握。

又如“的”。“的”的用法有：在定中短语中作定语的标志，构成“的”字结构，用于陈述句末加强肯定语气等。每种用法都体现了汉语的特性，而且规则很多，学生常常混淆。常见的错误有：

① * 在那儿我认识了几个中国[的]学生。

② * 我是美国人[的]。

③ * 感谢你们的热情[的]帮助。

例①“中国”和“学生”之间不是领属性关系，不应用“的”。例②是把谓语动词“是”混作“是……的”强调结构中的“是”，应该去掉“的”。例③是多重定语中多加了“的”，多重定语中的“的”，哪些该加，哪些不该加，教材和工具书中缺少具体的规则，因此学习者常发生误加偏误。

（3）误加句型、句式的标志性成分。汉语中表示被动意义的句子分无标记和有标记两类。它们有不同的适用范围，比如当句中的施受关系明确，施事不必或不便出现时，常常使用无标记被动句。可学生由于将汉语中的被动句与母语中的被动句相对照，常常误加被动的标记“被”字。例如：

① ＊字典[被]送给小王了。

例①中“字典”和“小王”显然都是动词“送”的受事，而施事没有出现，这时不应加“被”。

汉语中的充当谓语的动补短语有三种类型：不能用“得”的，必须用“得”的，用“得(不)”与不用“得(不)”构成平行格式的。数量补语、结果补语和趋向补语不用“得”；程度补语和可能补语的肯定形式都要加“得”；程度补语的否定形式也加“得”，可能补语的否定形式不加“得”。学生在没有完全掌握这些规则之前，常泛化“得”的使用范围。例如：

② ＊那件事我做[得]不了。

③ ＊我能把那篇文章翻译[得]完。

例②混用了可能补语的否定形式和程度补语的否定形式，误加“得”，例③用介词“把”构成的句子表明怎样处置，或处置的结果，而“翻译得完”是表示可能性的，因此应该使用结果补语的基本式，去掉“得”。

(4) 误加特定句法环境中不应出现的成分。如：

① ＊这辆车又[很]好又[很]便宜。

② ＊他被派到北京[做]调查名胜古迹去了。

③ ＊他[从来]一次也没说过谎。

一般情况下，汉语的性质形容词充当谓语时前面要加程度副词。可是例①使用并列结构“又……又”，表示两种情况的并存，“又”连接的形容词前不能加程度副词。因此学习者常因泛化前面的规则而出现偏误。例②是一个被动态的连动句式。动词“做”的误加是因为学习者套用了“做调查”和“调查名胜古迹”这两个动词短语。例③表示强调的副词“从来”和“一(次)＋也/都＋没/不”格式同时出现，在语义上显得重复、混乱，应去掉其中一个。

(二) 超单句的误加偏误与句子间的照应有关

误加会使分句的时间关系、逻辑关系等内在关系发生矛盾，从而使句子语义不清。

(1) 关联词语的误加。例如：

① ＊我一到北京[以后]，就给你打电话。

② ＊不管作业有多难，[但是]你都应该自己完成。

③ ＊晚上你能和老朋友见面，[然后]跟他们一起玩。

例①是表示承接关系的复句。关联词语"一……就……"和"以后"是一对时间概念不同的词语,用"一……就……"表示两件事紧接着发生,时间间隔短,用"以后",表示第二件事在第一件事之后发生,时间上有先后,因此如果用"一……就……",就要去掉"以后"。例②是表示条件关系的复句,关联词语为"不管……都",而"但是"是表示转折关系的连词,不能用在此处,应该去掉。例③是表示并列关系的复句误加了表示承接关系的连词"然后"。

(2) 省略成分的误加。例如:

① 我认识几个中国朋友,他们很聪明,[他们]日语说得很好,[他们]也很熟悉日本的文化。

② 我买了咖啡,不过我还没有喝[咖啡]。

例①的第三和第四个分句都误加了"他们",例②第二个分句误加了"我"和"咖啡",不仅使语义显得啰嗦,而且使结构显得松散。

(3) 其他成分的误加。例如:

① * 阿里病了,他[还]不能参加比赛。

② * 前两天[太]热[了],这两天更热。

③ * 你这么不努力,怎么[不]会成功呢?

例①前一分句加"了",表示事情发生新的变化;后一分句本应表示在新情况下,对现在或将来的情况的判定,可副词"还"与"不"连用表示从过去到现在一直存在的情况或状态,所以分句在时间概念上发生矛盾,应去掉"还"。例②后一分句带有表示比较的副词"更",前一分句应该是对事物的客观说明,不应该使用带有夸张语气的格式"太……了"。例③要说明的是"不努力就不会成功",但是在使用反问句时误加了否定词"不",从而使语义前后矛盾。

三、误代

误代,也称误用,是指由于从两个或几个形式中选用了不适合于特定语言环境的一个而造成的偏误。这两个或几个形式在意义、用法或者形式上有所关联,容易使学习者产生混淆。

(一) 词语的误代

词语误代的原因是对语素、词或短语的用法理解得不充分。主要分为以下几种情况:

(1) 构词语素部分相同,意义相同或相近,用法不同。例如:

① * 这两个作法同。

② *我没有够的钱买车。

例①用"同"误代了"相同"。"同"是语素,不是词,不能单独使用,"相同"才是词,可以单独使用。例②用"够"误代了"足够"。"够"这个形容词只能作谓语,不能作定语,而"足够"可以。

(2) 构词语素部分相同,意义不同,用法不同。例如:

① *为什么有人做怎么(这么)愚蠢的事情呢?

② *佐藤明天回国,关于(至于)田中,我就不知道了。

例①用"怎么"误代了"这么"。"怎么"多用于疑问句,表示询问方式、原因等,"这么"才能放在形容词前,表示程度深。例②中用"关于"误代了"至于"。"关于"表示引进事物或行为的关系者,用于一个话题;"至于"表示提起另外一个话题,用于两个相关联的话题之间。

(3) 构词语素不同,用法相同,意义相反。例如:

① *他让我来(去)他那儿。

② *电影已经开始五分钟了,他就(才)来。

例①用"来"误代了"去"。"来"表示从别处到说话人所在地,"去"表示从说话人所在地到别处去。此例中目的地"他那儿"是远离说话人的地方,应用动词"去"。例②用"就"误代了"才"。"就"和"才"都是副词,在句中出现的位置相同,"就"在动作动词前表示说话人认为动作发生得早,"才"在动作动词前表示说话人认为动作发生得晚。句子的意思是说他看电影来晚了,所以应该用"才"。

(4) 构词语素不同,位置相同,意义不同。比如句末语气词的误代。现代汉语中常用的语气词主要有六个:"啊"、"吗"、"的"、"呢"、"了"、"吧",虽然数量少,但不易掌握。因为它们所表达的各种语法意义常由语境和语用因素决定,在句法结构上缺少形式依据。例如:

① *你什么时候开始学习汉语吗(呢/的)?

② *他要过几天才来了(呢)。

例①用"吗"误代了"呢",因为在带有疑问代词的特指问句末,可以用表示深究的"呢"和加强语气的"的",不能用表示疑问的"吗",例②用"了"误代了"呢",因为此句表示将来的情况,不能用"了",而且句子中有副词"才",往往要加"呢"表示对比强调。

(二) 短语的误代

短语误代的原因主要是学习者不能充分掌握不同短语形式所表达的意义和使用规则。例如:

① ＊现在我交了十个以上(十几个)中国朋友。

② ＊在韩国好不容易(很不容易)吃到羊肉串。

例①用“十个以上”误代了“十几个”。“十个以上”用来表示数目的最低限度为十,而此句表达的意思是数目在十和十九之间不确定,所以应该用表示概数的数量短语“十几个”。例②用“好不容易”误代了“很不容易”。“好不容易”用于动词前表示完成某事非常不容易,应该用于表示已然的句子,此句说明的是未然的情况,因此不能用“好不容易”。

③ ＊一件衣服(有件衣服)被他撕破了。

④ ＊生活中,谁有干涉别人的资格呢？特别是恋爱,局外人别(不应该)干涉。

例③和例④是因忽视语用意义对形式的限制而引起的偏误。例③是“被”字句,主语应该是有定的,因此主语不能为数量短语,例④是对一般事理的推断,应该用助动词“应该”的否定形式“不应该”,却误用为副词“别”。

⑤ ＊我们今天很高兴地玩。(玩得很高兴)

⑥ ＊我吃完后一下子就睡得着(睡着了)。

⑦ ＊尽管采用了最好的技术,我们仍然不能修这台机器。(修不好)

例⑤是“状语＋动词”的短语形式误代了“动词＋补语”的短语形式。英语中状语可前可后,放在动词后时与汉语的补语位置相对应,如与例⑤表达的意思相同的句子是“We played very happily”,因此学习者常将补语误用为状语。例⑥将结果补语误用为可能补语。“一下子”表示动作在很短的时间内完成或状态在很短的时间内发生变化,“就”表示动作或情况很快发生,因此在“一下子就”后面的应该为结果补语。例⑦是用助动词的否定形式误代了可能补语,这一偏误与学习者的回避策略有关。

(三) 句式的误代

句式的误代主要表现有以下情况。

(1) 回避难点,简化结构,用简单句式替代复杂句式。例如:

① ＊他生气,他走了。(他生气地走了。)

② ＊举办奥运会可以有很多工作,很多失业的人可以得到工作。(举办奥运会可以使很多失业的人得到工作。)

例①误用两个简短的句子代替了带有状语的动词谓语句。例②误用两个简短的句子代替了兼语句。

(2) 对句式的理解不充分造成偏误。例如:

① *雨越来越下得大了。(雨越下越大了。)

② *中国足球的实力比日本不强。(中国足球的实力没有日本强。)

③ *他放书在床上。(他把书放在床上。)

④ *我把博物馆去过好几次了。(我博物馆去过好几次了。)

⑤ *那件事被我忘了。(那件事我忘了。)

例①用"越来越"句式误代了"越 A 越 B"句式。例②用比较句的肯定形式误代了比较句的否定形式。例③和例④是"把"字句和一般主谓句之间的误代。例⑤用"被"字句误代了主谓谓语句。

(四)超单句成分的误代

(1)关联词语的误代及分句形式的误代。例如:

① *我不是不想去,<u>就是</u>(而是)没有时间。

② *他希望她成为他的女朋友,<u>然后</u>(于是)常常送礼物给她。

③ *老师不让那个学生参加考试,<u>由于</u>(因为)他迟到了。

④ *不管天气<u>不好</u>(好不好),她都要去颐和园。

例①应该使用关联词语"不是……而是",却误用了与其形式相近的"不是……就是"。例②分句之间有一定的因果关系,所以应该用"于是"。例③表示原因的分句在后时,应该用"因为",不能用"由于"。例④无条件复句"不管"后面的分句应该具有正反对比等特别形式,而此例误用了形容词谓语句的一般形式。

(2)代词的误代。例如:

① 举办奥运会有很多好处,<u>那</u>(这)就是我的看法。

② <u>她</u>(我姐姐)不会骑车,所以<u>我姐姐</u>(她)总是让我和她一起走路去学校。

例①和例②都是母语为英语的学习者产生的偏误。例①是误用"那"来指代前面刚谈到的内容,应将"那"改为"这"。例②是误用了前指的形式,即先出现代词,后出现名词。这样表达会让人产生误解,即前一分句的"她"和后一分句的"她"可能指的是"我姐姐",也可能指的是别人。因此应将前一分句的"她"改为"我姐姐",后一分句的"我姐姐"改为"她"。

四、错序

错序,又称错位,是指句中的词语或成分位置不当。语序是汉语重要的语法手段之一,也是汉语与其他语言有较大差异之处,因此学习者的错序偏误非常普遍,常常出现以下情况。

（一）与词语或短语的组合顺序有关的错序

这种错序又可以分为两类：一类是短语内部成分的错序，一类是并列成分的错序。

(1) 短语内部成分的错序。例如：

① ＊下楼（楼下）两个外国人住。

② ＊前头房子（房子前头）有一棵树。

例①来源于母语为韩语的学习者。汉语里表示楼房的上下层时，“上”和“下”用在“楼”的后面，如果用在楼的前面，就变成动词性短语“上楼”和“下楼”了。而韩语正好相反，表示“上”和“下”的词语要用在表示“楼”的词语后。例②是母语为英语的学生产生的偏误，短语是逐字从英文翻译过来的。

(2) 并列成分的错序。首先是多重定语的错序。例如：

① ＊上海是一个中国最现代化的城市。（上海是中国的一个最现代化的城市。）

② ＊我那件前天买的长的红色的裙子丢了。（我前天买的那件红色长裙子丢了。）

③ ＊每次坐火车，我都会跟不认识的很多人聊天。（每次坐火车，我都会跟很多不认识的人聊天。）

例①误将表示领属关系的名词“中国”放在了数量短语“一个”之后。例②名词“裙子”前的定语分为限定性定语和描写性定语两类，两类的语序非常混乱。正常的语序应该为限定性定语（主谓短语作定语）＋描写性定语（指示代词＋数量短语＋颜色＋式样）。例③误将“很多”放在动词短语“不认识”的后面。这一类偏误跟母语的影响关系不大，而跟学习的过程有关。在学习中，学习者只了解几类定语出现的一般顺序，但是在使用时常因不能确定定语的性质而出错。

(3) 多重状语的错序。例如：

① ＊在公园我昨天不小心摔了一跤。（我昨天在公园不小心摔了一跤。）

② ＊请把你的证件快给我们看一下。（请快把你的证件给我们看一下。）

③ ＊他每个休息日和朋友一起都去吃韩国菜。（他每个休息日都和朋友一起去吃韩国菜。）

④ ＊我们都也不知道他在哪儿。（我们也都不知道他在哪儿。）

例①是时间状语与地点状语并用时的错位。例②是形容词与两个介词结构并用时的错位。例③是副词与介词结构并用时的错位。例④是两个副词并用时的错位。

多重状语的错序有时会引起意义上的差别，比较：

⑤ 客人对这儿的饭菜十分不满意，纷纷要求老板退钱。
⑥ 客人对这儿的饭菜不十分满意，向老板提了很多意见。
⑦ 他每天都不上课，我今天一定碰不到他。
⑧ 他不每天都上课，我今天可能碰不到他。

例⑤说明“客人”不满意的程度很高，例⑥说明“客人”满意的程度不高。例⑦说明“他”每天的情况都一样，都是不来上课。例⑧说明“他”有时来上课，有时不来上课。句中并用的副词都不能互换，否则将产生偏误。

（二）与句子成分的组合顺序有关的错序

错序常表现在以下几个方面。

（1）状语的位置。例如：

① *他∧告诉了我高兴地。
② *我昨天∧买了一件衣服在城里。

例①和例②来源于母语为英语的学习者。英语中状语的位置可前可后，但汉语不行，因此当按照英语的习惯将状语放在句尾时就会出现类似于例①和例②的错误。

③ *我不想他∧常来。
④ *学生们∧从学校不出发。
⑤ *弟弟不在家∧做家务。

否定词做状语产生的偏误也很多。英语中谓语动词用“think”时，句中的否定词要位于“think”之前，而汉语中由“想”充当谓语动词的句子，否定词应该放在充当宾语的小句中，例③将原句逐字翻译出来，因此产生偏误。而在日语中否定词的位置在句尾，学生将否定词移至句中，又因不完全地掌握规则而出错，如例④、例⑤。

（2）其他成分的位置不当。例如：

① *老师那儿不在∧。
② *姐姐生气起来。（生起气来）
③ *请清楚一点说∧。
④ *我们（的）∧被老虎吃掉了羊。

例①是宾语错位,宾语被误用在状语的位置上。例②是离合词补语的错位。例③是请求式动词补语的错位,补语被误用在状语位置上。例④是领属性定语的中心语被误用在宾语的位置上。

(3) 受句子间的影响而产生的错位偏误,主要表现为关联词语的错位,句内成分的错位和分句间的错位三种情况。例如:

① *不但北京的冬天∧很冷,而且还常常刮风。

② *既然他的身体不太好,不可以∧来上班。

③ *你也可以住在这里,哪怕没有钱。(哪怕没有钱,你也可以住在这里。)

例①分句主语相同,连词"不但"应该放在主语"北京的冬天"之后。例②是推论性因果复句,"既然"引导的前一分句是已知的事实,后一分句通常是对未来情况的评定,而例中"不可以来上班",表示的是对目前情况的说明,因此应将"不可以"改为"可以不",表示对未来情况的许可。

练习

请分析下列句子中的语法偏误。

1. 有个人遇到那样的情况就会提起诉讼。
2. 我们的城市没有上海繁华,但是我们的城市比上海干净的。
3. 没关系,你的病一会儿以后会好的。
4. 我来中国为了学习不但汉语,而且中国文化。
5. 我们买的时候以为这只小狗是公狗,以后一看,它是一只母狗。
6. 现代人们的生活很紧张。
7. 那个人刷墙成了红色。
8. 没有中文系的大学把中文系开设了。
9. 我们不吃饭用筷子。
10. 学生常常请假不可以。
11. 小王不如小马安排时间。
12. 他的家乡是山东省什么的。
13. 他刚从我离开。
14. 年糕煮以后放大葱、洋葱和洋白菜。
15. 不过,买单的时候我发现钱包忘在我的房间了。
16. 我快点儿,不然来不及参加会议了。

17. 尽管我已经学了两年汉语了，仍然我的发音不太好。

18. 我一定要努力学会说一口流利的汉语，而且更学习中国的历史文化。

19. 以后你汉语说得很好。

20. 服装店里的服装，什么大衣的、裙子的，样样都有。

21. 我接触的生词记在笔记本上，然后背下来。

22. 他是从英国来了的。

23. 吃晚饭的时间突然从三十分钟到两个小时延长了。

24. 老王说了谢谢好多遍。

25. 我们应该先考虑“死”的标准是什么。咽气就死？心脏停止跳动就死？还是脑组织坏死才死？

后　记

2005年的春节格外地冷。不管是家里,还是办公室,空调的制热效果都很差,启动之后,总是那样慢条斯理、有气无力地转动着,周围的空气依然是凝固的,冰冷的。这种寒冷在上海已经多年不见了,这不由得使我怀念起十多年前在淮北煤炭师范学院时候的那些个冬天。房间里供着暖气,空气里流动着的是淡淡的、活泼轻松的、让人沉醉的芳香,时间仿佛停滞,每天都是同样的舒适和温暖;心头没有重压,懒散地做着自己喜欢做的事情。而这样的日子已越去越远,现在竟成为一种奢侈的回忆了。

腊月二十九上午,我开始了这本《对外汉语教学语法》的统稿工作,一直做到今天正月初六,才算把这项任务完成。在这期间,我只在年三十晚上去岳母家吃了一顿"年夜饭",几乎未离开过计算机片刻。回想起去年春节才完成了《应用语言学纲要》的撰写任务,一年时间,居然又编就一部教材,其中的甘苦,也只有自己去品味了。此时此刻,我最想表露的是对在过去一年里逝去的两位故人的纪念。

首先我要纪念我的母亲。2004年11月13日星期六,本是《对外汉语教学语法》的第二次统稿会,八时许,编者尚未全部到会,我就接到上海东方医院打来的电话,说母亲的病情很危险,让我马上赶到医院。我只好匆匆安排一下,往医院赶去。人还在去医院的车上,又接到医院的电话,说母亲已经过去了,我真是心如刀绞。11月12日我在北京国家汉办开会,因为飞机误点,回到上海已是半夜了,我就没有再到医院去,想第二天开完统稿会后去看母亲。在母亲生命的最后时候,我没有留在母亲身边,这是我一生中最大的遗憾,也是最大的痛苦。长年以来,我要照看独居的母亲,每周两次,往返于上海的两个角,时间精力消耗不少,但这只是尽尽儿女的孝道而已,是根本无法报答母亲的养育之恩的。倒是母亲十分体贴我,只要她身体状况还可以,就会给我打电话,说如果我太忙,就不要过去了。母亲以87岁的高龄走完她人生的路程,免去我们做子女在工作中的许多后顾之忧,其实这也是对子女的一种体贴,一种支持。母亲以她的逝去从而留给我一段时间,让我可以完成这部教材的编写工作。俗话说，父母对子女的爱像路一样长，子女对父母的爱只有尺一样长，我觉得真是如此。

其次我要纪念我的同学方经民先生。我和方经民自上世纪 80 年代开始相识，至今已二十余年。我和他是华东师范大学硕士研究生时的同学，又是上海师范大学博士研究生时的师兄弟。我们兴趣相投，爱好相仿，志向一致，虽然身处异地，但平时联络颇多。我们有许多共同关心的研究课题，又有许多相互熟识的学界朋友，谈兴一起，欲罢不能。2004 年上半年，我们在策划上海师范大学和松山大学联合培养博士研究生的事儿，暑假期间，他到上海，还专为这事和我商量，并见了准备到松山大学攻读学位的博士研究生吴春相同学。8 月底，我和方经民及他的夫人郑丽芸女士在上海师范大学外宾楼的餐厅里畅谈，彼情彼景，至今还历历在目。谁知没过几天，他就在上海师大校门外惨遭车祸，离我远去了。追悼会上，我失声痛哭，对他的英年早逝，实在感到痛心。吴春相同学参加教材的编写，用力颇多，事实上已经起到了副主编的作用；他到松山大学继续攻读学位的事，也已有眉目，不久即将东游。我想，以这部教材的完稿，以吴春相同学的努力，应该是可以告慰九泉之下的方经民的。

后记里似乎还应该再说几句感谢的话。

首先我还得感谢复旦大学出版社的韩结根先生，作为责任编辑，他不像做《应用语言学纲要》时那样经常催促，但无形的压力我却时时感受得到，真正是“此时无声胜有声”。有人说，人是在压力下生存的动物，这些年来我是体会到这句话的含义了。其次，我得感谢这么多编写者，没有他们的辛勤劳动，短短一年时间里要写出这么一部教材，也是做不到的，无论作为教材的主编，还是作为他们的导师，我都很满意编写者们所做的工作。他们的努力，对我来说又是一种压力。再次，我要感谢我的家人，在上海师大工作的妻子和在复旦大学读书的女儿，没有她们的理解和支持，没有她们赠予我的最大的财富“时间”的话，在特别忙碌的 2004 年，是断然不可能有精力去编写教材的。第四，我很感谢 HSK(旅游)研发办公室全体成员。2004 年年初研发办开始工作，一年来，他们没有节假日，没有休息天，努力工作，放弃了许多原本应该属于自己的时间，出色地完成国家重大项目的研发。我作为研发办主任，很多时候却能游离于研发之外，去从事另外一块科研工作，这是研发办全体成员对我的宽容和“放纵”。最后，我还要感谢上海师范大学对外汉语学院全体师生员工，是他们在日常工作中对我的大力支持，让我在繁忙的行政工作之余，还有精力耕耘自己的自留地。对外汉语学院有如此好的文化氛围，真值得每个人去好好珍惜。

对外汉语学院 2004 年开始招收对外汉语专业的本科生，二年级时就有这门课。因此，这部教材能够出版，事实上也解决了学生用书的燃眉之急。

这部教材是由多人合作编写的，编写者均为各高校从事对外汉语教学的专职教师，均为语法专业毕业的研究生，最后由我统稿完成。语法毕竟是现代汉语的一个组成部分，所以我将去年出版的《汉语通论》一书中的“引言”部分，作了修改之后引入《对外汉语教学语法》。各章节的分工如下：

上海师范大学齐沪扬：引言、第六章。

上海师范大学吴春相：第一章、第三章、第四章。

济南大学鹿荣：第二章、第七章。

上海外国语大学唐依力：第五章。

淮北煤炭师范学院李铁范：第八章。

上海水产大学蒋静：第九章。

上海大学谢白羽：第十章、第十一章。

今年过年晚，所以正月初八就要正式上班了。能在正式上班之前将书稿完成，实在是一件非常高兴的事。

齐沪扬

乙酉年正月初六于上海师范大学

图书在版编目(CIP)数据

对外汉语教学语法/齐沪扬主编. —上海：复旦大学出版社，2005.9（2024.1 重印）
（复旦博学·语言学系列）
ISBN 978-7-309-04445-4

Ⅰ. 对… Ⅱ. 齐… Ⅲ. 汉语-语法-对外汉语教学-教学研究 Ⅳ. H195

中国版本图书馆 CIP 数据核字(2005)第 027254 号

上海市重点学科建设项目资助 项目编号：T0405

对外汉语教学语法
齐沪扬 主编
责任编辑/韩结根

复旦大学出版社有限公司出版发行
上海市国权路 579 号 邮编：200433
网址：fupnet@fudanpress.com http://www.fudanpress.com
门市零售：86-21-65102580 团体订购：86-21-65104505
出版部电话：86-21-65642845
浙江临安曙光印务有限公司

开本 787 毫米×960 毫米 1/16 印张 24.75 字数 444 千字
2024 年 1 月第 1 版第 14 次印刷
印数 31 801—32 900

ISBN 978-7-309-04445-4/H·872
定价：62.00 元
